Modelos de Negócio Para Leigos

Folha de Cola

Elaborar ou atualizar seu modelo de negócio torna-se mais fácil quando você pensa em oferta, monetização e sustentabilidade. Enquanto trabalhar em seu modelo de negócio, mantenha em mente dicas importantes, faça perguntas para manter-se nos trilhos e confira diferentes modelos de precificação para determinar o que é melhor para o seu negócio.

Gere Ideias com a Roda de Modelo de Negócio

Quando estiver pronto para criar e analisar seu próprio modelo de negócio, reúna suas ideias enquanto utiliza a roda de modelo de negócio. Essa prática ferramenta também é útil quando estiver revisitando as ideias que tiver durante o seu processo anual de planejamento.

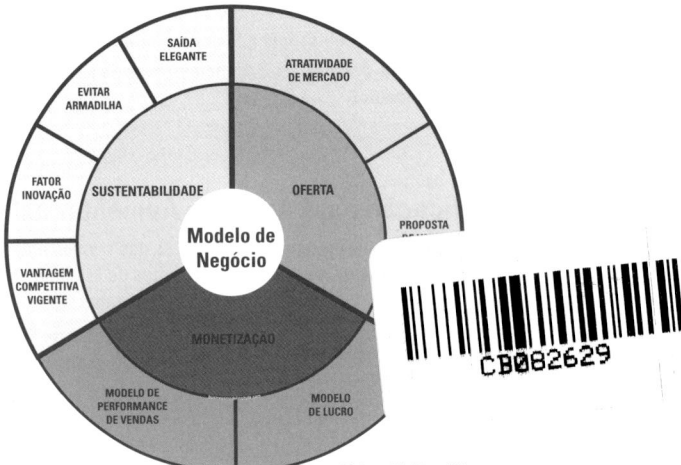

© Businessmodelinstitute.com 2012

Coisas para Lembrar Quando Elaborar o Modelo de Negócio

Quando elaborar um modelo de negócio, você tem muito que lembrar. Consulte esta lista prática de lembretes do modelo de negócio para garantir que você se mantenha no trilho.

- Diferente é sempre melhor que melhor. O plano da ratoeira melhor raramente funciona.
- Sem margem, sem missão. Ótimos modelos de negócio têm ótimas margens.
- Se não for fácil vender, não vale a pena fazê-lo.
- Um surfista não vê a onda e depois a pega; ele tem que adivinhar onde a onda estará e bater os braços em frente dela. Muitas vezes ter sorte significa adivinhar com antecedência. Wayne Gretzky chamava isso de "patinar para onde o disco estará".
- Apenas o mercado decide quais ideias são boas.
- A maioria das grandes ideias não é apreciada pelo senso comum até que dê certo. Não se preocupe com o que todo mundo pensa de suas ideias.
- Pense em sua estratégia de saída enquanto estiver construindo seu modelo de negócio. Não faz sentido construir um emprego.

Para Leigos®: A série de livros para iniciantes que mais vende no mundo.

Modelos de Negócio Para Leigos

Perguntas a Se Fazer sobre o Seu Modelo de Negócio

Se o seu modelo de negócio atual não for mais eficaz, é hora de fazer algumas mudanças. Quando estiver elaborando ou reelaborando seu modelo de negócio, mantenha em mente estas perguntas:

- O modelo gera margens superiores às dos concorrentes?
- Com que facilidade sua ideia pode ser copiada?
- O que você pode fazer para desacelerar a concorrência?
- O que acontece se um concorrente maior copiar sua ideia?
- Você está mirando em não consumidores ou em clientes existentes de um consumidor, no desejo de que adiram à sua marca? A é mais fácil do que B.
- Como você colocará o produto nas mãos dos clientes e com que facilidade os consumidores pagarão por ele? Pense no Twitter e outros grandes produtos que não conseguiram monetizar a oferta.
- Como as mudanças nos hábitos de compra, as tendências, taxas de juro, aumento da concorrência e a economia geral afetarão seu modelo?

Dez Modelos de Precificação para Ajudar a Aumentar as Margens

Grandes modelos de negócio comandam margens melhores do que as dos concorrentes. Às vezes, um modelo de negócio pode ser aprimorado simplesmente com estratégias inteligentes de precificação. A lista abaixo oferece alguns métodos para potencialmente aumentar os preços e margens correspondentes.

- **Sobrepreço:** Não se pode evitar de pensar que produtos mais caros são melhores. Tiffany's, Starbucks, Rolls-Royce e restaurantes sofisticados de Nova York usam o sobrepreço para criar a percepção de luxo de modo a gerar margens altas.
- **Precificação de penetração:** Utilizar a precificação artificialmente baixa para obter distribuição faz sentido se você estiver tentando estabelecer uma vantagem ou construir economias de escala.
- **Precificação econômico:** Este modelo usa a percepção de economia. Contudo, só porque o preço do produto está menor do que o de outras ofertas não significa que as margens devem ser mais baixas. Em outras situações, o preço econômico é necessários para direcionar as vendas iniciais e, assim, garantir vendas adicionais. O baixo preço da gasolina é necessário para garantir as vendas de cigarro e refrigerante por exemplo.
- **Precificação decrescente:** Cobrar um preço alto quando um item for novo ou tiver pouca concorrência. À medida que a demanda e a concorrência aumentarem, os preços são abaixados.
- **Precificação psicológica:** Os seres humanos não conseguem evitar de sentir que $499 é mais barato que $500. O Walmart usa setes em vez de noves, porque os consumidores ficaram mais espertos.
- **Precificação por linha do produto:** Por décadas, a General Motors usou o mesmo estilo de carroceria e componentes para fazer uma marca do mesmo produto em linhas mais lucrativas.
- **Precificação de produto opcional:** O modelo base, ou compra inicial, é vendido com margem mais baixa, mas itens relacionados são vendidos com margens muito maiores.
- **Precificação de produto cativo:** Cinemas, parques de diversão, resorts e linhas aéreas aprisionam os clientes e podem cobrar um preço muito mais alto como resultado.
- **Precificação de pacote de produtos:** A Microsoft aumentou as margens gerais fazendo um pacote de softwares do Office.
- **Precificação geográfica:** Se você possuir uma vantagem geográfica, como mercados remotos como pouca concorrência, pode cobrar um sobrepreço.

Para Leigos®: A série de livros para iniciantes que mais vende no mundo.

Jim Muehlhausen

ALTA BOOKS
E D I T O R A
Rio de Janeiro, 2015

Modelos de Negócios Para Leigos Copyright © 2015 da Starlin Alta Editora e Consultoria Eireli.
ISBN: 978-85-7608-884-4

Translated from original Business Model For Dummies © 2013 by John Wiley & Sons, Inc. ISBN 978-1118547618. This translation is published and sold by permission of John Wiley & Sons, Inc., the owner of all rights to publish and sell the same. PORTUGUESE language edition published by Starlin Alta Editora e Consultoria Eireli, Copyright © 2015 by Starlin Alta Editora e Consultoria Eireli.

Todos os direitos reservados e protegidos por Lei. Nenhuma parte deste livro, sem autorização prévia por escrito da editora, poderá ser reproduzida ou transmitida.

Erratas: No site da editora relatamos, com a devida correção, qualquer erro encontrado em nossos livros bem como disponibilizamos arquivos de apoio se aplicável ao livro. Acesse o site www.altabooks.com.br e procure pelo título do livro desejado para ter acesso as erratas e/ou arquivos de apoio.

Marcas Registradas: Todos os termos mencionados e reconhecidos como Marca Registrada e/ou Comercial são de responsabilidade de seus proprietários. A Editora informa não estar associada a nenhum produto e/ou fornecedor apresentado no livro.

Impresso no Brasil — 1ª Edição, 2015

Vedada, nos termos da lei, a reprodução total ou parcial deste livro.

Produção Editorial Editora Alta Books	**Gerência Editorial** Anderson Vieira	**Design Editorial** Aurélio Corrêa	**Captação e Contratação de Obras Nacionais** J. A. Rugeri	**Marketing e Promoção** Hannah Carriello marketing@altabooks.com.br
Produtor Responsável Marcelo Vieira	**Supervisão Editorial** Angel Cabeza Sergio Luiz de Souza		Marco Pace autoria@altabooks.com.br **Ouvidoria** ouvidoria@altabooks.com.br	**Vendas Atacado e Varejo** comercial@altabooks.com.br
Equipe Editorial	Claudia Braga Juliana de Oliveira Letícia Vitoria	Mayara Coelho Milena Lepsch Milena Souza	Rômulo Lentini Thiê Alves Silas Amaro	
Tradução Joris Bianca da Silva	**Revisão Gramatical** Paola Gossain de S Lima e Tássia Fernanda Alvarenga de Carvalho	**Revisão Técnica** Maria Augusta R. Orofino e Renato Veloso Nobre	**Diagramação** Thamíris Rosana Leiroza	

Dados Internacionais de Catalogação na Publicação (CIP)

M945m   Muehlhausen, Jim.
        Modelos de negócio para leigos / por Jim Muehlhausen. – Rio de Janeiro, RJ : Alta Books, 2014.
        400 p. : il. ; 24 cm. – (Para leigos)

        Inclui índice.
        Tradução de: Business models for dummies.
        ISBN 978-85-7608-884-4

        1. Plano de negócios. 2. Planejamento empresarial. 3. Planejamento estratégico. I. Título. II. Série.

                                CDU 658.012.2
                                CDD 658.4012

Índice para catálogo sistemático:
1. Plano de negócios   658.012.2

(Bibliotecária responsável: Sabrina Leal Araujo – CRB 10/1507)

Rua Viúva Cláudio, 291 – Bairro Industrial do Jacaré
CEP: 20970-031 – Rio de Janeiro – Tels.: (21) 3278-8069/8419
www.altabooks.com.br – e-mail: altabooks@altabooks.com.br
www.facebook.com/altabooks – www.twitter.com/alta_books

Sobre o Autor

Assim como muitos empreendedores, **Jim Muehlhausen** possui um background eclético: é advogado, empresário, consultor, franqueado, palestrante, professor universitário e autor.

Enquanto cursava Direito na Universidade de Indiana, tornou-se o mais jovem dono de franquia da história da Meineke Car Care (1987–1991). Após isso, fundou a própria revendedora de peças automotivas. Em nove anos de estabilidade nesse ramo, a empresa conquistou o reconhecimento de Michael Porter, da Universidade Harvard e do ranking de empresas com mais rápido crescimento da revista *INC*.

Quinze anos atrás, encontrou sua verdadeira paixão: trabalhar como consultor, coach empresarial e conselheiro para centenas de negócios. Durante suas mais de 5 mil consultas pessoais com empresários pelo mundo, Jim deu-se conta de que, embora problemas empresariais pareçam singulares, raramente o são. A maioria dos negócios empenha-se em aproveitar as mesmas oportunidades e superar os mesmos obstáculos. Para auxiliar empresários a compartilharem das suas melhores práticas e pararem de aprender do jeito difícil e ineficiente, ele escreveu *The 51 Fatal Business Errors and How to Avoid Them* (2008).

Sua pesquisa posterior levou à descoberta do erro nº52: não se pode "dar um jeitinho" em um modelo de negócio fraco. Quanto mais estudava modelos de negócio e trabalhava com empresários, mais se convencia de que os modelos de negócio eram a chave para um grande negócio.

Em 2009, Jim fundou o Business Model Institute, que se dedica à inovação e ao estudo de modelos de negócio. A cada ano, Jim escreve diversos artigos com tais fins, bem como contribui em publicações como *Inc.*, *The Small Business Report*, *Entrepeuner*, *BusinessWeek* e várias outras. Ele também palestra para associações, grupos de empresários e corporações sobre avaliação e inovação de modelos de negócio.

Dedicatória

Este livro é dedicado aos meus clientes que, graciosamente, têm compartilhado seus negócios comigo por tantos anos. Sem sua franqueza, apoio e profundo conhecimento empresarial, este livro não teria sido possível. Sinto-me honrado de trabalhar com esses homens e mulheres talentosos que, abertamente, compartilham sua experiência, suas competências e vasto conhecimento empresarial comigo. Muitas dessas experiências encontram-se neste livro e eu não posso agradecer-lhes o suficiente pela honra de fazer parte de suas vidas. Obrigado pelo privilégio de trabalhar com vocês.

Agradecimentos do Autor

Quando se lê um livro, é fácil deduzir que se trata de ideia original do autor. Nada poderia estar mais longe de ser verdade. Não se cria uma criança sozinho; da mesma forma, é preciso um pequeno exército para escrever um livro. E com este não foi diferente. Um talentoso exército de pessoas o possibilitou.

Este livro aborda dezenas de teorias, construções e conceitos. Jak Plihal, Huss Sadri e Michael Jones contribuíram com ideias. Qualquer editora que esteja buscando o próximo excelente livro de negócios deve contatar Merryck Leigh e Steve Shaer. Ambos atuaram como parceiros de brainstorm, ouvintes críticos e confidentes durante a criação deste livro. Não posso agradecer-lhes o suficiente.

Sou um pensador de negócios, não um escritor. Laurie Davis foi imprescindível para transformar meus pensamentos em conteúdo bem pontuado e legível.

Toda a equipe da Wiley merece um crédito imenso. Stacey Kennedy viu a necessidade deste livro e garantiu sua publicação. Jennifer Moore ajudou a desenvolver os capítulos iniciais e eu não tenho como agradecer o suficiente à minha editora, Sarah Faulkner. Foi uma alegria trabalhar com Sarah em toda a dura tarefa de edição — para pressionar a criação de um livro que seja o melhor possível, é preciso fazê-lo de maneira eficiente e agradável.

Obrigado à minha equipe do Business Model Institute por todo seu trabalho nos bastidores. Huss Sadri e Sue Lee pesquisaram fatos e histórias para o livro. Sem o trabalho duro de Stefanie Keffaber e Christopher Loch, não haveria nenhum Business Model Institute.

Muitos clientes e empresários que conheci em minhas primeiras viagens ofereceram exemplos práticos para que os conceitos surgissem. Agradeço a eles por abrirem seus negócios para mim. Sem esse conteúdo da vida real, eu não haveria conseguido criar os conceitos e princípios deste livro.

Obrigado à minha família e aos amigos pelo apoio e a paciência dados enquanto eu escrevia este livro. O maior agradecimento vai para minha esposa Beth, que sempre foi o vento que sustenta minhas asas no ar. Seu intelecto, insight e paciência foram vitais para o meu sucesso. Obrigado, querida!

Sumário Resumido

Introdução *1*

Parte I: Introdução aos Modelos de Negócio *9*

Capítulo 1: O que É um Modelo de Negócio e Por Que é Importante? 11
Capítulo 2: Definição de Modelos de Negócio 21
Capítulo 3: Há Várias Formas de Modelos de Negócio 39
Capítulo 4: Sucesso de Seu Negócio Depende do Seu Modelo de Negócio 47

Parte II: Criando um Modelo de Negócio Vencedor *59*

Capítulo 5: Usando Ferramentas para Desenvolver seu Modelo de Negócio 61
Capítulo 6: Encontrando os Mercados Mais Atraentes para Criar uma Oferta Poderosa 73
Capítulo 7: Completando sua Oferta com uma Proposta de Valor Singular 91
Capítulo 8: Ganhando Dinheiro com Seu Modelo de Negócio 107
Capítulo 9: Monetização com Performance de Vendas 139
Capítulo 10: Fazendo Seu Modelo de Negócio Durar 145
Capítulo 11: Sustentando Seu Modelo de Negócio: Inovando e Evitando Armadilhas 159
Capítulo 12: Faturando 167
Capítulo 13: Analisando Seu Modelo de Negócio 181

Parte III: Lidando com Mudança *195*

Capítulo 14: Saiba que Todos os Modelos de Negócio Se Desgastam 197
Capítulo 15: Procurando Sinais de que Seu Modelo de Negócio Está Enfraquecendo 205
Capítulo 16: Detectando Problemas Ocultos e Se Adaptando Antes que Seja Tarde Demais 219

Parte IV: Inovação no Modelo de Negócio *231*

Capítulo 17: Descobrindo Por Onde Começar o Processo de Inovação 233
Capítulo 18: Dando Início ao Processo de Inovação 245
Capítulo 19: Usando a Inovação Disruptiva 255
Capítulo 20: Colaboração Coletiva como Inovação Avançada no Modelo de Negócio 269

Capítulo 21: Utilizando Processos de Vendas Virtuais... 283
Capítulo 22: Lucrando com a Dinâmica do Seguro 301

Parte V: A Parte dos Dez 315

Capítulo 23: Dez Modelos de Negócio Incríveis 317
Capítulo 24: Dez Sinais de que Você Pode Ter um Problema com
    Seu Modelo de Negócio 335
Capítulo 25: Aplicando Dez Fontes de Inovação no Modelo de Negócio 345
Capítulo 26: Dez Coisas que um Investidor de Risco Jamais Irá Querer
    Ouvir Sobre Seu Negócio 355

Índice 363

Sumário

Introdução **1**

Sobre Este Livro 1
Convenções Usadas Neste Livro 2
Só de Passagem 3
Penso que... 3
Como Este Livro Está Organizado 4
    Parte I: Introdução aos Modelos de Negócio 4
    Parte II: Criando um Modelo de Negócio Vencedor 4
    Parte III: Lidando com Mudança 5
    Parte IV: Inovação no Modelo de Negócio 5
    Parte V: A Parte dos Dez 6
Ícones Usados Neste Livro 6
De Lá para Cá, Daqui para Lá 7

Parte I: Introdução aos Modelos de Negócio **9**

Capítulo 1: O que É um Modelo de Negócio e Por Que é Importante? 11

História dos Modelos de Negócio 12
Modelos de Negócio São um Assunto Quente 12
Quem Precisa de um Modelo de Negócio? 13
Valor de um Modelo de Negócio 14
O Futuro dos Modelos de Negócio 16
    Crescente Sofisticação 16
    Mais bens virtuais 16
    Proteção à propriedade intelectual 17
    Recorrendo à transparência 17
    O poder de operadores eficientes 18

Capítulo 2: Definição de Modelos de Negócio 21

Seguindo a Receita para um Modelo de Negócio Bem-sucedido 22
    Sua fórmula mágica para ganhar dinheiro 23
    Mesmo ramo, modelos de negócio diferentes 26
    Como seu modelo de negócio o destaca da concorrência 27
Comparando Modelos de Negócio com Planos de Negócio 28
    Os elementos de um bom plano de negócio 28
    Planos de negócio não cobrem tudo 29
    Aumentando o plano de negócio 30
    Criando um plano de modelo de negócio 31
    Considerando sua vantagem competitiva 33

Obtendo sua vantagem competitiva..34
Aprimorando sua vantagem competitiva..35

Capítulo 3; Há Várias Formas de Modelos de Negócio......................39
Aspectos Comuns a Todos os Modelos de Negócio...............................39
As Formas Mais Simples de Modelos de Negócio..................................41
Exemplos de Modelos de Negócio...42

Capítulo 4: O Sucesso de Seu Negócio Depende do Seu Modelo de Negócio..47
Tentando (e Falhando em) Obter Sucesso Sem um
   Modelo de Negócio Superior..47
      Boa notícia: Modelos de negócio são fluidos.............................49
      Estudo de caso: Kodak versus Fujifilm.....................................49
Equacionando Trabalho Duro e Resultados — Desde que o
   Modelo de Negócio Seja Sólido..50
      Redefinindo trabalho duro..51
      Evitando a submissão a um modelo de negócio ruim................51
      Estudo de caso: New Pig..53
Experimentando o Caminho Para um Grande Modelo............................53
      Mesmo investidores de risco ganham um terço do tempo..........54
      Deixando o mercado determinar quão esperto você é...............54
      Recuse-se a contar com a sorte..55

Parte II: Criando um Modelo de Negócio Vencedor......... *59*

Capítulo 5: Usando Ferramentas para Desenvolver seu Modelo de Negócio..61
Examinando Métodos Tradicionais do Desenvolvimento de
   Modelos de Negócio..62
      No guardanapo..62
      Imitação..62
      Entrando com tudo no modelo..64
Descobrindo Problemas com Métodos Tradicionais..............................64
      Coisas demais para lembrar..64
      Inter-relação complexa..65
      Nem todos os fatores têm o mesmo peso..................................66
Desenvolvendo um Modelo de Negócio Usando um Processo
   Estruturado...67
      Modelo de negócio Canvas...68
      Modelo de negócio de quatro boxes..68
      Roda de modelo de negócio..69

Capítulo 6: Encontrando os Mercados Mais Atraentes para Criar uma Oferta Poderosa **73**

    Estimando o Mercado-alvo 73
    Determinando a Atratividade da Indústria 75
        Encontrando a melhor indústria 77
        Trabalhando em mercados pouco ou não atendidos 78
        Estudo de caso: Software versus linhas aéreas 79
    Buscando Atratividade por Nicho 80
        O poder de um bom nicho 80
        Existem ilimitados nichos 80
        Mercados tendem a dividir-se 81
        Encontre mercados pouco ou não atendidos 84
    Conferindo a Atratividade de Cliente 85
    Encontrando Seu Lugar na Cadeia de Valor da Indústria 87

Capítulo 7: Completando sua Oferta com uma Proposta de Valor Singular **91**

    Construindo uma Proposta de Valor Singular 91
    Comparando uma Proposta de Venda Singular com uma
        Proposta de Valor Singular 94
        Definição de proposta de venda singular 95
        Definição de proposta de valor singular 97
        Fazendo a comparação 97
    Maximizando o Potencial do Produto 98
    Construindo Potencial Mercadológico 100
        Resumindo sua proposta de valor singular em uma frase 100
        Sendo o primeiro no mercado 101
        Criando uma nova USP quando a sua ficar desgastada 101
        Fazendo com que sua proposta de valor importe para
            os clientes 102
    Criando uma Marca Poderosa 104
        Sua marca aos olhos do seu cliente 104
        Outras considerações sobre marca 105

Capítulo 8: Ganhando Dinheiro com Seu Modelo de Negócio **107**

    Construindo um Modelo de Receita Lucrativo 107
        Gerando uma margem excepcional 108
        Criando um produto com margem superior 108
        Ganhando poder duradouro com margem própria 112
        Ganhando muito com a criação de fluxos de receita própria 114
        Cuidado com potenciais perdas na margem 115
    Avaliando Sua Concorrência 117
        Bons concorrentes 117
        Maus concorrentes 117
        Concorrentes indiretos 118

Gerando Margem Total Suficiente 119
    Transformando margens em lucros 119
    Criando a mistura certa de produtos: Gasolina, cigarros e
        refrigerante 120
Criando uma Vantagem de Custo Significativa 122
    Economias de escala 124
    Uso inteligente de tecnologia 125
    Melhor gerenciamento da cadeia de valor 126
Criando Valorosos Fluxos de Receita Recorrente 130
    Receita replicável abaixa os custos de venda 131
    Quando a receita recorrente na verdade não o é 132
Evitando Armadilhas 133
    Garanta que você possua o cliente 133
    Contabilidade criativa 134
    Tecnologia: Matando as margens rapidamente 136

Capítulo 9; Monetização com Performance de Vendas 139

Fechando o Negócio 140
    Obtendo clientes com um custo não razoável 140
    Subestimando a dificuldade de vendas 141
    Supondo que vendas repetidas virão facilmente 142
O Marketing Bate as Vendas 142
Criando um Processo de Venda Provado e Replicável 143

Capítulo 10: Fazendo Seu Modelo de Negócio Durar 145

Criando Vantagem Competitiva Significativa 145
    Recorrendo à propriedade intelectual 147
    Estabelecendo uma vantagem financeira 150
Sustentando Sua Vantagem Competitiva 154
    Táticas defensivas 154
    Táticas ofensivas 155
Aumentando a Vantagem Competitiva Utilizando o
    Modelo das Cinco Forças de Porter 157

Capítulo 11: Sustentando Seu Modelo de Negócio:
Inovando e Evitando Armadilhas 159

Mantendo a Força do Seu Modelo com Inovação 160
    Entendendo seu fator inovação 160
    Lembrando-se de que você precisa inovar 161
Evitando Armadilhas 164
    Seguir tendências excessivamente 165
    Confiar demais com poucos clientes 165
    Suscetibilidade a forças além do seu controle 165

Capítulo 12: Faturando **167**

    Considerando o Próximo Proprietário: Os Melhores
        Modelos de Negócio São Transferíveis 168
            Minando o valor de seu modelo de negócio................................. 168
            Livrando-se de uma marca pessoal 170
            Aprendendo lições com a Oprah.. 172
    Vender Seu Negócio Não É a Única Estratégia de Saída 173
        Vender seu negócio versus tornar-se CEO Emérito.......................... 174
        Comparando benefícios financeiros das estratégias de saída...... 175
    Aprimorando Sua Capacidade de Sair Elegantemente......................... 176
        Confiando em sistemas em vez de em pessoas............................ 176
        Focando no valor da empresa — não apenas nos lucros............ 177
        Vendendo no momento certo.. 177

Capítulo 13: Analisando Seu Modelo de Negócio............................**181**

    Comparando Modelos de Negócio Práticos com os Teóricos 181
    Utilizando a Estrutura de Modelo de Negócio 182
        Trabalhando de dentro para fora... 184
        Respondendo a perguntas sobre seu modelo de negócio 185
    Fazendo o Escore de Seu Modelo de Negócio 190
        Versão Breve do Escore 190
        Versão profissional do escore 194

Parte III: Lidando com Mudança *195*

**Capítulo 14: Saiba que Todos os Modelos de Negócio
Se Desgastam**...**197**

    Não Há Vergonha em um Modelo de Negócio que Enfraquece 197
        Por que as empresas deixam ameaças passarem
            despercebidas... 198
        Lições da Apple e da IBM 199
    Seja Proativo e Receba a Recompensa... 202
        Planejamento anual do modelo de negócio 203
        Recomece a cada cinco anos 204
        Exemplo: Sony 204

**Capítulo 15: Procurando Sinais de que Seu Modelo de
Negócio Está Enfraquecendo**..**205**

    Margens Decrescentes 205
        Grandes margens pintam um alvo em suas costas 206
        Ciclo de vida do produto e seu modelo de negócio 207
        Quando margens decrescentes são toleráveis — e quando
            não são 210
        Exemplo: Chips de memória 211

Lucros Mínimos Prolongados.. 212
    A linha tênue entre quase ultrapassar um ponto crítico
        e a estupidez.. 213
    Não se torne escravo de um modelo de negócio ruim................ 213
    Ninguém vence a guerra de atrito 214
    O plano de tentar com cautela 214
Tendência de Vendas Estagnadas.. 215
Insatisfação Generalizada.. 216

Capítulo 16: Detectando Problemas Ocultos e Se Adaptando Antes que Seja Tarde Demais.. 219

Corrigindo Seu Modelo de Negócio para que Outros Problemas
    Desapareçam 220
Examinando Alguns Problemas Disfarçados 221
    Problema disfarçado: Necessidade de mais vendas 221
    Problema disfarçado: Necessidade de um dia com 26 horas 224
Ignorar Problemas no Modelo de Negócio Apenas Prolonga a Dor 224
Considerando as Consequências de Não Se Adaptar 225
    Seu modelo está desgastando-se, mas quão rapidamente?......... 225
    Mudar sempre parece arriscado 227
    Não mudar pode ser pior... 228

Parte IV: Inovação no Modelo de Negócio *231*

Capítulo 17: Descobrindo Por Onde Começar o Processo de Inovação 233

Ajustar Seu Modelo Antigo Raramente Funciona.................................... 234
    Olhar para a frente, não para trás 234
    Exemplo: Modelo de negócio global do McDonald's 235
Prevendo o Futuro... 235
    Olhando a bola de cristal.. 236
    Superando o medo de estar errado 237
    Praticando a extrapolação da tendência com uma dose
        de criatividade 238
O Fracasso Pode Ser Seu Amigo (Desde que Seja Barato e Rápido) 239
    Redefinindo fracasso... 240
    Exemplos: Fracasso como o primeiro passo em direção
        ao sucesso.. 240
    Mantendo-se viável com a criação de versões do modelo
        de negócio.. 242

Capítulo 18: Dando Início ao Processo de Inovação 245
Comparando Inovação Marginal com Inovação Quantum 245
    Quando você precisa de cada uma 246
    Benefícios da inovação marginal 247
    Benefícios da inovação quantum 247
Descobrindo a Correlação entre Loucura e Gênio Inovativo 249
    Diferenciando ideias loucas das geniais 250
    Saiba que a paciência é uma virtude na inovação 250
Mantendo o Processo Criativo nos Trilhos 251
    Trazendo gente de fora 251
    Utilizando ferramentas durante o processo 253

Capítulo 19: Usando a Inovação Disruptiva 255
O Inovador Disruptivo Normalmente Vence 256
    Lições do dilema do inovador 258
    Como se beneficiar da inovação disruptiva 261
A Maior Parte do Seu Modelo Atual Funciona Bem:
Não Jogue o Bebê Fora Junto com a Água do Banho 265
    Comparando subinovação com superinovação 265
    Saiba quais partes do seu modelo manter e quais descartar 266

Capítulo 20: Colaboração Coletiva como Inovação Avançada no Modelo de Negócio 269
A Colaboração Coletiva Chegou para Ficar 271
Dez Coisas que Talvez Você Não Saiba que Foram Elaboradas
    Coletivamente 273
Seu Modelo de Negócio Pode Beneficiar-se da
    Colaboração Coletiva 274
        A colaboração coletiva é 1.300 vezes mais rápida 274
        A colaboração coletiva cria uma nova meritocracia 275
        A colaboração coletiva pode gerar ideias superiores 276
        A colaboração coletiva baixa custos 276
        A colaboração coletiva simplesmente funciona melhor
            às vezes 280
Potenciais Lados Negativos da Colaboração Coletiva 281

Capítulo 21: Utilizando Processos de Vendas Virtuais 283
Entendendo Como a Internet Mudou o Mundo das Vendas 284
    Não venda como se estivesse em 1985 284
    A maldição do possível cliente invisível 287
    Jogando a toalha 288
    Esses problemas apresentam oportunidades 289
Considerando os Benefícios da Virtualização das Vendas 289
Examinando os Fundamentos do Processo de Vendas Virtual 290
    Abrindo mão de metodologias ultrapassadas 290

Recorrendo ao toma lá, dá cá 290
Informando-se cedo sobre o processo 290
Usando a mentalidade de vantagem mútua 292
Atravessando o Processo de Virtualização de Vendas 293
Como criar um processo de vendas virtual 293
Exemplo do processo de virtualização de venda:
    Vendas de franquias 295

Capítulo 22: Lucrando com a Dinâmica do Seguro 301

Definindo Seguro 301
Entendendo o Cerne da Lucratividade com Seguro 302
Avaliando precisamente os riscos que outros não
    conseguem avaliar 302
Capitalizando sobre o conceito errôneo de risco 303
Negar Seguro para os Seus Clientes Pode Ser Custoso para Você 304
Cobrando Seguro de Formas Criativas 306
Quando uma hora não é uma hora 310
Exemplo de seguro criativo: Enron 311
Planilha: Criando um Programa de Seguro 312

Parte V: A Parte dos Dez 315

Capítulo 23: Dez Modelos de Negócio Incríveis 317

Construa uma Vez, Venda Várias 317
Crie uma Marca Indispensável 320
Faça com que Clientes Criem Bens de Graça 321
Verdadeira Vantagem Competitiva como Provedor de Baixo Custo 322
Extração de Recursos Naturais 324
Propriedade Intelectual Valorizada com Proteção Legal ou Prática 325
Destruição Tecnológica do Modelo Vigente 326
Banhando a Ouro o Estandarte de Ouro 327
Jogando com o Crescente Senso de Si dos Clientes 329
O Operador de Ultranicho 331

Capítulo 24: Dez Sinais de que Você Pode Ter um Problema
com Seu Modelo de Negócio 335

Você Tem um Forte Desejo de Vender o Negócio 336
Você Recebe Pouco 336
Cenário nº1: Charlie Pão-duro 337
Cenário nº2: O hábito de Harriet 338
Você Constantemente Precisa Pegar Empréstimos para Crescer 338
Você Sente que Precisa Contratar Estrelas das Vendas para Corrigir Seus
    Problemas de Vendas 339

Você Não Tem Crédito 340
Suas Margens Estão Menores que as de Seus Concorrentes 340
Você Atura Clientes Chatos em Vez de Livrar-se Deles.......................... 341
Você Sente que Não Há Ninguém a Quem Delegar................................ 342
Seus Melhores Colaboradores Frequentemente o Deixam
    por Melhores Oportunidades 343
Sua Base de Clientes Está Estagnada ou Decaindo................................ 344

Capítulo 25: Aplicando Dez Fontes de Inovação no Modelo de Negócio..345

Livros de Negócio 345
Concorrentes.. 347
Consultores.. 348
Grandes Companhias de Outras Indústrias 348
A Bola de Cristal 349
Funcionários 350
Produtos ou Serviços que Você Compra 351
Viagem a Outros Países ou Pontos Quentes..................................... 351
Sonhar Acordado 353
Vendedores 353

Capítulo 26: Dez Coisas que um Investidor de Risco Jamais Irá Querer Ouvir Sobre Seu Negócio 355

Depois Eu Descubro como Monetizar Isso.. 356
É Tipo o Groupon, Só que.. 357
Eu Trabalhava em uma Empresa que Fazia a Mesma Coisa 358
Meu Plano de Negócio Exige... 359
Eu Vou Fazê-lo na Etapa Final 359
Todo Mundo Precisa Deste Produto... 360
Vou Ganhar no Volume 361
Precisamos Conquistar Apenas 1% do Mercado............................... 361
Eu Venho Trabalhando Nessa Grande Venda por Um Ano e Ela Vai
    Fechar a Qualquer Momento... 362
O que É um Modelo de Negócio 362

Índice 363

Introdução

Eu tive o privilégio de trabalhar com dezenas de administradores, tanto de pequenas como de grandes empresas, de maneira amigável. Eles compartilharam comigo suas esperanças e sonhos, seus sucessos e fracassos e o dia a dia de seus negócios.

No decorrer dessas interações, eu vim a descobrir que não havia necessariamente uma correlação entre formação, inteligência ou trabalho duro e o sucesso do negócio. Encontrei vários donos de negócios de sucesso que eram bem preguiçosos. Encontrei gente que abandonou o Ensino Médio e criou negócios altamente bem-sucedidos. Também encontrei pessoas inteligentes, bem formadas e muito trabalhadoras que não conseguiram transformar tais qualidades em sucesso empresarial.

Perguntei-me: "se esses traços não são a base do sucesso empresarial, o que será?" A resposta é o *modelo de negócio*. Formação, inteligência e trabalho duro aplicam-se a um modelo de negócio. Aplicar essas qualidades a um modelo de negócio fraco ou falho é como investir inutilmente rios de dinheiro no mercado de ações.

Após perceber que a força do modelo de negócio é o cerne do sucesso do negócio, comecei a focar nessa área vital. Depois de anos coletando estudos de casos reais, criei tanto uma planilha de modelo de negócio como uma ferramenta de avaliação de modelo de negócio. Compartilharei ambos com você neste livro.

Ao final desta obra, espero que você concorde que eu tenha conseguido demonstrar a importância do seu modelo de negócio, bem como tenha fornecido as ferramentas necessárias para criar ou inovar o melhor modelo de negócio possível.

Sobre Este Livro

O propósito de *Modelos de Negócio Para Leigos* é demonstrar a importância do modelo de negócio, mostrar como criar um modelo bem estruturado, reconhecer quando ele precisa ser refinado e inovado com métodos comprovados.

Pode parecer uma tarefa esmagadora, mas não se preocupe. Ao final deste livro, você terá uma variedade de ferramentas para assistir-lhe na construção e redefinição de um modelo de negócio.

Meu objetivo com este livro é acrescentar o conceito dos modelos de negócio às discussões estratégicas de todos os negócios. Para mim, o modelo de negócio está no cerne da lucratividade e deve estar no centro das discussões de planejamento estratégico e documentos de planejamento do negócio. Espero que as conversas e ferramentas fornecidas por esta obra deem-lhe a oportunidade de fazer isto.

Muito do mistério em torno dos modelos de negócio deve-se à falta de discussão a respeito. Este livro visa aumentar o corpo de trabalho na área dos modelos de negócio, acrescentando estrutura e processo de forma que empresários possam entender melhor o papel do modelo de negócio.

Este livro deve ser utilizado como referência. Você não precisa lê-lo de cabo a rabo e não espero que você se lembre de tudo. Ele foi criado no formato de módulos, o que permite a leitura de apenas um ou pular de capítulo em capítulo.

Convenções Usadas Neste Livro

Todos os livros da série *Para Leigos* empregam convenções similares para fins de continuidade e familiaridade. Este livro inclui as seguintes:

- Sites aparecem em uma fonte chamada `monofont`. Se a URL for quebrada para uma próxima linha, digite-a exatamente como está apresentada. Hifens são incluídos apenas quando fazem parte do próprio endereço.
- Texto em **negrito** indica palavras-chave, frases ou conceitos.
- Quando um novo termo for apresentado, aparecerá em *itálico* e será seguido por uma frase ou sentença explicativa.
- Visto que negócios vendem tanto produtos como serviços, utilizarei a palavra produto para ambos.
- Eu tentei misturar a utilização de termos de ambos os gêneros no decorrer do livro. Se não o fiz equilibrada ou apropriadamente, minhas sinceras desculpas.
- Não há um sinônimo efetivo para *modelo de negócio*. Tenho certeza de que a expressão é repetida diversas vezes no decorrer deste livro. Até certo ponto, isso não pode ser evitado. Contudo, em muitas situações, eu encurtei "modelo de negócio" para simplesmente "modelo".

- CEO, proprietário, empresário, dono de negócio e empreendedor são usados intercambiadamente no decorrer deste livro.
- Meu estilo é direto e, às vezes, sarcástico. Eu descobri que empresários são um grupo, que não gosta de brincadeira sem graça. Meu estilo é bem parecido. Em alguns momentos, você pode achar que estou te dando um "tapa na cara". Peço desculpas se isso acontecer.
- Também gosto de dar uma boa gargalhada e meu humor pode extrapolar vez ou outra. Gosto do lado bem-humorado do negócio e não tenho problemas em fazer piada com alguns aspectos. Desculpe-me se eu não for tão engraçado quanto penso.

Só de Passagem

O texto principal está cheio de dicas, ideias e listas úteis e relevantes, específicas para criar e aprimorar seu modelo de negócio, então não deixe de ler uma palavra sequer. Acredito que pessoas de negócio aprendem melhor com exemplos relevantes e estudos de caso, então procurei incluir vários deles. Se você não for uma dessas pessoas, sinta-se à vontade para pular o que provavelmente terá aprendido no texto anterior.

Os boxes cinzas são suplementares e relevantes, mas não absolutamente imperativos para a discussão do modelo de negócio. Você pode pulá-los sem perder nenhum ponto-chave.

Penso que...

Modelos de negócio são um assunto tão amplo que eu tive um trabalhão para conseguir deixar o livro com 400 páginas. Penso que

- Você está buscando criar um novo modelo de negócio ou aprimorar um existente.
- Tem uma compreensão básica de conceitos gerais de negócio, como estratégias de marketing, precificação, operações, gerenciamento, recursos humanos etc.
- Está procurando superar a concorrência com um modelo de negócio melhor.
- É um pensador criativo. Afinal, você foi criativo o suficiente para focar em seu modelo de negócio.

- ✔ É um inovador. Está pronto, disposto e apto a inovar em seu negócio, incorporando os aprimoramentos de modelo de negócio que discuto neste livro.
- ✔ Você pode ser objetivo. É muito difícil ver o próprio modelo objetivamente, mas, para aproveitar ao máximo este livro, você deverá reconhecer seus pontos fortes e fracos de forma que possa aprimorá-lo.
- ✔ Você entende que inovação no modelo de negócio é um processo, não um evento.

Como Este Livro Está Organizado

Modelos de Negócio Para Leigos está organizado em cinco partes de fácil leitura e você irá se sentir plenamente informado sobre o tópico mesmo que não tenha qualquer base. Confira a visão geral a seguir e mergulhe na parte que for mais do seu interesse.

Parte I: Introdução aos Modelos de Negócio

A Parte I deste livro discute o modelo de negócio de maneira geral. O que é um modelo de negócio? Por que é importante? Como se define um modelo de negócio? Qual é a diferença entre um modelo de negócio, um plano de negócio e vantagem competitiva?

Essa parte dá a você um entendimento do modelo de negócio em nível conceitual. À medida que você passar de uma seção a outra, mergulhará em águas mais profundas e começará a trabalhar na criação de seu novo modelo.

Parte II: Criando um Modelo de Negócio Vencedor

A Parte II entra nas engrenagens de um modelo de negócio. Eu irei mostrar diversas ferramentas que você pode utilizar para estruturar seu modelo de negócio. Utilizando a planilha do Business Model Institute, eu divido o modelo em três áreas dependentes: oferta, monetização e sustentabilidade.

Essas três áreas são subdivididas em oito componentes distintos:

- ✔ **Atratividade de mercado:** Escolher o melhor mercado para o qual vender o seu produto.
- ✔ **Proposta de valor singular:** Criar um produto singular com benefícios poderosos e que seja altamente diferenciado no mercado.

- ✓ **Modelo de lucro:** Criar formas inovadoras de maximizar receita e lucros de sua oferta diferenciada.
- ✓ **Modelo de performance de vendas:** Criar um processo de venda comprovado e replicável para complementar sua oferta forte.
- ✓ **Vantagem competitiva vigente:** Criar um modelo de negócio que supere a concorrência e mantenha seus lucros altos.
- ✓ **Fator inovação:** Toda empresa precisa inovar. Esta área definirá sua capacidade de inovação comparada à da concorrência.
- ✓ **Evitar armadilhas:** Muitos excelentes modelos de negócio foram destruídos por conta de confiança excessiva em um cliente, regulações governamentais, processos judiciais ou aberrações da natureza.
- ✓ **Saída elegante:** Este componente afeta somente médias e pequenas empresas, mas é de vital importância. Muitos pequenos negócios criam um modelo demasiadamente dependente de seu dono. É difícil sair desses modelos de negócio. Desenvolver um modelo que permita um bom retorno financeiro ou uma saída elegante é imperativo.

Dentro desses oito componentes, discutirei o seguinte:

- ✓ Como desenvolver da melhor maneira o seu modelo tendo em mente o componente
- ✓ Vantagens e armadilhas
- ✓ Estudos de caso relevantes para cada área
- ✓ Insights pessoais relevantes

Ao final desta parte, você deverá ter uma compreensão clara dos pontos fortes e fracos do seu modelo de negócio utilizando o mecanismo de escore rápido e fácil que eu disponibilizo.

Parte III: Lidando com Mudança

Só é preciso uma coisa para que um bom modelo de negócio torne-se ruim: tempo. "Água mole em pedra dura, tanto bate até que fura." O tempo tende a desgastar seu modelo de negócio. Não se preocupe. Esta parte discute como detectar o menor sinal de erosão e também como consertá-lo.

Parte IV: Inovação no Modelo de Negócio

A Parte IV mergulha no processo de inovação. Eu mostrarei por onde e como iniciar a inovação do modelo de negócio e abordarei várias técnicas comprovadas de inovação. Você descobrirá sobre a inovação disruptiva e como recorrer a ela em benefício do seu modelo de negócio.

Para os que têm coração forte, incluo capítulos sobre inovações avançadas e discuto os truques mais lucrativos. Certamente, há casos e casos, porém, se você conseguir implementar uma dessas inovações avançadas, pode faturar milhões. No fim das contas, esses não são truques meus; são truques que observei meus clientes colocarem em ação. Esses empresários inteligentes inovaram seus modelos de negócio no decorrer de décadas para chegar a táticas poderosas como o financiamento coletivo, processos de venda virtualizados e oferta de seguro para seus clientes.

Parte V: A Parte dos Dez

Todos os livros da série *Para Leigos* contêm essa parte de listas com dez itens divertidas e informativas. Vá ao Capítulo 23 para obter inspiração das histórias de sucesso de outros negócios, assim como umas tiradas bem-humoradas em situações cotidianas.

Ícones Usados Neste Livro

Se você ler atentamente *Modelos de Negócio Para Leigos*, verá pequenos ícones nas margens. Esses ícones destacam as seguintes informações úteis e ideias essenciais:

Este ícone indica uma oportunidade específica de aprimorar seu conhecimento sobre ou o próprio modelo de negócio.

Não pule este ícone! Ele indica que você está prestes a descobrir algumas pérolas da sabedoria, destinadas a impedi-lo de cometer erros que custarão muito caro.

Eu tenho um estilo direto, meio "tapa na cara", que funciona com muita gente. Também posso ser um pouco do contra. Quando você vir este ícone, eu estarei dando um coice em você.

Quando eu tiver a oportunidade de explicar algo usando um exemplo real aprendido nas trincheiras do mundo dos negócios, eu irei fazê-lo. Empresários tendem a aprender melhor com exemplos que tenham a ver com seus próprios negócios. Quando vir este ícone, encontrará um estudo de caso real ilustrando o conceito.

Este ícone chama sua atenção para conceitos que você **deve** lembrar. Com tantas partes dinâmicas em um modelo de negócio, quero garantir que você pegue, ao menos, as mais importantes.

De Lá para Cá, Daqui para Lá

Se você sente que possui uma boa compreensão do conceito de modelo de negócio, pule direto para a Parte II, na qual discuto o desmembramento e o escore de um modelo. Para mim, esta é a seção mais importante do livro. Visto que o estudo dos modelos de negócio é relativamente novo, você talvez não tenha um molde ou esboço de um plano estratégico. No mundo dos modelos de negócio, você está preso rabiscando em um guardanapo. A Parte II corrige esse problema, dando a você uma estrutura de modelo de negócio e um mecanismo rápido de escore.

Por fim, acredito que você irá beneficiar-se da leitura deste livro, porque seu modelo de negócio necessitará de inovação em algum ponto. Você deverá saber como tratar dos pontos fracos antes que a concorrência possa explorar essa fraqueza. As Partes III e IV mostram como fazer isso.

Espero que você incorpore modelos de negócio às suas sessões de planejamento e estratégia. Em dez anos, essa prática será comum; incorporando o modelo de negócio como estratégia central hoje, você sairá em vantagem amanhã.

Parte I
Introdução aos Modelos de Negócio

Nesta parte...

✔ Descubra o que é um modelo de negócio e por que é importante. Entender o conceito de modelo de negócio — e no que ele difere de um plano de negócio — dará a você a melhor chance de sucesso.

✔ Descubra como os modelos de negócio relacionam-se a outros conceitos, como arquitetura de negócio e fórmula de lucro.

✔ Veja exemplos de empresas que utilizam vários modelos de negócio. Aprenda com o sucesso de companhias como a Amazon e a Starbucks e as tentativas da Kodak e da Blockbuster.

✔ Abandone os planos tradicionais por um plano de modelo de negócio. Um ótimo modelo de negócio é sempre vencedor.

Capítulo 1

O que É um Modelo de Negócio e Por Que é Importante?

Neste Capítulo

- Examinando modelos de negócio
- Acelerando o tempo para lucrar com um modelo de negócio melhor
- Descobrindo por que governos, famílias, igrejas e negócios têm, todos, um modelo
- Prevendo o futuro dos modelos de negócio

Então, o que é um modelo de negócios afinal? É o jeito como se ganha dinheiro? Sim, em parte. É vantagem competitiva? Sim, em parte. É o seu plano de negócio? Na verdade, não. Simplificando, um *modelo de negócio* é sua fórmula para o lucro. É o método que se utiliza para adquirir clientes, servir a eles e ganhar dinheiro fazendo isso. Eu gosto de desmembrar um modelo de negócio em três partes principais: oferta, monetização e sustentabilidade. Qual é a sua oferta? Como irá monetizá-la? Como irá sustentá-la?

Seu modelo de negócio cria não apenas a fórmula com a qual você ganhará dinheiro, mas também um contexto estratégico para a organização.

Simplificando, o modelo de negócio é o esboço das regras e imperativos "morais" dentro dos quais o negócio opera. Ele fornece o contexto estratégico tanto para longo quanto para curto prazo. Ele define e articula um intento estratégico que se torna, então, o foco comum e a força motriz entre os diversos níveis de gerenciamento estratégico (**M**issão, **O**bjetivos, **E**stratégia e **T**áticas). A combinação desses quatro pontos torna-se a bússola pela qual a organização navegará e a cola que deixará tudo unido.

Muitos administradores acreditam que tudo o que precisam é de um plano de negócio, mas estes são, na melhor das hipóteses, reativos. No ambiente turbulento atual, a melhor maneira de ser proativo é através de um forte modelo de negócio. Este livro delineia uma forma acessível de refinar a essência do seu negócio e construí-lo de modo a ser um modelo duradouro e superior.

História dos Modelos de Negócio

A noção de modelo de negócio pode ser relativamente nova, mas o estudo em geral já vem sendo feito há séculos. A noção de plano de negócio existe desde a primeira década de 1800. Desde então, de uma mera noção, o planejamento de negócio tornou-se uma ciência. Faculdades oferecem cursos de planejamento. Softwares e plataformas têm sido criados e o público em geral é bem habilidoso na prática.

Depois veio o conceito de empreendedorismo. Se você der uma olhada no surgimento do empreendedorismo, verá que este passou de um conceito vago na década de 1960 para uma disciplina superior na qual é possível obter um diploma. Se você falar com recém-graduados sobre carreiras, um percentual crescente e significativo quer trabalhar para uma empreendedora ou começar a própria. Nunca o empreendedorismo foi tão celebrado como é atualmente — tanto no mundo real quanto no acadêmico, onde programas especiais são oferecidos na área.

O estudo dos modelos de negócio pode ser chamado de "empreendedorismo avançado". O modelo de negócio começa onde termina o empreendedorismo e, acredito que por razões que se tornam cada vez mais aparentes, irá tornar-se a próxima onda de interesse na comunidade empresarial.

Modelos de Negócio São um Assunto Quente

Além de uma simples evolução no pensamento empresarial, os modelos de negócio são um assunto quente por outra razão: lucro rápido. Um velho ditado do mundo dos negócios dizia que "leva-se 15 anos para tornar-se um sucesso da noite para o dia". A essência desse ditado é que o proprietário do negócio precisava labutar anonimamente por 15

Capítulo 1: O que É um Modelo de Negócio e Por Que é Importante?

anos antes de tornar-se tremendamente bem-sucedido. Hoje em dia, os negócios andam bem mais rapidamente e uma tremenda lucratividade pode ser alcançada quase que da noite para o dia.

Quinze anos atrás, Mark Zuckerberg, fundador do Facebook, estava no Ensino Médio. A maioria das pessoas nunca havia ouvido falar de Google ou Amazon e as roupas íntimas da Spanx sequer passavam pela cabeça de Sara Blakely. Atualmente, todos esses empreendedores são bilionários. O comércio é mundial e movimenta-se significativamente mais rápido, criando melhores oportunidades para os melhores negócios. Simplesmente, não há necessidade de arrastar-se por 15 anos.

À medida que os negócios começaram a tornar-se bem-sucedidos rapidamente, as pessoas começaram a se perguntar: como isso pode acontecer. A única resposta lógica era: modelos de negócio superiores. Com participações financeiras que mais pareciam prêmios de loteria, os modelos de negócio ganharam mais e mais atenção.

Modelos de negócio não são modismo. Um forte modelo de negócio está no cerne de um negócio forte e é a chave para sua lucratividade. Esses modelos pegam toda a complexidade de um negócio multibilionário e simplificam-na até que seja uma essência lucrativa de fácil comunicação.

Quem Precisa de um Modelo de Negócio?

Por que um modelo de negócio é repentinamente necessário? Por séculos as pessoas operaram negócios exitosos sem um modelo — ou será que não?

Acredita-se amplamente que Sun Tzu provocou em Napoleão uma drástica mudança de pensamento, que levou às primeiras vitórias do líder militar. Diz-se que, quando afastou-se dos fundamentos de seu modelo de negócio e começou a confiar fortemente em planos que não levavam em conta a sustentabilidade de suas ações, Napoleão foi derrotado — exatamente aquilo que Sun Tzu mais apregoava e frequentemente considerava. Esse conceito elevou a administração a um estado de arte superior. Sun Tzu acreditava que era crítico não somente definir um grande plano, mas também ser flexível e tomar decisões excelentes quando as coisas começassem a fluir.

Quer você seja um general do exército ou proprietário de uma pastelaria, tem e precisa de um modelo de negócio. Escolas possuem modelos de negócio. Organizações sem fins lucrativos têm modelos de negócio. Famílias têm modelos de negócio. Até governos têm modelos de negócio.

Tome o exemplo do capitalismo x socialismo. Assim como o modelo de negócio determina o contexto operacional do negócio, o capitalismo ou o socialismo determinam o contexto operacional de uma sociedade. Pode se dizer que o capitalismo provou-se mais exitoso do que o socialismo.

Agora, extrapolando para o próximo nível, pode-se argumentar que sociedades comunistas não mudaram para o capitalismo por razões ideológicas ou humanitárias, mas por um modelo de negócio mais eficiente para o governo.

Para que sua empresa opere com máxima eficiência, um modelo de negócio atualizado e inovador é uma necessidade.

Valor de um Modelo de Negócio

Se você fizer uma busca na internet, pode encontrar várias listas classificando o valor de grandes marcas, como Coca-Cola, Starbucks e McDonald's. Segundo essas listas, o valor dessas marcas é contado em bilhões. A reputação dessas marcas tem um valor tremendo, mas a marca sozinha vale bem menos do que estando integrada a um forte modelo de negócio.

Um negócio pode lucrar de várias formas diferentes. Posso dar início a um negócio de jardinagem, cruzar a rua e cobrar 25 reais para aparar a grama do meu vizinho. O negócio poderia lucrar, mas não desfrutaria um modelo de negócio forte. Eu poderia acrescentar experiência e um trabalho inteligente à equação e lucrar um pouco mais. Poderia, inclusive, escrever um plano de negócio para aumentar a lucratividade. Mas esse modelo é muito limitado. Para criar um negócio forte, tenho que acrescentar um modelo de negócio acima de todos esses critérios. Chamo esse conceito de *escada do lucro*. A Figura 1-1 mostra essa escada.

Capítulo 1: O que É um Modelo de Negócio e Por Que é Importante?

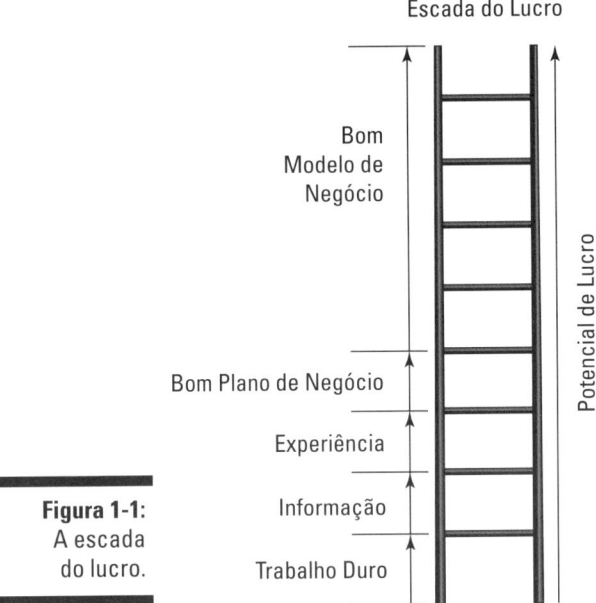

Figura 1-1:
A escada do lucro.

Como você pode ver, o maior lucro é criado pela força do modelo de negócio. Trabalho duro, experiência e planejamento sozinhos não conseguem criar um negócio extremamente lucrativo — você também deve ter um modelo de negócio que complemente seus esforços.

Não há exemplo melhor do valor de um modelo de negócio do que o crescimento das franquias. Afinal de contas, o que você está comprando quando compra uma franquia? Está comprando um modelo de negócio comprovado. Eis uma breve história das franquias nos Estados Unidos:

- Em 1898, William E. Metzger, de Detroit, tornou-se o primeiro negociador/franqueado da General Motors (GM).
- Em 1899, a Coca-Cola vendeu sua primeira franquia.
- Em 1950, menos de 100 empresas utilizavam franquias em suas operações de marketing. Por volta de 1960, mais de 900 companhias tinham operações desse tipo, envolvendo um número estimado de 200 mil lojas franqueadas.
- Em 1986, o Departamento de Comércio dos Estados Unidos estimava que as vendas de varejo de estabelecimentos franqueados representavam 34% de todas as vendas do ramo.

- De acordo com uma pesquisa conduzida pela Fundação Educacional da Associação Internacional de Franquias, em 2001, havia aproximadamente 767.483 negócios relacionados a franquias.
- Estudos indicam que um novo negócio voltado a franquias é aberto a cada cinco ou oito minutos, em cada dia útil, e que as franquias são, em média, mais lucrativas que demais estabelecimentos.
- O autor, investidor de risco e professor Scott Shane observa que 71% das startups sairão do mercado por volta de seu décimo ano. Segundo o Departamento de Comércio dos Estados Unidos, 95% das franquias são bem-sucedidas.

As franquias continuam a crescer em popularidade à medida que empreendedores reconhecem o modelo de negócio como o âmago do sucesso empresarial.

O Futuro dos Modelos de Negócio

Ninguém teria imaginado os modelos de negócio criativos de hoje algumas décadas atrás. Ninguém sabe quais serão os modelos de negócio de amanhã, mas aqui vão algumas apostas seguras:

Crescente Sofisticação

Assim como o empreendedorismo avançou devido a ênfase e estudos maiores, o mesmo acontecerá com os modelos de negócio. À medida que instituições educacionais acrescentam o estudo do modelo de negócio aos seus currículos, eles irão tornar-se mais sofisticados. Adicionalmente, à medida que a comunidade empreendedora reconhece o valor dos modelos de negócio, um foco maior fora das salas de aula fará com que os modelos de negócio aprimorem-se a um passo mais rápido do que acontece atualmente.

Mais bens virtuais

Pode parecer que a internet dá as cartas há muito tempo, mas ela ainda é um bebê. Consumidores ainda estão acostumando-se a preferirem a internet às lojas físicas. O comércio de bens virtuais tem muito a desenvolver. Mesmo empresas bem-sucedidas, como o Facebook, apenas arranharam a superfície das vendas de bens virtuais, contando com os antigos outdoors (ainda que, agora, eletrônicos) para aumentar sua receita.

Os modelos de negócio do futuro encontrarão maneiras criativas de vender bens virtuais. Com acesso global instantâneo a esses bens, um produto virtual bem-sucedido tem a capacidade de arrecadar bilhões em poucos dias.

Proteção à propriedade intelectual

À medida que a venda de propriedade intelectual e bens virtuais se tornar mais comum, procure empreendedores para encontrar formas melhores de protegê-las. Com alguma esperança, os governos perceberão a necessidade de proteção de ideias em uma economia baseada em conhecimento e acelerarão esse processo. Mesmo que os governos deixem de assistir os empreendedores, eles encontrarão formas criativas de recorrer ao acesso à propriedade intelectual vendável.

Recorrendo à transparência

Pergunte à Best Buy ou à Target como se sentem em relação à transparência. É melhor agachar porque provavelmente vão atirar algo em você. Como você se sentiria se fosse a Best Buy, gastando milhões para exibir televisores para clientes em potencial e estes simplesmente fossem comprar a mesma TV, online, na Amazon?

Hoje em dia, a informação está por todo lado e é fácil de ser acessada. Essa abundância de informação cria uma transparência sem precedentes para os negócios. Tudo, desde o pagamento do funcionário, custo do revendedor, aluguel, lucro anual até o preço da concorrência está instantaneamente disponível. Essa praga de transparência está matando muitos modelos de negócio de varejistas e dificultando a vida de muitos outros.

Os modelos de negócio bem-sucedidos do futuro encontrarão uma maneira de empregar essa transparência em vez de combatê-la. A Amazon beneficia-se da transparência nos preços, enquanto a Best Buy sofre por isso. Essa forma de aumentar a transparência é rudimentar comparada ao que você verá no futuro. Modelos de negócio exitosos farão mais do que apenas oferecer preços baixos — eles aproveitarão a riqueza de informação em benefício de todos os lados envolvidos, — oferecendo o menor custo.

O poder de operadores eficientes

Visto que a informação está tão prontamente disponível para os clientes, os operadores mais eficientes em um mercado desfrutarão de benefícios a mais. Modelos de negócio desenvolvidos para serem mais eficientes e não apenas mais baratos do que a concorrência serão reconhecidos por todos os consumidores em potencial.

Os modelos de negócio exitosos ganharão eficiência por meio da inovação, não do corte de custos. A Amazon é mais eficiente do que muitos varejistas não porque vende na internet, mas porque seu modelo de negócio não utiliza conjuntamente lojas físicas e virtual. O Walmart ganhou vantagem competitiva na década de 1980 investindo em tecnologia, o que baixou os custos logísticos e transferiu a economia para os consumidores — isso é um modelo de negócio. Por exemplo, o uso de financiamento coletivo pode criar eficiências significativas em um modelo de negócio, tornando-o mais eficiente (Veja o Capítulo 20).

Você diz modelo de negócio, eu digo tomati

As pessoas de negócio tendem a falar usando seus próprios jargões. Esse vocabulário especializado frequentemente leva à confusão e a uma mistura ou mau uso de termos. Um professor de faculdade pode definir um termo de um jeito e um grupo de proprietários de negócio em uma indústria específica, de outro. Darei aqui uma lista de termos que as pessoas frequentemente confundem com *modelo de negócio* e uma breve explicação de como diferem entre si:

- **Arquitetura de negócio:** Este termo refere-se a uma parte da arquitetura de uma empresa relacionada ao negócio corporativo e aos documentos e diagramas que descrevem a estrutura arquitetural do negócio. A arquitetura de negócio discute a estrutura funcional de uma empresa em termos de serviços e informação.

- **Fundamento do negócio:** Este termo é normalmente usado para descrever o recurso primordial do negócio. Tal recurso pode ser uma invenção, um excelente local físico, talentos especiais do proprietário ou uma forma de fazer negócio, como no caso da Virgin Airlines. Um modelo de negócio incorpora o fundamento do negócio, mas acrescenta também elementos adicionais.

- **Plano de negócio:** Muitos componentes de um plano de negócio estão presentes em um modelo de negócio. Os elementos de marketing em particular sobrepõem-se extensivamente. Todavia, o plano de negócio é desenvolvido para demonstrar a viabilidade da empreitada do negócio e cobre muitos aspectos operacionais e financeiros que não estão presentes em um modelo de negócio.

Os termos a seguir são subcomponentes de um modelo de negócio:

- **Modelo de geração de cliente:** Tudo bem, você consegue gerar vários clientes. Mas consegue ganhar dinheiro com eles? Conseguirá mantê-los a longo prazo?

- **Vantagem competitiva:** Um modelo de negócio é mais abrangente do que sua vantagem competitiva. Você pode ter vantagem competitiva, mas não conseguir transformá-la em um modelo de negócio sólido.

- **Estratégia competitiva:** O plano de ação de longo prazo desenvolvido para criar e aumentar a vantagem competitiva sobre os rivais. Como você baterá a concorrência é importante, mas você precisa ter um produto e uma estratégia de vendas ótimos para fazê-lo.

- **Modelo de receita:** Seu modelo de receita é o método que você usa para criar vendas sem levar em conta quão lucrativas elas possam ser. Seu modelo de receita pode criar vendas não lucrativas ou funcionar no momento, mas pode ser sustentado?

- **Fórmula de lucro:** Sua fórmula de lucro determina os métodos e a quantia que você lucra quando vende. Esta é uma parte importante do seu modelo de receita. Contudo, você pode ter uma fórmula de lucro excelente, mas não conseguir atrair compradores.

- **Vantagem estratégica:** Uma vantagem estratégica é a arma mais poderosa no arsenal de uma empresa — pense no Starbucks: o melhor ponto da cidade ou um local com estrutura de custo mais baixo que o da concorrência, de tijolo e concreto? Muitas fundições de aço da virada do século nos EUA localizavam-se em Pittsburgh por causa da vantagem competitiva que os três rios locais criavam. No entanto, você pode ter uma vantagem estratégica como melhor ponto, mas, sem uma oferta ou monetização forte, não tem um modelo de negócio forte.

- **Proposta de valor:** Sua proposta de valor explica por que o que você está oferecendo ao seu cliente vale mais do que o que está cobrando, assim como por que o cliente deve valorizar mais o seu produto do que os da concorrência. Você pode ter uma forte proposta de valor, mas pode direcionar sua oferta ao segmento errado de clientes, ter uma fórmula de monetização inadequada ou cair em armadilhas.

Capítulo 2

Definição de Modelos de Negócio

Neste Capítulo
- Definindo um modelo de negócio
- Incrementando seu modelo para executar seu plano de negócio
- Considerando como sua vantagem competitiva encaixa-se em seu modelo de negócio

Se você pedir para 100 pessoas definirem o termo *modelo de negócio*, ouvirá 100 respostas diferentes. Isso acontece porque o conceito por trás dos modelos de negócio é complexo e o processo de criação de um modelo de negócio abrangente e eficiente vai além de apenas ter uma grande ideia. O modelo de negócio pega a grande ideia e a transforma em uma empreitada lucrativa.

Neste capítulo, eu detalho o conceito de modelo de negócio e distingo-o de outros conceitos populares de negócio. Mostrarei como incrementar o poder do seu modelo de negócio para executar efetivamente seu plano de negócio criando um plano de modelo de negócio. Demonstrarei também o poder de um modelo de negócio superior para ajudá-lo a superar outros negócios dentro e fora do seu ramo.

Cuidado com a linha tênue entre estratégia e modelo de negócio. Os dois termos são frequentemente confundidos, porque seu modelo de negócio é parte da estratégia geral do negócio. Suficiente dizer que há diferentes níveis de estratégia e você precisa de uma estratégia específica para implementar cada parte do seu modelo de negócio. Simplificando, seu modelo de negócio foca na criação de valor e delineia o que você fará que oferece valor aos seus clientes. A estratégia foca em como e por que você criará e capturará esse valor.

O modelo de negócio é *o que* você fará e as estratégias e táticas são *como*, mas, às vezes, minha discussão transita pela linha indistinta que há entre modelo e estratégia de negócio. Escolhi fazê-lo sem distinção porque sem tocar nas táticas e estratégias necessárias a discussão ficaria incompleta.

Seguindo a Receita para um Modelo de Negócio Bem-sucedido

Em sua forma mais simples, um modelo de negócio é sua fórmula de lucro — é o método que se usa para obter clientes, servir a eles e ganhar dinheiro fazendo-o.

Todo negócio tem um modelo, mesmo que ninguém nunca se preocupe em escrevê-lo. Isso acontece porque o modelo de negócio é a estrutura básica do negócio — que serviço ele oferece ou que produto cria ou vende para ganhar dinheiro.

Geralmente os modelos de negócio focam na geração de receita lucrativa e na remessa necessária para manter essa receita fluindo. A maioria dos problemas operacionais, financeiros e de recursos humanos é periférico à geração de receita lucrativa, sendo assim, eles são separados do modelo de negócio. Eis alguns exemplos[1] dos modelos de negócio em ação:

- O foco da Domino's Pizza é pizza barata, entregue rapidamente. Jimmy John's usou um modelo semelhante no negócio de sanduíches.

- A Toyota começou a impulsionar as montadoras, empregando a montagem lean, de modo a produzir carros de melhor qualidade a um custo mais baixo. Depois que a Toyota comprovou que o modelo era bem-sucedido, várias outras empresas seguiram-na.

- O Walmart esforça-se para baixar consistentemente os custos operacionais e de compra e, então, repassa essa economia aos consumidores. Como esse modelo afastou os clientes de varejistas estabelecidos, muitos deles imitaram o modelo dessa empresa.

- A Zappos.com fez o que muitos achavam impossível: criou um negócio online em um ramo onde era importante manusear o produto fisicamente e virtualizou-o. Foi estabelecido um novo padrão de serviço aos clientes online, permitindo que recebessem vários pares de sapato em sua casa, experimentassem-nos no conforto do lar e devolvessem algum ou todos sem nenhum custo.

- A Dollarshaveclub.com deu início a uma onda de modelos de negócio de clubes mensais, indo desde a entrega mensal de meias e camisetas a roupas de bebês e produtos de higiene feminina. Até o Walmart pegou carona na ideia.

- A Zipcar compete com outras empresas de aluguel de carro, alugando os veículos por hora em áreas metropolitanas agitadas, para locomoções rápidas. Os carros podem ser deixados em qualquer ponto de devolução da Zipcar.

---

[1] N.E.: Algumas das empresas mencionadas não atuam ou possuem modelos de negócio diferentes no Brasil.

✔ A `Crowdspring.com` utiliza um modelo de negócio singular para design gráfico recorrendo ao financiamento coletivo. Em vez de selecionar vendedores com base em trabalhos anteriores, o cliente posta quanto pagará pelo projeto e os próprios vendedores completam o design. Amostras em baixa resolução são exibidas para o comprador e depois uma vencedora é escolhida entre essas amostras.

Sua fórmula mágica para ganhar dinheiro

Em seu nível mais básico, seu modelo de negócio é a fórmula que permite que você ganhe dinheiro. Você pode vê-lo como uma combinação de tudo que faz — sua fórmula mágica — para oferecer algo de valor a seus clientes e obter lucro fazendo-o. Quanto mais diferenciada e particular for sua combinação, mais lucrativa será.

Destaque-se com a diferenciação

Modelos de negócio diferenciados oferecem aos clientes produtos, serviços ou outros bens de valor que se destacam da concorrência. Consideres os exemplos[2] a seguir:

✔ A **BigBelly Solar** não faz simplesmente lixeiras; seus produtos utilizam energia solar para compactar cinco vezes mais lixo que as lixeiras comuns. Essa capacidade permite que cidades como Chicago, Filadélfia e Boston coletem lixo com muito menos frequência, economizando, assim, combustível, mão de obra e desgaste dos veículos.

✔ O **Camp Bow Wow** oferece mais do que hospedagem e tratamento de cachorros. Os bichos brincam juntos como crianças no recreio. Os clientes pagam um valor para que seus animais se divirtam, em vez de simplesmente ficarem presos o dia inteiro.

✔ **The Huffington Post** é um veículo de notícias estritamente online.

✔ A **Southwest Airlines** oferece aos clientes mais voos diretos do que qualquer outra companhia aérea e, além disso, tem uma equipe divertida. Operacionalmente, a companhia utiliza apenas aviões 737 para manter os custos mínimos, não utiliza sistemas de reservas externas com cobrança de taxas e possui um sistema de embarque mais rápido, sem assentos marcados.

✔ A **Tesla** fabrica apenas carros elétricos de alta performance.

✔ O **Walk-In Lab** não aceita convênios. Em vez disso, a companhia oferece exames médicos de baixo custo para quem não possui plano de saúde.

---

[2] N.E.: Algumas das empresas mencionadas não atuam ou possuem modelos de negócio diferentes no Brasil.

Faça com que seu modelo seja difícil de copiar

Um modelo de negócio particular é diferenciado, difícil ou impossível de copiar por um concorrente que queira imitá-lo. Normalmente, modelos particulares criam métodos para

- **Entregar produtos e serviços melhores, mais baratos ou mais rápidos por meio de um processo conhecido somente pela própria empresa.** Por exemplo:
  - O processo de produção lean da Toyota.
  - O varejista H.H. Greg's realinhou radicalmente os sistemas operacionais para permitir entregas no mesmo dia.
  - O investimento pesado em tecnologia do Walmart, na década de 1980, para criar um sistema logístico que levasse bens para o mercado a preços muito mais em conta do que seus concorrentes.

- **Criar um ecossistema fechado em que a utilização de seu produto seja altamente desejada ou exigida.** Um ecossistema poderoso atrai novos clientes e dissuade os antigos de deixarem-no. Eis alguns exemplos de ecossistemas fechados de sucesso:
  - O ecossistema do iTunes (iPad, iPhone, iCloud), que criou um modelo de negócio particular à Apple.
  - O Kindle da Amazon, que criou uma grande biblioteca de livros em formato próprio, tornando difícil para clientes adquirirem qualquer outro produto.

- **Encontre uma forma de servir aos clientes que outros pensavam não ser lucrativa.** Considere:
  - A Vistaprint atacou no mercado de microempresas de impressão, que era visto como não lucrativo pela maioria da concorrência. A combinação de um processo de vendas pela internet com pedidos em larga escala permitiu à empresa crescer rapidamente.
  - A indiana SKS (http://www.sksindia.com) dá pequenos empréstimos a moradores de áreas remotas da Índia. No final de 2011, a companhia havia disponibilizado quase 926 milhões de dólares em empréstimos para mais de seis milhões de mutuários ativos. Visto que a SKS empresta dinheiro apenas para aqueles cuja única opção seriam os agiotas, pode cobrar juros bem mais altos do que os bancos cobram de grandes corporações.
  - A SafeAuto oferece cobertura mínima para motoristas que as grandes seguradoras consideram arriscados e/ou financeiramente instáveis para cobrir.

- **Faça negócios de uma forma que a concorrência considere não lucrativa ou impraticável.** Seu modelo de negócio pode estar a salvo se sua concorrência pensar que você é louco por tentar. Abaixo estão alguns modelos de negócio que eram desprezados pela concorrência:
  - Por décadas, a Southwest Airlines atendeu cidades menores em pequenos aeroportos e insistia em operar apenas com Boeings 737. A maioria das grandes companhias aéreas estava tranquila em deixar a Southwest atender, com seus pequenos aviões, mercados nada desejáveis. Contudo, à medida que a necessidade de custos mais baixos pressionava a indústria, tornou-se claro que a Southwest havia passado 20 anos criando um modelo de baixo custo que as grandes companhias não conseguiam imitar ou com o qual não podiam competir.
  - A FedEx começou como um projeto de faculdade de seu fundador, Fred Smith. Todo mundo, inclusive o professor de Smith (que deu nota C para o projeto), achou que fazer entregas da noite para o dia era uma péssima ideia. Sem se deixar dissuadir, Smith perseguiu o conceito e passou anos construindo a infraestrutura para entregar encomendas com rapidez e eficiência. Quando ficou claro que o serviço era um bom modelo de negócio, Smith já tinha dez anos de vantagem.
  - Quase todos os fabricantes de computadores tentaram lançar um tablet e fracassaram. Houve um tempo em que os tablets eram um produto de nicho, para hospitais e outros clientes selecionados. A Apple ignorou todo o pessimismo e lançou o iPad. O produto foi um grande sucesso e fez a concorrência correr atrás de produzir os seus próprios tablets.

- **Crie um produto ou serviço patenteado, registrado ou difícil de reproduzir.** Considere estes exemplos:
  - A copiadora Xerox 914 usou um processo próprio de duplicação de documentos. Era bem provável que a Xerox não entrasse para a Fortune 500 somente com as vendas da 914. Alugar as máquinas era um modelo de negócio muito melhor. A construção de uma máquina custava à companhia por volta de $2.000. Em vez de vendê-la, a empresa alugava as máquinas a $95 por mês e cobrava sobre as primeiras 2 mil cópias cinco centavos de cada uma. Grandes clientes como a General Motors chegavam a fazer até 100 mil cópias por mês (isso significa um aluguel de $4.995 por mês).
  - A NoChar (nochar.com) produz um polímero não patenteado que solidifica qualquer sujeira líquida, de diesel a resíduo nuclear. O produto não é patenteado porque a empresa não quer revelar a fórmula nem mesmo para o escritório de patentes. A NoChar construiu um negócio de sucesso com base em um produto que a concorrência simplesmente não consegue descobrir como copiar.

- Profissionais especializados têm que se aproveitar dessa vantagem. Tornar-se o melhor absoluto em seu campo cria um produto ou serviço difícil de imitar. Se você for fazer uma cirurgia ou obturar um dente, desejará que a pessoa mais talentosa execute a função. O mesmo é válido para qualquer área especializada. As pessoas sempre querem o melhor e estão dispostas a pagar caro por isso.

A DuraFlame incinera a concorrência

A maioria dos modelos de negócio particulares é simplesmente uma série de excelentes práticas de negócio bem executadas. No final da década de 1960, a California Cedar Company precisou encontrar um jeito de descartar os resíduos de madeira de sua fábrica de lápis. Com pesquisa e desenvolvimento, a empresa descobriu um processo para transformar essas lascas de madeira indesejadas na lenha DuraFlame, um produto que gera atualmente uma receita anual de $250 milhões. Todavia, a California Cedar Company não parou na invenção desse produto. A engenhosidade do modelo de negócio não estava em como produzir a primeira lenha artificial, mas em usar resíduos para fazê-lo. Nos anos 1970, as serrarias tinham que *pagar* para livrarem-se de sua serragem. A California Cedar foi praticamente a cada serraria da costa do Pacífico e diminuiu significativamente os gastos com o descarte de serragem dessas em troca de um contrato de longo prazo. A empresa criou um modelo de negócio no qual era paga para aceitar sua matéria-prima bruta.

Mesmo ramo, modelos de negócio diferentes

McDonald's, Wendy's e Burger King são todos negócios de fast-food. No entanto, as três redes possuem modelos de negócio muito diferentes. Devido a isso, suas metodologias, psicologias, ideologias e fórmulas de lucro diferem enormemente.

Cada uma dessas hamburguerias utiliza um "molho secreto" diferente — não em seus hambúrgueres, mas em seus modelos de negócio. Por exemplo, o McDonald's possui um número maior de pontos em esquinas do que qualquer outra empresa do mundo. Claramente, seu modelo de negócio trata de adquirir imóveis de valor, além de vender hambúrgueres.

O Wendy's foca em frescor e em uma clientela mais sofisticada — e cobra de acordo — em vez da abordagem massificadora do McDonald's. O modelo de negócio do Wendy's foca na maximização da margem de lucro por cliente. Assim como o McDonald's, o Wendy's está atualmente focado em apenas uma marca. No passado, o Wendy's aumentou o seu negócio acrescentando novas marcas, como Tim Horton's, Baja Fresh e Arby's. Eventualmente, as vendeu ou desvinculou.

Nos últimos anos, o Burger King vem lutando com seu modelo de negócio e posição no mercado. Muitos anos atrás, a concorrência adotou o seu principal diferenciador: fazer os sanduíches exatamente como os clientes querem ("A gente faz do seu jeito"). Agora o Burger King está se esforçando para encontrar um modelo de negócio que funcione. A rede recentemente fechou centenas de lojas e caiu para o terceiro lugar, atrás do McDonald's e do Wendy's, no quesito vendas, apesar de ter milhares de lojas a mais que o Wendy's. Parece que o problema do Burger King é seu próprio modelo de negócio, e não o mercado de hambúrgueres em geral. Enquanto essa vem enfrentando dificuldades, várias outras redes de fast-food prosperaram; exemplos incluem Red Robin, Rally's, Checker's, In-N-Out e Five Guys.

Como seu modelo de negócio o destaca da concorrência

Seu modelo de negócio está no centro de sua capacidade de produzir lucros. Muitos dos fatores que diferenciam seu negócio fluem diretamente a partir do seu modelo de negócio. Por exemplo, o Walmart e a Target vendem produtos similares para clientes similares. Contudo, seus modelos de negócio diferem significativamente.

No cerne do modelo de negócio do Walmart, está sua promessa de "preço sempre baixo". Para garantir o cumprimento dessa promessa, o Walmart deve manter seus custos baixos em todos os aspectos do negócio:

- ✓ Funcionários pouco onerosos
- ✓ Plano de saúde de baixo custo
- ✓ Imóvel de baixo custo
- ✓ Compras de baixo custo criando produtos personalizados ou batendo com o melhor negócio outros revendedores
- ✓ Eficiência logística que diminui os custos

O modelo de negócio do Walmart visa ser o provedor de baixo custo. O desejo da empresa de oferecer bens pelo melhor custo tem um efeito cascata em vários aspectos de suas operações. Visto que a rede está focada no custo mais baixo, suas lojas podem não ser tão modernas ou atraentes quanto as da Target, e seus produtos podem não ser tão da moda quanto os que são encontrados nessa última. O Walmart também tem fama de pagar salários mais baixos que a Target. As decisões do modelo de negócio da empresa mantêm os custos no mínimo absoluto, mas têm causado problemas significativos de recursos humanos, como uma sindicalização em potencial, processos judiciais e publicidade negativa. Seu modelo de negócio dita que manter os custos baixos vem em primeiro lugar.

A Target, por outro lado, escolheu um modelo de negócio que pode ser resumido em bom, bonito e barato. A rede gasta sua energia operacional tentando encontrar produtos descolados, mas não caros, para seus clientes. É claro que a competitividade de preço deve ser mantida, mas o nicho que a loja criou não exige que ela cobre o menor preço possível em todos os itens. Os ganhos que o Walmart obtém puramente com volume de transações, a Target consegue com uma alta margem de lucro por item. Quanto será que realmente custa para a Target um descascador de batatas de $10 com cabo de design arrojado e cores da moda?

Assim como com a Target e o Walmart, seu modelo de negócio irá diferenciá-lo de seus concorrentes. Quanto mais forte for esse modelo, maior será sua capacidade de obter lucros proeminentes.

Comparando Modelos de Negócio com Planos de Negócio

Muitos empresários erroneamente acreditam que um plano e um modelo de negócio são a mesma coisa. Seu modelo de negócio é o conceito central sobre o qual você construirá um plano de negócio. Portanto, seu modelo de negócio deve ser uma parte significativa do seu plano de negócio. Muitos planos de negócio maquiam o modelo de negócio em prol de longas projeções financeiras e detalhes operacionais que estão atrelados aos próprios planos.

Esta seção destaca os pontos fortes e fracos de planos de negócio típicos e oferece sugestões para incorporar todos os elementos de um modelo de negócio em um bom plano de negócio. Você pode usar o plano de modelo de negócio resultante para prever o sucesso de sua empresa com mais precisão do que conseguiria com somente o plano de negócio.

Os elementos de um bom plano de negócio

A Tabela 2-1 lista os componentes de um plano de negócio tradicional e descreve seus propósitos. Sem incorporar os aspectos do modelo de negócio em um plano de negócio, os planos de negócio tradicionais estão incompletos.

Tabela 2-1	Elementos de um Plano de Negócio	
Seção	**Propósito**	**Ponto Fraco**
Resumo executivo	Resume os pontos-chave do plano de negócio, incluindo uma descrição breve do produto, oportunidade no mercado e fundos buscados	Nenhum

Seção	Propósito	Ponto Fraco
Informação de base	Explica a história do conceito, seu propósito e equipe administrativa	Nenhum
Planos de marketing	Explica os métodos de marketing, segmentos e assim por diante	Pode pressupor uma proposta de valor, potencial mercadológico e capacidade do produto de gerar vendas lucrativas
Planos operacionais	Exibe o expertise administrativo e os sistemas operacionais	Gasta energia significativa explicando como a empresa remeterá vendas que podem nunca acontecer
Plano financeiro	Mostra a lucratividade esperada da companhia em vários cenários	Pode pressupor que metas de venda simplesmente acontecerão quando o que se precisa é de mais provas que mostrem como essas vendas ocorrerão
Análise de risco	Explica potenciais riscos e como serão mitigados	Nenhum

Todas as seções de um plano de negócio que eu listo na Tabela 2-1 são importantes na execução de um negócio. No entanto, nenhuma dessas áreas *cria* um bom negócio. Em vez disso, elas sustentam um bom negócio. Para criar um bom negócio, você precisa de um bom modelo de negócio.

Mark Zuckerberg, fundador do Facebook, admitiu durante uma entrevista ao *Business Insider* que, em um primeiro momento, sua rede social não possuía um plano de negócio. Também é atribuída a Zuckerberg a citação: "Startups não possuem e nem têm tempo para desenvolver um plano de negócio." Não veja a dica dele como permissão para atalhar o processo de planejamento. O Facebook teve um modelo de negócio bem desenvolvido e algum sucesso inicial no mercado. Talvez Zuckerberg devesse reformular sua afirmação da seguinte forma: "Se estiver vendendo e tendo sucesso operacional — em outras palavras, se ficou provado que seu modelo de negócio funciona —, você não precisa de um plano de negócio."

Planos de negócio não cobrem tudo

A maioria dos empreendedores já sabe que eles precisam de um sólido plano de negócio para serem bem-sucedidos. Sabem disso porque o primeiro passo para financiar um negócio normalmente exige a entrega do seu plano de negócio para um banqueiro ou investidor.

Banqueiros adoram planos de negócio, em grande parte porque podem só passar o olho no resumo executivo e ir direto para as finanças. Afinal, banqueiros amam números. Os números não são maleáveis e subjetivos como marca e vantagem competitiva. Números são objetivos. Os banqueiros podem racionalizar e fazer análises complexas com números. Ter números frios e duros faz com que os banqueiros sintam que o empréstimo que darão estará seguro.

Infelizmente, qualquer pessoa que tenha lido mais de dez planos de negócio sabe que muitos deles não passam de chutes ao acaso. Explico: um típico plano de negócio pressupõe a existência de um forte modelo de negócio. Se o modelo de negócio no qual o plano se baseia for falho, o plano de marketing e a execução operacional descritos no plano de negócio serão insignificantes.

Ter um plano de negócio ruim ou até mesmo não ter um não significa que seu negócio fracassará.

Durante as pesquisas para o seu livro, *Hearts, Smarts, Guts, and Luck* (Harvard Business Review Press), a equipe do autor Anthony K. Tjan entrevistou e pesquisou centenas de empreendedores de sucesso para perguntar-lhes o que foi necessário para construir um negócio bem-sucedido. A equipe fez várias descobertas surpreendentes, como a de que 70% dos empreendedores que tiveram uma saída exitosa de seus negócios (em outras palavras, uma IPO — oferta pública inicial — ou venda para outra firma) não começaram com um plano de negócio.

Em vez disso, esses empreendedores começaram com o que Tjan chama de *Heart* (coração). Esses empresários não começaram com um pedaço de papel ou um plano elaborado, mas sim com um sentimento e uma ação correspondente para sua visão autêntica. A clareza de propósito e a paixão provaram-se mais importantes para esses empreendedores do que passar tempo escrevendo sobre uma ideia.

Aumentando o plano de negócio

Um plano de negócio excelente não pode consertar um modelo de negócio falho. Não pense nele como o conceito que abrange tudo, visão, plano de marketing, estratégia de execução e plano financeiro para o negócio. Em vez disso, pense em seu plano de negócio como o plano de execução do seu modelo de negócio. Seu plano de negócio mostra a seus apoiadores em potencial como você fará seu modelo de negócio funcionar operacional, administrativa e financeiramente.

O plano de negócio é muito gasto explicando *como* o modelo de negócio funcionará, em vez de *por que* funcionará. Para criar um negócio bem-sucedido, você precisa de um sólido modelo de negócio e um bom plano de negócio.

Todo empresário já viu modelos de negócio ruins que se tornaram planos de negócio e, consequentemente, negócios que fracassaram. Por outro lado, tente pensar em um negócio com um ótimo modelo que tenha fracassado. Na verdade, você provavelmente conhece um proprietário de negócio extremamente bem-sucedido que nunca teve um plano de negócio, que era completamente desorganizado, nunca terminou o ensino médio e nunca foi de trabalhar muito. Como você explica o sucesso dele? Simples: ele tinha um ótimo modelo de negócio.

Um ano atrás, eu conheci um jovem ambicioso que tinha o sonho de abrir uma companhia de produção de biscoitos. Seus amigos adoravam os biscoitos que ele fazia e sugeriram que ele criasse um plano de negócio para uma empresa de biscoitos. O jovem buscou a ajuda de um consultor para criar um plano de negócio para a empreitada. Trabalhando juntos, criaram um plano de negócio profissional e bem formatado.

Quando ele me entregou o plano e explicou sua visão para a empresa, tive que me segurar para não falar nada. Ele não havia pensado o suficiente em seu plano de negócio. Seus biscoitos eram completamente indistinguíveis dos da concorrência. A única diferença entre os dele e os dos concorrentes é que ele mesmo fazia os biscoitos. Sem um modelo de negócio sólido, nenhum plano de negócio fará sua empreitada dar certo.

O jovem poderia ter diferenciado seu modelo de negócio de várias formas. Poderia ter encontrado um nicho singular — como biscoitos em miniatura, com sabor tabasco, sem açúcar e glúten ou com sabores originais como os sorvetes Ben & Jerry, só para dar algumas opções. Poderia ter encontrado uma forma de distribuição única, como juntar-se a empresas de entrega por bicicleta ou vans de alimentos. Qualquer modelo de negócio que não fosse "meus cookies com gotas de chocolate são melhores que os deles" teria sido melhor.

Criando um plano de modelo de negócio

Um plano de modelo de negócio combina os componentes de um plano de negócio com a análise do modelo de negócio. Esse documento amplia ou substitui os planos de negócio tradicionais e tem o seguinte layout básico:

- **Base:** Siga a estrutura tradicional do plano de negócio para esta seção.
- **Desmembramento do modelo de negócio em áreas cruciais:**
  - atratividade no mercado (veja o Capítulo 6);
  - proposta de valor singular (veja o Capítulo 7);
  - modelo de lucro (veja o Capítulo 8);
  - performance de vendas (veja o Capítulo 9);
  - vantagem competitiva vigente (veja o Capítulo 10);
  - fator inovação (veja o Capítulo 11);
  - evitar armadilhas (veja o Capítulo 11);
  - saída elegante do negócio (veja o Capítulo 12).

- **Visão geral operacional:** Siga a estrutura tradicional de um plano de negócio para esta seção.

- **Análise financeira, incluindo pró-formas:** Siga o mesmo formato do plano de negócio tradicional, com ênfase adicional na justificativa de suas projeções de venda, em vez do método "nós vamos vender esta quantidade porque eu disse que vamos".

- **Análise de risco:** Eu trato de um pouco da análise de risco em várias seções da análise do modelo de negócio. Os riscos relativos ao marketing são abordados nas seções de potencial mercadológico. Os riscos competitivos são cobertos na seção de vantagem competitiva e assim por diante. Elimine a duplicação e foque em apresentar uma breve visão total dos riscos do mercado em geral — como recessão econômica, intervenção governamental e assim por diante —, em vez dos riscos específicos da empresa. Estes são tratados pelo modelo de negócio.

- **Nota do modelo de negócio:** Esta seção é opcional. Para dar mais peso à autoavaliação do modelo de negócio, você pode pedir a um analista de modelos de negócio certificado para fazer a nota do seu em uma escala de 0 a 100. Veja o Capítulo 13 para detalhes.

Planos de negócio tradicionais encobrem aspectos importantes de um modelo de negócio. A Figura 2-1A mostra a inclusão mínima do modelo de negócio no plano de negócio.

Como você pode ver na Figura 2-1B, o modelo de negócio chama muito mais atenção em um plano de modelo de negócio. O gráfico mostra a ênfase maior no modelo de negócio dentro do plano de negócio.

A vantagem de um plano de modelo de negócio sobre um simples plano de negócio é o foco maior em como o negócio criará fluxos de receita lucrativos e o foco menor em como operará quando estiver gerando receita. Se você focar no que importa — receita lucrativa —, o resto tende a acertar-se sozinho.

Você pode baixar uma amostra de um plano de modelo de negócio em http://businessmodelinstitute.com/BusinessModelPlanSample.pdf (conteúdo em inglês).

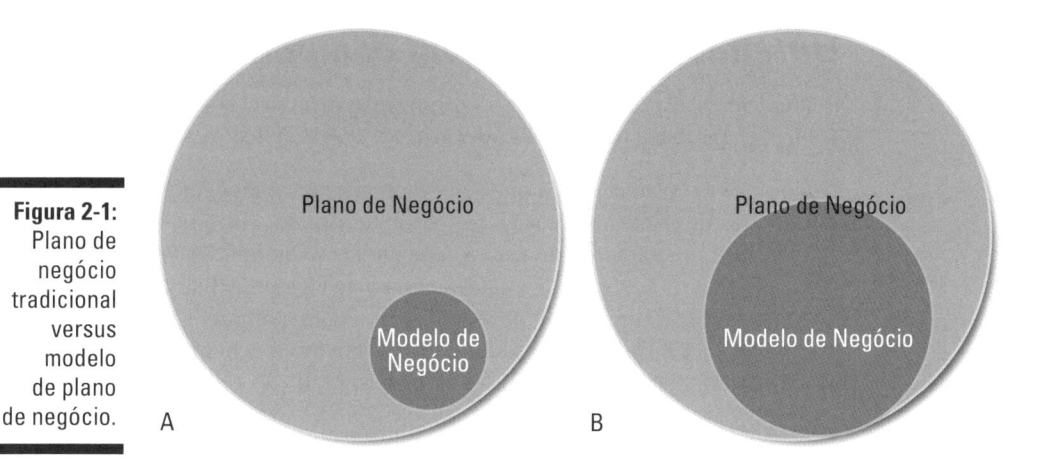

Figura 2-1:
Plano de negócio tradicional versus modelo de plano de negócio.

Considerando sua vantagem competitiva

A *vantagem competitiva* permite que uma firma atue em um nível mais elevado que outras na mesma indústria ou mercado — ou com qualquer um competindo pelo orçamento limitado do cliente. Ela pode agir como um poderoso catalisador para o seu negócio. A vantagem competitiva permite que você venda e lucre mais e ultrapasse outros na mesma indústria ou mercado. Quando estiver analisando a força de um negócio, se você olhar somente para a vantagem competitiva, sua análise ficará incompleta.

As pessoas frequentemente confundem o termo *vantagem competitiva*, vendo-o como sinônimo de *modelo de negócio*. A realidade é que a vantagem competitiva é uma parte do seu modelo de negócio, mas não ele todo. Um modelo de negócio é mais abrangente que sua vantagem competitiva. Por exemplo, você pode ter uma excelente vantagem competitiva, mas, ainda assim, ter um modelo de negócio fraco. Se a Starbucks decidisse maximizar as vendas de café por quantidade, baixando o preço de uma xícara de café para $0,50, sua vantagem competitiva poderia aumentar levemente. Contudo, o preço mais baixo resultaria em um modelo de negócio significativamente diferente, e pior, para a rede.

Obtendo sua vantagem competitiva

Segundo Michael Porter, o professor de Harvard responsável pelo conceito, a vantagem competitiva é obtida por meio da liderança em custo, diferenciação e/ou enfoque.

Liderança em custo significa que sua empresa tem a capacidade de entregar bens ou serviços similares aos de seus concorrentes por um custo mais baixo. Isso não significa um preço menor de venda, mas um custo menor dos bens vendidos. Se sua firma puder entregar um widget ao custo de $8 e para minha empresa custar $10 para entregar um similar, você tem a vantagem competitiva. Se sua vantagem competitiva for a melhor do seu ramo, você tem liderança em custo. Você pode obter liderança em custo de inúmeras formas. Aqui vão algumas:

- **Acesso a recursos naturais:** O controle absoluto da China sobre seus recursos minerais raros ou mão de obra barata
- **Escala:** O Walmart consegue comprar fraldas Pampers mais barato que qualquer outro
- **Integração vertical:** A Intel desenvolve, fabrica e comercializa chips
- **Alavancagem tecnológica:** Muitos analistas atribuem a ascensão do Walmart na década de 1980 à superioridade tecnológica em logística
- **Processo proprietário:** A Rolls-Royce utiliza um processo metalúrgico secreto para produzir pás de turbinas de aviões superduráveis

Diferenciação significa que o cliente sente que seu produto tem atributos superiores e diferentes dos da concorrência. Os clientes pagam muito mais por uma xícara de café da Starbucks do que pagariam na lanchonete do Zé, porque veem o café da primeira como um produto diferenciado. Muitas vezes você pode cobrar a mais pelos atributos diferenciados de sua oferta, criando uma margem de lucro adicional. Negócios podem criar diferenciação usando alguma das seguintes táticas:

- **Marca superior** (Coach, Tiffany's, Rolex)
- **Relacionamentos de suprimento único** (Ford Explorer Edição Eddie Bauer)
- **Vantagem do primeiro consumidor** (iPad, Walkman, pasta de dentes Crest)
- **Ponto** (lembra-se do mantra do varejo "localização, localização, localização"?)
- **Escala** (não muitas empresas podem construir um avião ou um arranha-céu)
- **Propriedade intelectual** (os controles circulares do iPod, motores Hemi, Intel Inside)

Você também pode adquirir vantagem competitiva por meio do enfoque. Um negócio não pode atender a muitos públicos. Você pode transformar um enfoque intenso em um mercado, nicho ou atributo em uma vantagem significativa. Entre os exemplos estão:

- O enfoque da Tesla somente em automóveis elétricos
- O enfoque exclusivo da Taiwan Semiconductor em fabricação
- O enfoque da Amgen em biofarmacêutica (em vez de em todos os tipos de drogas)
- O enfoque da Starbucks em café, em vez de transformar-se em só mais um restaurante
- O enfoque inicial da Amazon em livros
- O enfoque da Rally's em lanchonetes com atendimento quase que exclusivamente por drive-through
- O enfoque de um médico em cirurgia cardíaca

Aprimorando sua vantagem competitiva

Para verdadeiramente alavancar uma forte vantagem competitiva, você deve garantir os outros aspectos do seu modelo de negócio também. Nas seções a seguir, eu detalho vários outros fatores que um modelo de negócio deve levar em conta. Como empresário ou empresária inteligente, você deve ir além da análise da vantagem competitiva e explorar todos os aspectos do modelo de negócio. Fazendo isso, você libera o potencial máximo do seu negócio.

Inovação

Você deve levar em conta a capacidade de sua empresa de inovar para avaliar plenamente seu modelo de negócio. Sem inovação, sua vantagem competitiva enfraquecerá ou desaparecerá. Atualmente, as vendas do iPad são excelentes. No entanto, você apostaria alto que a Apple continuará a dominar esse mercado por mais dez anos? Sem inovação futura, os concorrentes alcançarão a Apple e abocanharão sua fatia de mercado. Não muito tempo atrás, a Blackberry tinha uma fatia dominante do mercado de celulares. Poucos anos depois, estava cambaleando em direção à bancarrota.

Segmentos de clientes

Qual segmento de cliente o produto atacará? A vantagem competitiva é de algum modo genérica no tocante a quem será o cliente. Ela presume que você encontrará o cliente certo. No entanto, correr atrás dos clientes ou segmento de mercado errados pode destruir um modelo de negócio que, de outra forma, seria sólido.

Direcionar sua vantagem competitiva ao cliente ou segmento de mercado certos faz uma grande diferença, como demonstram os próximos exemplos:

- A Motorola tinha um produto bem adequado ao mercado militar na Iridium (telefones por satélite), mas a companhia torrou bilhões tentando alcançar consumidores civis que não estavam dispostos a comprar um telefone de $3.000.
- O exército americano levou cinco anos para comprar 50.000 Hummers. Só em 2006, a General Motors vendeu 70.000 Hummers não militares para o público.
- Depois que a NASA foi exposta por comprar lápis de $129 para missões espaciais, Paul Fisher tomou para si a missão de inventar uma caneta que escreveria no espaço. Ele teve sucesso, chamando sua invenção de Space Pen. Por muitos anos, Fisher vendeu sua caneta para a NASA por $4 (a produção de cada uma custava a ele $1,98). Porém, o mercado de canetas espaciais como itens de coleção mostrou-se muito maior para Fisher. Hoje em dia são vendidas muito mais unidades da caneta a $20 do que quando eram vendidas para a NASA a $4.
- Ivan Getting concebeu o sistema de GPS na década de 1950. Levou-se quase 50 anos e $12 bilhões para criar um sistema de rastreamento de pessoal, mísseis, navios, tanques militares e afins. A indústria de eletrônicos para o público geral vendeu mais de um bilhão de dispositivos com GPS em apenas 15 anos.

Precificação

Quanto você cobrará pelo produto? Quão alta ou baixa será a margem de lucro? As respostas a essas perguntas são fatores críticos do modelo de negócio, mas não são abordadas diretamente na vantagem competitiva. Por exemplo, a Amazon tem vantagem competitiva por sua capacidade de distribuir produtos conveniente e eficientemente. No entanto, o que acontecerá quando ela for forçada a tarifar compras e os preços aumentarem? O que aconteceria se focasse na conveniência da experiência online, mas cobrasse 15% a mais do que seus concorrentes físicos? Ninguém sabe a resposta, mas esses fatores influenciariam a vantagem competitiva da Amazon.

Capacidade de vender

Sem um processo de venda comprovado e replicável, a maioria dos modelos de negócio fracassa. Infelizmente o mundo não se importa se você tem a melhor ratoeira. Todos os produtos e serviços devem ser vendidos. É fácil esquecer essa verdade inconveniente quando se vê a longa fila na frente da loja da Apple, com clientes clamando por comprar. Contudo, não se esqueça de todos aqueles comerciais do iPhone e do iPad, da publicidade, exibição paga do produto em programas como *Modern Family* e outros incontáveis esforços para criar demanda. Todas essas coisas ajudam a criar aquela longa fila de compradores ávidos.

Para finalizar o processo de marketing, alguém deve adquirir o seu produto. Um sistema sólido de vendas e marketing deve ser usado para tornar real o potencial total de sua oferta.

EXEMPLO

Durante o final dos anos 1800, duas empresas possuíam a patente do Jell-O, mas não conseguiram criar uma metodologia de venda que funcionasse. O produto que você conhece como Jell-O fracassou duas vezes como modelo de negócio. As formas de gelatina foram muito populares durante a Era Vitoriana, mas a gelatina era vendida em folhas e tinha que ser purificada. Isso consumia muito tempo. Em 1845, Peter Cooper, construtor do primeiro motor a vapor da América, obteve a patente da gelatina em pó. Essa ideia inteligente nunca teve sucesso.

Cooper desistiu da ideia e vendeu a fórmula para um fabricante de xarope para tosse, Pearle B. Wait, por menos de $100. A esposa de Wait teve a ideia engenhosa de adicionar sabores às gelatinas e chamar o preparado de Jell-O. No entanto, Wait não conseguia fazer o modelo de negócio funcionar. Dois anos após comprar a fórmula, ele vendeu o negócio para um vizinho, Orator Francis Woodward, por $450.

O resto é história. Apesar da vantagem competitiva significativa, Wait não conseguia aperfeiçoar a parte referente a vendas e marketing do seu modelo de negócio, mas Woodward sobressaiu-se. Sem conseguir fazer com que os mercados estocassem seu produto, Woodward publicou centenas de livros de receita com receitas que levavam o Jell-O como ingrediente e empregou um exército de vendedores de porta em porta para distribuí-los. Dias depois, centenas dos que viriam a ser compradores do Jell-O corriam para os mercados, os quais não tinham o produto em seus estoques. As lojas rapidamente aquiesceram e encheram suas prateleiras de Jell-O. Três anos após comprar a fórmula do Jell-O, as vendas alcançaram $250.000 (aproximadamente $6 milhões hoje).

A lição do Jell-O é que um ótimo modelo de negócio exige mais do que apenas vantagem competitiva.

Armadilhas potenciais

A vantagem competitiva não leva em conta potenciais armadilhas. Gosto de chamar esse fator de *Teste do Taser*. A Taser foi pioneira no negócio de armas de choque, possui muitas patentes, tem a melhor marca do negócio e é processada em $1 milhão quase toda semana. A Taser possui um bom modelo de negócio, apesar dessa armadilha. Contudo, se você olhar somente a vantagem competitiva dela sem considerar as armadilhas, o negócio parecerá muito mais atraente do que é na realidade.

Continuidade

Um problema significativo para pequenos e médios negócios é a capacidade de operar sem um input diário do proprietário. Se o negócio sair do controle sem o proprietário por perto, o modelo de negócio é fraco e ele não conseguirá vender o negócio nunca.

Tom é dono de um negócio que dá a ele $900.000 de lucro líquido por ano. Esse negócio tem uma vantagem competitiva significativa, como demonstra sua lucratividade. Porém, no instante em que Tom para de comparecer, seu lucro líquido cai para $0. Muitos médicos, advogados, contadores, arquitetos e outros profissionais enfrentam o mesmo problema. A vantagem competitiva desses negócios é forte, mas o modelo de negócio ainda precisa de algum trabalho.

Capítulo 3

Há Várias Formas de Modelos de Negócio

Neste Capítulo
- Descobrindo o que os modelos de negócio têm em comum
- Examinando modelos de negócio populares
- Ligando empresas bem conhecidas aos seus modelos de negócio

Um modelo de negócio é como uma porção de barro que pode se moldar de várias formas e tamanhos. Essa maleabilidade é uma característica poderosa, permitindo que empreendedores moldem seus modelos para que se encaixem em suas necessidades no negócio. Ainda assim, apesar de todo esse potencial para variação, todos os modelos de negócio têm um conjunto de características compartilhadas. Esses traços em comum são o que distinguem os modelos de negócio de outras ferramentas de negócio, como planos de negócio, planos estratégicos e operacionais.

Este capítulo foca no que os modelos de negócio têm em comum. Quando você tiver domínio do básico, eu usarei exemplos para mostrar os aspectos de todos os modelos de negócio, assim como uma lista com vários tipos comuns desses modelos. Considerando esses exemplos, você pode dar início ao processo criativo de que precisa para desenvolver seu modelo de negócio.

Aspectos Comuns a Todos os Modelos de Negócio

Quer seu modelo de negócio seja avançado ou baseado em princípios de 100 anos atrás, todos os modelos respondem às seguintes perguntas:

- **Quais problemas você está tentando resolver?** As pessoas não precisam de um widget novo, precisam de um widget que resolva um problema. Ninguém pediu um caixa eletrônico. Os clientes queriam que o horário de funcionamento dos bancos fosse maior. O caixa eletrônico resolveu esse problema. Esses mercados não atendidos ou com atendimento precário oferecem a melhor oportunidade para um ótimo modelo de negócio.

- **Quem precisa que esse problema seja resolvido?** A resposta a essa pergunta é o cliente a quem você atenderá. No caso dos caixas eletrônicos, o mercado é muito grande — todo mundo que tem uma conta bancária. No caso da clonagem de animais de estimação, o mercado é muito menor — pessoas que dispõem de $50.000 e amavam seu bichinho falecido o suficiente para recriá-lo.

- **Qual segmento de mercado o modelo está buscando?** Um *segmento de mercado* é um grupo de compradores em potencial que tem necessidades em comum e responderá similarmente ao seu marketing. A Nike produz tênis para vários segmentos de mercado, entre eles, atletismo, basquete, aeróbica e trilha. O marketing tradicional foca em segmentos demográficos, enquanto o marketing moderno foca nos comportamentos do comprador.

- **Como você resolverá esse problema melhor, de forma mais barata, mais rapidamente ou diferente de outras ofertas?** A Duluth Trading Company disponibiliza "calças jeans de baile", que oferecem um espaço extra nos lugares certos, de forma que você possa agachar sem espremer os "países baixos". Ofertas inteligentes e únicas como essas são superiores a uma ratoeira melhor.

- **Qual é a proposta de valor?** Qual é o problema que você resolve para o cliente em relação ao que cobra por isso? As "calças jeans de baile" têm um nicho inteligente e resolvem um problema de um segmento definido; mas, se o preço fosse $250 por cada, a proposta de valor seria fraca. Seu produto resolve um problema para o cliente. Com alguma esperança, seu cliente valorizará essa solução e pagará muito mais do que aquilo que você investe para produzi-lo. Quanto mais essa ideia se espalhar, melhor será sua proposta de valor.

- **Em que lugar sua oferta o coloca em sua rede de valor?** Muitos modelos de negócio criativos — como Skype, ProFlowers e eBay — redefiniram a cadeia de valor eliminando ou trocando de parceiros que contribuem com a oferta final.

- **Qual é o seu modelo de receita?** Fatores como de que forma você cobrará pelo produto, quanto cobrará e que porções da sua oferta serão as maiores geradoras de dinheiro determinam seu modelo de receita. Por exemplo, a maioria das linhas aéreas mudou radicalmente seus modelos de receita para cobrar por itens que antes estavam incluídos no preço da passagem, o que efetivamente os tornava gratuitos. Itens como manuseamento de bagagem, espaço extra para as pernas, refeição e mesmo transporte das bagagens agora geram bilhões de dólares em receita para companhias aéreas.

- **Qual é sua estratégia competitiva?** Você não vai querer simplesmente mergulhar no tanque dos tubarões. Você precisa de um plano para diferenciar-se de seus concorrentes — seja pelo marketing, pelas vendas ou operações —, um plano que lhe permita efetivamente ofuscá-los.

- **Como você manterá seu avanço competitivo?** Após distanciar-se de seus concorrentes, como você impedirá os esforços deles de copiar suas estratégias vencedoras? Os melhores modelos de negócio criam barreiras para manter sua suada vantagem competitiva.

- **Que outros parceiros ou produtos complementares deveriam ser utilizados?** Henry Ford era famoso por criar companhias que produziam tudo que fazia parte de seus carros. A Toyota conta com uma rede de parceiros para desenvolver e fabricar a maior parte dos componentes dos seus carros. Relacionamentos sábios com parceiros podem aprimorar seu modelo de negócio.

- **Quais efeitos em rede podem ser incrementados?** Se você possuísse a única máquina de fax, ela não valeria muito, porque você não conseguiria enviar nem receber um fax. Os efeitos em rede aumentam o valor de compra de todos quando a rede de usuários cresce. As boates e o Facebook contam com sua grande rede de usuários para aumentar o valor de suas ofertas.

Os melhores modelos de negócio não são meramente uma ideia. Um ótimo modelo de negócio resolve problemas para os clientes de forma criativa e gera mais lucros do que se pensava que seria possível.

As Formas Mais Simples de Modelos de Negócio

Você tem um número esmagador de fatores e preocupações para considerar quando criar um modelo de negócio. Pode ser assustador. Não se preocupe. Ao final deste livro, você terá uma compreensão de todos os trabalhos intrínsecos de um modelo de negócio e suas inter-relações.

Enquanto isso, aqui está um método simples para desmembrar seu modelo em três partes:

- **Qual é a oferta?** Você está vendendo rosas à beira de uma estrada ou o uso fracionado de um jato particular? Por que os clientes precisam de sua oferta? Em que ela se diferencia das outras opções que eles têm para resolver seus problemas? Você está vendendo seu produto para o melhor mercado e no melhor nicho? Os Capítulos 7 e 8 irão guiá-lo no básico da criação de uma oferta poderosa.

- **Como você monetizará a oferta?** O Twitter possui uma oferta poderosa fornecendo a centenas de milhões de usuários ferramentas valiosas de comunicação. Todavia, a rede social vem esforçando-se para transformar essa oferta em vendas. Você deve ter mais do que apenas um produto que as pessoas queiram. Você deve estar apto a cobrar um preço que gere uma margem de lucro significativa e conseguir vender o produto. A Sharper Image era uma companhia cujos produtos eram precificados de modo que permitissem altas margens; no entanto, os clientes que compraram foram insuficientes. Você deve ser capaz de executar sua estratégia de vendas para levar a cabo a monetização da oferta. Os Capítulos 8 e 9 discutem como ganhar dinheiro com seu modelo de negócio.

- **Como você criará sustentabilidade?** A Blockbuster Video teve um modelo de negócio excepcionalmente lucrativo por quase duas décadas, mas a companhia não conseguiu sustentá-lo. Fatores como manter/aumentar a vantagem competitiva, capacidade de inovar e evitar armadilhas afetam a sustentabilidade de um modelo de negócio. Veja os Capítulos 10, 11 e 12 para uma discussão aprofundada sobre sustentabilidade.

Exemplos de Modelos de Negócio

Há modelos de negócio com centenas de anos e aqueles com poucos anos de existência, como os modelos freemium da internet. Algumas das empresas mais lucrativas não inventaram um novo modelo de negócio; tomaram emprestado um modelo de outra indústria. O modelo barbeador e lâmina (*razor and blade*) da Gillette tem sido altamente lucrativo para os negócios de impressoras da Hewlett-Packard e de celulares da Verizon. O modelo bom, bonito e barato funciona para o Trader Joe's no ramo de mercados e para a IKEA na área de móveis domésticos. Às vezes um pequeno ajuste em um modelo de negócio existente pode gerar resultados poderosos em uma nova indústria.

A Tabela 3-1 mostra uma lista parcial de modelos de negócio comuns. Esses exemplos devem dar asas à sua criatividade à medida que você começar a criar seu modelo de negócio. Revise a lista para encontrar pequenas ideias que possa incorporar ao seu modelo, em vez de copiar um de cabo a rabo.

Tabela 3-1	Tipos de Modelos de Negócio	
Tipo de Modelo	*Descrição*	*Exemplo de Empresas e Produtos*
Razor and blades (barbeador e lâminas)	O cliente adquire um item com margem de lucro baixa, como um barbeador ou impressora a jato de tinta. Outros itens, como lâminas ou cartuchos de tinta de reposição, são vendidos com altas margens de lucro.	Gillette, impressoras Hewlett-Packard, cafeteiras Kuerig

Capítulo 3: Há Várias Formas de Modelos de Negócio

Tipo de Modelo	Descrição	Exemplo de Empresas e Produtos
Razor and blades, forma inversa	A compra inicial tem alta margem, mas os itens de reposição são vendidos com margens baixas para incitar uma compra inicial ou contrastar com concorrentes que utilizam o modelo Razor and blade.	Impressoras a jato de tinta Kodak, a combinação iPod e iTunes da Apple. A Apple tem margens bem baixas com o iTunes, mas altas margens com hardware.
Bom, bonito e barato	Comercialização de mercadoria estilosa, mas barata. Normalmente permite margens altas porque a mercadoria é vendida a preços baixos, porém passa a impressão de ser cara.	Target, Trader Joe's, IKEA
Bricks and clicks (físico e virtual)	Extensão das compras em lojas físicas para pedidos online, com retirada na própria loja, ou itens encontrados exclusivamente online.	BestBuy.com, livrarias físicas com lojas online.
Marketing multinível	Recrutar amigos, família e outras redes pessoais para recomendar produtos e agir como força de vendas. Funciona melhor com produtos que precisam de recomendação para facilitar a compra.	Avon, Mary Kay, Amway
Franquia	Vender o direito de usar o modelo de negócio em troca de uma porcentagem da receita.	McDonald's, Holiday Inn, NFL
Upsell antecipado	Uma grande porcentagem de compradores acaba comprando mais do que esperava. Por exemplo, a maioria das pessoas que acabaram de comprar uma casa acaba comprando 1,2 vezes o preço base do imóvel com extras. As construtoras apostam nesse *upsell*.	Construtoras, concessionárias de automóveis, fabricantes de aço
Loss leader (publicidade chamariz)	Este modelo oferece itens rapidamente com uma margem de lucro muito baixa em antecipação a vendas adicionais com uma margem maior.	Postos de gasolina, restaurantes ou lanchonetes que vendem itens específicos a preços bem baixos
Modelo de inscrição	Um dos modelos mais populares devido à receita recorrente. Geralmente envolve a criação de um ativo significativo e alugar um pedaço dele.	Academias, software como serviço

(continua)

Tabela 3-1 *(continuação)*

Tipo de Modelo	Descrição	Exemplo de Empresas e Produtos
Coletivo	Semelhante à franquia. Envolve a união de vários negócios com propósitos operacionais, de busca de clientes ou marketing, com menos atrelamentos que uma franquia. Geralmente, os coletivos agregam comprando poder e não pagam royalties vigentes como em uma franquia.	Ace Hardware, CarQuest
Produtização de serviços	Padronizar um conjunto de serviços que são normalmente comprados juntos e vendê-los por um preço fixo, como o de um produto. Muitas vezes inclui também uma precificação baseada em taxa fixa.	Um consultor cobra $5.000 pela análise de um plano de negócio em vez de cobrar $200 por hora, planos de serviço pré-pagos
Servitização de produtos	Tornar um produto parte de uma oferta de serviço maior.	A Rolls-Royce vende motores de aeronaves, não como componentes distintos, mas como soluções completas baseadas em milhas na aviação. Todas as funções de operação e manutenção são incluídas nesse plano "*Power by the Hour*" (serviço de suporte).
Cauda longa	Baseado no famoso artigo de 2004 de Chris Anderson na revista *Wired*. Selecionar um pequeno nicho e servir a ele de uma forma que marqueteiros voltados para o grande público não conseguem. Com alguma esperança, o pequeno nicho cresce e torna-se um nicho grande, como aconteceu no caso da cerveja Fat Tire.	Bandas no YouTube, lojas online com artigos para canhotos, microcervejarias
Vendas diretas	Pular os canais de venda tradicionais para mirar nos usuários finais. Métodos incluem vendas de porta em porta e lojas próprias.	Kirby Vacuums, biscoitos das Girls Scouts (meninas escoteiras), lojas de ponta de estoque em shoppings

Capítulo 3: Há Várias Formas de Modelos de Negócio

Tipo de Modelo	Descrição	Exemplo de Empresas e Produtos
Cortar o intermediário	Remoção de intermediários em uma rede de suprimento. A AutoZone contorna a distribuição tradicional em três etapas pulando o estocador/distribuidor.	Dell Computer, *farmer's market* (no Brasil existe o Mercado do Produtor, áreas disponibilizadas para que produtores rurais vendam seus produtos diretamente ao consumidor, sem intermediários).
Modelo de negócio freemium	O produto é oferecido gratuitamente. Geralmente 8% dos usuários tornam-se clientes pagantes de bens virtuais ou fazem-no para ter acesso mais amplo a estes.	Angry Birds, softwares shareware, McAfee segurança (computadores)
Leilões virtuais	Cria uma comunidade de compradores e vendedores usando um processo de vendas semelhante ao de leilões em oposição a preços fixos.	eBay, Arriba
Modelo Hotel California	Cria um produto indispensável que prenda os clientes de modo que estes comprem produtos não relacionados altamente lucrativos, como concessões em um jogo de beisebol.	Parques de diversão, eventos esportivos, cinemas
Efeito em rede	Cria um produto cujo valor para cada usuário torna-se maior à medida que mais pessoas o utilizarem.	Máquinas de fax, redes sociais
Financiamento coletivo	Angariar usuários para criar produtos colaborativamente e vendê-los a outros.	`Cafepress.com`, novos sabores da Frito Lay, YouTube, Angie's List
Usuários como experts	Dá aos usuários acesso a tecnologia e ferramentas geralmente reservadas a funcionários da empresa. Esses usuários então criam seus próprios designs ou versões dos produtos.	Restaurantes que permitem que clientes cozinhem o próprio prato, Lego
Premium	Oferece produtos sofisticados, com apelo a consumidores ligados em marcas.	Tiffany, Rolls-Royce
Nickel and dime (cobrar por extras)	Colocar o menor preço possível no item de maior custo e então cobrar por cada extra.	Linhas aéreas
Taxa fixa	O contrário do modelo *nickel and dime*. A maior parte ou todas as aquisições são reunidas em uma taxa.	Sandals Resorts, Southwest Airlines

Capítulo 4

O Sucesso de Seu Negócio Depende do Seu Modelo de Negócio

Neste Capítulo

▷ Descobrindo por que é tão difícil ter sucesso sem um bom modelo de negócio

▷ Saiba que trabalho duro nem sempre recompensa

▷ Experimentando grandes modelos de negócio, em vez de esperar por inspiração divina

▷ Esperando para ver se um modelo funcionará

Criar um ótimo negócio com um modelo de negócio ruim não é possível. Sendo claro e simples: um grande negócio começa com um grande modelo de negócio. Se você quiser colher o máximo de recompensa de seu trabalho duro e talento, construir um ótimo modelo de negócio é pré-requisito.

Investir recursos financeiros e energia em um negócio antes de criar um ótimo plano de negócio pode ser chamado de colocar a carroça na frente dos bois. Neste capítulo, você descobrirá por que grandes negócios são construídos sobre grandes modelos de negócio e por que o trabalho duro pode ser seu inimigo, em vez de seu amigo.

Tentando (e Falhando em) Obter Sucesso Sem um Modelo de Negócio Superior

Nesta seção, para comparação, eu coloco negócios lado a lado. Na coluna 1 da Tabela 4-1 estão algumas características de negócio almejadas. Na coluna 2 estão traços opostos ou similares em um grau inferior. Escolha o negócio que você acha que seria mais bem-sucedido.

Tabela 4-1 Quais Negócios Serão Mais Bem-sucedidos?

Opção 1	Opção 2	Vencedor
Um líder excepcional, mas com um modelo de negócio ruim. Exemplo: Steve Jobs sobressaiu-se na Apple, mas falhou na NeXT Computer.	Líder mediano, mas com um ótimo modelo de negócio. Exemplo: Eu aposto que qualquer pessoa lendo este livro conseguiria liderar o Google por um ano sem bagunçar com ele.	Ótimo modelo de negócio
Ótima cultura corporativa, mas com modelo de negócio ruim. Exemplo: A IBM foi a primeira empresa nos EUA a oferecer feriados pagos e é famosa por várias inovações nessa área. Mas, quando seu modelo de negócio azedou nos anos 1990, não houve cultura forte que conseguisse resolver os problemas no negócio.	Cultura mediana, mas ótimo modelo de negócio. Exemplo: empresas como Walmart, DISH Network e Comcast entram com regularidade nas listas de "piores lugar para trabalhar", mas, ainda assim, têm negócios altamente exitosos.	Ótimo modelo de negócio
Funcionários ótimos, mas modelo de negócio ruim. Exemplos: Kodak e Xerox recrutaram algumas das melhores mentes científicas e de negócio disponíveis, mas mesmo assim não conseguiram evitar declínios massivos no negócio.	Funcionários medianos, mas ótimo modelo de negócio. Exemplo: Uma de minhas perguntas preferidas para fazer a proprietários de negócio a fim de que avaliem a força de seus sistemas é: "E se trocássemos seus funcionários pelos funcionários do McDonald's?" O forte modelo de negócio e a sistematização do McDonald's permitem que empregados medianos funcionem eficientemente. Afinal, é difícil encontrar 1,8 milhão de pessoas excelentes; este é o número de funcionários que o McDonald's possui.	Ótimo modelo de negócio
Excelência administrativa, mas modelo de negócio ruim. Exemplo: As firmas do Vale do Silício regularmente arrebatam equipes administrativas inteiras de empresas cujo modelo de negócio fracassou.	Administração mediana, mas ótimo modelo de negócio. Exemplo: O CEO do Facebook, Mark Zuckerberg, ou o da Spanx, Sarah Blakely, tiveram sucesso por causa de suas proezas administrativas? É muito mais provável que seus modelos de negócio superiores tenham sido a raiz de seus sucessos do que suas capacidades administrativas.	Ótimo modelo de negócio

Capítulo 4: O Sucesso de Seu Negócio

Você pode trabalhar suas capacidades administrativas por muito tempo e com muito afinco só para acabar em uma situação em que estará aplicando essas habilidades em um modelo de negócio imperfeito. Sem o alicerce de um modelo de negócio sólido, você desperdiçará essas habilidades.

Boa notícia: Modelos de negócio são fluidos

Se seu foco for liderança, administração e cultura, mas seu modelo de negócio tiver sofrido, não se preocupe. Os modelos de negócio não são estáticos, são fluidos. A tecnologia e os hábitos de consumo mudam e os concorrentes adaptam-se. Seu modelo de negócio precisa mudar com eles. E pode mudar.

Uma vez que modelos de negócio são fluidos, você tem a capacidade de fazer mudanças graduais e constantes para aprimorar o seu modelo. Visto que a fluidez do mercado está trabalhando para desgastar o seu modelo, você deve melhorá-lo constantemente, ou esse desgaste pode alcançá-lo como fez com a Blockbuster, a Kodak e a BlackBerry.

Estudo de caso: Kodak versus Fujifilm

Durante a maior parte do século XX, a Kodak teve uma posição dominante na indústria de filmes fotográficos. Em meados de 1970, a empresa possuía uma fatia de mercado de 90% nas vendas de filmes fotográficos e 85% das vendas de câmeras nos Estados Unidos. O grosso dos lucros da Kodak vinha das vendas de filmes e produtos relacionados.

Por mais de 75 anos, a maior parte da fortuna da Kodak foi construída sobre o sucesso do filme tradicional. A Kodak fez tudo certo. Recrutou os maiores talentos nas universidades, reteve a liderança, gastou somas significativas em pesquisa e desenvolvimento e tinha uma cultura vencedora.

Todavia, nada disso importou quando a qualidade das fotos digitais aproximou-se daquela dos filmes tradicionais. A facilidade, a simplicidade e o custo-benefício das câmeras digitais esmagaram o negócio da fotografia tradicional.

O que a Kodak fez de errado? Depende do que você define como *errado*. A Kodak não fez absolutamente nada errado em seus esforços para administrar e ampliar o negócio do filme tradicional. Na realidade, a Kodak fez um trabalho tão ótimo administrando e lucrando com esse tipo de negócio que era difícil abrir mão dos belos lucros, apesar de todos os sinais de um modelo de negócio moribundo. O que ela fez foi subestimar a força do tsunami de fotografia digital e o efeito de destruição massiva que teria em seu modelo de negócio.

Apesar de ter inventado a fotografia digital, a Kodak não inovou seu modelo de negócio levando em conta a guinada da fotografia tradicional para a digital. Diferentemente de um restaurante mudando devido às preferências dos clientes por hambúrgueres em vez de burritos, o desafio da Kodak era a guinada de um produto de consumo, o filme, para um reutilizável, o cartão SD. A digitalização fotográfica remove uma quantia significativa de lucro potencial da indústria de filmes.

A Fujifilm, por outro lado, navegou com sucesso na mudança para a fotografia digital, empregando as competências centrais da produção de filmes para outras áreas. A Fujifilm viu além de simplesmente passar para a fotografia digital.

Os filmes fotográficos têm 20 camadas ultrafinas que contêm por volta de 100 compostos químicos. A Fujifilm usou sua expertise em manipular esses elementos químicos e engenharia com partículas em escala atômica para entrar em áreas novas e crescentes como os filmes utilizados em painéis de LCD para computadores, televisores e outros dispositivos eletrônicos. Agora ela está fazendo uma tentativa na área de cosméticos com sua linha de cuidados com a pele Astalift. O cosmético utiliza a mesma tecnologia de antioxidação que impede fotos de desbotarem. A Fujifilm fluidamente passou de uma empresa de filmes para uma companhia química de alta tecnologia, empregando suas competências centrais aprendidas com os filmes fotográficos.

Equacionando Trabalho Duro e Resultados — Desde que o Modelo de Negócio Seja Sólido

Você provavelmente já conheceu um proprietário de negócio trabalhador, bem formado e talentoso que parece nunca alcançar o sucesso. Você provavelmente também já conheceu um proprietário de negócio nem tão trabalhador, nem tão bem formado e moderadamente talentoso que construiu um negócio estelar. Como explica essas diferenças?

É simples. O proprietário trabalhador tem um modelo de negócio ruim e o nem tão trabalhador tem um ótimo modelo de negócio. Um grande modelo de negócio sempre supera o trabalho duro.

Acabou que aqueles conselhos da infância sobre trabalhar duro não eram totalmente verdade. Sim, trabalhar com afinco é importante. Sim, aqueles que dão duro se saem melhor do que os que não o fazem. No entanto, sem um bom modelo de negócio, o trabalho duro está mal direcionado.

Como empresário(a), você precisa aplicar seu talento e trabalho duro em um modelo de negócio excepcional. Essa combinação rende um negócio viável e lucrativo. A Figura 4-1 demonstra como trabalhar com afinco em suas operações de negócio cria apenas um ganho marginal com o passar do tempo. O trabalho afincado em seu modelo de negócio *e* em suas operações rende um retorno muito melhor.

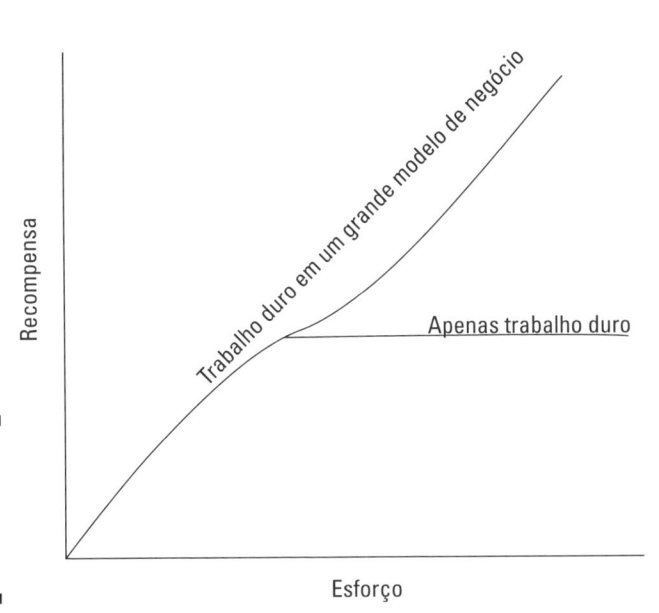

Figura 4-1: Apenas trabalho duro não é suficiente.

Gráfico: eixo Y "Recompensa", eixo X "Esforço". Curva superior "Trabalho duro em um grande modelo de negócio"; linha inferior "Apenas trabalho duro".

Redefinindo trabalho duro

Eu vou sugerir que você redefina "trabalho duro". Trabalhar duro em seu negócio não é suficiente. Você provavelmente pode citar dezenas de exemplos de empresários trabalhadores que não alcançaram o sucesso que seu trabalho afincado garantiria. Em vez de só dar duro, você primeiro precisa trabalhar duro em seu modelo de negócio e, depois, dar duro em seu negócio. Essa combinação resultará em amplas recompensas ao seu trabalho duro. Confira a Figura 4-1 para ver como o trabalhar com afinco combinado a um sólido modelo de negócio rende resultados melhores do que somente trabalhar.

Evitando a submissão a um modelo de negócio ruim

Você já conheceu proprietários de negócio que dizem ser impossível para eles tirar férias? Esses(as) empresários(as) sempre parecem estar a mil por hora e com os cabelos em chamas. Essas pessoas não possuem um negócio, o negócio as possui! É quase como um gremlin invisível, chamado "o negócio", mandando e desmandando, dizendo a eles o que podem e o que não podem fazer. Esses empresários não passam de servos apegados aos seus negócios. O modelo de negócio inferior cria problema atrás de problema, resultando em uma corrente de trabalho mal remunerado que nunca acaba.

> ## Seja uma Sally
>
> Bob formou-se e obteve seu diploma em contabilidade. Do tipo empreendedor, ele deu início à sua própria firma. Como qualquer empreendedor de startup, Bob executava toda tarefa necessária para a firma. Bob fazia a prospecção de novos clientes, fazia todo o trabalho de contabilidade e jogava o lixo fora. Sendo claro e simples: Bob dava duro.
>
> Finalmente, ele construiu uma prática contábil decente. Ele levava uma vida melhor que a média, mas trabalhou por 60 horas por semana pelos 40 anos que se seguiram.
>
> Sally formou-se na mesma faculdade e obteve o mesmo diploma que Bob. Ela não queria dar início a mais uma empresa de contabilidade como as outras. Em vez de sair correndo para abrir seu próprio negócio, se deu conta de que várias firmas da cidade estavam fazendo trabalho de contabilidade. E, mais importante, Sally não queria construir um modelo de negócio sustentado apenas por suas relações pessoais e por sua habilidade (também conhecida como marca pessoal). Ela entendeu que construir uma prática baseada somente em sua marca pessoal poderia criar um modelo de negócio que não cresceria.
>
> Após pesquisar, Sally percebeu que pequenas redes independentes de restaurantes não eram satisfatoriamente atendidas nesse mercado. Esses operadores não estavam utilizando a mais recente tecnologia, o que criava montanhas de papel que os donos de restaurante normalmente jogavam em caixas de sapatos.
>
> Sally construiu uma prática contábil que ajudava os operadores desses pequenos restaurantes a administrarem seus papéis, acrescentou tecnologia aos seus negócios e oferecia expertise contábil no nicho. Sua prática contábil era muito diferente da de Bob. Ela estava mais para escriturária do que para contadora. Devido às montanhas de papel geradas por seus clientes, ela trabalhava mais para processar a contabilidade básica do que para oferecer expertise contábil. Enquanto Bob estava ocupado oferecendo trabalho contábil para seus clientes, Sally estava construindo uma equipe que pudesse executar o trabalho mais básico, permitindo que ela tocasse a firma em vez de ser apenas um recurso rentável.
>
> O modelo de Sally provou-se superior ao de Bob. O dele era indiferenciado e inextensível. Bob estava engajado no pior modelo de negócio do mundo: vender tempo por dinheiro. Sempre que tirava férias, não ganhava dinheiro. Sempre que buscava um novo negócio, não ganhava dinheiro. Sally, por outro lado, expandiu suas habilidades por meio do seu departamento de escrituração. É claro que ela deu duro nos primeiros cinco anos para criar uma cartela de clientes. Depois de alcançar isso, contudo, ela tinha o triplo de ganhos de Bob e trabalhava aproximadamente metade do tempo que ele. A superioridade do modelo de negócio de Sally estava na raiz de seu sucesso.

Na maioria das vezes, os negócios não começam desse jeito. Quando ele começa, o modelo de negócio é forte. Com o passar do tempo, o modelo de negócio desgasta-se. O modelo enfraquecido exige mais e mais trabalho afincado para que o proprietário apenas mantenha o ritmo.

Você já deve ter ouvido falar do sapo fervendo. Você pode colocar um sapo em uma panela com água e então lentamente aumentar a temperatura até ferver, mas o animal não vai pular da panela. A lenta mudança de temperatura convence o sapo de que a dor de mudar excede a dor da água mais quente. Até que ele morre cozido, apesar de sua capacidade de simplesmente pular para fora da panela.

Seu modelo de negócio tem o potencial de cozinhar o sapo. Pode levar de 10 a 20 anos, mas todo modelo de negócio enfraquece. Se os empresários não o inovam mais uma vez, estão em perigo de tornarem-se servos apegados a um modelo de negócio ruim.

Estudo de caso: New Pig

A New Pig Corporation é uma líder mundial na contenção de vazamentos industriais. Se você já trabalhou em uma fábrica, provavelmente reconhece o nome. Porém, nem sempre a New Pig desfrutou de um modelo de negócio forte. A empresa começou como uma companhia de limpeza a jato de areia e de limpeza industrial. Após anos trabalhando arduamente com a limpeza de graxa para clientes industriais, o proprietário cansou e decidiu que deveria haver uma forma melhor de ganhar a vida.

Durante muitos dos seus trabalhos de limpeza, ele percebeu como a limpeza de óleo industrial era ineficiente. A argila usada na absorção do óleo grudava em tudo. Em sua ingenuidade, ele descobriu que espigas de milho no chão absorviam óleo muito melhor do que qualquer coisa em uso na época. Ele fez uma experiência, enchendo meias de nylon com palha de milho amassada. Os clientes adoraram sua invenção e fizeram tantos pedidos que ele abandonou seu modelo de negócio de limpeza industrial e passou para a produção de meias. Ele chamou sua invenção de Pig Blanket.

Atualmente, a New Pig Corporation é uma líder mundial com mais de 4.500 produtos para absorções de vazamentos, contenção e limpeza.

Experimentando o Caminho Para um Grande Modelo

Criar um ótimo modelo de negócio não é um evento, é um processo. Primeiro, você lança a primeira versão do seu modelo de negócio. Algumas partes dele funcionarão, outras não. Você amplia as partes que funcionam e conserta as que não funcionam. Depois de um monte de ajustes, agora você tem um ótimo modelo de negócio. Você não pode correr desse processo de tentativa e erro. No mundo dos modelos de negócio, a falha é normalmente precursora do sucesso. Não tenha medo de falhar. Esteja disposto a constantemente ajustar e mexer no seu modelo de negócio e você conseguirá construir um modelo exitoso.

Mesmo investidores de risco ganham um terço do tempo

Empresários são ligados no sucesso, eles anseiam por isso. Esse desejo de sempre vencer serve bem quando se está operando um negócio. Ele não serve quando se está criando um modelo de negócio. Você quer empenhar esforço na criação de um modelo de negócio incrível, jogá-lo para o mundo e então ver o dinheiro chovendo. Não é assim que funciona.

A maioria dos modelos de negócio começa como fracassos parciais. Afinal, criar um modelo de negócio é um jogo de adivinhação. Às vezes você adivinha certo, às vezes errado. Nada para se preocupar: as mentes mais brilhantes do negócio só se dão bem em um terço do tempo.

Empresas como Google, Facebook, eBay, Minute Maid, Apple, Genentech e outras mais tiveram seus modelos de negócio abençoados por investidores de risco espertos. Esses investidores representam alguns dos analistas de modelos mais brilhantes do mundo. Ainda assim, para cada modelo de negócio que acerta o gol, os investidores abençoam uma dúzia de bolas fora. O que quero dizer é: não se pode saber por antecipação se um modelo de negócio será bem-sucedido.

Deixando o mercado determinar quão esperto você é

Modelos de negócio podem nascer em laboratório, mas são comprovados no mercado. Muitos modelos de negócio criados por inteligentes MBAs de Harvard e Stanford foram um fiasco. Ultimamente, centenas de milhões de dólares de investidores, fundos de risco e do governo chinês fundaram empresas de energia solar. Quase nenhum deles está criando lucros. Nem mesmo o todo-poderoso Google está imune. Recentemente, o Google fechou seu serviço Google Wave. Ele achava que o e-mail era um conceito de 40 anos e precisava ser atualizado. O serviço Wave abrigava conversas de e-mail de várias origens para acabar com os confusos repasses e encaminhamentos de e-mails. Parece muito bom, certo? Vem de um vencedor comprovado, o Google, certo? Quebrou a cara. O mercado gritou alto e claro: "Está bom e-mails normais, desajeitados, imperfeitos."

Os melhores modelos de negócio ouvem o mercado. É fácil dizer e difícil fazer. Suponhamos que você lance um novo produto e o mercado não o aceite imediatamente. Será que ouvir o mercado significa voltar atrás e reorganizar a oferta ou isso seria desistir cedo demais? Não há resposta certa. Use o seu melhor julgamento de negócio para saber quando perseverar e quando se reequipar. Os fatores a considerar são:

- **A magnitude da falha.** Fiquei sabendo de uma empresa educacional que enviou uma mala direta de 300.000 e-mails para professores e não obteve nenhuma resposta. Não há necessidade de perseverar quando se tem um fiasco desses.
- **Se suas mudanças criam aprimoramento incremental suficiente.** Se cada nova versão trouxer resultados melhores, mantenha-a até que o aprimoramento pare. Nesse ponto, decida se o modelo funciona ou não.
- **Fãs enlouquecidos.** Um modelo marginal mais um mercado ambivalente não é tão bom quanto um modelo marginal com um punhado de fãs enlouquecidos. Se você tiver uma oferta forte o suficiente para criar fãs aficionados, continue tentando.
- **Custo irrecuperável.** Isso é uma armadilha. O custo irrecuperável tende a afetar a tomada de decisão muito mais do que deveria. A ideia renitente de que você investiu $1 milhão não vai funcionar. O fato de que você torrou um monte de dinheiro e empenhou esforço na ideia não deve afetar a decisão.
- **Dificuldade para continuar.** Se seu modelo de negócio ainda precisar de trabalho, e estará em breve sendo reorganizado, pode ser melhor seguir em frente.

Quando estiver em dúvidas, encontre uma maneira de fazer um "teste fácil" e veja o que acontece. Muitas vezes empresários ficam apegados emocionalmente às suas ideias e vão fazer de tudo para dar certo. Embora essa qualidade seja admirável, às vezes empenhar 110% de esforço não é a melhor opção. Às vezes você pode se dar melhor usando o Princípio de Pareto (a regra dos 80/20) e pular os difíceis 80% de trabalho que rendem apenas 20% dos resultados, enquanto espera testar seu último ajuste. Jogue a maior parte dessa ideia no mercado de forma funcional, mas imperfeita, e veja no que dá. Se o mercado não gostar dos 80%, provavelmente não gostará dos 20% restantes também.

Recuse-se a contar com a sorte

Pet Rocks, os *grills* de George Foreman e propriedades não lucrativas na web vendidas por bilhões de dólares podem levar empreendedores a acreditar que a sorte é parte do jogo do modelo de negócio. Não é. O dito "Quanto mais eu trabalho, mais sorte tenho" é verdadeiro. Quanto mais você trabalhar em formular e ajustar seu modelo de negócio, mais sorte terá.

Todo negócio experimentará tanto a boa quanto a má sorte. Conte com isso. Você precisa perseverar por meio de alguns momentos infelizes. De vez em quando você terá alguns momentos de sorte também. Todavia, não deixe seu modelo de negócio à mercê do acaso. Apostar na sorte é uma aposta ruim. Aposte que seu talento no negócio, sua pesquisa e o trabalho afincado — não a sorte — resultarão em um grande modelo de negócio.

Nem a sorte é sortuda

Há um velho ditado que diz: "A grama está sempre mais verde do outro lado." Esse ditado se aplica a modelos de negócio também. Quando se olha um sucesso surpreendente como os grills de George Foreman, que já venderam mais de 100 milhões de unidades, é fácil pensar que a sorte é o mais importante para o sucesso. Desculpe-me por cortar seu barato, mas o caso dos grills do George Foreman não foi sorte.

Michael Boehm e Robert Johnson inventaram o grill e venderam os direitos para a Salton Inc. A empresa viu essa tecnologia como superior, mas não conseguia encontrar compradores. Comprometida com a tecnologia, procurou um parceiro de marketing singular e ouviu falar que George Foreman estava procurando um produto para expor. Foreman testou o produto em casa e adorou. Concordou em colocar seu nome nele por 40% dos lucros. Esse negócio rendeu a Foreman um lucro líquido de $200 milhões e ainda mais para a Salton Inc.

Os grills do George Foreman não foram um golpe de sorte de jeito nenhum. O que houve foi a combinação de uma inovação sagaz, perseverança e habilidades de marketing.

Estudo de caso: Toys "R" US

A loja de brinquedos Toys "R" Us é um ótimo exemplo de um bom modelo de negócio que deu errado e depois foi consertado. Após a Segunda Guerra Mundial, Charles Lazarus fundou a Toys "R" Us como uma loja de brinquedos para bebês em Nova York. Ele teve a sorte de estar no lugar certo na hora certa e com uma boa ideia.

A empresa cresceu bem e chamou atenção de uma grande varejista, a Interstate Department Stores. Com a Interstate, a Toys "R" Us fracassou, mas a Interstate fracassou mais ainda. A varejista acabou indo à falência. Essa má sorte não durou muito. Um monte de lojas Toys "R" Us emergiu como uma companhia solitária em uma pós-falência. Livre do modelo da Interstate, a Toys "R" Us criou um modelo de negócio fortalecido, focado somente em brinquedos. A empresa cresceu, atingindo quase mil lojas em 35 países, e continua sendo uma das maiores varejistas de brinquedos do mundo.

A Toys "R" Us tirou o melhor tanto da boa quanto da má sorte para criar um dos primeiros conceitos de superlojas.

Planejamento voltado à descoberta

O planejamento voltado à descoberta é uma técnica alternativa de planejamento, introduzida pela Dra. Rita Gunther McGrath e Ian C. MacMilan em um artigo do Harvard Business Review de 1995. Esse método afirma que, quando se está operando em arenas com significante quantidade de incerteza, é preciso uma abordagem diferente da que é usada normalmente no planejamento convencional.

No planejamento convencional, a "correção" objetiva de um plano é geralmente julgada pela proximidade entre projeções e resultados. No planejamento voltado à descoberta, pressupõe-se que o plano pode mudar, porque uma nova informação está constantemente sendo revelada. O plano está sempre em movimento. Com o planejamento tradicional, todo o projeto pode ser financiado com a expectativa de que um resultado positivo pode ser previsto. No planejamento voltado à descoberta, os fundos são liberados com base nas realizações de objetivos intermediários; nesses pontos, fundos adicionais podem ser disponibilizados com base nas previsões sobre expectativas razoáveis de sucesso futuro.

Um planejamento voltado à descoberta incorpora cinco disciplinas ou elementos de plano:

- Definição de sucesso para o plano ou iniciativa, incluindo uma declaração de ganhos "reversos"
- Benchmarketing contraposto a parâmetros mercadológicos e competitivos
- Especificação de exigências operacionais
- Documentação de pressupostos
- Especificação de metas intermediárias importantes

Parte II
Criando um Modelo de Negócio Vencedor

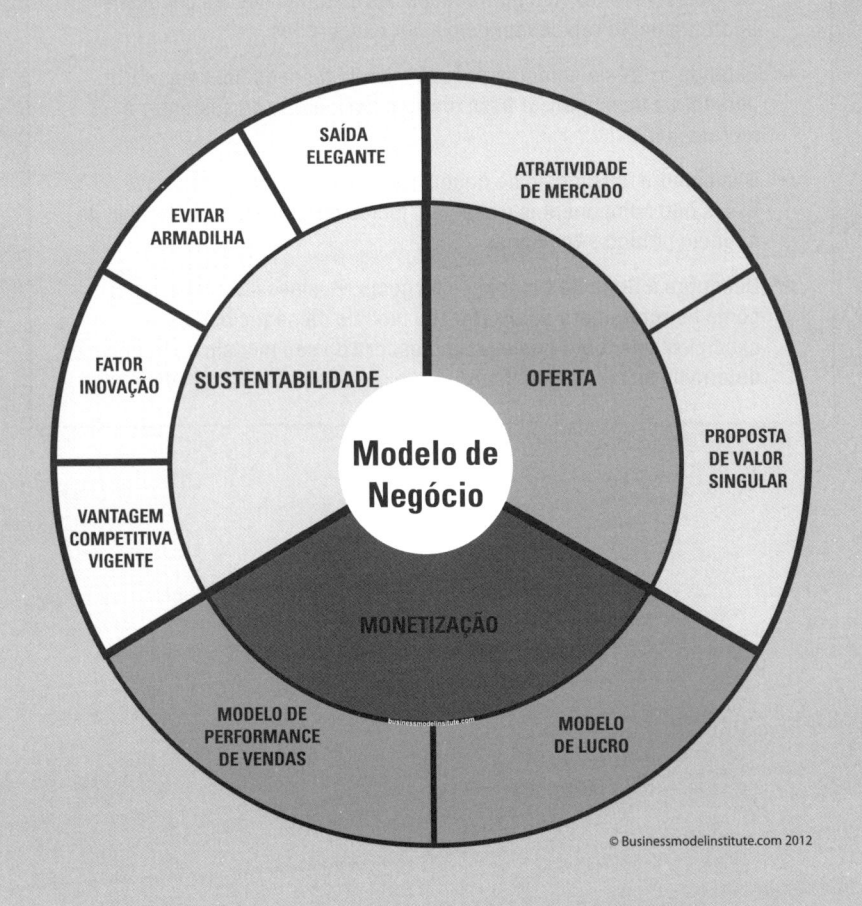

- SAÍDA ELEGANTE
- EVITAR ARMADILHA
- FATOR INOVAÇÃO
- VANTAGEM COMPETITIVA VIGENTE
- SUSTENTABILIDADE
- ATRATIVIDADE DE MERCADO
- PROPOSTA DE VALOR SINGULAR
- OFERTA
- MODELO DE LUCRO
- MODELO DE PERFORMANCE DE VENDAS
- MONETIZAÇÃO
- Modelo de Negócio

© Businessmodelinstitute.com 2012

Nesta parte...

✔ Use uma abordagem estruturada para modelos de negócio em vez de escrever em um guardanapo. As histórias desses sucessos aparentemente rápidos tendem a ser exageradas.

✔ Entenda os três elementos de todo modelo de negócio: uma oferta, uma forma de monetizar essa oferta e um método de sustentar a lucratividade.

✔ Desmembre um modelo de negócio em oito componentes-chave. Esses oito componentes trabalham juntos para dar-lhe um modelo de negócio prático e funcional.

✔ Descubra a Roda de Modelo de Negócio (Business Model Wheel) como estrutura para analisar o seu modelo de negócio. Veja exemplos, descubra como fazer o escore do seu modelo de negócio e determine se ele se beneficiaria da expertise profissional adicional.

Capítulo 5

Usando Ferramentas para Desenvolver seu Modelo de Negócio

Neste Capítulo

▶ Descobrindo que desenvolver modelos de negócio à moda antiga não funciona
▶ Usando uma abordagem estruturada para seu modelo de negócio
▶ Pesando os aspectos mais importantes do seu modelo de negócio
▶ Avaliando plataformas de modelos de negócio

*U*m modelo de negócio é mais do que simplesmente uma boa ideia. É claro que muitos modelos de negócio ótimos foram rascunhados em guardanapos, mas tal abordagem primitiva é como viajar a cavalo ou de bugre quando você pode chegar lá muito mais rápido — e muito mais confortavelmente — em um automóvel. Contudo, avanços no estudo dos modelos de negócio levaram a mais processos formalizados e científicos para criá-los e analisá-los.

Com o intuito de criar o melhor modelo de negócio possível, você deve considerar uma abordagem estruturada. Neste capítulo, eu mostro uma abordagem estruturada e modular para desenvolver um modelo de negócio, expondo os componentes do modelo, e demonstro por que alguns aspectos do seu modelo de negócio são muito mais importantes do que outros.

Examinando Métodos Tradicionais do Desenvolvimento de Modelos de Negócio

O conceito de um modelo de negócio pode ser novo, mas as dinâmicas subjacentes do negócio não o são. A East India Trading Company e Henry Ford tinham bons modelos de negócio, quer fossem ou não chamados assim. Por muitos anos, empresários(as) perguntaram-se sobre duas questões-chave:

- Este é um conceito singular?
- Posso ganhar dinheiro vendendo-o?

Se a resposta fosse sim para ambas perguntas, eles seguiam em frente.

No guardanapo

Existem incontáveis histórias de ótimos modelos de negócio concebidos em coquetéis e anotados em um guardanapo. O problema com essas histórias é que fazem parecer que criar um grande modelo de negócio é tão simples quanto fazer um rabisco. Os empresários que criaram os fortes modelos em suas cabeças e anotaram sua essência em guardanapos estavam processando centenas de variáveis de negócio na mente. Essas pessoas foram sagazes, ou sortudas, o suficiente para esmiuçar todas elas e chegar a uma joia de ideia.

O problema com o método do guardanapo é que normalmente acaba sendo muito simplista, significando somente "Consigo ganhar dinheiro com esse conceito único?". Esse é um ótimo início para um modelo de negócio, mas não é um modelo de negócio *completo*.

A história mais famosa de guardanapo é a Southwest Airlines. Como contam, Herb Kelleher e um de seus clientes jurídicos, Rollin King, rascunharam em um guardanapo o conceito que se tornou a Southwest Airlines em um coquetel de um restaurante em San Antonio. A Figura 5-1 mostra como esse famoso guardanapo pode ter ficado.

Imitação

A imitação pode ser a forma de elogio mais sincera, mas é também uma fonte em comum de modelos de negócio. Essa imitação acontece de duas maneiras: literalmente copiar o modelo de negócio ou copiá-lo, porém movendo-o para uma indústria diferente.

Capítulo 5: Usando Ferramentas para Desenvolver... 63

✔ **Cópia literal:** Joe trabalha para uma companhia de encanamento de sucesso. Joe sempre quis começar sua própria empresa no ramo e, após 15 anos em seu emprego atual, aprendeu bastante sobre o modelo de negócio de seu empregador. Quando Joe se demite, dá início à sua própria companhia de encanamento; adivinhe qual é o seu modelo de negócio mais provável? O mesmo de seu antigo empregador. Talvez Joe faça uma alteração ou outra, mas é muito provável que os conteúdos centrais de seu modelo de negócio sejam exatamente os mesmos do modelo de seu ex-empregador.

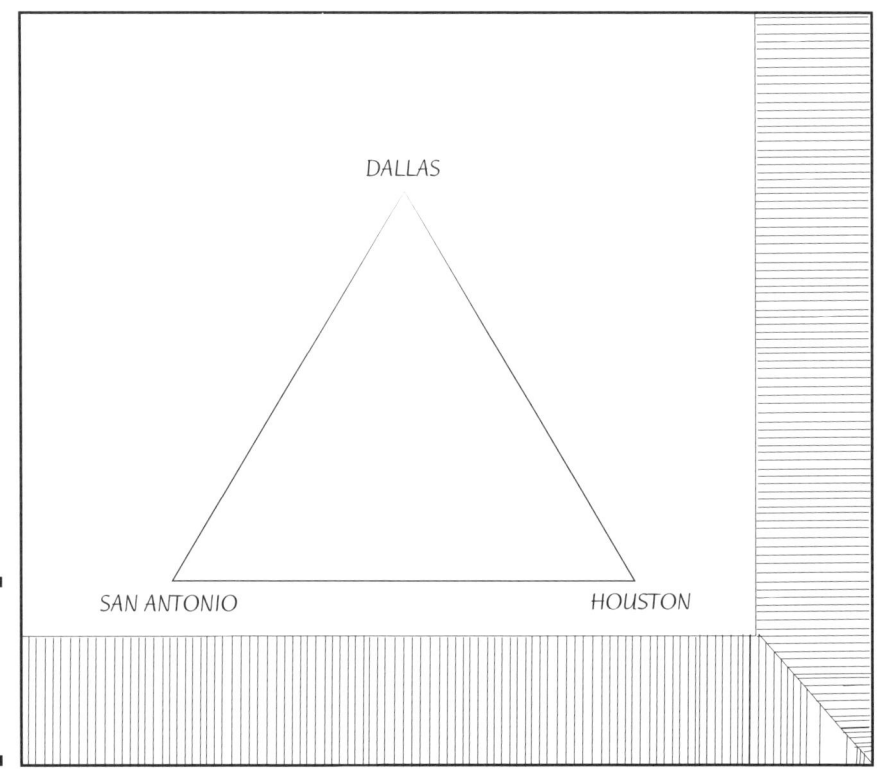

Figura 5-1: Modelo da Southwest em um guardanapo.

(Triângulo: DALLAS no topo, SAN ANTONIO à esquerda, HOUSTON à direita)

✔ **Mudança para uma nova indústria:** Na segunda situação, o forte modelo de negócio de uma empresa é imitado e levado para um mercado diferente. Por exemplo, muitos negócios viram o sucesso da linha de montagem de Henry Ford, pegaram partes de seu modelo de negócio e incorporaram-nas em uma nova indústria. O McDonald's não é uma linha de montagem de hambúrgueres?

Entrando com tudo no modelo

Às vezes, empresários entram de cabeça em um modelo. Pode ser que não pensem sobre o modelo de negócio e apenas abram o negócio ou que uma coisa leve à outra, e antes que se perceba, você tem um modelo de negócio. É sempre fácil presumir que atividades planejadas são mais exitosas do que as não planejadas, mas nunca se sabe. Muitas grandes invenções foram feitas como resultado de um experimento fracassado em busca de outra coisa. Eu não recomendo entrar com tudo em seu modelo de negócio, mas certamente isso conta como uma das opções.

Algumas empresas proeminentes de alta tecnologia, como o Twitter, estão proativamente postergando algumas decisões relativas a modelo de negócio e entrando com tudo em seus modelos. O Twitter alcançou grande sucesso atraindo usuários, mas ainda não descobriu como tornar a marca popular em um modelo de negócio lucrativo.

Descobrindo Problemas com Métodos Tradicionais

Criar um modelo de negócio pode ser simples. Você apenas tem uma grande ideia para criar um produto e vendê-lo fácil e lucrativamente. Problema resolvido, certo? Se você tiver sorte suficiente de criar um ótimo produto, então, sim, pode ser que você não precise trabalhar muito mais o processo. No entanto, a maioria dos empresários precisa de mais que apenas uma ótima ideia para serem bem-sucedidos.

Coisas demais para lembrar

Ao criar um modelo de negócio, mesmo as mentes mais brilhantes não conseguem sequer considerar as centenas de fatores envolvidos. É claro que fatores óbvios vêm imediatamente à mente:

- Produtos que se vendem sozinhos
- Margem superior
- Pouca ou nenhuma concorrência
- Vantagem competitiva ou barreiras contra a concorrência
- Sustentabilidade
- Marca poderosa

Mas e os pontos mais sutis?

- Investimento excessivo em ativos fixos causando rivalidades intensas na indústria
- Desenvolvimentos tecnológicos iminentes que poderiam potencialmente cortar margens ou perturbar a indústria (pense nos smartphones, internet ou identificação de frequência de rádio)
- Interrupção da cadeia de valor da indústria que poderia cortar vendas ou margens severamente (por exemplo, o efeito da internet nas agências de viagem)
- Curvas de aprendizado do proprietário
- Lealdade do comprador maior do que a antecipada
- Lealdade do comprador menor do que a antecipada
- Não antecipação de produtos substitutos (por exemplo, TV pela internet)
- Ação ou inação governamental
- Interrupção de suprimentos (por exemplo, um embargo ao petróleo)
- Reversão de tendências
- E muito mais

Nenhum ser humano pode fatorar todas as variáveis de cabeça. Os modelos de negócio simplesmente têm muitas facetas para serem calculadas em sua mente. Assim como se precisa de uma calculadora para solucionar problemas matemáticos complexos, é preciso um processo estruturado para resolver problemas complexos de modelos de negócio.

Inter-relação complexa

Além das centenas de fatores a considerar em seu modelo de negócio, você também precisará avaliar a interação entre as variáveis. O que acontece com seu produto de alta margem de lucro (variável n°1) quando concorrentes derrubam-no e lançam sua própria nova versão (variável n°2)? Acrescente uma recessão à mistura (variável n°3) e seu fornecedor integrando verticalmente metade de seu mercado esperado (variável n°4) e você já não conseguirá fazer os cálculos de cabeça.

> ### É preciso mais do que uma boa ideia para um ótimo modelo de negócio
>
> As sandálias Crocs explodiram no mercado uma década atrás e alcançaram proeminência mundial. Graças ao engenhoso design da sandália e à resina registrada de venda fechada, a Croslite™, a Crocs vendeu a varejistas milhões de pares de calçados de fabricação barata por $20 a $50. A empresa era extraordinariamente lucrativa e suas ações alcançaram o valor de $80 cada.
>
> O modelo de negócio da Crocs parece incrível se você olhar o potencial mercadológico e a monetização. Os calçados desfrutam um grande mercado, clientes leais e um bom nicho. Eles não são vendidos com altas margens de lucro e muitos clientes compram vários pares dos Crocs. Porém, e a sustentabilidade? Pode ser difícil manter a vantagem competitiva do material Croslite, visto que várias empresas copiaram esse leve composto. A Crocs conseguirá criar ofertas únicas e inovadoras iguais aos Crocs originais? Será que foi apenas uma tendência que perecerá ou os clientes continuarão a adquirir esses calçados por décadas?
>
> Quando se examinam os aspectos de sustentabilidade do modelo de negócio da Crocs, ele enfraquece. O mercado de ações pode estar sentindo a mesma coisa, pois as ações da empresa atualmente custam $20, longe daqueles $80. Se examinarmos apenas os aspectos de marketing e monetização do modelo, não se tem a ideia total. A Pet Rock foi um modelo de negócio altamente lucrativo — por um ano. O modelo de negócio da Crocs provavelmente se encaixa em algum lugar entre a Pet Rock e a Coca-Cola no que diz respeito à sua sustentabilidade.

Empresários inteligentes estão subconscientemente processando essa inter-relação no fundo de suas mentes. Idealmente, o processo de avaliação de um modelo de negócio deve trazer a inter-relação para a linha de frente da análise, em vez de confiar na análise subconsciente.

Nem todos os fatores têm o mesmo peso

No caso de você ainda não estar com a cabeça girando por conta de tantas variáveis e suas complexas inter-relações, não se esqueça de que algumas dessas variáveis importam mais do que outras. Um produto de venda fácil com bom nicho importa muito mais do que a ameaça de ação governamental. Um produto com ótima margem de lucro importa mais do que a facilidade de vendê-lo. Assim como diferentes moedas, denominações diferentes têm pesos diferentes. Para prosseguir com a analogia, se você estiver tentando construir um modelo de negócio de 100 reais, precisará de muitas moedas de cinco centavos para atingir esse valor. Você precisa de notas de cinco e de 20. O mesmo vale para modelos de negócio. Os fatores mais importantes (potencial mercadológico e margem de lucro) são as notas de 20 reais, enquanto outros fatores são as moedas de cinco e 25 centavos.

Uma análise de modelo de negócio que pesa todos os fatores igualmente falha por não dar a devida importância aos aspectos da comercialização e das margens de lucro. A Figura 5-2 mostra tal modelo.

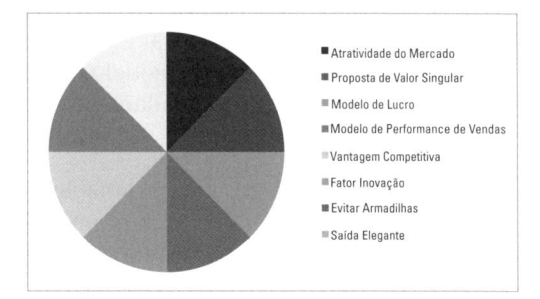

Figura 5-2: Fatores do modelo de negócio sem considerar seus pesos.

Análise sem Considerar o Peso dos Fatores

Fator	%
Atratividade do Mercado	13%
Proposta de Valor Singular	13%
Modelo de Lucro	13%
Modelo de Performance de Vendas	13%
Vantagem Competitiva	13%
Fator Inovação	13%
Evitar Armadilhas	13%
Saída Elegante	13%

Pesando os componentes, você pode realizar uma análise mais precisa do modelo de negócio. A Figura 5-3 mostra um modelo de negócio que leva em conta o peso dos fatores.

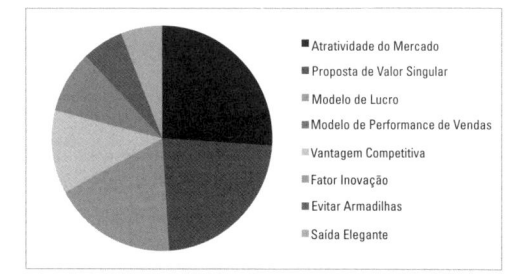

Figura 5-3: Peso dos fatores do modelo de negócio levados em conta.

Análise Considerando o Peso dos Fatores

Fator	%
Atratividade do Mercado	26%
Proposta de Valor Singular	23%
Modelo de Lucro	18%
Modelo de Performance de Vendas	12%
Vantagem Competitiva	9%
Fator Inovação	6%
Evitar Armadilhas	3%
Saída Elegante	3%

Desenvolvendo um Modelo de Negócio Usando um Processo Estruturado

Até recentemente não existia nenhuma ferramenta formal de desenvolvimento de modelos de negócio. Os empreendedores não tinham outra opção senão usar suas experiências e ideias para criá-los. Às vezes, essa abordagem desestruturada funcionava, outras vezes não.

Os fundadores da Southwest Airlines podem ter sido bem-sucedidos rascunhando seu modelo de negócio em um guardanapo de coquetel, mas você estará mais bem servido com uma abordagem mais estruturada. Nas seções a seguir, eu discuto três plataformas disponíveis para auxiliá-lo na criação de seu modelo de negócio.

Modelo de negócio Canvas

Os autores Alexander Osterwalder e Yves Pigneur delineiam uma estrutura para o modelo de negócio em seu popular livro *Inovação em Modelos de Negócio — Business Model Generation* (Alta Books). O Modelo de Negócio Canvas de Osterwalder e Pigneur pode ser usado para realizar um brainstorm de conceitos do modelo de negócio, assim como a interatividade entre eles. O canvas é particularmente útil em sessões de grupo onde o brainstorm pode ser incrementado.

O desenvolvedor do modelo de negócio escreve ideias-chave ou princípios nos boxes apropriados do canvas. Daí, os conceitos e inter-relações mais poderosos podem ser desvelados e desenvolvidos. Veja a Figura 5-4 para ter uma ideia de um Modelo de Negócio Canvas.

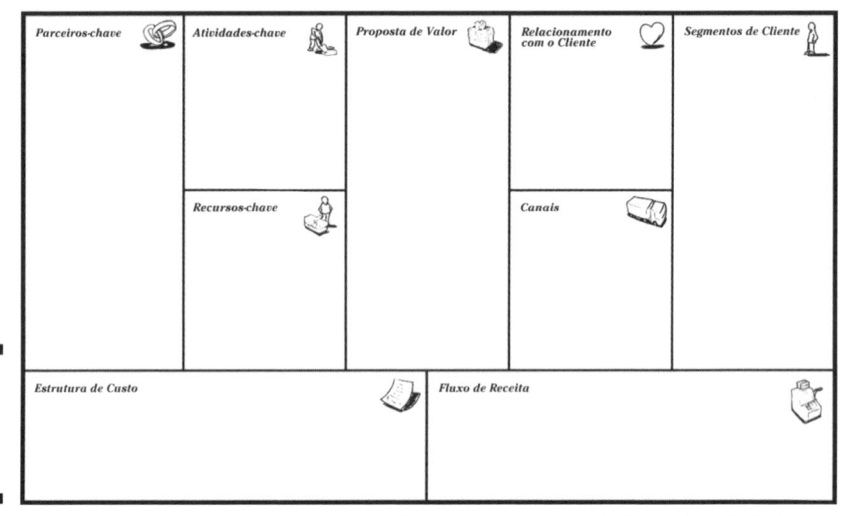

Figura 5-4: O Modelo de Negócio Canvas.

Este material foi reproduzido com a permissão de John Wiley & Sons, Inc.

Modelo de negócio de quatro boxes

O autor Mark W. Johnson propõe um modelo de negócio de quatro boxes em seu livro *Seizing the White Space* (Harvard Business Press). O foco principal de Johnson é ajudar as companhias a inovarem seus modelos de negócio em "espaços brancos" que são altamente lucrativos e menos competitivos. Criar um novo empreendimento é parecido com inovar um modelo de negócio vigente; então, o formato de Johnson pode ser uma boa ferramenta para auxiliar na estruturação de um modelo de negócio.

Você pode preferir o modelo de quatro boxes, mostrado na Figura 5-5, porque é um pouco mais amplo que o modelo em nove categorias de Osterwalder e Pigneur e destaca a inter-relação entre proposta de valor do cliente, fórmula de lucro, recursos-chave e processos-chave para decifrar um modelo de negócio.

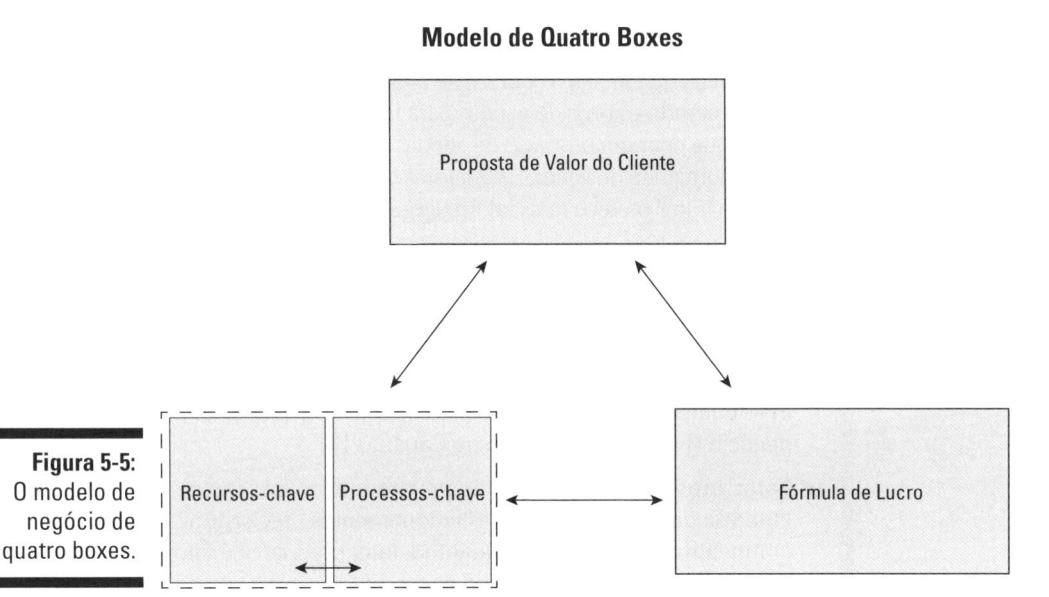

Modelo de Quatro Boxes

- Proposta de Valor do Cliente
- Recursos-chave | Processos-chave
- Fórmula de Lucro

Figura 5-5: O modelo de negócio de quatro boxes.

Roda de modelo de negócio

O Business Model Institute (BMI) criou uma estrutura de oito partes em forma de roda para criar e analisar um modelo de negócio. Diferente de outras plataformas, essa versão é menos teórica e mais prática. A estrutura do BMI parte da premissa de que todos os grandes modelos de negócio possuem: uma oferta de destaque, a capacidade de monetizar essa oferta e de sustentá-la. Cada modelo de negócio é então dissecado em oito áreas fundamentais. Eu utilizo a estrutura de roda do BMI como base de discussão no decorrer deste livro. Sem entrar em detalhes aqui, as oito áreas, em ordem decrescente de importância na estrutura, em roda do Business Model Institute são:

- ✓ **Atratividade de mercado:** Vender seu produto para a combinação certa de mercado, nicho e cliente pode ter um grande efeito em sua lucratividade (Veja o Capítulo 6 para mais detalhes).

- ✓ **Proposta de valor singular:** O seu produto atende a uma necessidade pungente que o cliente não consegue satisfazer em nenhum outro lugar? A oferta oferece muito mais valor para o consumidor do que o seu custo? Ela atende um mercado não atendido ou pouco atendido? Você foi o primeiro no mercado com essa proposta? Há ofertas similares disponíveis? Esses e mais fatores compreendem sua proposta de valor singular (Veja o Capítulo 7).

✔ **Modelo de lucro:** Quanto lucro você pode obter vendendo o produto? Como a inter-relação entre diferentes produtos vendidos afeta a lucratividade? Você tem uma vantagem de custo? Sua receita será recorrente ou virá de uma só vez? Fatores como esse constituem seu modelo de lucro (Confira o Capítulo 8).

✔ **Modelo de performance de vendas:** Você conseguirá vender seu produto pelo preço que imagina? Consegue atrair clientes com marketing ou precisará de um pesado esforço de vendas para impulsionar o produto no mercado? Consegue criar um processo de vendas comprovado e replicável? O modelo de performance de vendas traz fatores como esses ao modelo de negócio geral (O Capítulo 9 oferece mais informações).

✔ **Vantagem competitiva vigente:** Você possui alguma das vantagens competitivas clássicas, como vantagem de custo, diferenciação ou acesso a recursos? Seu modelo permitirá que você mantenha e amplie essa vantagem? Concorrentes grandes estão entrando no seu mercado? O poder de barganha dos compradores está aumentando ou diminuindo? Esses fatores e outros mais compreendem a vantagem competitiva vigente do seu modelo de negócio (Falo mais sobre isso no Capítulo 10).

✔ **Fator inovação:** Todo negócio precisa inovar, mas inovar quanto? Uma empresa de manutenção de estacionamentos precisa inovar para continuar competitiva, mas não tanto quanto a Intel precisa. Seu fator inovação é o equilíbrio apropriado entre sua necessidade e sua capacidade de inovar (Veja o Capítulo 11).

✔ **Evitar armadilhas:** Infelizmente, você pode ter um ótimo produto sendo vendido com lucro alto para um ótimo nicho de clientes e ainda ter problemas com seu modelo de negócio. Regulamentação governamental (ou a remoção de uma — foi o caso das linhas aéreas e da telecomunicação nos EUA), severa deficiência de localização, confiança excessiva em tendências/modismos ou questões legais podem causar danos em um modelo de negócio que, de outra forma, seria bom (Vá ao Capítulo 11 para detalhes).

✔ **Saída elegante:** Os negócios são, em sua maioria, pequenos ou médios. Esses negócios não têm ofertas públicas de ações para que a participação do proprietário seja líquida. Negócios menores precisam permitir que seu(s) proprietário(s) transforme(m) seus anos de trabalho árduo em dinheiro ou fluxo de renda — também conhecido como saída elegante. Um modelo de negócio pode ser proeminente em todos os outros aspectos, mas, ainda assim, não oferecer uma saída elegante para seus donos (Veja o Capítulo 12).

Essas áreas cobrem cada aspecto de um modelo de negócio. Confira a Figura 5-6 e veja o fluxo lógico para criar um modelo de negócio.

Capítulo 5: Usando Ferramentas para Desenvolver... 71

Abordando todas as oito áreas de um modelo de negócio e pesando-as apropriadamente, você pode realizar uma análise completa do seu modelo. A representação gráfica dessa estrutura está na Figura 5-7.

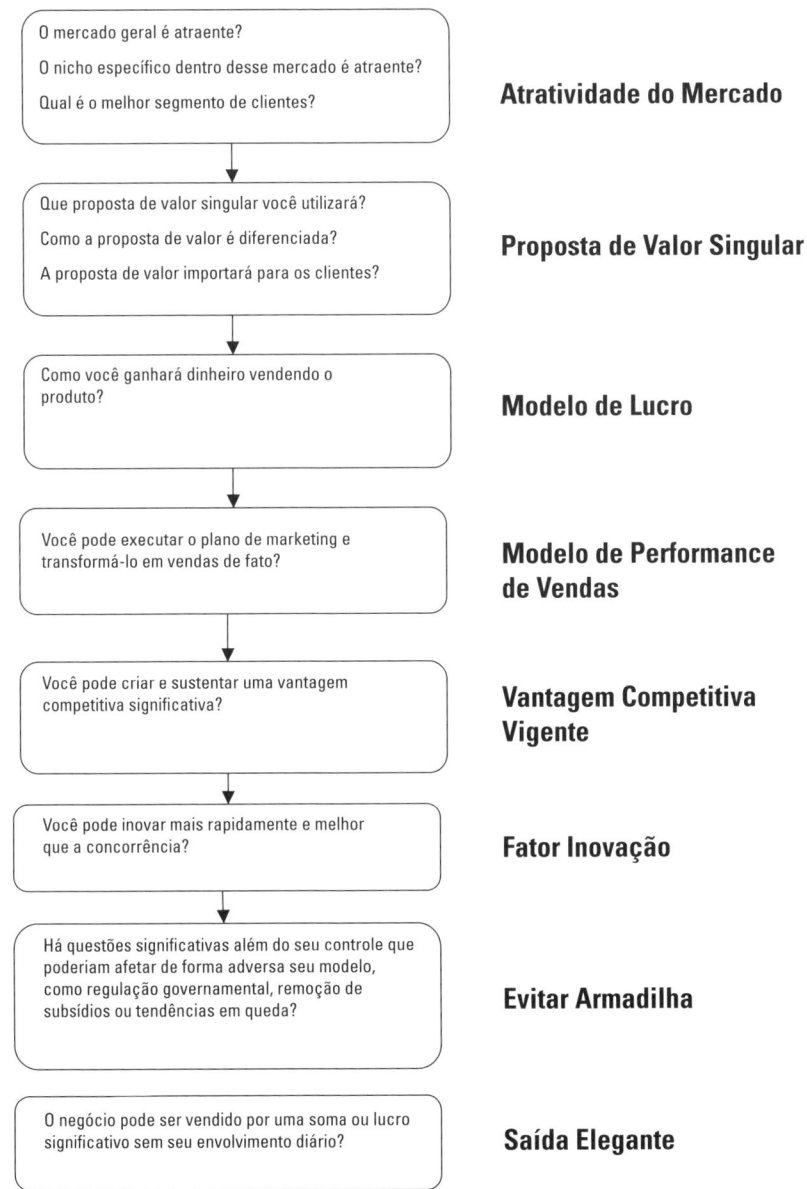

O mercado geral é atraente? O nicho específico dentro desse mercado é atraente? Qual é o melhor segmento de clientes?	**Atratividade do Mercado**
Que proposta de valor singular você utilizará? Como a proposta de valor é diferenciada? A proposta de valor importará para os clientes?	**Proposta de Valor Singular**
Como você ganhará dinheiro vendendo o produto?	**Modelo de Lucro**
Você pode executar o plano de marketing e transformá-lo em vendas de fato?	**Modelo de Performance de Vendas**
Você pode criar e sustentar uma vantagem competitiva significativa?	**Vantagem Competitiva Vigente**
Você pode inovar mais rapidamente e melhor que a concorrência?	**Fator Inovação**
Há questões significativas além do seu controle que poderiam afetar de forma adversa seu modelo, como regulação governamental, remoção de subsídios ou tendências em queda?	**Evitar Armadilha**
O negócio pode ser vendido por uma soma ou lucro significativo sem seu envolvimento diário?	**Saída Elegante**

Figura 5-6: Fluxo lógico de um modelo de negócio.

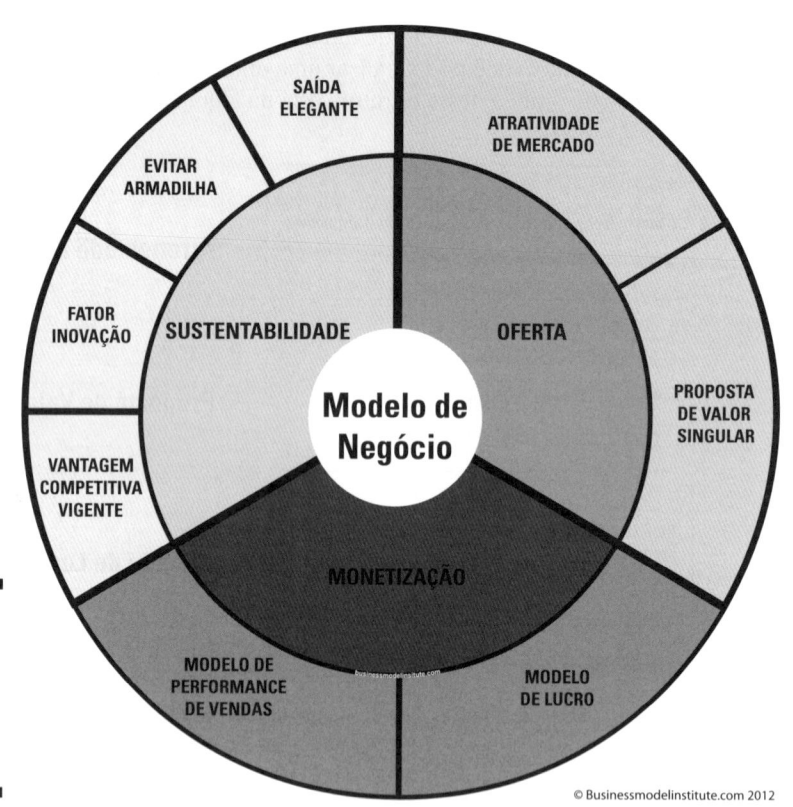

Figura 5-7:
A estrutura em roda do Business Model Institute.

Figura utilizada com a permissão de businessmodelinstitute.com

Capítulo 6

Encontrando os Mercados Mais Atraentes para Criar uma Oferta Poderosa

Neste Capítulo
▶ Escolhendo a melhor indústria
▶ Avaliando os clientes mais atraentes
▶ Acertando o nicho
▶ Escolhendo o melhor ponto da cadeia de valor da indústria

O passo mais importante em direção à criação de um ótimo modelo de negócio é criar um produto que os clientes querem e vão comprar. Isso é chamado de *oferta poderosa*. O primeiro passo na criação de uma oferta poderosa é selecionar o mercado certo. Ter a combinação de atratividade de indústria, atratividade de nicho e atratividade de cliente cria o melhor mercado para o seu produto.

Combinando a atratividade de indústria, de nicho e de cliente, você pode entender o potencial geral do mercado. Irei referir-me a essa combinação como *atratividade de mercado* deste ponto em diante. A atratividade de mercado é um dos aspectos mais importantes do seu modelo de negócio. É difícil imaginar um modelo de negócio forte que venda para clientes ruins em uma má indústria e pequeno nicho do mercado.

Estimando o Mercado-alvo

Para criar o melhor modelo de negócio, você deve encontrar um segmento de mercado lucrativo e suficientemente grande. Contudo, com o intuito de ter um modelo de negócio bem-sucedido e duradouro, você precisa encontrar um mercado grande que não seja atendido ou que seja pouco atendido. Encontrar esse mercado pouco atendido é primordial.

Qualquer um pode encontrar um mercado enorme para atacar. Ei, vamos vender café! O mercado é grande e está crescendo, certo? Todavia, várias empresas grandes e bem-sucedidas já são donas de pedaços desse mercado. Em geral, não é sábio atacar um concorrente estabelecido exatamente no mesmo segmento de mercado. Tradicionalmente, aquele que faz o primeiro movimento ou que já está estabelecido vence.

Se você quiser entrar no mercado de café, precisa encontrar um segmento de mercado viável que seja pouco atendido ou não atendido pela Starbucks e empresas similares. Eu desmembro o mercado-alvo em quatro partes para tornar as coisas mais fáceis:

- **Quão atraente é a própria indústria?** Por exemplo, empresas de software tendem a ser mais lucrativas do que empresas de construção. O professor Scott A. Shane conduziu uma pesquisa para o seu livro, *The Illusions of Entrepreneurship: The Costly Myths That Entrepreneurs, Investors, and Policy Makers Live By* (Yale University Press). Essa pesquisa oferece dados significativos de que algumas indústrias são mais viáveis e lucrativas do que outras. É claro que outras áreas do modelo de negócio têm grande efeito sobre a lucratividade geral; no entanto, se você estiver procurando o melhor modelo, desenvolvimento de software é uma opção melhor do que uma linha aérea (Veja a seção posterior "Estudo de caso: Software versus linhas aéreas").

- **Quão atraente é o nicho dentro da indústria?** Normalmente, desenvolvedores de software em pacotes têm mais lucros que desenvolvedores de softwares customizados. Você deve escolher um nicho que ofereça a maior lucratividade potencial.

- **Quão atraente é o segmento de cliente?** O cliente sofisticado que é alvo da Starbucks é mais lucrativo do que aquele que é alvo do McDonald's. Um cliente atraente não tem que ser rico. Um cliente atraente é aquele que pode fazer seu modelo de negócio funcionar melhor. Por exemplo, muitos modelos de negócio lucrativos estão sendo criados para pessoas sem crédito (aquelas que não possuem conta-corrente).

- **Esse mercado é grande o suficiente para oferecer-lhe uma boa oportunidade de entrar nele e vender produtos ou serviços suficientes, a um preço que lhe permita criar um negócio viável?** Próteses de membros para cães de estimação podem parecer uma ótima ideia, mas você consegue vender o suficiente dessas peças por um preço alto o suficiente de forma a ganhar algum dinheiro com isso?

Determinando a Atratividade da Indústria

Uma *indústria* é a categoria ou definição mais ampla do negócio em que você estará inserido. Exemplos de indústria incluem os seguintes:

- Fabricante de peças automotivas
- Consultoria de negócio
- Contratos em geral
- Reforma de casas
- Distribuição de gramas e jardins
- Serviços legais
- Médico
- Cuidado de bichos de estimação
- Paisagismo residencial
- Desenvolvimento de software

Dentro de uma indústria ampla, há segmentos industriais frequentemente definidos que posteriormente refinam a oferta. Eis alguns exemplos:

- A indústria de fabricação de veículos tem segmentos para caminhões de cargas pesadas, automóveis elétricos, recreativos e mais.
- A indústria de restaurantes tem segmentos de fast-food, jantar sofisticado, casual e assim por diante.
- As fábricas de vestimentas têm segmentos de roupas para atletas, ternos masculinos, lingerie, trajes de negócio para mulheres e vestidos de noiva, entre outros.
- A indústria médica tem segmentação para clínicos gerais, cirurgiões, pediatras, holistas, oftalmologistas e outras centenas.
- A indústria de aquecedores, ventilação e ar-condicionado tem segmentos para sistemas de baixa capacidade, boilers e de alta capacidade.

É muito mais provável que você seja bem-sucedido em uma "boa" indústria do que em uma "ruim". Em uma boa indústria, a maioria das companhias é bem-sucedida; exemplos incluem desenvolvimento de software, extração mineral e seguros. Em uma indústria ruim, as margens de lucro são historicamente baixas e/ou a competitividade é extremamente intensa; exemplos incluem linhas aéreas e construção. Todavia, podem-se encontrar numerosos exemplos de empresas que entraram em indústrias sem atrativo e tiveram sucesso porque seu modelo de negócio era forte em outras áreas. Exemplos incluem Waste Management (lixo), Apple (hardware de computadores), Nike (tênis) e Vistaprint (impressão comercial).

Qual é a diferença entre um mercado e uma indústria?

Muitos empresários utilizam o termo *mercado* como um nome abrangente para a combinação de *indústria*, *segmento*, *nicho* e *cliente* (em outras palavras, quem irá pagar a você pelo seu produto). Embora simplesmente se referir ao *mercado* seja mais fácil, eu tento desmembrar as coisas em pedaços mais cuidadosos, de modo que você ganhe um insight adicional para o seu modelo. Esses conceitos, todavia, deságuam uns nos outros. Se seu nicho de indústria for carros elétricos, seu segmento de cliente provavelmente será ditado pelo fato de que você produz carros elétricos. Ambos se complementam e deságuam um no outro.

Eu utilizo o termo *mercado* quando *indústria*, *segmento*, *nicho* ou *segmento de cliente* simplesmente não cobrem plenamente todas as bases. Quando uso o termo *indústria*, refiro-me à indústria e ao segmento industrial.

Você terá uma chance de sucesso muito maior se escolher uma indústria atraente. Considere estes fatores:

- Essa indústria, como um todo, está crescendo ou encolhendo?
- Essa indústria será forte daqui a dez anos?
- Quantos incumbentes estão nessa indústria e quão fortes são?
- Você vê uma oportunidade de essa indústria se sobrepor em um mercado diferente que já exista (convergência)?
- A indústria poderia oferecer sinergias poderosas com uma parte existente do seu negócio?

Após identificar uma indústria atraente, identifique o melhor subconjunto desse mercado ou nicho e depois os melhores clientes a quem atender dentro desse nicho. Trabalhar em uma indústria atraente é útil, mas não é um pré-requisito. Muitos ótimos modelos de negócio têm sido criados em más indústrias, retirando dessas segmentos de cliente ou nichos atraentes, ou ambos.

A Vistaprint criou um excelente modelo de negócio atendendo a clientes que ninguém queria (micronegócios) em uma indústria em que ninguém queria estar (impressão). A Vistaprint obteve sucesso empregando um modelo altamente diferenciado de vendas, distribuição e custo.

Há um ditado antigo, "Todo mundo acha que pode tocar um restaurante porque sabe como comer." Toda indústria e todo negócio podem ser aprendidos. Contudo, se você não estiver familiarizado com uma indústria, conte com muito trabalho duro para entrar no ritmo.

> ## Trocar de indústria pode aumentar o seu mercado
>
> Por 30 anos, empresas de alarmes comerciais desfrutaram de um reinado isolado com as premissas da proteção por meio de detectores de movimento, sensores e vídeo, todos com fio. À medida que a tecnologia wireless desenvolvia-se, os sensores e câmeras de vídeo migraram para suas versões sem fio, e empresas de computação, mais familiarizadas com esse tipo de tecnologia, começaram a infiltrar-se nos mercados das empresas de segurança.
>
> Muitas companhias de alarme se encontraram competindo com concorrentes não tradicionais das áreas de computação ou wireless. Empresas de TI venceram muitas dessas competições devido a seu conhecimento superior da tecnologia sem fio. A convergência de alarmes e tecnologia sem fio reduziu o tamanho do mercado para as empresas de alarme, mas aumentou para companhias de TI. Empresas de telefonia celular estão agora entrando nesse espaço também, então, desta vez, são as empresas de TI que estão sob ataque nesses mercados.

Ao escolher sua indústria, tenha em mente que a paisagem no mundo dos negócios está sempre mudando. Postos de gasolina costumavam consertar carros, agora vendem coxinhas e sanduíches. Olhar para o futuro ajudará você a determinar se a indústria escolhida tem oportunidades de crescimento periférico ou ameaças em potencial (veja no último box, "Trocar de indústria pode aumentar o seu mercado").

Encontrando a melhor indústria

Escolher uma indústria atraente para o seu modelo de negócio pode parecer fácil. A chave se encontra na pesquisa. Reúna tanta informação independente quanto possível a respeito de tendências atuais e futuras. Fazendo isso, você será capaz de tomar a melhor escolha de indústria para o seu modelo. Abaixo estão alguns lugares para encontrar dados e tendências da indústria:

- Serviços pagos como Gartner (www.gartner.com) e Forrester Research (www.forrester.com) — conteúdo em inglês
- Publicações sobre negócio em geral, como a *Business Week* (www.businessweek.com), *Inc.* (www.inc.com), *Barron's* (barrons.com) e *Money* (cnnmoney.com) — conteúdo em inglês. Em português, há as revistas Pequenas Empresas Grandes Negócios (http://revistapegn.globo.com/) e Exame (http://exame.abril.com.br/), entre outras publicações.

- Livros
- Futurólogos, como Faith Popcorn, autor de vários livros sobre tendências de negócio, como *Clicking: 17 Trends That Drive Your Business — And Your Life* (HarperBusiness)
- Publicações de indústria e comércio

   Cuidado com vieses quando utilizar publicações comerciais como fonte. Tais publicações dão maior ênfase positiva à indústria. Por exemplo, eu aposto que publicações da indústria de viagens ainda estavam positivas com a indústria no ano 2000, embora sites na internet, como `Priceline.com` e `Expedia.com`, estivessem começando a destruir partes do negócio.

- Associações de indústria
- Experiência pessoal
- Receita federal ou governo estadual (procure o número de negócios e indústrias iniciando ou pedindo falência.)

Sem uma informação própria, você estará escolhendo sua indústria com os mesmos dados que sua concorrência. Empreendedores são culpados de pesquisar as indústrias excessivamente na tentativa de mitigar riscos. Negócios são inerentemente arriscados. Nenhuma quantidade de pesquisa substitui o tempo no mercado. Em algum ponto você terá feito seu dever de casa, dado os melhores palpites e precisará dar o salto.

Trabalhando em mercados pouco ou não atendidos

Mercados pouco ou não atendidos oferecem oportunidades significativamente melhores do que a maioria dos outros. Mercados pouco atendidos têm potencial de crescimento e menos concorrência. Posicione-se em um mercado pouco atendido e seu modelo de negócio será muito mais forte. Os mercados são pouco atendidos porque:

- O mercado está crescendo e muito poucos fornecedores atendem-no. Muitos dos novos negócios perseguem esse mercado clássico. Mercados como desenvolvimento de aplicativos para Android, plataformas de mídia social, impressão em 3D e viagens espaciais são exemplos de mercados dos quais se espera uma explosão de crescimento.
- Estão estagnados ou encolhendo e os fornecedores fogem. Uma hipercorreção pela concorrência pode criar oportunidades.
- São considerados não atraentes devido a:
  - Lucratividade percebida. A Rent-a-Center lucra em um mercado que outros consideram muito arriscado.

- Tamanho percebido. O Walmart encontrou um mercado atendendo cidades com população inferior a 20.000 enquanto os concorrentes focavam em cidades grandes.
- Não ter apelo. Mercados como os de banheiros portáteis, produção de papel e extração de sal têm muito menos apelo que o desenvolvimento de aplicativos para iPhone e podem oferecer oportunidades justamente por isso.

Alguns mercados são pouco atendidos por uma razão. Examine cuidadosamente a oportunidade do mercado, livre-se das ilusões e seja brutalmente honesto consigo próprio — e então faça sua escolha baseado em todos os critérios.

Estudo de caso: Software versus linhas aéreas

É bem difícil ganhar dinheiro em algumas indústrias. O caso em questão é a indústria das linhas aéreas. As maiores empresas aéreas dos EUA, com exceção da Southwest Airlines, entraram com pedido de proteção contra falência. Sim, todas elas. A Southwest não só é a mais atuante linha aérea mas também é respeitada mundialmente como uma empresa de destaque.

A Southwest é uma companhia excepcionalmente bem dirigida, é, de longe, a de maior performance em sua indústria e obtém um lucro líquido de aproximadamente 2% das vendas. Então, a empresa em melhor atividade na indústria pode desejar lucro líquido de tristes 2% e um retorno sobre ativos de 1,8%? Espere, isso não é nada mau quando falamos de vendas da ordem de bilhões. O que é preciso para entrar no negócio de linhas aéreas? Primeiro, contrate dezenas de milhares de funcionários (46.128 para ser exato): comissários de bordo, pilotos, mecânicos, equipes de terra e assim por diante. Depois, compre alguns aviões no valor de alguns bilhões de dólares e você está pronto.

Compare a indústria de linhas aéreas com a indústria de software. Diferente de uma linha aérea, a indústria de software não exige investimento massivo de capital nem demanda dezenas de milhares de funcionários. Normalmente, a indústria de software oferece margens melhores, lucros líquidos mais altos, menos problemas de funcionários e maior retorno sobre os ativos.

A Intuit, a produtora do software Quicken, é uma companhia de alta performance, mas não está no topo na indústria de software. Como se compara com a Southwest Airlines? A Intuit conseguiu gerar um lucro de $634 milhões em 2011 com apenas 8.500 funcionários contra o lucro líquido de $178 milhões da Southwestest no mesmo ano. A Intuit teve um lucro líquido de 18,48% contra 1,98% da Southwestest.

Nada contra a Intuit, mas a Southwest é a empresa mais bem dirigida. Ela é, de longe, a melhor em sua indústria. É uma companhia reverenciada. Qual é a recompensa da Southwest por destacar-se em performance na indústria de linhas aéreas? Bem, a recompensa é uma droga! Visto que está em uma indústria complicada, a Southwest só pode operar até um certo nível.

LEMBRE-SE

Preste atenção às lições neste exemplo: se você pegar a indústria certa, seu modelo de negócio será muito melhor do que se fizer uma escolha ruim. Em outras palavras, por favor, não abra uma linha aérea!

Buscando Atratividade por Nicho

Após escolher uma indústria atraente para o seu modelo de negócio (veja a seção anterior), é hora de encontrar um nicho atraente. O seu nicho de mercado é um subconjunto do mercado geral de que você participa. A Discovery Networks International participa da indústria de transmissões televisivas, mas seu nicho é o entretenimento informativo. Programas como *Caçadores de Mito*, *Trabalho Sujo* e *Pesca Mortal* entretêm com toque educativo. Os programas da rede Discovery atraem um certo tipo de público. Esse nicho se provou bom. A Discovery Networks cresceu com regularidade até alcançar 300 milhões de assinantes.

O poder de um bom nicho

Escolher o nicho certo pode ser mais importante do que escolher a indústria certa. A Vistaprint foi fundada em 1995, quando o negócio tradicional de impressão estava sendo esmagado. Milhares de gráficas deixaram o negócio durante a década de 1990 e começo de 2000. Nesse tempo, a Vistaprint cresceu até virar um negócio bilionário. Como pode a Vistaprint ter crescido quando outras gráficas estavam encolhendo dramaticamente? Ela mirou em micro e pequenos negócios, considerados muito pequenos para as gráficas tradicionais. Combinando isso com uma alavancagem de tecnologia, a Vistaprint transformou pequenos clientes não lucrativos em uma das operações de gráfica mais lucrativas do mundo.

Existem ilimitados nichos

Boas-novas! Você pode encontrar ilimitados nichos dentro de qualquer mercado. No cerne das estratégias de muitas empresas de sucesso, esteve a criação ou o refinamento de um novo nicho. Aqui vão alguns exemplos:

- **Panera Bread:** Sanduíches mais saudáveis e de maior qualidade direcionados à indústria de fast-food.
- **Häagen-Dazs:** Sorvete sofisticado pelo triplo do preço comparado a outros sorvetes dessa indústria.

- **Starbucks:** Não só um cafezinho: uma experiência. Você poderia argumentar que a Starbucks está na indústria de restaurantes, e está. Contudo, a Starbucks também compete com lojas de conveniência pelas vendas de café. O nicho em qualquer um dos casos é o cliente que quer uma experiência completa do café da Starbucks.
- **McDonald's:** Comida rápida e de qualidade consistente. Esse nicho no mercado de restaurantes está maduro e lotado hoje em dia, mas, quando o McDonald's começou, era um mercado novo e intocado. Ao atender clientes que queriam consistência em um fast-food, o McDonald's dominou esse nicho.
- **Coach:** Luxuosa todo dia. As bolsas da Coach são mais estilosas do que as de lojas de departamento, mas com preço mais razoável do que as bolsas de grife. Esse nicho meio grife, meio loja de departamento tem funcionado bem para a Coach e outras marcas luxuosas para o dia a dia.
- **iPad:** Um brinquedo para e-mail e internet. A Apple encontrou um ótimo nicho entre laptop, Gameboy e smartphone.

Quantos nichos diferentes o negócio de hambúrgueres pode suportar? Muitos mais do que qualquer um esperava. O hambúrguer foi criado por volta de 1890 e as primeiras lanchonetes começaram a aparecer na década de 1920. Desde então, dezenas de inovações na produção de hambúrgueres apareceram. Aqui está uma lista parcial de redes de hambúrguer e seus nichos.

Rede	*Nicho*
McDonald's	A rede de hambúrgueres das crianças
Wendy's	A rede de hambúrgueres dos adultos
Red Robin	Hambúrgueres gourmet
White Castle	Mini-hambúrgueres irresistíveis
Rally's	Atendimento somente no drive-through
Steak'n Shake	Lanchonetes com mesas disponíveis e ares de pequeno restaurante
Five Guys	Hambúrgueres simples e mais frescos e fritas

Mercados tendem a dividir-se

À medida que os mercados amadurecem, eles tendem a dividir-se em mais e mais nichos. Os nichos que costumavam compreender uma pequena porção do mercado podem tornar-se enormes. Cinquenta anos atrás, limpadores abrasivos como o Comet dominaram o mercado de produtos de limpeza doméstica. Em 1977, a Clorox Company introduziu no nicho o limpador Soft Scrub. O produto tinha um mercado limitado para as pessoas à procura de uma alternativa ocasional aos fortes abrasivos. Com o passar do tempo, produtos de limpeza cremosos tornaram-se o maior segmento desse mercado. Hoje em dia, podem-se encontrar nichos de produtos cremosos como o CeramaBryte Stovetop (limpador de fogões) para usos especializados.

Se você pensar em todo o mercado como uma curva de sino na qual o maior mercado existe na porção mais larga dessa curva, os melhores nichos existirão nas margens do mercado. Pense na margem esquerda como opções de baixo custo e na direita como opções de alto custo. A Figura 6-1 mostra curvas de sino para o mercado de produtos de limpeza doméstica.

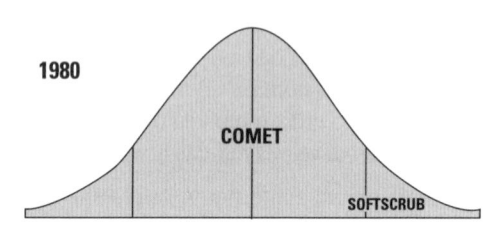

Figura 6-1: Curvas de sino para o mercado de produtos de limpeza doméstica.

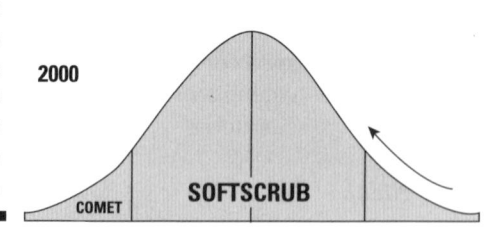

Em um momento, os limpadores a seco como o Comet tiveram o grosso do mercado. O Softscrub entrou no mercado como limpador líquido, na margem direita do mercado. Angariou clientes que não queriam abrasivos em um produto de limpeza a seco. Com o passar do tempo o apelo de produtos de limpeza líquidos versus os de limpeza a seco cresceu, e o Softscrub substituiu o Comet na porção principal do mercado (a parte larga da curva). O Comet foi relegado à porção menos atraente do mercado (a margem esquerda), apelando a clientes econômicos dispostos a usar produtos de limpeza antigos.

Ambas margens da curva oferecem uma variedade de nichos. O Walmart encontrou um nicho na margem esquerda, oferecendo a compradores de cidades pequenas uma loja de departamento de baixo custo. Atualmente, o Walmart representa a porção larga da curva, e lojas como as de $1,99 conseguiram um nicho na margem esquerda.

Geralmente o seu modelo de negócio *não* deveria entrar no mercado em sua porção larga da curva. Esses mercados estabelecidos possuem operadores fortes o suficiente para vencer em seus próprios jogos. Em vez disso, encontre

Capítulo 6: Encontrando os Mercados Mais Atraentes para Criar...

uma margem para atacar (como mostro na Figura 6-2). Muito provavelmente os operadores estabelecidos não irão querer deixar seus grandes mercados para mexer com seu nichozinho... ainda.

Figura 6-2: Entrando no mercado pelas margens.

ENTRE NO MERCADO POR AQUI

Os mercados de nicho nem sempre são lógicos

Criar um nicho pode ser mais fácil do que você pensa. Pegue o iPad como exemplo. O iPad *não* deveria ter dado certo por muitas razões:

- Dezenas de companhias já haviam tentado os tablets, inclusive a Apple, sem sucesso
- Os smartphones fazem mais coisas que um iPad
- O iPad não é bem um laptop e não permite uma digitação fácil
- Não se pode usar o iPad como telefone, muito embora se pague por serviço de telefonia
- Os smartphones são portáteis; um iPad nem tanto
- O iPad não é só um iPod gigante?

Cem milhões de iPads depois, todas essas razões não importam. O segredo da Apple com o iPad foi criar um nicho de uma maneira diferente de todas as que outros tablets fracassados haviam tentado. Os tablets anteriores tentaram ser computadores em forma de prancheta. O iPad *não* é um computador, é um iPod gigante. Ele faz muitas coisas bem, mas ser um computador não é uma delas. A Apple foi esperta o suficiente para ver a demanda desconhecida de clientes em busca de uma internet de carregamento rápido, fácil acesso a e-mail, uma tela grande o suficiente para ler, portabilidade suficientemente aceitável e um fator descolado para criar um nicho novinho em folha.

LEMBRE-SE

No clássico livro de marketing de Jack Trouts, *As 22 Consagradas Leis do Marketing* (Makron Books), ele diz que seu objetivo como marqueteiro é criar uma marca como a Kleenex ou Gillette. Kleenex é um lenço. Gillette é uma lâmina. Uma Xerox é uma fotocópia. Essas marcas criaram novos nichos e os dominaram de tal forma que se tornaram sinônimo do próprio produto. Esse é o estandarte de ouro da criação de nicho.

Encontre mercados pouco ou não atendidos

A melhor maneira de criar um bom nicho é encontrar um mercado não atendido ou pouco atendido. Todos os produtos de sucesso estrondoso o fazem. Parafraseando o fundador da Strategyn, Toni Ulwick, "Nós não compramos produtos por suas características e benefícios, os compramos para ajudar em trabalhos específicos". Ninguém comprou um celular pelo que era, comprou-no pelo que *fazia*: deixavam-nos mais seguros e mais produtivos enquanto dirigiam. O mercado pouco atendido para celulares não pedia por telefones melhores, pedia uma capacidade de comunicar-se em situações onde antes era impossível.

O que significa *pouco atendido*? Se o mercado fosse claramente pouco atendido, um operador existente no mercado preencheria o vazio. É preciso fazer conjeturas quando se trata de prever o que significa ser pouco atendido. Você deve utilizar seu julgamento de negócio e, então, fazer uma suposição. Somente o mercado sabe do que precisa, e a única forma de descobrir é indo ao mercado.

Às vezes é fácil identificar um mercado pouco atendido. Um subúrbio em crescimento rápido precisa de postos de gasolina, restaurantes e serviços em pontos excelentes para varejo. O crescimento exponencial do uso de smartphones cria usuários mais rapidamente do que os aplicativos necessários para atendê-los.

Se você escolher um nicho em uma área de crescimento facilmente identificável, tenha em mente que os concorrentes podem encontrar esse nicho com a mesma facilidade. Espere por muita concorrência.

Em vez de ir atrás do nicho óbvio, disponha-se a arriscar e escolha um nicho menos óbvio. Se todo mundo está indo atrás do crescimento de telefones celulares, criando aplicativos para iPhone e Android, arrisque com aplicativos para Microsoft. Para empresas menores, ter um nicho menor pode ser muito mais vantajoso do que ser um peixinho em um lago enorme.

Como você pode encontrar esses fugidios mercados não atendidos ou pouco atendidos?

- **Experiência pessoal:** Muitos produtos e empresas ótimos foram criados pelo descontentamento de um empreendedor com o *status quo*. Fred Smith perguntou-se por que as cartas não podiam ser entregues de um dia para o outro quando concebeu a FedEx. Enquanto viajava para a Itália, Howard Schultz perguntou-se por que os cafés de estilo europeu não dariam certo na América.

- **Amigos e parentes**: Se você não for do tipo descolado, procure amigos que o são. Quais produtos e serviços eles estão comprando e por quê? Quais problemas eles desejam resolver?

- **Pesquise tendências:** Você não precisa pegar uma tendência para encontrar um ótimo nicho; contudo, fazê-lo pode tornar seu nicho muito melhor, porque o crescimento é intrínseco.

- **Contratar especialistas:** Desenvolvedores profissionais de planos de negócio, consultores de modelos de negócio, futurólogos ou outros gurus podem ajudá-lo a encontrar um nicho.
- **Sorte:** O popular site Angie's List foi fundado em 1995 quando a internet não existia para muitas pessoas. A Angie's List era simplesmente um catálogo mensal enviado para membros com resenhas de empreiteiros. Sua popularidade estava concentrada em bairros históricos onde reparos eram frequentes e caros. O site era um negócio bacana que nunca imaginou a maré que iria levá-lo a ser o líder do nicho. Quando a internet virou o modelo de negócio da Angie's List de cabeça para baixo, também a tornou melhor. Em vez de catálogos impressos de recomendação, a lista tornou-se uma fonte de influência para mídia social.

Conferindo a Atratividade de Cliente

Você pode criar um nicho de mercado atraente (veja a seção anterior), mas vê-lo destruído por clientes ruins. *Clientes atraentes* têm uma forte necessidade de sua oferta, valorizam a solução de seu problema mais do que o custo de seu produto (isso é uma *proposta de valor forte*), possuem ganhos disponíveis para gastar com sua oferta, pagam suas contas em dia e existem em quantidade suficiente para tornar sua empreitada lucrativa. (Se você acha que estou brincando sobre pagar as contas em dia, considere que muitos grandes varejistas são notórios por dar aos fornecedores 120 dias ou mais de prazo e paralisar severamente o fluxo de caixa.)

A maioria dos modelos de negócio tem clientes que não são excepcionalmente atraentes nem excepcionalmente sem atrativos. A maioria também não precisa focar na atratividade do cliente por muito tempo, porque o velho mantra "todos os clientes são bons clientes" é verdadeiro a maior parte do tempo. No entanto, você tem, sim, que estudar a atratividade do cliente.

O exemplo mais proeminente de ganho do cliente mais atraente é o mantra do varejo "localização, localização, localização". O que uma localização de destaque do varejo dá a você? Ótima clientela, é isso. Um shopping de varejo de ponta tem a mesma atratividade de indústria e de nicho, independente de onde esteja localizado. Quer se localize no ponto mais quente do novo subúrbio ou no meio de uma região rural, a atratividade de indústria e de nicho continua a mesma. Todavia, os clientes de alta renda disponíveis nos novos subúrbios são normalmente vistos como mais atraentes do que aqueles em áreas rurais.

A Rent-A-Center está na mesma indústria que a Best Buy. As duas empresas têm nichos que se interlaçam, mas atendem a clientes significativamente diferentes. A Best Buy atende a clientes que podem comprar um televisor à vista. Esses clientes possuem dinheiro ou outro tipo de recurso financeiro, como um cartão de crédito. A Rent-A-Center reúne clientes com menor disponibilidade de crédito. A empresa estende crédito a compradores indesejados por varejistas tradicionais como a

Best Buy. Ela aceita prestações mensais ou semanais até que a dívida seja quitada. Devido às diferenças nos segmentos de cliente a que elas atendem, o modelo de negócio da Rent-a-Center é significativamente diferente do modelo da Best Buy:

- A Best Buy atende a um número maior de compradores que são financeiramente mais estáveis e ganha dinheiro com um modelo de negócio de varejo tradicional — comprando e vendendo mercadoria.
- A Rent-A-Center está mais próxima de uma empresa de crediário que por acaso vende eletroeletrônicos. Por não receber pagamentos à vista antecipadamente, a empresa tem várias áreas de lucro que a Best Buy não possui. Taxas de financiamento, altas taxas de juro sobre empréstimos, taxas de reaquisição e mais contribuem para o grosso do lucro da Rent-A-Center.

Muitos negócios considerariam os clientes da Rent-A-Center mais que indesejáveis. Contudo, a empresa criou um modelo de negócio lucrativo, vendendo para esses clientes supostamente indesejáveis. Visto que prevê inadimplências esporádicas e ocasionais, é um modelo funcional.

Clientes mais ricos não fazem um segmento de mercado mais atraente. Normalmente, esses clientes podem pagar um preço mais alto por bens e serviços. Uma margem de lucro maior normalmente segue esses preços mais altos, mas pode ser destacada por despesas maiores e volumes mais baixos, levando a um maior grau de exclusividade. Simplesmente correr atrás de clientes ricos nem sempre é a melhor estratégia. Lembre-se do antigo ditado: "Venda para as massas, viva com as classes. Venda para as classes, viva com as massas."

Se você conhecer dez empresários da indústria de construção, provavelmente encontrará alguém cujo negócio foi destruído por um cliente que demora a pagar ou não paga. Um modelo de negócio funcional pode ser destruído pelos clientes errados.

Como empresário(a), você deve eliminar ou levar em conta clientes ruins no seu modelo de negócio.

Interessantemente, você pode ter um nicho de cliente dentro de um nicho de cliente. Seus produtos são direcionados para atingir um certo segmento ou nicho. Contudo, clientes em qualquer nicho, não importa o quão restrito, são amplamente variados. As bolsas Coach preenchem um nicho entre bolsas do dia a dia que podem ser encontradas na JCPenney's e as sofisticadas que podem ser encontradas em Paris. Dentro desse nicho, você pode encontrar clientes da Louis Vuitton fazendo economia e pessoas da classe média em busca de um pouco de luxo para o cotidiano.

A pergunta que você precisa responder é para quais subsegmentos seu marketing será direcionado. No caso das bolsas Coach, o marketing é claramente direcionado ao comprador de classe média procurando por algum luxo no dia a dia.

A Starbucks atrai os clientes mais afluentes e desejados no ramo do café. Contudo, dentro do nicho da Starbucks, estão compradores que se comprometem financeiramente para pagar por um café de $5 e aqueles que gastam centenas de dólares na loja. O nicho para o qual a Starbucks direciona a publicidade é aquele que quer a companhia como opção de estilo de vida em vez de somente uma xícara de café.

Corretores de hipoteca

Muitos corretores de hipoteca tiveram proeminentes modelos de negócio durantes os primeiros anos de 2000. Seus modelos de negócio eram altamente alavancáveis e lucrativos. Por muitos anos, esses modelos de negócio funcionaram bem. No entanto, à medida que os padrões de crédito permitiam cada vez mais compradores questionáveis, os modelos começaram a deteriorar. Você provavelmente sabe como a história termina. Uma porcentagem significativa de corretores de hipoteca deixou o negócio devido unicamente à pobre qualidade de clientes.

Encontrando Seu Lugar na Cadeia de Valor da Indústria

Para criar o melhor modelo de negócio possível, encontre o melhor lugar na cadeia de valor da indústria. Cada firma envolvida em levar um produto da criação inicial à compra e consumo pelo consumidor final acrescenta valor na forma de atividades, incorre em custos e tem uma margem de lucro resultante. Algumas posições nessa cadeia de valor estão disponíveis, tornando o mercado geral menos atraente para o seu negócio.

Considere uma xícara de café. Vários operadores acrescentam valor à sua xícara de café diária no bar do Zé. Contudo, o mercado recompensa algumas atividades mais ricamente que outras. Se você quiser que seu modelo de negócio seja o mais bem-sucedido, você deve assumir uma posição na cadeia de valor que oferece os melhores lucros potenciais. A Tabela 6-1 mostra a cadeia de valor do café.

Tabela 6-1	Cadeia de Valor do Café	
Firma	*Valor Acrescentado*	*Atividades-chave*
Cafeicultor	Operações	Agricultura
Transportadora	Logística	Transporte e logística
Fabricante de café	Operações	Converter os grãos em café consumível
Comercializadores (Folgers, Starbucks)	Vendas	Marca, vendas, serviço ao cliente
Varejista	Vendas	Comercialização

Grãos integrais de café colombiano são vendidos a $1,97 a libra (aproximadamente meio quilo). Suponha que o agricultor tenha custo igual à metade disso. A margem de lucro do produtor é de 98,5 centavos por libra de café. O fabricante compra o café do produtor a $1,97 a libra e transporta, torra e mói o café. O custo de logística e transporte é de aproximadamente dois centavos por libra. O fabricante, então, vende-o para um serviço de café, mercado ou varejista. Grãos de café integral sem marca são vendidos a aproximadamente $5 por libra. Se o custo de operações do fabricante for em torno de $3,03 de valor acrescido, então terá uma margem de lucro por volta de $1,51. Se o café tiver marca (Starbucks, Folgers, Seattle's Best), acrescente um ou dois dólares ao valor acrescido. Note que quase todo o valor acrescido pelo registro de marca cai no lucro/margem. Finalmente, uma companhia, como a Starbucks, a Folgers, Kroger ou uma cafeteria, entrega o café ao consumidor. O café Folgers é vendido a $9,99 a libra (o Starbucks, $13,95 por libra). Portanto, o varejista vendedor do Folgers acrescentou por volta de $4 de valor (a maior parte é margem de lucro). Isso abrange toda a cadeia de valor para um pacote de café de uma libra.

A Tabela 6-2 mostra o valor acrescido por cada função e margem aproximada. Observe que as funções relativas a marketing e vendas são muito mais bem remuneradas do que as funções que fazem o produto.

Tabela 6-2	Valor Acrescido para o Café		
Firma	*Custo Acrescido por Libra*	*Margem Ganha por Libra*	*Valor Total Acrescido*
Cafeicultor	$0,985	$0,985	$1,97
Transportadora	$0,015	$0,005	$0,02
Fabricante	$1,52	$1,51	$3,03
Comerciantes	$0	$2	$2
Varejistas	$2	$2	$4

Capítulo 6: Encontrando os Mercados Mais Atraentes para Criar...

Alguns lugares na cadeia de valor do café são muito mais lucrativos que outros. Para maximizar a efetividade do seu modelo de negócio, encontre a porção mais lucrativa da cadeia. Normalmente, quanto mais próximo do usuário final ou do consumidor, maior a oportunidade de margem. Não interprete erroneamente essa afirmação. Eu não estou dizendo que os melhores modelos de negócio são os de varejo. O que estou sugerindo é desde que a produção mudou para países onde os salários são baixos, o acréscimo de valor para produção e atividades relacionadas caiu dramaticamente. Na medida em que a capacidade de acrescer valor ao fabrico diminuiu, o valor acrescido por meio de vendas, distribuição e registro de marca cresceu. Essa mudança tem oferecido oportunidades a empreendedores sagazes.

Esses empreendedores sagazes também criaram novas posições na cadeia de valor para retirar valor de operadores existentes. Por exemplo, no campo jurídico, vários novos agentes emergiram para retirar uma porção da cadeia de valor tradicionalmente ocupada por advogados. Firmas de advocacia na Índia especializam-se somente em pesquisas complexas de larga escala. Algumas firmas examinam contas de firmas de advocacia em uma tentativa de salvar o dinheiro de seus clientes. Ambas indústrias faziam parte da cadeia de valor da área jurídica.

Ironicamente, parece haver muito pouca correlação entre o montante de trabalho ou a dificuldade de trabalhar e a quantidade de valor acrescido na cadeia. Como você pode ver no exemplo do café, o trabalho mais árduo é realizado pelo agricultor. Este assume o risco do clima ruim, tem o maior número de empregados e emprega o maior número de horas proporcionalmente. Porém, o agricultor ganha a menor quantia de dinheiro na cadeia de valor.

Certas partes da cadeia de valor tendem a acrescer mais valor que outras. Observe que o valor acrescido é a diferença entre preço de vendas e custo. Um item pode ter uma porcentagem grande do preço total de vendas ao consumidor final, mas acrescentar pouco valor na cadeia.

Muitos empresários escolhem uma indústria porque estão familiarizados com ela. Se você for um técnico de sistemas de ventilação, aquecimento e ar-condicionado, tende a criar um modelo de negócio nesse ramo. Faz sentido. No entanto, suas aptidões nessa área não podem ser aplicadas a muitas indústrias, e algumas dessas podem ser mais atraentes que a de ventilação, aquecimento e ar-condicionado.

Grandes mudanças na indústria de viagens

Por décadas, as agências de viagem exerceram uma variedade de funções na cadeia de valor dos viajantes. Agentes de viagem executavam a logística para fazer com que tudo corresse bem na viagem, compartilhavam de um valioso conhecimento base sobre os melhores hotéis, tours e linhas aéreas e ofereciam acesso a um sistema de reserva por computador, que não era disponível aos consumidores cotidianos.

Hoje em dia, a cadeia de valor de viagens é vastamente diferente. Os consumidores têm acesso aos mesmos dados de reserva, resenhas online tomaram o lugar dos recomendadores e os consumidores lidam sozinhos com os aspectos logísticos. Dizer que os agentes de viagem foram substituídos pela internet seria demasiadamente simplista. Os agentes de viagem foram deslocados por uma mudança na cadeia de valor. Seu acesso exclusivo aos dados de reservas foi removido. Seus conhecimentos conquistados a duras penas sobre hotéis e destinos foram distribuídos coletivamente para a internet. Depois de essas duas partes-chave do valor que eles providenciavam terem sido removidas, fez sentido os clientes cuidarem sozinhos dos aspectos logísticos. A cadeia de valor não mudou, apenas os provedores. A lista a seguir mostra essa guinada.

Valor Acrescido por Agentes de Viagem	Agora Oferecido por
Preço dos voos, horários	Sites de linhas aéreas, Expedia, Decolar
Capacidade de reservar voos	Vários sites
Conhecimento dos melhores hotéis, tours e assim por diante	Disponibilizado coletivamente por meio da classificação do público, votação e comentários
Sugestões de destinos de viagem	Buscas no Google, blogs, programas de na TV e assim por diante
Apoio logístico	Predominantemente feito por conta própria, com serviços adicionais de empresas de cartão de crédito, como a American Express

Capítulo 7

Completando sua Oferta com uma Proposta de Valor Singular

Neste Capítulo
▶ Tornando sua proposta de valor única
▶ Considerando sua proposta de vendas singular
▶ Obtendo o máximo do seu produto
▶ Utilizando sua UVP (sigla em inglês, *unique value proposition*) para tornar-se mais comercializável
▶ Criando uma marca poderosa

Depois de saber o mercado mais atraente para o seu negócio (Veja o Capítulo 6 para detalhes sobre como determinar a atratividade do mercado), você irá querer criar uma oferta diferenciada, definindo uma proposta de venda única, ponto(s) de preço, proposta de valor singular e marca. A combinação de sua oferta forte e excelente nicho de mercado compreende o aspecto mais importante do seu modelo de negócio.

Construindo uma Proposta de Valor Singular

Você não precisa de uma oferta singular para ter um modelo de negócio. Se, de qualquer modo, quiser o modelo mais exitoso possível, você deve oferecer aos clientes algo que eles não podem conseguir em nenhum outro lugar. Essa singularidade pode ser apenas uma coisa, como o único posto de gasolina em uma esquina em particular ou pode ser a combinação de características de produto e serviços, como no caso dos automóveis da Lexus. Todas as diferenças entre a sua oferta e a do concorrente são a sua proposta de valor singular.

Quase todo mercado está lotado com uma abundância de ofertas e concorrentes, ainda assim muitos desses mesmos mercados possuem uma companhia dominante. Como essas empresas ascendem sobre tanta concorrência e o fazem lucrativamente? Essas empresas de destaque — como Apple, Virgin Airways, Amazon, Discovery Networks e Priceline — capturaram grandes fatias do mercado oferecendo aos clientes algo que eles simplesmente não podem comprar em outro lugar.

Tradicionalmente, os clientes não só escolhem essas ofertas diferenciadas em desfavor das dos concorrentes, como também pagam um preço alto por elas.

Exemplos de ofertas diferenciadas incluem as seguintes:

- **Sal Morton** é diferenciado pela tradição, reputação e marca. A Morton foi a primeira companhia a oferecer sal em convenientes frascos cilíndricos, assim como foi a primeira a adicionar iodo ao produto. Essa adição pode não parecer nada de mais, mas resolveu uma crise de saúde nacional. Problemas de inchaços relacionados à tireoide, o chamado *bócio*, eram comuns, e pequenas quantidades de iodo na dieta os prevenia. A Morton estabeleceu uma dominante fatia de mercado na década de 1920 e ainda a mantém. Mais importante, essa marca líder do mercado vende duas ou três vezes mais do que outras marcas de sal, cujos produtos são praticamente idênticos.

- **Televisores Sony** são vendidos pelo dobro do preço das marcas mais baratas no mercado. A reputação da Sony por sua qualidade e recursos de ponta permite que a companhia comande uma grande fatia do mercado e tenha preços altos.

- **Os parques temáticos da Disney** são 95% a mesma coisa que centenas de outros parques temáticos. Todos eles têm carrosséis, personagens sendo mascotes, shows, besteiras para comer e atrações/brinquedos de primeira. Ainda assim, a Disney consegue ter 25% mais público que o Six Flags Magic Mountain, que fica na mesma rua. A Disney atraiu 16,4 milhões de visitantes em 2011 contra 2,7 milhões do Magic Mountain. Essa diferença de 5% — personagens memoráveis de filmes, atmosfera mágica, parques limpos, serviços impecáveis e uma cultura corporativa construída sobre experiências memoráveis de cliente — *importa*!

- **O Toyota Prius** não foi o primeiro carro híbrido. Acredite ou não, os veículos híbridos são anteriores à maioria dos veículos à combustão e já estavam disponíveis desde 1870. O Prius não foi o primeiro híbrido disponível nos Estados Unidos (embora tenha sido o primeiro no Japão). Nos Estados Unidos, o Honda Insight foi lançado um ano antes do Prius e teve uma quilometragem melhor. O Prius, contudo, parecia mais um "carro de verdade" e não um carro elétrico tentando ser um carro de verdade.

Visto que os compradores podiam ter consciência ecológica *e* possuir um carro que funcionasse como qualquer outro, o veículo foi um enorme sucesso.

✔ O sistema da Priceline.com, em que você dá o preço, é tão singular que foi patenteado. Outros sites de viagem simplesmente agregam ofertas de hotel e linha aérea e exibem o resultado para os clientes. A Priceline efetivamente deixou para lá o papel de comprador e vendedor. Quando os clientes estão em outros sites, sua opção é "aqui está o preço, pegue-o ou deixe-o". A Priceline oferece aos compradores a oportunidade de dizer o preço que querem pagar, e o hotel ou a linha aérea tem o direito de pegar ou largar. Essa abordagem pode resultar em uma situação de ganha-ganha, onde o comprador faz um ótimo negócio e o hotel ou as linhas aéreas conseguem ao menos algum dinheiro por um assento ou quarto que de, outra forma, ficaria vazio.

Diferente é quase sempre melhor que melhor.

A diferenciação vem de atributos singulares do produto. Boa notícia! Praticamente tudo pode ser singular. Exemplos de singularidade incluem estes fatores:

✔ **Conveniência:** Pense em um ponto em uma esquina, entrada/saída, online

✔ **Emoções que o produto invoca:** A campanha "ligue para casa" da AT&T ou a Newman's Own doando lucros para a caridade

✔ **Expertise:** Este fator é particularmente importante para médicos e advogados

✔ **Maior qualidade:** A Toyota e a Panera Bread oferecem qualidade maior que seus concorrentes

✔ **Maior durabilidade:** A lavadora Maytag e o piano Steinway diferenciam-se dessa forma

✔ **Lojas one-stop/integração:** A Meijer e a Amazon foram pioneiras nessa categoria

✔ **Localização física:** Pontos de esquina são tão importantes para o modelo de negócio da Walgreen que a empresa até tornou isso parte do slogan

✔ **Preço:** Lojas de $1,99 e a Big Lots oferecem preços baixos

✔ **Atributo do produto:** Creme dental com bicarbonato de sódio é um exemplo

✔ **Escala:** Não muitas companhias podem construir arranha-céus ou oferecer voos espaciais

✔ **Serviço:** A Nordstrom's oferece serviço excepcional, e a Ed Debevic's oferece um serviço único (veja o próximo box para detalhes)

✔ **Rapidez:** O serviço de entrega rápida da Domino's e da Jimmy John's

> ### Você vai pedir ou não vai?
>
> A legendária rede de lanchonetes Ed Debevic's diferenciou-se por seu serviço, ou, mais precisamente, por sua falta de serviço. Você pode encontrar na Ed Debevic's os mesmos hambúrgueres e fritas que encontra em qualquer outra lanchonete de beira de estrada. O que você encontra na Ed Debevic's é serviço malcomportado.
>
> A primeira vez que a minha família fez uma refeição lá, a garçonete disse: "Então, vão pedir ou não? Não é tão complicado." No verão passado, o garçom amassou nossa conta e a jogou em nós. Você não come lá pela comida, come por causa da equipe divertida de atendentes. Se você não for sensível, irá achá-los hilários.
>
> Evidentemente, muitas pessoas acham essa estratégia de desserviço engraçada. O restaurante é uma atração imperdível para turistas em Chicago.

Comparando uma Proposta de Venda Singular com uma Proposta de Valor Singular

O objetivo de qualquer excelente modelo de negócio é ter um produto altamente lucrativo que os clientes queiram comprar. Um produto altamente comerciável é tradicionalmente descrito como tendo uma proposta de venda singular. A Whole Foods oferece somente opções saudáveis em suas lojas. A Domino's Pizza cresceu rapidamente por conta de sua entrega super-rápida. As botas da UGG não só são estilosas como também é possível calçá-las sem meias e ainda caminhar confortavelmente. Todas essas são propostas de venda singulares.

Seu produto também precisa de uma proposta de valor singular. *Valor* é o que o produto faz pelos clientes e o que estes estão dispostos a pagar por ele, não suas características. Um produto pode ter características únicas, mas essas características beneficiam o cliente, e este está preparado para pagar por elas? Recentemente, fabricantes de minivans decidiram que mais apoios para copos são melhor. Algumas minivans oferecem uma dúzia ou mais de apoios para copos. Essa característica é única e oferece uma proposta de venda singular. No entanto, se os clientes não derem valor aos apoios de copo, a proposta de valor é fraca. Para criar o melhor modelo de negócio possível, você deve criar a combinação certa de atributos e valor.

Definição de proposta de venda singular

Rosser Reeves foi o autor da expressão *proposta de venda singular*, ou USP (do inglês, *unique selling proposition*), que é uma mensagem única sobre o seu negócio versus o da concorrência. A USP é um conceito de marketing que foi proposto pela primeira vez como uma teoria para entender um padrão em campanhas publicitárias de sucesso no início da década de 1940. A teoria afirma que as campanhas faziam propostas únicas para o cliente, e essa proposta os convencia a mudarem de marca. Em outras palavras, a USP é o porquê de um cliente dever se importar com sua marca.

O complicado em uma USP é que ser singular é fácil. Simplesmente pegue algo obscuro como sorvete de polvo cru e, tchan-ram, você é singular. Contudo, você deve ser singular *e* atrair um grande número de clientes rentáveis. As botas UGG começaram como um mercado pequeno e singular de botas de pele de carneiro. Esse nicho singular pegou fogo e a UGG agora vende milhões a cada ano.

A Dave Matthews Band começou pequena, tocando em bares, festas de confraternização e pequenas casas de show. A música da banda era de alguma forma única, mas não o suficiente para ser considerada uma USP. A banda, contudo, permitia e encorajava a gravação de seus eventos. Geralmente, filmar eventos ao vivo era desencorajado ou ilegal nessa época. Não só a DMB permitia a gravação, como a encorajava. Os fãs eram autorizados a plugar seus gravadores diretamente na mesa de som para obterem gravações de alta qualidade, que eles entusiasticamente negociavam. Matthews acredita que essas gravações foram imprescindíveis para o sucesso da banda.

Normalmente, os vencedores do mercado começam com alguns clientes fiéis que amam sua proposta de valor. Em algum momento, a proposta de valor, que era direcionada a alguns clientes leais, cresce além das expectativas e torna-se uma campeã do mercado. O difícil é encontrar os primeiros clientes fiéis e fanáticos. Você não pode ser todas as coisas para todas as pessoas, então nem tente. Se seu produto não criar fãs ensandecidos, você provavelmente não tem uma proposta de venda forte.

Definir sua USP significa examinar seu negócio em detalhes; daí, você pode começar com uma sessão livre de brainstorm e abordar estas áreas principais de conteúdo:

- **Público:** Quem é seu cliente ideal? Seja tão específico quanto possível e não tenha medo de excluir pessoas (você pode inclusive pensar em quem *não está* em seu público).

- **Problema:** Qual problema você resolve para o seu cliente ideal? O melhor é que seu produto resolva um problema específico que outros não consigam resolver. Que "dor" você está eliminando? Como seu cliente ficará melhor trabalhando com você ou comprando seu produto em comparação com outras alternativas?

✔ **Singularidade:** O que destaca você de outros? Melhor ainda, o que *significativamente* o destaca? Uma USP de calçados femininos para ioga significativamente o destaca de outros calçados esportivos. Uma USP de calçados esportivos para mulheres/adolescentes provavelmente não. Você pode diferenciar-se de milhares formas: serviço, alcance, experiência, técnica, garantia, recursos e assim por diante (veja a seção anterior "Construindo uma Proposta de Valor Singular" para detalhes). Foque em um monte de coisas que realmente irá torná-lo um em um milhão — coisas que fazem uma diferença tangível para o seu público.

Uma ótima USP vem de uma profunda compreensão de quem são seus clientes, o que querem, o que valorizam e o que os motiva. Ela também deve fazer com que seus clientes em perspectiva desejem fortemente seu produto ou serviço. Ela deve fazer com que eles se sintam tolos por não pesquisar sua empresa ou produto. Você provavelmente terá uma USP diferente para cada produto ou serviço que oferecer.

Por que a USP é importante? Pense nisso desta maneira: se você não consegue se diferenciar de centenas ou milhares de outras opções por aí, como você espera que o cliente o faça?

A lista a seguir mostra a você alguns bons exemplos de produtos com uma USP e uma frase de efeito claras:

✔ **BMW:** The Ultimate Driving Machine (em português: "A Definitiva Máquina de Dirigir").

✔ **Dawn Dishwashing Liquid (detergente de louças):** Retira a gordura do seu caminho.

✔ **Domino's Pizza:** Você tem pizza fresca e quente entregue em sua porta em 30 minutos ou menos — ou ela será de graça.

✔ **FedEx:** Quando a entrega tem que ser feita absolutamente, positivamente da noite para o dia.

✔ **MetLife:** Get Met. It Pays (em português: "Se satisfaça. Vale a pena").

✔ **M&M's:** Derrete na sua boca, não na sua mão.

✔ **Target:** Espere mais. Pague menos.

✔ **Walmart:** Preços baixos todo dia.

Quando estiver criando sua USP, não se esqueça do seguinte: "Preço, qualidade, serviço: escolha dois." Você não pode ser todas as coisas para todas as pessoas. A Starbucks não pode oferecer o café de mais alta qualidade feito por baristas especialistas pelo mesmo preço do café do McDonald's. Do mesmo modo, você não terá a mesma experiência de compras no Walmart que terá no Nordstrom's. É melhor você se sobressair em algo do que ser somente aceitável em tudo. As USPs tratam de ser excepcionais em alguma coisa — qualquer coisa.

Definição de proposta de valor singular

A *proposta de valor singular* (UVP — do inglês *unique value proposition*) estende o conceito de uma proposta de valor singular (USP — do inglês *unique selling proposition* —; veja seção anterior) para incluir benefícios derivados de clientes. Os clientes perguntam-se: "Os recursos únicos desse produto valem o preço?" Os clientes se ocupam na pesagem de recursos-valor para todas as compras. Aumentar sua USP com uma proposta de valor forte cria no cliente um desejo de trocar seu dinheiro suado por seu produto.

Um modelo, o Construtor de Modelo de Negócio, cria seis estágios para análise de proposta de valor:

- Para qual mercado a proposta de valor está sendo criada?
- O que o mercado valoriza mais — a experiência do valor ou a experiência do cliente?
- Quais produtos estão sendo oferecidos?
- Quais benefícios os clientes retirarão do produto?
- Quais opções alternativas existem?
- Qual evidência substancia sua proposta de valor?

O famoso autor de livros de negócio Neil Rackham acredita que a proposta de valor consiste de quatro partes principais: capacidade, impacto, prova e custo.

Ser mediano é subestimado

Os ex-consultores da Cap Gemini Ernst & Young, Fred Crawford e Ryan Mathews, escreveram um livro incrível, *O Mito da Excelência: Por que as empresas líderes nunca tentam ser as melhores em tudo* (editora Manole). Os autores identificam cinco áreas principais da transação comercial: preço, produto, acesso, experiência e serviço. Eles descobriram que, dominar um elemento, diferenciando em um segundo e estar equilibrado na indústria (em outras palavras, mediano) no resto, era o segredo dos maiores atores no mercado.

É surpreendente, mas verdade. Você precisa ser apenas mediano em três dos cinco aspectos se — repita, *se* — for notório em algum aspecto que importa para o cliente.

Fazendo a comparação

Você poderia ter uma forte proposta de venda, mas uma proposta de valor fraca. Um automóvel da Rolls-Royce tem uma proposta de venda singular como o carro mais luxuoso e montado manualmente do mundo. Mas, para muitos compradores, a UVP da Rolls-Royce é fraca. Será que um Phantom da Rolls-Royce de $262.000 é um valor melhor para o comprador de carro exigente do que um

BMW 7 Series, top de linha, de $137.000, ou um Mercedez CL65 AMG de $213.000? Todos esses carros possuem uma USP que não leva em conta o custo ou valor percebido pelo cliente. Para ter uma ideia plena, considere a pesagem que o cliente faz do valor singular oferecido pelo produto e a oportunidade ou custo financeiro para a aquisição.

LEMBRE-SE

A proposta de venda singular combinada com a proposta de valor singular mostram qual poderá ser o potencial mercadológico do produto. Ser singular não é suficiente; você deve ser singular de uma forma que crie a percepção de um bom valor para o cliente.

USP + UVP = Produto com Potencial Mercadológico

Modelos de negócio com USP e UVP fortes têm um alicerce excelente. Aqui estão alguns exemplos de empresas ou produtos nos quais tanto a USP quanto a UVP são fortes:

- **Cheesecake Factory:** Refeições frescas e criativas em porções grandes, servidas em um ambiente convidativo e por um preço razoável.
- **Hyundai:** Muitas opções por não muito dinheiro.
- **Target:** Economize dinheiro e ainda adquira coisas legais.
- **Whole Foods:** Os produtos podem custar caro, mas o valor de ser saudável supera o custo.
- **Zappos:** A maior loja de sapatos do mundo que faz entrega em sua casa com frete grátis, tanto para entrega quanto para devolução.

Algumas dessas companhias oferecem produtos mais caros do que as suas concorrentes. Contudo, quando os clientes pesam os benefícios e o valor fornecido, escolhem gastar mais pois o valor percebido excede o custo adicional.

Maximizando o Potencial do Produto

Após criar uma USP e uma UVP fortes (Veja a seção anterior "Comparando uma Proposta de Venda Singular com uma Proposta de Valor Singular" para detalhes), você pode avaliar o potencial mercadológico do seu produto ou serviço. Você estará preenchendo uma necessidade ainda não resolvida em uma indústria multibilionária ou simplesmente oferecendo serviço de babá na vizinhança? Ambos os exemplos são mercados válidos. No entanto, desenvolver o próximo iPad criará um mercado muito maior do que oferecer serviço de babá para os vizinhos. Responda às seguintes importantes perguntas:

- **Você preenche um atraente mercado não atendido ou pouco atendido?** Você pode criar uma forte proposta de valor para um mercado que seja muito pequeno, muito lotado ou muito arriscado. O novo Newton da Apple foi um produto sofisticado com uma forte proposta de venda e de valor — mas só no papel. Apesar de todos os sinais de sucesso, o Newton não foi um sucesso comercial. O que a Apple pensou ser um mercado não atendido era na verdade um mercado que não estava pronto para ser atendido. Outro exemplo é um produto muito necessário para um nicho muito pequeno. Dúzias de produtos provavelmente preencheriam as necessidades dos entusiastas da pescaria de peixe-espada, mas o mercado é muito pequeno.

- **Quão valorosa é essa USP?** Ser o único creme dental branqueador é muito mais valioso que ser o encanador mais experiente em uma cidade de 1.000 pessoas. Equilibre uma USP forte e focada com um mercado que vale a pena seguir. Quando a Apple obteve sucesso criando um mercado para tablets, esse mercado valia bilhões.

- **Você tem uma estratégia do oceano azul?** Em seu revolucionário livro *A Estratégia do Oceano Azul* (Campus), W. Chan Kim e Renée Mauborgne sugerem que poderosos novos mercados podem ser criados desafiando os paradigmas existentes de competir melhor em mercados existentes, o que eles chamam de oceano vermelho. Eles sugerem que essas águas saturadas, sangrentas, não são um lugar para construir um negócio duradouro. Em vez disso, os autores sugerem encontrar um profundo oceano azul para pescar desafiando a sabedoria convencional. Após encontrar a água azul, você pode pescar prosperamente por um longo tempo. Para mais informações sobre a estratégia do oceano azul, veja o próximo box.

Mergulhando na Estratégia do Oceano Azul

Em seu livro *A Estratégia do Oceano Azul* (Campus), W. Chan Kim e Renée Mauborgne criam um roteiro para encontrar mercados grandes e intocados. Produtos como iPod, Model T, Cirque Du Soleil, Nintendo Wii, Southwest Airlines e o vinho Yellow Tail encontraram oceanos azuis. A lista a seguir mostra a diferença entre estratégias competitivas tradicionais em um oceano vermelho e os mais lucrativos oceanos azuis.

Estratégia do Oceano Vermelho	Estratégia do Oceano Azul
Competir no mercado existente	Criar um mercado não disputado
Bater a concorrência	Tornar a concorrência irrelevante
Explorar uma demanda existente	Criar e capturar uma nova demanda
Fazer uma relação de compromisso valor–custo	Quebrar a relação de compromisso valor-custo
Alinhar todo o sistema das atividades de uma firma na busca pela diferenciação ou baixo custo	Alinhar todo o sistema das atividades de uma firma com sua escolha estratégica de diferenciação e o custo baixo

Construindo Potencial Mercadológico

Os melhores produtos têm alto potencial mercadológico. Todo mundo conhece a história da ratoeira. A nova ratoeira pode ser vastamente superior a qualquer outra no mercado; contudo, ninguém a compra. Os clientes não querem ou precisam de uma nova ratoeira. Eles estão satisfeitos com a antiga. A nova ratoeira não tem potencial mercadológico. Certifique-se de não cair na armadilha da ratoeira melhor!

Resumindo sua proposta de valor singular em uma frase

Você consegue explicar clara e efetivamente sua proposta de valor singular em uma frase? Nem sempre é fácil, mas é absolutamente necessário. Se tomar um parágrafo para explicar por que as pessoas deveriam comprar o seu produto, a) eles vão descartá-lo após dez palavras e perder a coisa importante e b) sua proposta de valor não estará afinada o suficiente para se destacar em um mercado lotado.

Sua UVP deve ser:

- **Específica:** "Eu sou dentista" é vago e curto demais para ser singular. Que tipo de dentista? Quais necessidades especiais do cliente você atende? Uma UVP mais forte pode ser "Eu sou um dentista que tem dentes sensíveis, então construí minha prática para que as visitas ao dentista não sejam dolorosas".

- **Sucinta:** Algumas propostas de valor soam como "Nossa empresa de software trabalha com fabricantes, distribuidoras, varejistas e outras companhias para aumentar a eficiência aumentando sinergias com sua infraestrutura de capital humano existente e soluções de tecnologia de ponta".

  Oi? Essa UVP é muito longa, atende a muitos clientes e não oferece a solução específica que o cliente possa almejar. Algo melhor pode ser "Nosso software aumenta o capital humano e intelectual interno, resultando em custos mais baixos em rotatividade e treinamento".

- **Significativo:** Sua UVP sempre é interessante para você: é sua empresa, afinal. Infelizmente, seus clientes estão sobrecarregados com outras ofertas e propagandas. Uma UVP como "Somos o fornecedor de roupas masculinas mais respeitado da cidade" pode soar excelente internamente. No entanto, para os clientes, ela soa como "Nós achamos que somos demais...blá blá blá...alguma coisa sobre roupas". Essa loja ou fábrica de roupas pode se sair melhor com algo como "Os ternos mais caros da cidade, por uma boa razão" ou "Por mais de 100 anos, os homens têm confiado suas datas mais importantes a nós".

Sendo o primeiro no mercado

Uma das formas de ter um produto com alto potencial mercadológico é sendo o primeiro no mercado. Há várias formas de definir *primeiro no mercado*. O creme dental Crest foi a marca de pasta de dentes de maior sucesso na história. Mas não foi, porém, a primeira; a Colgate foi a primeira. A Crest foi o primeiro creme dental com flúor. Ser o primeiro no mercado com uma característica significativa de proteção contra cáries catapultou a Crest à primeira posição por décadas. Muitas vezes ser o primeiro com uma característica ou diferenciação significativa tem o mesmo benefício de ser o primeiro a oferecer o produto.

Foque-se em criar um nicho no qual possa ser o primeiro. Ser o primeiro em um nicho fará de você a única opção para o cliente e efetivamente o deixa sem concorrência. Minha recomendação é ser o primeiro a assumir uma USP em vez de ser o primeiro no mercado com uma categoria totalmente nova de produto. Os recursos financeiros e humanos necessários para ser o primeiro no mercado são simplesmente muito caros para a maioria dos pequenos e médios negócios.

Criando uma nova USP quando a sua ficar desgastada

Preste atenção em quantos de seus concorrentes têm uma USP similar. Quando o creme dental Crest entrou no mercado como a única opção de proteção contra cáries, a USP era extremamente poderosa. Muitos concorrentes adotam o que os mercados chamam de estratégia do "eu também". Eles investem pouco tempo, dinheiro ou esforço na identificação ou desenvolvimento de mercados de nicho. Mas conseguem tornar seu negócio extremamente rápido e muito bom em solapar estreantes bem-sucedidos em mercados de nicho com ofertas muito parecidas ou mesmo absolutamente genéricas. À medida que outros cremes dentais "eu também" entravam no mercado, a proposta de valor da Crest enfraquecia-se simplesmente pelo grande número de participantes anunciando uma USP similar. O valor de sua USP oscila não só por sua singularidade, mas também pelo número de concorrentes afirmando terem USPs semelhantes.

De 1901 a 1950, as únicas três marcas de cremes dentais eram Arm & Hammer, Colgate e Ipana. Hoje em dia, são encontradas 34 marcas de pasta de dente e dúzias de submarcas (como Crest with Scope e Colgate Total). A categoria de cremes dentais oferece uma lição proeminente sobre como propostas de venda podem ser mais esmiuçadas ainda. Antigamente, os concorrentes simplesmente focavam em ser cremes dentais de qualidade que não tinham um gosto horrível. Então o flúor entrou no mercado e criou duas categorias, cremes dentais com e sem flúor. Em seguida veio o creme dental para crianças. O creme dental branqueador chegou ao mercado depois. Hoje em dia, cremes dentais que fazem tudo — clareiam, controlam a gengivite, têm gosto bom e varrem o seu chão — parecem ser a onda do momento.

Fazendo com que sua proposta de valor importe para os clientes

Seus clientes determinam o que é sua proposta de venda singular. Outras empresas podem estar lutando por uma USP similar com o mesmo cliente. Muitas companhias estão em batalha por USPs parecidas no mercado de cremes dentais. Você pode ser um usuário de Colgate e ver a proposta de valor do creme dental como a mais valiosa para você. Seu vizinho pode ser usuário de Crest e sentir que a proposta de valor desta é melhor. Efetivamente, as USPs da Colgate e da Crest são quase idênticas. Contudo, na mente do cliente, as USPs são bem diferentes. O que o cliente acha que é a USP importa — o que você acha que é não importa. O que um produto representa para um indivíduo é chamado de *branding*, ou, mais especificamente, fidelidade à marca.

Pergunte-se se a maioria dos clientes ou clientes em potencial concordaria que você *é o dono* da USP. Muitos negócios afirmam ser os melhores encanadores da cidade ou o melhor produto que vai ao encontro da necessidade de um cliente específico. O seu cliente concordaria com suas afirmações? Idealmente, não deveria haver dúvida na mente dos clientes de que o seu produto tem a melhor proposta de valor para as necessidades deles. Se você conseguir comunicar claramente uma estratégia diferenciada em uma frase ou menos, terá uma chance muito melhor de assumir essa USP junto aos seus clientes. (Se não conseguir comunicar sua estratégia diferenciada em uma frase, veja a seção anterior, "Resumindo sua proposta de valor singular em uma frase", para obter ajuda.) Se for preciso um parágrafo ou um longo monólogo para comunicar seu valor aos clientes, suas chances de se apoderar da USP na mente deles são escassas. As melhores propostas de valor normalmente são as mais simples, porque é mais fácil construir uma marca forte sobre elas.

Os clientes conseguem diferenciar facilmente seu produto? Esse é o teste do "eu também" (veja a seção anterior, "Criando uma nova USP quando a sua ficar desgastada", para saber mais sobre o teste do "eu também"). Sua proposta de valor é altamente diferenciada e incrivelmente valorosa — *para você*. Vamos encarar isso, esse é o seu "bebê" e é lindo. Todos os outros proprietários de negócio sentem o mesmo em relação aos seus negócios.

Infelizmente, às vezes, os clientes não veem as coisas da mesma forma que você. Eles podem não enxergar os seus diferenciadores como tão diferentes assim. É frustrante, mas tenha uma visão de seus diferenciadores pragmática e centrada no cliente. Os clientes veem você como só mais um encanador, dentista ou produto? Uma forma simples de verificar se seu produto está sendo diferenciado ou está comoditizado aos olhos do cliente é a concorrência excessiva em preço. Se o cliente estiver obcecado por preço baixo e descartar ou subvalorizar suas características e diferenciação, a mensagem pode ser "Nós não vemos seu produto como diferenciado", então a única coisa que resta para discutir é o preço.

Criar uma proposta de valor forte não é fácil. O que é significativo para você pode não ser para o cliente. Essas frases são normalmente um sinal de que sua proposta de valor precisa ser um pouco trabalhada:

- **Melhor:** Tudo bem, você diz que é o melhor. Não é o cliente quem deve decidir o que é melhor?

- **Rápido:** Isso significa rápido em sua definição ou na minha? O que significa um serviço rápido? Para mim significa "agora mesmo", mas eu aposto que o atendente não aparece agora mesmo.

- **Qualidade:** Qualidade significa que nunca quebra ou que não quebra com muita frequência? As expectativas do cliente definem o que significa qualidade, e normalmente pode ser definida como algo menos ambíguo. "Nunca precisa de reparos", "sempre funciona de primeira", "encaixes e acabamentos perfeitos" e "o último que você comprará" são formas muito mais significativas de dizer "alta qualidade".

- **Atendimento ao cliente:** Toda empresa enxerga seu atendimento ao cliente como excepcional. Tenho certeza de que as companhias de cartão de crédito têm inclusive estatísticas para mostrar a excelência de seu atendimento ao cliente. Isso não significa que o cliente ache o atendimento deles bom. Propostas de valor melhores incluem: todas as ligações atendidas no primeiro toque, todas as ligações atendidas por um humano e tudo resolvido na primeira ligação.

Seu produto resolve um problema que os clientes *querem* que seja corrigido em vez de precisam que seja corrigido? "Precisar" pode ser um palavrão. Muitas vezes empresários dizem "As pessoas realmente precisam disso" e tentam vender algo de que os clientes precisam mas não querem. O mercado de academias de ginástica deveria ser significativamente maior do que é. À medida que a sociedade fica cada vez menos ativa, a necessidade de academias de ginástica continua a crescer. Contudo, apenas aqueles que *querem* se exercitar entram em uma academia — não todos aqueles que precisam se exercitar.

Crie um produto que o cliente queira comprar, não um que o cliente precise ser convencido a comprar.

Sentindo uma mudança nas preferências do consumidor, o McDonald's apresentou o Arch Deluxe, em 1991, com uma campanha publicitária de $150 milhões. Com menos calorias e gordura, o Arch Deluxe parecia ser perfeito para uma crescente população consciente com relação à saúde. Empresas como a Whole Foods estavam crescendo rapidamente atendendo a esse mercado. Contudo, o Arch Deluxe fracassou miseravelmente e o McDonald's o removeu de seu cardápio em 1996. A lição do Arch Deluxe é que as pessoas compram o que elas querem, não o que elas precisam. O McDonald's aprendeu do jeito difícil que toda a pesquisa do mundo pode dizer o que os clientes *deveriam* querer, mas só os clientes podem dizer o que eles *de fato* querem.

Criando uma Marca Poderosa

É possível criar uma forte proposta de venda e de valor, e ainda assim, não criar uma marca poderosa. O Newton da Apple tinha tanto uma USP quanto uma UVP fortes, mas não conseguiu criar uma boa marca para a Apple. Parte do seu objetivo ao criar um ótimo modelo de negócio deve ser criar uma marca poderosa.

LEMBRE-SE

Todas as empresas e produtos possuem uma marca. O branding não é exclusivo de produtos para o consumidor. Companhias de serviço, fabricantes, distribuidoras e outros tipos de negócio têm marcas. Sua marca é simplesmente a ligação emocional que o seu cliente tem com seu produto. Quanto mais única e útil sua marca for para o cliente, mais valiosa ela é para você.

Sua marca aos olhos do seu cliente

Não importa o que você acha que sua marca é; apenas a percepção do cliente a respeito de sua marca importa. Para você, o café da Starbucks pode significar um delicioso ponto de encontro antes de ir para o trabalho. Para o seu vizinho, pode significar uma breve indulgência durante um dia difícil.

Dispondo a lei

Um dos melhores livros de branding e marketing é *As 22 Leis Consagradas do Marketing*, de Al Ries e Jack Trout (Makron Books). A obra oferece vastos conselhos sobre como fazer o melhor marketing do seu produto e criar uma marca poderosa. Aqui estão algumas das minhas preferidas entre as 22 leis:

- A Lei da Liderança
- A Lei da Categoria
- A Lei da Percepção
- A Lei da Escada
- A Lei do Oposto
- A Lei do Sacrifício
- A Lei da Candura

Um dos pontos mais interessantes no livro é que algumas categorias de produtos são mais importantes na mente de seus clientes que outras. Se eu pedisse para você me falar dez marcas de carros, você poderia fazê-lo rapidamente. Se eu pedisse para você me falar dez marcas de talco para os pés, você só conseguiria falar algumas poucas. O mesmo é válido para sua marca. Se você for um distribuidor atacadista de porcas e parafusos, essa marca pode passar pela cabeça de seus clientes somente quando eles ficarem sem parafusos. Não há muito que se possa fazer a respeito da mentalidade de seu cliente em potencial. Quer você goste ou não, os placares dos esportes sempre serão mais importantes do que porcas e parafusos. O melhor que você pode fazer é diferenciar suas porcas e seus parafusos com uma ótima marca e proposta de valor.

O que sua marca significa para o seu cliente? Ela é significante aos olhos dele? Para ser significante para os seus clientes, seu produto deve resolver um problema importante deles. Pode ser difícil criar marcas significativas para alguns modelos de negócio. Um atacadista de produtos para encanamento é um importante fornecedor para seus clientes, mas pode ser difícil fazer disso uma marca significativa simplesmente por causa do tipo de negócio. Essa é a maldição dos negócios não voltados aos consumidores. É muito mais fácil criar uma marca poderosa para negócios voltados ao consumidor do que para negócios que vendem para outros negócios.

Não use essa dificuldade como desculpa para não desenvolver sua marca. Muitas empresas B2B criaram marcas poderosas apesar dessa deficiência. Alguns exemplos incluem:

- BASF ("Não fazemos as coisas que você compra, fazemos as coisas que você compra melhor")
- Boeing
- FedEx
- Intel Inside
- Snap-On Tools

Aumentar sua USP e sua proposta de valor com uma marca forte dá ao seu modelo de negócio um sólido alicerce. Você pode ter um sólido modelo de negócio sem uma marca forte; contudo, os concorrentes terão a oportunidade de roubar a fatia do mercado se criarem uma boa marca.

Outras considerações sobre marca

À medida que construir sua marca, você pode querer considerar estes fatores também:

- **Você tem uma combinação preço/valor persuasiva?** O Tide é um ótimo detergente, mas também tem preço competitivo. É quase certo que as vendas do Tide cairiam drasticamente se seu preço fosse dobrado. O mercado suportaria um preço alto para uma marca de alta qualidade como a Tide. Contudo, há um limite para o preço que esse mercado suportaria. Ter uma forte combinação de preço e valor só fortalecerá sua marca.

- **Qual é sua fatia de mercado atual?** Grandes marcas têm grande fatias de mercado. O difícil é como você define fatia de mercado. A Starbucks tem uma fatia de 29% do mercado de loja de conveniência/cafeteria. No entanto, seus dados internos mostram que ela tem apenas 1% do mercado global de café. Se a Starbucks expandisse suas análises para incluir todas as lanchonetes, essa fatia seria ainda menor. A fatia da Starbucks de todas as bebidas consumidas — tanto em casa como em restaurantes (incluindo refrigerante, água, suco e assim por diante) — torna-se minúscula quando comparada com sua significativa fatia de mercado no mercado de cafeterias. Você deve usar a definição mais estrita de fatia de mercado com mais frequência. Uma fatia de mercado de 25% para encanadores do subúrbio ao norte de Atlanta é mais relevante do que a fatia de mercado de toda a Atlanta ou Geórgia.

- **Você consegue passar no teste de Warren Buffett?** Buffett afirmou que, se você não tiver poder para aumentar o preço, está no negócio errado. Se você tivesse que aumentar o preço em 5% imediatamente, quanto mercado perderia? Se perdesse muito, é porque não tem o poder de preço que Buffett deseja. Os investimentos de Buffett em empresas como a Coca-Cola demonstrou que sua teoria está correta. Em 1945, uma garrafa de Coca-Cola custava cinco centavos nos EUA. Hoje, a mesma quantidade do refrigerante custa 14 vezes mais.

- **É esperado que o mercado geral cresça/encolha?** A Blockbuster Video desfrutou de uma fatia de 40% no mercado de locação de vídeos nos EUA. Ela dispunha de uma marca impecável e lucros à altura. Você conhece o resto da história. Com a disponibilidade de DVDs fáceis de serem enviados por correio, o Netflix entrou no mercado e puxou o tapete da Blockbuster. O seguinte golpe na Blockbuster veio com a introdução da tecnologia de streaming. Agora os clientes podem baixar e assistir a vídeos instantaneamente, sem ter que ir à loja. Eventualmente, a antes grande Blockbuster sucumbiu ao mercado em encolhimento.

A fidelidade à marca cambaleia em nichos comoditizados. Marqueteiros de produtos para o consumidor que não têm uma USP altamente diferenciada (como cremes dentais) sabem que, se conseguirem fazer um consumidor experimentar o produto deles, eles provavelmente mudarão para a marca alternativa. É por isso que você vê uma guerra de cupons de desconto e amostras de pasta de dente o tempo todo. Esse é o terreno das margens baixas e altos custos de promoção que é melhor você ficar de fora, a menos que saiba exatamente o que está fazendo e tenha orçamento e habilidades para lutar nas guerras da promoção.

Capítulo 8

Ganhando Dinheiro com Seu Modelo de Negócio

Neste Capítulo
- Construindo um modelo de receita lucrativo
- Descobrindo por que todo mundo quer receita recorrente
- Criando uma vantagem de custo significativa

Depois de identificar um mercado atraente para o seu produto e ter um plano para fazer seu marketing, você está pronto para descobrir como ganhar dinheiro com isso. Mesmo com um nicho de mercado proeminente e um processo de marketing grandioso, você tem que vender seu produto com um belo lucro a fim de ter um ótimo modelo de negócio. Vamos encarar: vender algo com pouco ou nenhum lucro é fácil, mas trocar dinheiro não é um ótimo modelo. Neste capítulo, eu digo como maximizar a lucratividade do seu modelo de negócio.

Construindo um Modelo de Receita Lucrativo

No cerne de um grande modelo de negócio está a capacidade de gerar lucros maiores. Para gerar tais lucros, você precisa criar um modelo de receita lucrativo. Um modelo de receita lucrativo possui dois componentes:

- Seu modelo de receita deve gerar altas margens brutas.
- A margem bruta total gerada precisa exceder seu custo operacional ou geral.

Idealmente, seu modelo de negócio deve incluir produtos com margens superiores às dos concorrentes. A BMW tem significativamente mais lucro por carro do que a General Motors ou a Ford. A Starbucks tem mais lucro por xícara de café do que a Dunkin Donuts.

O ideal é que seu modelo de receita inclua fluxos de receita própria e margem, bem como evite armadilhas comuns, como obsolescência tecnológica ou mercado inchado.

Gerando uma margem excepcional

Não existe um ótimo modelo de negócio com margens pobres. As margens maiores em contraposição às dos concorrentes são uma grande parte do que tornará o seu modelo de negócio ótimo.

O padrão para margem excepcional é determinado pela comparação com outros na indústria, em vez de uma porcentagem de lucro genérica. Se uma fábrica de sapatos mediana gera uma margem de 25% e você gera 35%, você gerou margem superior.

Margens excepcionais fazem mais pelo seu negócio do que gerar uma boa base. Se elas forem superiores às da concorrência, você pode:

- Contratar pessoas melhores, porque consegue arcar com isso.
- Oferecer um nível mais alto de atendimento ao cliente.
- Ter mais espaço para negociações de vendas.
- Manter seu banco e seus investidores felizes.
- Realizar pesquisa e desenvolvimento.

Criando um produto com margem superior

O produto industrial mais lucrativo de todos os tempos foi a copiadora Xerox. Durante as décadas de 1960 e 1970, as margens do produto eram obscenas. As copiadoras eram tão lucrativas que a Xerox rapidamente determinou que vendê-las era um modelo de negócio ruim, visto que todo o custo da copiadora podia ser coberto com alguns meses de aluguel da máquina. A Xerox não tinha concorrência, tinha uma enorme demanda e um produto registrado. Esse produto criou tanto fluxo de caixa que a Xerox lutou para investir o dinheiro no negócio. Com uma pequena parte de seus lucros, a Xerox criou a famosa instalação de pesquisa PARC. Como resultado de seus esforços em pesquisa os consumidores agora desfrutam o mouse, a impressora a laser, Ethernet, PCs, interface gráfica de usuário, programas orientados ao objeto e aplicações de silício amorfo pela PARC.

Infelizmente, você não pode gerar margens superiores simplesmente pedindo aos clientes que paguem mais. Você tem que ganhar isso. Pergunte-se: "Por que um cliente paga mais por um produto do que aquilo que custa para produzi-lo?" Aqui estão algumas respostas:

- **Acesso:** Você não pode comprar gasolina na refinaria ou uma tábua numa serralheria.

- **Marca:** Pegue um par de óculos de $29 e coloque o nome da Jennifer Lopez no lado e ele se transforma num óculos de $129.
- **Conveniência:** Você pode dirigir até uma praia distante e comprar camarões diretamente do pescador, mas é um longo caminho desde sua casa.
- **Desejo:** Você não precisa de férias, mas, quando precisar delas o suficiente, pagará mais por isso.
- **Sentimentos:** Aquela xícara de café da Starbucks deveria custar apenas $0,50, mas ela faz você se sentir *tão* bem que você paga muito mais.
- **Recursos registrados/patente:** A patente da copiadora Xerox 914 deu à companhia um monopólio de 15 anos no mercado de fotocopiadoras. O iPhone passou por cima de outros smartphones com seu conjunto de recursos; ele capturou uma grande fatia de mercado e é vendido por um preço significativamente alto. Os motores de avião da Rolls-Royce têm pás de turbina feitas de um material secreto superforte que a empresa produziu para seus motores de carro. A fórmula secreta da Coca-Cola garante que nenhum outro refrigerante tenha o mesmo sabor.
- **Status:** A única diferença entre o Camry top de linha e o Lexus mais barato é o L na frente — e $2.500.
- **Cadeia de valor:** O Walmart gerencia partes da cadeia de valor mais eficientemente do que a concorrência e desfruta uma margem melhor como resultado. Por exemplo, o Walmart desencoraja o uso de agências de promotores de vendas, visto que teria um custo adicional a ser repassado aos consumidores. A empresa também administra toda a logística de recebimento e de entrega com precisão suíça para evitar ter custos desnecessários de distribuição.

O que vai determinar as suas margens de lucro será quão efetivamente você emprega esses fatores. É claro que você não está operando em um vácuo. Esses fatores são relativos à competição. Seus concorrentes estão ocupados tentando conquistar exatamente a mesma coisa — margens melhores. À medida que eles aprimoram seus modelos de negócio, torna-se mais difícil aprimorar o seu. Essa esteira sem fim pode ser frustrante. Você precisa superar em inteligência e inovação sua concorrência para gerar uma margem superior consistentemente.

Se você está buscando o estandarte de ouro da inovação em margem de lucro, pode parar por aqui, na Minnesota Mining and Manufacturing Company (a 3M). De uma humilde fábrica de lixas, cresceu até tornar-se uma potência na Fortune 100 com 84.000 funcionários em 65 países. O crescimento da 3M é o resultado de uma inovação implacável. A empresa historicamente encorajou seus dez mil pesquisadores a dedicarem 15% de seu tempo de trabalho a um hobby ou projeto caro. Embora essa prática tenha diminuído, o resultado desse comprometimento de uma década com a inovação é que a 3M possui mais de 20.000 patentes e obtém 25% de sua receita de produtos que têm menos de cinco anos de existência. Esses novos e inovadores produtos também carregam uma boa margem. Entre alguns dos produtos/inovações da 3M estão:

- Fita crepe
- Blocos de anotação Post-it
- Placas de trânsito refletivas
- Protetor de tecidos Scotchgard
- Fita Scotch (primeira fita adesiva de celofane)
- Lixa à prova-d'água

As inovações da 3M também incluem itens não muito conhecidos. O Vikuiti é um filme polarizador refletivo de múltiplas camadas usado no mercado de telas de LCD. Foi o primeiro filme prismático de acentuação de brilho (Vikuiti BEF) e filme polarizador refletivo de múltiplas camadas (Vikuiti DBEF). Esse monte de palavras que pode parecer grego significa que a luz de fundo pode ser utilizada mais eficientemente, o que, por sua vez, permite maior duração das baterias de celulares e laptops. A 3M recentemente apresentou seu primeiro estetoscópio eletrônico com tecnologia Bluetooth.

Dezenas de fatores, como os que vêm a seguir, podem aumentar suas margens de lucro:

- **Acesso a recursos:** Por que tantas empresas de alta tecnologia localizam-se no Vale do Silício? Eles têm acesso a funcionários, capital de risco e outros recursos muito necessários lá. No leste de Washington, há operações de fundição de alumínio por conta da abundância de energia hidrelétrica barata.

- **Clientes melhores:** Os clientes da empresa A não pagam as contas, são meticulosos e nunca voltam a fazer um pedido sem um envolvimento significante das forças de venda. A empresa B, no mesmo ramo, tem clientes que sempre pagam as contas, não são mandões e normalmente voltam a realizar pedidos sem fazer perguntas. A empresa B tem margens melhores do que a empresa A? Faça sua aposta. Confira o Capítulo 6 para ver detalhes sobre a atratividade de cliente.

- **Controle do canal de distribuição:** Há rumores de que a Apple intencionalmente compra suprimentos para um ano inteiro de componentes-chave de seus produtos de forma a bloquear 100% do suprimento do fornecedor. Se os concorrentes quiserem bater um iPhone ou iPad, eles são forçados a fazê-lo sem comprar suprimentos dos mesmos fornecedores. A tática da Apple não só desacelera a inovação da concorrência, como a força a recorrer a fornecedores de segunda.

- **Primeiro a agir:** Ser o primeiro a agir pode ajudá-lo a criar uma categoria única. Ninguém sabe se o iPad continuará a vender bem daqui a dez anos. Contudo, é uma aposta razoável dizer que a Apple tinha mais facilidade para vender iPads com uma margem maior quando tinha o mercado só para si.

- **Foco:** A Taiwan Semiconductor não desenvolve ou comercializa chips de computador. Ela foca somente em fabricá-los. Esse foco extremo resultou em a Taiwan Semiconductor conseguir produzir chips por menos que quase todos os seus concorrentes.
- **Coragem:** Médias e pequenas empresas geralmente temem aumentar preços. Às vezes, o meio mais fácil para aumentar as margens é simplesmente pedir aos clientes que paguem mais.
- **Inovação:** Uma empresa que consegue superar suas concorrentes em inovação sempre tem uma vantagem e normalmente consegue fazer outros produtos de margem mais alta. A Parte IV está cheia de informações aprofundadas sobre inovação.
- **Localização:** Os clientes pagam uma fortuna para comprar o item certo no lugar certo.
- **Estrutura de custo menor:** Em vez de fazer lojas mais do mesmo, a Dollar General tenta estabelecer-se em locais baratos. Por exemplo, enquanto a CVS mudou muitos de seus pontos de centros comerciais para terrenos maiores em esquinas, a Dollar General mudou-se para esses pontos da CVS de forma barata.
- **Suba na cadeia de valor:** Na maioria dos mercados, alguns fornecedores criam mais valor que outros. Às vezes é difícil entender por que o mercado valoriza mais algumas atividades do que outras, mas o faz. Em muitas situações, o fornecedor mais próximo do consumidor final tem margens melhores. A Gap ganha $5 vendendo uma camisa por $10. O fabricante da camisa ganha apenas $1. A empresa que remove petróleo bruto da terra (Chevron, Exxon) e a que fornece equipamentos e serviços nesse ramo (Oceaneering, Halliburton) tendem a ter margens melhores do que postos de gasolina ou refinarias. Se você estiver preso na porção de menor valor acrescido da cadeia, mudar-se para uma parte mais lucrativa pode ser benéfico. Por exemplo, a IBM percebeu que vender software e serviços para os clientes é mais lucrativo do que vender hardware e mudou seu foco para esses itens de margem melhor.
- **Misto de produtos:** Quando o McDonald's introduziu seu menu econômico, algumas franquias recusaram-se a oferecer muitos itens por preço mais baixo. É difícil tocar um negócio vendendo um cheeseburger duplo que custa $0,65 por um dólar. Todavia, esses franquiados acabaram por descobrir que os cheeseburgueres baratos levavam os clientes a comprar batatas fritas e refrigerantes mais caros. Levar seus clientes a comprar itens com margens maiores faz uma grande diferença na margem total gerada. Veja a seção "Criando a mistura certa de produtos: Gasolina, cigarros e refrigerante" mais adiante para mais informações.
- **Característica própria:** Algo próprio em sua oferta o coloca em uma categoria única. Alguma parte do mercado sempre pagará caro por essa característica. O Capítulo 2 fala mais sobre modelos de negócio proprietários.

- **Fornecedor estratégico:** Você já teve um fornecedor que quis manter secreto? Às vezes, ter acesso ao fornecedor certo pode criar uma vantagem estratégica que resulta em uma margem de lucro maior. Os envasadores da Coca-Cola desfrutam um relacionamento estratégico e protegido com a marca, o que permite a eles ter acesso ao xarope.

- **Marca forte:** Empresas como Coach, BMW, Starbucks, Cisco e Disney comandam preços altos por seus produtos em oposição à concorrência. Veja o Capítulo 7 para saber mais sobre os benefícios de uma marca forte.

- **Integração vertical:** Em muitos casos, a integração vertical aumenta a margem total gerada de uma única venda. A integração poderia incluir avançar na direção dos seus mercados de clientes para obter controle dos canais de distribuição ou retroceder em direção à sua cadeia de suprimento para reduzir o poder que os distribuidores têm sobre sua empresa. Um exemplo de integração retrocedida é uma fábrica de roupas comprando ou abrindo uma empresa de tecidos.

    Uma empresa que fez uma integração de avanço e — o mais importante — manteve margens vastamente superiores foi a companhia de óculos Luxottica. A Sunglass Hut foi uma aquisição estratégica, porque não só gerou 80% das vendas da Luxottica, como contabilizou 21% das vendas de uma concorrente, a Oakley. O que se deu após atingiu severamente as vendas da Oakley. Visto que a Luxottica já havia adquirido marcas como Armani e empresas como LensCrafters e Ray-Ban, não foi surpresa quando a Oakley foi adquirida pela Luxottica. Desde que a integração seja estratégica, ela geralmente funciona.

Nem todos os negócios têm margens de 90%. Sua margem baseia-se nas margens de seus concorrentes ou da indústria. Você pode ter um modelo de negócio incrível com apenas 10% de margem, desde que seus concorrentes tenham margem de 5%.

Ganhando poder duradouro com margem própria

A margem própria é a capacidade que o seu modelo de negócio tem de obter, do mesmo cliente, mais dinheiro que o seu concorrente. Você pode conseguir isso:

- **Fazendo o cliente pagar mais por um produto similar de custo semelhante.** Uma xícara de café da Starbucks não custa mais do que outros cafés; ela tem marca e marketing melhor para comandar uma margem maior por venda.

- **Capitalizando sobre fluxos de receitas que seus concorrentes não conseguem.** No início dos anos 2000, a Best Buy obteve 60% dos seus lucros vendendo garantias estendidas. O volume maciço de produtos adequados à venda de garantia que a Best Buy vendeu levou a um fluxo de receita significativo.

- **Sendo criativo.** Todo mundo quer um bom negócio quando compra um carro. Essa necessidade psicológica por um bom negócio orienta onde você comprará e quanto pagará.

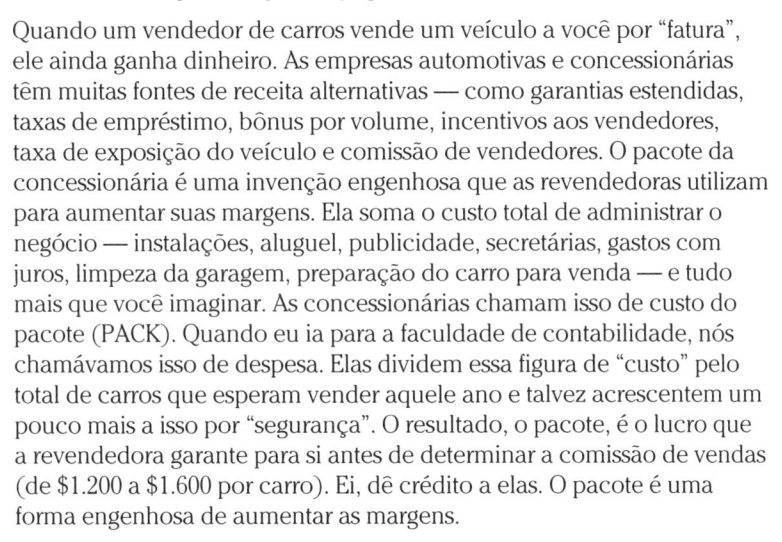

  Quando um vendedor de carros vende um veículo a você por "fatura", ele ainda ganha dinheiro. As empresas automotivas e concessionárias têm muitas fontes de receita alternativas — como garantias estendidas, taxas de empréstimo, bônus por volume, incentivos aos vendedores, taxa de exposição do veículo e comissão de vendedores. O pacote da concessionária é uma invenção engenhosa que as revendedoras utilizam para aumentar suas margens. Ela soma o custo total de administrar o negócio — instalações, aluguel, publicidade, secretárias, gastos com juros, limpeza da garagem, preparação do carro para venda — e tudo mais que você imaginar. As concessionárias chamam isso de custo do pacote (PACK). Quando eu ia para a faculdade de contabilidade, nós chamávamos isso de despesa. Elas dividem essa figura de "custo" pelo total de carros que esperam vender aquele ano e talvez acrescentem um pouco mais a isso por "segurança". O resultado, o pacote, é o lucro que a revendedora garante para si antes de determinar a comissão de vendas (de $1.200 a $1.600 por carro). Ei, dê crédito a elas. O pacote é uma forma engenhosa de aumentar as margens.

- **Tendo uma marca líder *e* grande volume.** O Tide é o detergente número um de vendas, tanto monetariamente quanto por volume vendido. Adivinhe qual é o detergente mais barato de se produzir? Isso mesmo, o Tide. Ter uma marca líder de mercado e economias em escala de produção levam à margem própria.

- **Utilizando produtos suplementares registrados.** Os conectores de iPhones e iPads são únicos desses produtos. A Apple cria uma margem própria quando os usuários precisam substituir carregadores e cabos.

Não fique desencorajado se seu modelo de negócio não tiver receita própria. Os modelos de negócio da Anheuser-Busch InBev (fabricantes da Budweiser) e Miller Coors (fabricantes da Coors e da Miller Lite) são quase idênticos. Nenhuma dessas cervejarias têm fluxos de receita própria, mas isso não impediu a InBev de obter lucros de $7,96 bilhões em 2011 e a Miller Coors de ganhar $4,9 bilhões no mesmo ano.

> ### Tirando o máximo de cada venda
>
> Em outra vida, eu tive várias lojas Meineke Discount Muffler. Muitas vezes se estabeleciam duas lojas na mesma cidade com tíquetes médios bem diferentes (a quantia gasta por cliente). Uma loja tinha um tíquete médio de $300 e outra na mesma rua tinha um tíquete de apenas $125. Essa métrica era o melhor indicador de lucratividade nessa indústria e era um indicativo direto dos lucros gerais da loja. Depois que um carro é consertado, fica consertado por um longo tempo. O cliente vai embora. Você acharia que, por ser parte de uma mesma franquia, seus modelos de negócio seriam o mesmo. Mas, se você olhar para o componente monetização, verá que a loja nº1 gerava mais do que o dobro de lucro que a loja nº2. A capacidade de criar significativamente mais receita do mesmo cliente em potencial era próprio do modelo de negócio da loja nº1.

Ganhando muito com a criação de fluxos de receita própria

Um *fluxo de receita própria* é uma fonte singular de receita para o seu modelo de negócio. Criando um fluxo de receita própria, você terá descoberto como monetizar algo que seus concorrentes não monetizaram. Como pode imaginar, não é fácil fazer isso. Contudo, se você conseguir encontrar um, o fluxo de receita própria é um grande prêmio. Aqui estão alguns exemplos:

- O dono da **Dallas Cowboy**, Jerry Jones, revolucionou a forma como a NFL ganhava dinheiro. Jones acrescentou fluxos de receita como $30 milhões para que a Pepsi se tornasse o refrigerante patrocinador oficial, lojas da Victoria's Secret no estádio, times patrocinados, estádios com 100.000 assentos e a venda de entradas para assistir aos jogos em uma tela gigante fora do estádio. Ironicamente, ele perdeu a chance de vender os direitos da demolição do Texas Stadium. A cidade de Irving chamou a Kraft Macaroni and Cheese para pagar $150.000 pelo privilégio.

- O sistema da **General Motor's OnStar** não só ajuda a GM a vender carros, como cria um fluxo de receita própria recorrente desde que o carro esteja em uso. O plano premium da OnStar custa $299 por ano. A General Motors pode obter mais lucro com um assinante de dez anos da OnStar do que com a venda de um carro.

- A **Greenlight**, fabricante de carros para colecionadores, passou anos criando seguidores fiéis. Transformou esses seguidores em um clube de colecionadores cujos 5.000 membros estavam dispostos a pagar a mais por acesso especial, produtos sofisticados e eventos.

- Algumas maternidades oferecem serviço de vídeo ao vivo do recém-nascido para parentes que moram longe e fotografias excelentes do bebê se você ainda tiver algum dinheiro depois de pagar a conta do hospital.

- O **iTunes** não dá grandes lucros à Apple, mas o portal criou um fluxo de receita singular.
- A **JP Morgan Chase** detém bilhões de dólares em depósitos de clientes. Em vez de ganhar dinheiro à moda antiga (e arriscada), emprestando esses depósitos a consumidores e negócios, a JP Morgan Chase utiliza esse dinheiro em operações financeiras complexas. Apesar da recente perda de 7,5 bilhões, a Chase ultrapassou a maioria dos retornos de ativos de outros bancos.
- **Os estúdios de filmes** têm sido altamente criativos em criar fluxos de receita própria. A receita das vendas de ingressos continua a crescer, mas Hollywood não parou por aí. As propriedades dos filmes são empregadas de diversas formas, como venda de DVDs, licença de personagens, exposição de produtos no filme, sequências, direitos de exibição na televisão, direitos de on-demand, filmes para hotéis, streaming digital, brinquedos, roupas e mais. Filmes como Star Wars e Transformers produzem centenas de milhões de dólares da venda de ingresso e DVD e, mais ainda, da licença de brinquedos e roupas.
- A **TiVo** vende gravadores digitais de vídeo e serviços de assinatura. Enquanto a TiVo está ajudando você a decidir qual programa gravar, também está rastreando aquilo a que você assiste. Esse dado é coletado e analisado. Quando ela sabe suas preferências e o padrão dos programas a que assiste, vende publicidade direcionada para os anunciantes. Você pode ter notado essa propaganda quando pausa.

Cuidado com potenciais perdas na margem

À medida que você elabora seu modelo de negócio, foque no posicionamento do produto, no marketing e no processo de vendas sem se preocupar excessivamente com a concorrência. Não se vence uma corrida olhando para trás. Sob o mesmo prisma, ignorar totalmente o cenário da concorrência pode afetar adversamente seu modelo. Aqui estão alguns fatores que podem derrubar suas margens:

- **Mercado atraente:** Mercados de alto potencial atraem concorrentes. A concorrência abaixa as margens. No final dos anos 1990, dezenas de grandes empresas correram para o negócio de telefonia e transmissão de dados, criando um excesso mundial de capacidade. Muitas dessas companhias, como a Global Crossing e a WorldCom, foram à falência. Hoje em dia se vê um frenesi tremendo para criar aplicativos para iPhone e Android. Muitas empresas, como a Zinga, estão se saindo bem, mas ainda não se sabe quantas delas terão poder duradouro.
- **Tecnologia que muda velozmente:** A tecnologia disruptiva pode ser dramaticamente menos cara e pode arruinar as margens. A Blockbuster, a BlackBerry e o serviço postal dos EUA tiveram que lidar com esse problema.

- **Inconveniência:** Inconveniência poderia significar tudo, desde a localização física fora dos melhores pontos até a incapacidade do cliente de comprar tudo que precisa de você. Pequenos fornecedores estão passando por esse problema com grandes companhias que se recusam a comprar de fornecedores que só dispõem de um item de que precisam. De fato, alguns fornecedores foram forçados por empresas como o Walmart a vender para outros fornecedores, simplesmente para dinamizar o processo de compra do Walmart. Um de meus clientes tinha uma margem de lucro de 75% vendendo diretamente para o Walmart, a qual caiu para 35% após ser forçado a vender para o fornecedor maior.

- **Falta de integração:** Em alguns casos, a integração vertical pelos concorrentes pode ser uma vantagem de custo para eles e forçar suas margens para baixo. Por exemplo, a cafeteira estilo Keurig da Starbucks não precisa ser vendida por um lucro. O propósito das máquinas Verismo não é gerar lucro em sua venda. A máquina foi desenvolvida para vender o café Starbucks para uso doméstico. O Kindle da Amazon é supostamente vendido por $5 a menos do que custa. Por quê? Porque o Kindle é uma loja portátil para comprar livros e produtos da Amazon.

- **Produto "eu também":** Produtos sem recursos indispensáveis são vendidos mais baratos.

- **Ineficiência operacional:** Se seus operadores forem menos eficientes que os da concorrência, você pode ter que diminuir as margens para compensar.

- **Capacidade de venda fraca:** Muitos ótimos modelos de negócio pedem um preço de venda de $X, mas as forças de venda fracas vendem por $1/2X. Cada desconto dado pelo vendedor sai direto da sua margem de lucro.

- **Demanda de mercado encolhendo:** Parecido com a concorrência excessiva, um mercado geral em declínio diminui os ventos das velas de todo mundo. O próximo passo é um dos seus concorrentes ficar desesperado e baixar o preço.

- **Poder de compra superior ao dos concorrentes:** Gerar margens de lucro superiores é difícil se você comprar um pouco de material de uma vez e seu concorrente comprar muito.

- **Muitos concorrentes:** Há somente tantos compradores. Se muitos concorrentes estiverem buscando poucos negócios, os preços tendem a cair. Linhas aéreas, montadoras de automóveis e instaladores de balcão de granito são exemplos de mercados com compradores limitados.

Avaliando Sua Concorrência

Qualquer concorrência abaixa margens. Lutar por clientes sempre leva a corte de preço/margem. A única forma de manter margens altas é mudar adequadamente para mercados novos e melhores antes que a concorrência se intensifique.

As próximas seções falam sobre três tipos de concorrentes: os bons, os ruins e os indiretos.

Bons concorrentes

A maioria da concorrência é boa. Eles agem eticamente, focam em fazer o marketing dos produtos sem destruir o seu e atuam com foco em longo prazo para manter um mercado saudável para ambos. Você pode construir um bom negócio diante da boa concorrência e mesmo manter uma boa relação com seus concorrentes.

Maus concorrentes

Os maus concorrentes podem tornar sua vida um inferno e arruinar o seu modelo de negócio. Construir um grande negócio a despeito da má concorrência é difícil ou impossível. Maus concorrentes caem em duas categorias: sem ética ou burros.

Concorrentes sem ética:

- Têm práticas de negócio injustas.
- Têm práticas de precificação predatórias.
- Vendem itens abaixo do custo por grandes períodos.
- Tentam indevidamente influenciar agentes do governo.
- Exibem comportamento monopolista.
- Têm prática ilegal, como operar violando códigos de saúde e segurança, empregar trabalhadores sem contratos, despejar dejetos tóxicos ou pagar menos que o salário mínimo.
- Utilizar-se de fraude em pay-per-click ou publicar informação negativa em sites públicos como Wikipédia.

Concorrentes burros:

- ✓ Baixam preços a níveis insustentáveis para ganho de volume.
- ✓ Falam mal da concorrência, esperando ganhar negócio.
- ✓ Vendem um catálogo excessivo para distribuidores com o fim de aumentar as vendas a curto prazo (catálogo de canal).
- ✓ Vendem contra a concorrência em vez de aterem-se aos méritos de seus próprios produtos (pense nos políticos).
- ✓ Continuam investindo tempo organizacional e esforço em mercados inchados.
- ✓ Continuam lutando mesmo depois de a batalha estar perdida.
- ✓ Empregam técnicas pobres de vendas, como simplesmente abaixar preços, em vez de buscar formas de acrescentar valor.
- ✓ São ruins em contabilidade. Você já encontrou esses tipos antes. É preciso uma quantidade X do negócio para reinvestir em equipamento, pesquisa e desenvolvimento, treinamento e despesas. Ainda assim, esses tipos ignoram a realidade da contabilidade para todas as despesas ou deixam provisões para cobrir os custos a longo prazo de estar em um negócio de lado e acabam vendendo produtos por pouco mais do que o custo marginal. Sim, uma hora eles vão sair do negócio, mas quando e a que custo para você? É melhor ajudar esses concorrentes a sair do negócio rápido ou fugir deles.

Fique longe de mercados com má concorrência. Os concorrentes burros raramente ficam espertos. Se você começou em um mercado com boa concorrência, mas descobriu que agora ele tem má concorrência, encontre uma forma de sair do mercado. A má concorrência apenas leva a uma guerra de atrito em que ninguém vence e, depois que o mercado estiver danificado, irá tornar-se um lugar difícil para o qual retornar e onde ganhar dinheiro.

Concorrentes indiretos

Todo mundo tem concorrência. Você pode ter sorte o suficiente de não ter concorrência *direta* em seu nicho, mas todo mundo tem concorrência indireta. Exemplos de concorrência indireta incluem o seguinte:

- ✓ Postos de gasolina competem com outros postos de gasolina, mas também com gás natural ou veículos elétricos.
- ✓ Postos de gasolina também competem com modos alternativos de transporte, como caminhar e pedalar.
- ✓ Postos de gasolina também competem com o não consumo — simplesmente não dirigir.

Gerando Margem Total Suficiente

Geralmente as empresas com modelos de negócio melhores têm margens superiores em comparação com sua concorrência. A Tabela 8-1 mostra o lucro por veículo de várias fabricantes de automóveis em 2010. Qual modelo de negócio você acha que é superior?

Tabela 8-1		Lucro por Veículo das Fabricantes de Automóveis			
Fabricante	Lucro Por Veículo	Veículos Vendidos	Lucro (Milhões)	Classificação de Lucro Por Veículo	Classificação por Lucro Total
Daimler	$3.316	1.170.000	3.880	1	4
BMW	$3.000	1.224.280	3.673	2	5
Renault	$1.741	1.668.615	2.905	3	6
Nissan	$1.500	3.088.298	4.632	4	3
Ford	$1.320	4.320.792	5.703	5	1
VW	$1.288	4.407.062	5.676	6	1
Honda	$833	3.152.197	2.626	7	7
Hyundai	$810	2.931.325	2.374	8	8
GM	$553	2.202.927	1.218	9	10
Tata	$400	803.322	321	10	12
Toyota	$349	5.496.346	1.918	11	9
Fiat	$292	1.853.282	541	12	11
Mazda	$154	1.307.540	201	13	13
Chrysler	($438)	1.085.211	(475)	14	14

*Não foram incluídas todas as fabricantes.

Desses dados, parece que a BMW e a Daimler (Mercedez-Benz) têm os melhores modelos de negócio. Esses modelos geram lucros gerais excepcionais, assim como liderança no lucro por veículo na indústria.

Transformando margens em lucros

Enquanto o design dos modelos de negócio tende a focar nas margens brutas geradas, você deve equilibrar as margens totais geradas com suas despesas gerais. É possível ter margens proeminentes e ainda ter um modelo de negócio pobre. Por exemplo, suponha que você crie um software de $100 que você vende na internet e custa quase nada para produzir/distribuir. Até agora o seu modelo de negócio é ótimo; você tem uma margem de 100%. E se você trabalhar em tempo integral para sua empresa novata de software e vender apenas dez cópias por ano? Você está trabalhando por $0,50 por hora. Ai! Seu modelo de negócio precisa de uma percentagem excelente de margem mais a margem total suficiente em reais para ter sucesso.

A Solazyme tem um modelo de negócio interessante. A empresa produz óleo sintético a partir de algas. Seu processo próprio pode produzir produtos desde diesel combustível até óleo cosmético de $1.000/galão. A margem bruta média da empresa é de 92,2%. Parece muito bom até agora, certo? Contudo, visto que a empresa está em contínuo processo de pesquisa e desenvolvimento, o custo de todos aqueles inteligentes cientistas diminui a margem gerada. Por ora, a Solazyme tem um problema com o modelo de negócio. Como você pode ver no gráfico do mercado de ações na Figura 8-1, o mercado concorda. O mercado estava animado com o modelo de negócio quando a companhia se tornou pública, mas esfriou quando a empresa não conseguiu criar lucros.

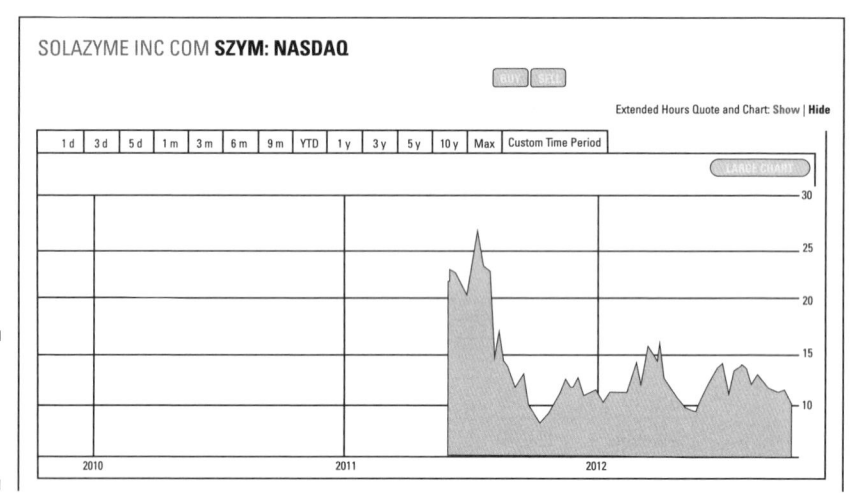

Figura 8-1: Preço das ações da Solazyme.

Criando a mistura certa de produtos: Gasolina, cigarros e refrigerante

Ter a mistura certa de produtos pode ser um componente importante para o seu modelo de negócio. A maioria dos negócios tem ofertas de diversos produtos e serviços. Algumas dessas ofertas têm baixas margens brutas, algumas têm margens altas. Um modelo de negócio que possa vender mais dos itens de margem alta é significativamente melhor que um que venda apenas os itens de margem baixa.

Eu gosto de chamar esse fenômeno de *gasolina, cigarro e refrigerante*. O posto de gasolina típico custa aproximadamente quatro milhões em terreno, construção e equipamento para a construção. Esse mesmo posto de gasolina vende de um a dois milhões de galões de gasolina por ano com lucro bruto em torno de $0,25 por galão. Se você fizer os cálculos, isso significa $250.000 a $500.000 de margem bruta, antes de pagar quaisquer despesas — como aluguel, juros, utilidades, funcionários, taxas regulatórias e mais. Se você estiver pensando o mesmo que eu, está pensando que é um modelo de negócio ruim. No entanto, postos de gasolina também vendem cigarros, refrigerante, salgadinhos, café, água mineral, doces, produtos de limpeza para carro e assim por diante.

Os postos de gasolina perdem dinheiro bombeando combustível. Eles têm excelentes margens com tudo, menos combustível. Aqui estão as margens de alguns de seus produtos mais vendidos:

- **Água mineral:** Margem de 60%
- **Refrigerante:** Margem de 80%
- **Doces:** Margem de mais de 50%
- **Cigarros:** O melhor de todos, um lucro de $0,75 por maço em cigarros que saem muito. Um posto de gasolina típico vende todo o estoque de cigarros em dois dias.

A chave é que os postos de gasolina mantenham a mistura certa de gasolina, cigarros e refrigerante. Se o posto não conseguir atrair clientes com seu combustível não lucrativo, as vendas dos lucrativos refrigerante e cigarro sofrerão. Se o posto vender apenas combustível, gerará margem bruta insuficiente para suportar a empreitada. O mesmo aplica-se ao seu negócio. Para maximizar a lucratividade, minimize as vendas dos seus itens de margem mais baixa enquanto maximiza as vendas dos itens com margem mais alta.

Parece simples, certo? Não é! Em muitos modelos de negócio, a gasolina, de margem baixa, é o item de aquisição do cliente. Se o preço da gasolina de um posto for $0,10 maior que o do posto do outro lado da rua, ele não consegue vender não só combustível, como também cigarros e refrigerante. Elabore o seu modelo de negócio para garantir que venda mais do que somente a gasolina de margem baixa.

> ## Trespassando o modelo razor and blade
>
> Você já deve ter ouvido falar do modelo de negócio *razor and blade* (barbeador e lâmina). Tendo como pioneiro King Gillette e seu inovador e seguro barbeador, o modelo ainda está em uso hoje em dia por companhias de cabo, celulares, fabricantes de impressoras a jato de tinta e muitas mais. Quando Gillette inventou o barbeador seguro, a maioria dos homens se barbeava com navalhas, torcendo para não se cortar. O barbeador seguro foi um enorme aprimoramento sobre a navalha. Gillette sabia que, se conseguisse levar os homens a usar os barbeadores seguros, eles comprariam lâminas de substituição para sempre.
>
> As lâminas de reposição tinham margens assombrosamente altas. Incapaz de vender seus barbeadores, Gillette criou formas de colocá-las gratuitamente nas mãos de usuários em potencial.
>
> Hoje em dia, a Gillette ainda utiliza o modelo razor and blade. Muitos meninos de 16 anos encontram barbeadores Gillette em suas caixas de correio. Há rumores de que a Gillette perde dinheiro na venda de barbeadores, mesmo quando vendidos no varejo. Contudo, nos EUA, as lâminas Mach3 são vendidas a $2 e custam $0,09 para serem produzidas.

Criando uma Vantagem de Custo Significativa

Se você já teve que competir com uma empresa que pode entregar a mesma coisa que você por menos, experimentou o poder de uma vantagem de custo significante. Quando uma empresa tem uma vantagem de custo significante, ela dispõe de um modelo que é mais eficiente do que o da concorrência. Essa eficiência de custo pode ser empregada na forma de preços mais baixos ao consumidor, a fim de conquistar uma fatia do mercado, criando uma estratégia que afaste ataques da concorrência ou na forma de margens mais altas.

Mais poderoso ainda é um modelo de negócio que combine um produto com marketing bem feito entregue por quem oferece o menor custo. É difícil superar uma vantagem de custo, especialmente em um mercado em que o preço importa. Uma empresa que consiga criar uma vantagem de custo significativa estará com uma carta na manga. Alguns exemplos incluem:

- A extração de petróleo em alto-mar, cuja produção custa até $50/barril, contra os custos da produção de petróleo na Arábia Saudita, de $2/barril.
- Produtores de plástico e fertilizantes próximos a fontes de gás natural barato nos EUA têm atualmente preços três vezes mais baixos do que na China ou na Europa.

- ✔ A obsessão do Walmart em manter os custos operacionais baixos resultou no sistema de distribuição mais eficiente da indústria. O Walmart sempre consegue vender um produto por menos do que seus concorrentes, porque comprar (volume) e distribuir custa menos para ele.
- ✔ A Toyota criou economias significativas adotando princípios lean em montadora antes que seus concorrentes fossem forçados a segui-los.
- ✔ Um desenvolvedor de software criou um sistema que divide o desenvolvimento em partes gerenciáveis, permitindo que estagiários não remunerados de faculdade desenvolvam gratuitamente uma nova versão do produto.
- ✔ Lojas ou outlets que vendem bem sem distribuidores podem trocar a margem de uma divisão para outra, criando subsídios de margem.

É possível criar vantagem de custo de várias formas. Três dos métodos mais comuns são economia de escala, uso inteligente de tecnologia e aumento da cadeia de valor. (Eu abordo cada um desses métodos nas próximas seções.) Você também pode criar vantagem de custo:

- ✔ Desenvolvendo poder ou capacidade de compra superior. Empresas como o Walmart têm reputação de bater os preços mais baixos dos fornecedores.
- ✔ Selecionando fornecedores melhores. Às vezes você pode encontrar um fornecedor alternativo cujos produtos sejam significativamente mais baixos do que dita a indústria.
- ✔ Contratando funcionários mais baratos. Isso não é um comentário sobre os benefícios ou detrimentos de funcionários mal remunerados. Contudo, algumas empresas encontraram metodologias operacionais que utilizam empregados menos remunerados com efetividade igual à dos funcionários mais bem pagos dos concorrentes.

  Um desenvolvedor de software contrata a maior parte de sua equipe em faculdades. A maioria dos concorrentes não tem interesse em recém-graduados por conta da necessidade de treinamento e do tempo para deixá-los aptos. Essa empresa de software criou um processo de treinamento e seleção que lhe permite contratar efetivamente esses recém-graduados com remuneração menor.

- ✔ Cultivando ambientes de trabalho virtuais. O Citibank costumava alugar prédios de escritórios imensos e enchê-los de milhares de funcionários de atendimento ao cliente. Agora a empresa se utiliza da tecnologia de atendimento pela internet para permitir a seus trabalhadores ao redor do mundo atender ligações em suas salas de estar.
- ✔ Criando um processo superior. O McDonald's melhorou consistentemente seus processos operacionais a fim de ser mais eficiente que seus concorrentes.
- ✔ Criando uma cultura de contenção de custos como o Walmart.

✓ Trabalhando mais do que seus concorrentes. Criar uma cultura de negócio de trabalho afincado pode resultar em custo operacional menor.

✓ Controlando segredos de negócio, propriedade intelectual ou patentes. Um fabricante criou uma peça própria de equipamento de teste que aumentou a taxa de transferência em cinco vezes. O uso dessa máquina abaixou o custo de produção em $0,20 por unidade. Visto que nenhum concorrente tinha a máquina, todos tinham custo de produção maior.

Economias de escala

O método de criação de vantagem de custo mais testada é a criação de economias de escala. As grandes companhias da revolução industrial — ferrovias, aço, petróleo, bancos e fabricantes de automóveis — utilizavam economias de escala. Depois que um certo nível de produção, ou escala, era alcançado, eram alcançadas também significativas economias no custo ou lucros adicionais. Essas economias de escala agiam como uma barreira de entrada para a concorrência ou como um amortecedor de lucros.

Uma pequena empresa farmacêutica cria uma inovadora vitamina pré-natal. Por ser pequena, ela só pode comprar pequenas quantidades dos químicos necessários para produzir as vitaminas. Com seu baixo volume atual, cada frasco de vitaminas custa à companhia $10 para ser produzido. Para alinhar-se ao preço do mercado, a empresa deve vender cada frasco da vitamina por $20. Com apenas 50% de margem bruta, a pequena empresa farmacêutica tem pouco dinheiro para contratar cientistas talentosos e realizar pequisas adicionais. O pouco volume a coloca em desvantagem competitiva. Se a companhia conseguir dobrar o volume de vendas, pode justificar a compra de muitos químicos em vez de apenas uma pequena quantia, reduzindo o custo por frasco de vitamina a $7 e aumentando grandemente sua posição competitiva.

Economias de escala podem afetar todos os aspectos de um negócio, não só o poder de compra. Os 14.098 pontos do McDonald's fazem a próxima rede de hambúrgueres, a Wendy's, com seus 5.876, parecer uma anã. Supondo que cada rede gaste o mesmo por ponto em publicidade, o McDonald's gasta o triplo da Wendy's propagandeando seus hambúrgueres. Essa economia de escala em marketing serve ao McDonald's de várias formas. Primeiro, uma pessoa média vê um anúncio do McDonald's com três vezes mais frequência do que os da Wendy's, o que deveria levar a mais vendas. Segundo, o McDonald's tem mais pontos onde se pode comprar hambúrgueres, então a publicidade tem uma chance maior de levar um consumidor a uma de suas lojas. Terceiro, o grande gasto com marketing criado pela combinação de 14.000 pontos cria um enorme fosso que protege o McDonald's da concorrência.

A revolução industrial acabou e com ela um pouco do poder das economias de escala. Hoje em dia, negócios de todos os tamanhos podem competir com grandes corporações multinacionais, particularmente na internet. A internet age como um grande equalizador, permitindo que pequenas empresas acessem recursos anteriormente reservados a grandes empresas. A internet permite que negócios:

- Alcancem clientes no mundo inteiro sem o custo de um ponto físico.
- Divulguem produtos de forma bem barata.
- Ataquem mercados de nicho pequenos, antes não lucrativos.
- Acessem fornecedores e talentos do mundo todo.
- Operem escritórios virtuais, eliminando a necessidade de grandes despesas.
- Realizem teleconferência e videoconferência por pouco ou nenhum custo, eliminando a necessidade de viagens caras.

Aumentando a utilização da internet, empresas de todos os tamanhos podem remover barreiras das economias de escala.

Quando a Amazon.com foi lançada, Jeff Bezos operava de sua garagem. Hoje, a empresa ostenta vendas da ordem de $50 milhões anualmente. O Google era um projeto de faculdade de Serge Brin e Larry Page. Mark Zuckerberg estava passando tempo quando criou o Facebook em seu dormitório. Alguns dos maiores e mais lucrativos negócios de hoje começaram como uma pequena empreitada que expandiu a internet.

Uso inteligente de tecnologia

O uso da tecnologia pode criar economia de custos e vantagem competitiva. A maior parte da tecnologia de negócio é trabalho codificado sendo realizado de forma barata e a mudança de operações para uma opção menos cara. A prensa de Gutenberg revolucionou os livros porque permitia a produção maciça de páginas em vez de cópia manuscrita. Softwares de contabilidade tomaram o lugar dos livros-razão escritos à mão e das calculadoras. Soldas robóticas em fábricas automotivas trabalham 24 horas por dia e sempre fazem uma soldagem perfeita.

Bons modelos de negócio encontram uma forma de empregar a tecnologia em prol de sua vantagem competitiva. Considere estes exemplos:

- O Skype pegou carona na internet e criou um produto para celular. A empresa eventualmente foi vendida para a Microsoft por $8,5 bilhões.
- Apesar de a lenda urbana de que o eBay foi criado para ajudar a noiva do fundador a vender seus dispensers de doces Pez não ser verdade, a empresa de fato empregou a tecnologia da internet para tornar-se a maior venda de garagem do mundo e muito mais.

- Quando o caminhão da Procter & Gamble carregado de Pampers descarrega no depósito do Walmart, as fraldas nunca tocam uma prateleira. O Walmart criou um sistema elaborado de esteiras que permitem que a Pampers passe do caminhão diretamente para outro veículo que partirá para uma loja que precise do produto.
- Empresas que foram as primeiras a adotarem os dispositivos de e-mail da BlackBerry eliminaram atrasos desnecessários, problemas de comunicação e caos. A comunicação aprimorada e a velocidade traduziram-se em vantagem competitiva para os usuários do BlackBerry.
- A cantora Esmée Denters iniciou sua carreira fazendo covers de músicas no YouTube. Seu talento atraiu a atenção de Justin Timberlake, que pediu a Denters para abrir um show dele em Londres e, subsequentemente, contratou-a para o seu selo.
- Advogados aumentaram o uso de caras tecnologias de celular na década de 1980 para transformar as horas no trânsito em horas de trabalho.

Melhor gerenciamento da cadeia de valor

A cadeia de valor descreve como as firmas estrategicamente somam atividades e custos, tornando um produto mais valioso para o consumidor. Quanto mais estratégica e eficientemente uma firma consegue gerenciar a cadeia de valor, mais baixos são seus custos e maior sua vantagem de custo competitivo.

O professor Michael Porter, inventor da análise da cadeia de valor, diz que as atividades primárias tendem a direcionar o grosso do valor criado para o consumidor. Ele descreve as atividades primárias como:

- Logística de recebimento
- Operações
- Logística de distribuição
- Marketing e vendas
- Serviço

Atividades de suporte podem direcionar o valor, mas tendem a ser centros de custo com mais frequência. As atividades de suporte são:

- Infraestrutura da firma
- Gerenciamento de recursos humanos
- Desenvolvimento de tecnologia
- Compra

A interação desses componentes direciona o custo e o valor para o cliente, gerando a margem da firma.

Porter identificou dez direcionadores de custo relacionados a atividades da cadeia de valor:

- **Economias de escala:** Os custos de despesas de um negócio crescem apenas sutilmente à medida que o volume cresce. Isso reduz o custo de despesa por item e cria economias de escala.

- **Tempo de entrada no mercado:** Os primeiros a entrarem no mercado são, às vezes, acossados pela falta de recursos e qualidade do fornecedor. Essa deficiência se traduz em uma cadeia de valor menos eficiente e custos maiores. Os últimos a entrarem no mercado podem se ver competindo com empresas com cadeias de valor estabelecidas e mais eficientes. Isso os coloca em desvantagem de custo.

- **Grau de integração vertical:** Uma firma que esteja verticalmente integrada tem a capacidade de realizar atividades na cadeia de valor, em vez de comprá-la de um fornecedor. Visto que os fornecedores normalmente cobram um aumento, a firma integrada verticalmente pode evitá-lo e aprimorar seu valor.

- **Capacidade de aprender:** O aprendizado pode afetar a cadeia de valor de várias formas. Algumas empresas aprendem mais rapidamente que outras. Uma curva de aprendizado veloz traduz-se em vantagem de custo. Algumas empresas aprendem lentamente. Fábricas japonesas beneficiaram-se de adotar as técnicas de controle de qualidade de W. Edwards Deming. Apesar de seus benefícios óbvios, as fábricas de automóveis nos EUA levaram décadas para adotá-las.

- **Utilização de capacidade:** Uma firma que utiliza plenamente todas as capacidades que pagou para desenvolver tem uma cadeia de valor mais forte.

- **Inter-relações entre unidades de negócio:** Nos anos 1970, a Greyhound Dial Corporation tinha unidades de negócio produzindo sabonete e administrando uma linha de ônibus. A grande disparidade nessas unidades de negócio atingiu a cadeia de valor da empresa. A Procter & Gamble (fabricante de Pampers, Dawn, Cascade, Swiffer e Mr. Clean) é um conglomerado de $82 bilhões com um relacionamento firme entre as unidades. Todos os produtos da P&G são vendidos aos consumidores nas categorias de alimento, bebida, produtos de limpeza e cuidado pessoal.

- **Ligação entre atividades:** Adquirir novos robôs pode baixar diretamente os custos de trabalho, mas aumentar os custos com tecnologia. Podem derivar-se vantagens das ligações entre as atividades dentro de cadeias de valor em cascata e estas dentro da cadeia de suprimento geral. Por exemplo, integrando sistemas de informação entre fornecedores e clientes, os estoques podem ser enxugados sem causar disrupção enquanto se libera capital de trabalho. A condução por demanda dentro de uma cadeia de suprimento maior pode ser modificada de um sistema de envio baseado em previsões para um sistema de atração baseado em demandas de fato.

- **Política de custos ou diferenciação da firma:** A varejista Nordstrom tem a reputação de prover mais atendimento ao cliente do que os concorrentes. Essa política acrescenta custos e atividades à cadeia de valor da Nordstrom.

- **Localização geográfica:** A fabricante de vidros PPG tenta localizar suas fábricas a poucos quilômetros de distância de seus clientes, os pátios das montadoras de automóveis. Visto que os vidros são volumosos e difíceis de transportar, a proximidade da PPG de seus clientes torna sua cadeia de valor mais eficiente.

- **Fatores institucionais como regulação, impostos, atividade sindical e assim por diante:** Muitas empresas estabeleceram suas instalações de fabricação em estados do Cinturão do Sol, devido aos climas favoráveis ao negócio, impostos mais baixos e menos sindicatos.

Se você conseguir gerenciar melhor sua cadeia de valor, pode criar vantagem competitiva de custo. Muitas vezes, as firmas retiram custos da cadeia de valor de forma criativa, em vez de bater fornecedores, funcionários e todos mais por custos menores. Por exemplo, você pode remover custos da cadeia de valor e aprimorar a posição competitiva, permitindo um autoatendimento dos clientes na internet com FAQs (perguntas frequentes) ou acesso web a bases de dado de peças/pedidos, usando vendas baseadas em vídeo, em vez de vendedores, ou enviando comunicados por e-mail ou não enviando nenhum. Às vezes é difícil traduzir teorias como a cadeia de valor para o mundo real. A lista a seguir mostra algumas metodologias comuns usadas por empresas para alcançar esses objetivos teóricos:

- **Eliminar custos:** A Aldi faz os clientes retornarem suas próprias sacolas e devolverem os carrinhos de compra. Essa prática não apenas corta custos como também elimina funções completamente. A melhor forma de cortar custos pode ser simplesmente os eliminando.

- **Terceirização:** Terceirizar partes da cadeia de valor pode baixar os custos gerais. A IBM terceiriza a distribuição de peças para a FedEx. A IBM descobriu que a FedEx pode realizar a função de forma mais eficiente que ela. Indústrias inteiras foram criadas da necessidade de uma equipe temporária, organização de funcionários profissionais, recrutadores de pessoal, firmas de processamento de folhas de pagamento, empresas de logística, firmas de serviço em TI e muitas mais.

- **Internalização:** Internalizar uma função anteriormente terceirizada pode aprimorar a cadeia de valor em algumas ocasiões. Essa dinâmica normalmente ocorre quando uma firma alcança economias de escala. O nível de volume anterior tornava eficiente a realização interna de funções, então essas eram terceirizadas. Agora, o volume permite que a função seja executada pela empresa em vez de um fornecedor, e economias significativas podem ser alcançadas.

✔ **Autoatendimento de cliente:** Esta é uma dinâmica tão poderosa que merece uma categoria própria. O autoatendimento é mal compreendido. Quando se pensa em autoatendimento, você se imagina perambulando por uma loja sem nenhum apoio. Isso é um exemplo de autoatendimento que deu errado. Contudo, os clientes se beneficiam do autoatendimento de muitas formas, enquanto essa prática diminui seus custos. Caixas eletrônicos permitem que clientes se beneficiem de acesso a um caixa virtual 24 horas por dia, 7 dias por semana. Os bancos se beneficiam porque os caixas eletrônicos são mais baratos de operar do que um caixa humano. Muitos consumidores preferem encher seus próprios copos de refrigerante em vez de esperarem em uma fila para que um funcionário o faça. O cliente se beneficia da facilidade e da conveniência do autoatendimento e o restaurante se beneficia das economias com trabalho e custos operacionais.

✔ **Transparência:** Somar transparência pode baixar custos. Toda a indústria de viagens foi dizimada pela transparência. Até os anos 1990, os consumidores tinham que recorrer a agências de viagem para encontrar horários e custos de voos. A internet proveu acesso a essa informação a todos os consumidores. Oferecendo transparência aos consumidores em um sistema antes fechado, a cadeia de valor da viagem foi alterada permanentemente.

✔ **Consolidação de fornecedores:** Muitas grandes corporações reduziram o número total de fornecedores de milhares para centenas. Essas empresas descobriram que o valor criado com tantos fornecedores adicionais era menor do que o custo de gerenciá-los.

✔ **Desmontar a cadeia de valor:** O repórter político Brian Howie foi por muito tempo o especialista de um grande jornal. A cadeia de valor para conseguir com que Howie escrevesse para os consumidores incluía uma equipe maciça do jornal, prensas de impressão, entrega de jornais e mais. Agora Howie escreve um blog por assinatura e elimina muito da antiga cadeia de valor.

A redução de custo não se iguala à vantagem de custo estratégica. Exemplo: você encontra uma forma de cortar 5% de seus custos com frete. Quanto tempo passará até que seus concorrentes descubram o mesmo truque? A redução temporária de custo *não* leva a uma vantagem de custo estratégica. Use seus talentos criativos para reconfigurar a cadeia de valor em vez de focar somente na redução de custo.

> ### A cultura corporativa é parte de sua cadeia de valor
>
> Ross Perot construiu com êxito a Electronic Data System, tornando-a uma das maiores firmas de TI do mundo. Perot vendeu a EDS para a General Motors em 1984 por $2,5 bilhões. Como membro da junta da General Motors, Perot entrou em conflito com a cultura existente na companhia. Perot era o tipo de cara que queria que o serviço fosse feito, e a GM era uma grande burocracia. Após a compra de controle acionário de Perrot, ele deu a seguinte declaração:
>
> "O sistema da General Motors é como uma barreira que impede essas pessoas de fazerem o que elas sabem que precisa ser feito. Eu venho de um ambiente onde, se você vir uma cobra, você a mata. Na GM, se você vir uma cobra, a primeira coisa que se faz é ir contratar um consultor sobre cobras. Depois, consegue-se um comitê sobre cobras e discute-se o assunto por alguns anos. O curso de ação mais provável é: nada. Você pensa, a cobra ainda não mordeu ninguém, então a deixa rastejando pelo chão da fábrica. Nós precisamos criar um ambiente em que o primeiro cara que vir a cobra a mate."
>
> Você consegue imaginar as camadas desnecessárias de custos presentes na GM naquela época? Criar uma cultura de *executar* pode traduzir-se em uma cadeia de valor melhor.

Criando Valorosos Fluxos de Receita Recorrente

Nem toda receita é igual. Durante meu tempo de vida, eu comprei 300 quarteirões com queijo (sanduíches), dez carros, duas casas e um anel de noivado. Todas as empresas que me venderam esses itens investiram um esforço considerável para me vender o primeiro. De uma perspectiva de receita recorrente, o McDonald's está se saindo muito melhor do que a empresa que me vendeu o anel de noivado. Quando quitei o financiamento do meu Ford Taurus em 1995, simplesmente fui lá e comprei um Taurus modelo 1998 — a venda mais fácil do mundo. Seu modelo de negócio deve tentar alavancar vendas fáceis também.

Modelos de negócio com receita replicável incorporada têm uma vantagem sobre modelos nos quais se deve lutar por uma e depois não ver o cliente novamente. Um cliente meu vende janelas para reposição. Quando uma casa é velha o suficiente para precisar de novas janelas e boas substitutas são instaladas, ninguém as compra novamente. Por outro lado, eu comecei a usar o creme dental Crest quando tinha três anos de idade e ainda o uso. A venda para aquele menino de três anos rendeu centenas de compras recorrentes. Exemplos de negócios com uma forte receita replicável incluem os seguintes:

- **Firmas de contabilidade:** Depois que um negócio ensina a seus contadores todos os seus ganhos e gastos, a inconveniência de trocar de firma excede quaisquer pequenos aumentos de preço. Muitos clientes continuam com a mesma firma por décadas.
- **Celulares, cabo e utilidades:** É difícil desligar-se do seu serviço de cabo ou de celular, então os clientes tendem a continuar com eles por longos períodos.
- **Academias de ginástica:** Elas desfrutam uma receita contínua forte após a venda inicial.
- **Firmas de representantes de vendas:** Muitos representantes de vendas ganham 5% das vendas que realizam. Normalmente, é necessário muito trabalho para gerar a venda inicial. Contudo, o trabalho para reter o cliente não chega nem perto disso, ainda assim eles continuam ganhando os 5% das vendas.
- **Provedores de software como serviço:** Provedores de SaaS como Salesforce.com estão fortemente integrados com a operação de clientes, então a receita tende a continuar por longos períodos.

Tente imitar as práticas de sucesso dessas indústrias em seu negócio.

Receita replicável abaixa os custos de venda

Existe uma linha tênue entre receita replicável e receita recorrente. Minhas compras repetidas do creme dental Crest são repetitivas, mas não recorrentes. Visto que eu não estou ligado por contrato à compra do Crest, a receita é repetida. Para os propósitos do modelo de negócio, você deve olhar para a *possibilidade* de o cliente tornar a comprar e não se preocupar tanto com o contrato. Contratos podem ser quebrados; minha ligação com o Crest é menos provável de ser quebrada.

A razão pela qual a receita replicável é tão desejada é o aspecto do *fazer o marketing uma vez, vender várias*. Essa dinâmica abaixa o custo geral de vendas e torna o modelo de negócio mais atraente. Uma firma de contabilidade pode gastar $5.000 com marketing para um cliente que irá lhe trazer $20.000 por ano. Esse é um custo robusto de marketing se o cliente permanecer por apenas um ano, mas, se ele permanecer por 20 anos, o custo de marketing cai de 25% das vendas para 1,25%.

Quando avaliar o seu modelo de negócio, olhe a margem por vida útil gerada do cliente contra os custos de marketing e vendas.

Vendas de $5.000/ano x margem de 50% = $2.500 de margem por ano

Cliente de em média 5 anos x $2.500/ano = margem por vida útil de $12.500

Gastos de $1.000 com marketing e venda para conquistar cliente ÷ margem por vida útil de $12.500 = 8% de custo de marketing

Tradicionalmente, negócios com receita replicável têm custo de marketing mais baixo do que negócios de vendas pontuais.

Quando a receita recorrente na verdade não o é

Muitos empresários pensam na receita recorrente como receita perpétua; não é. A comunidade dos modelos de negócio enfatiza a receita recorrente contratual, porque ela parece bastante confortável. O fato é que a receita recorrente é quase sempre finita. Considere o seguinte:

- Em algum momento, eu ficarei velho e deixarei minha academia. A academia pode ter 35 anos meus, mas não 150 anos. Meus encargos pela associação com o clube são finitos.
- Muitas companhias vão à falência. Alguém assinou um contrato de longo prazo com a Enron em julho de 2001 e viu esse contrato, antes valioso, se tornar imprestável quando a empresa entrou com pedido de falência naquele outono.
- Grandes empresas podem, e o fazem, quebrar contratos que não gostem, especialmente aqueles com pequenas empresas. O que você vai fazer? Processá-las? Não se incomode; os únicos vencedores nesses casos são os advogados.
- Novas tecnologias chegam e deixam você obsoleto ou mudam as preferências do cliente. Como exemplos, temos a BlackBerry, linhas terrestres, locação de vídeo, entregadores de leite da década de 1960 e os ferreiros, só para citar alguns.

Uma venda pontual leva à receita recorrente

A Wheelabrator é uma líder na indústria de limpeza de peças metálicas. A Wheelabrator é maior que o seu carro e custa mais de $100.000. A máquina automatiza a limpeza de peças de metal, borrifando-as com minúsculas partículas de metal chamadas shot. Um ponto crítico da operação é uma correia emborrachada ou metálica com orifícios que permitem que o shot caia em um coletor e seja reciclado para produzir pás de ventilador.

Você provavelmente consegue imaginar todo o desgaste que essa correia sofre sendo atingida pelas partículas de metal o dia inteiro. Adivinhe onde comprar essa correia que custa milhares de dólares? Correto. Na Wheelabrator.

A máquina propriamente dita é uma venda pontual sem atrativo, mas as compras recorrentes e obrigatórias das correias são altamente lucrativas e têm custo de vendas bem baixo.

Não presuma que sua receita replicável durará para sempre; seja prático. Deduza um termo finito que seus clientes comprarão e não pressuponha que eles permanecerão para sempre. Essa é uma aposta ruim.

Empresários às vezes supõem que a venda com receita recorrente tem automaticamente melhor coletabilidade. Só porque você obteve dez anos de receita, não significa que irá coletá-la. Infelizmente, muita coisa pode dar errado — mudanças adversas no mercado do seu cliente resultando em dificuldades ou mesmo falência, manobras legais ou uma entrega arruinada. As mesmas regras se aplicam à receita recorrente, assim como todas as outras vendas — seus recebíveis só são tão bons quanto a disposição e a capacidade de pagar dos seus clientes.

Evitando Armadilhas

Para maximizar o benefício e o poder duradouro do seu modelo de negócio, garanta que seu modelo de receita ou vantagem de custo vá funcionar por todo o decorrer. Evitar algumas armadilhas sutis pode fazer a diferença entre sucesso e fracasso.

Garanta que você possua o cliente

Você pode estar se perguntando: "Como eu posso possuir o cliente?" Garanta que a aliança primária do cliente seja com você. A firma com controle do relacionamento com o cliente dita os termos e obtém o grosso do lucro na cadeia de valor.

Muitas firmas contribuem com a montagem e o marketing de automóveis: fabricantes de peças, montadoras como a Toyota, agências de publicidade da Madison Avenue e concessionárias. Mas quem possui ou controla o grosso da fidelidade do comprador? Muitas fabricantes de componentes têm marcas fortes que influenciam o comprador — como os pneus Michelin, sistema de som Bose, peças estéticas Eddie Bauer ou motores turbo a diesel Cummins. As fabricantes de carro como Chevrolet, Ford, Toyota, Honda e Dodge têm fidelidade à marca muito forte também. Vendedores locais finalizam a venda e fidelizam os clientes a eles também.

Examine a compra de um caminhão picape. Se eu preferir caminhões da Toyota, motores a Diesel da Cummins e meu melhor amigo vender Chvys, qual carro eu compro? Dito de outra forma, qual dessas companhias controla mais o relacionamento comigo e pode transformar essa influência na compra de seu produto em detrimento de outros? Os motores Cummins não estão disponíveis nos veículos da Toyota. Se essa for minha fidelidade primária, a Cummins vence, a Toyota perde. Se minha fidelidade for ao meu amigo, eu compro um Chevy embora não possa ter meu motor Cummins ou meu modelo Toyota. Todo mundo faz essas escolhas todos os dias. Considere estes exemplos:

- Quem possui o cliente de gasolina: Shell, Exxon, a Petrobras ou o posto de gasolina conveniente com preço razoável? Aposto que você é como eu: o posto conveniente ganha.
- Se você prefere chips Intel em seu laptop, compraria uma marca de que gosta com chip AMD? Algumas pessoas não. Nesse caso, a Intel controla o cliente, não a empresa do laptop. Essa é uma distinção importante, porque a Intel não faz a venda final. Você não precisa lidar diretamente com o cliente para estar no controle.
- Aposto que não sou o único que já escolheu não almoçar em um fast-food porque ele tinha Pepsi em vez de Coca-Cola. Sim, a Coca-Cola às vezes controla onde eu como.

A empresa que controla o cliente é capaz de ditar os termos para outras no canal e, mais importante, deter grande parte da margem de lucro. Se você se vir na parte errada dessa dinâmica, descobrirá que o *verdadeiro* dono do cliente continua a exigir termos cada vez melhores de você. O Walmart tem a má fama de pressionar fornecedores por termos cada vez melhores. Essa empresa pode fazer isso porque os fornecedores sabem que ela controla o cliente, e sem o Walmart uma grande parte do volume deles desaparece.

Vários anos atrás, o Walmart e a Procter & Gamble se viram em uma miniguerra por isso. A loja tranquilamente rejeitou o aumento de preço da P&G. Embora o Walmart representasse 20% das vendas da P&G, a P&G fez uma exceção. As marcas da P&G compreendem por volta de 5% das vendas do Walmart, mas, mais importante, tem uma fidelidade de marca enorme. Imagine comprar no Walmart e descobrir que a loja não tem Scope, Crest, Tide, Pampers, Swiffer, Gillette, Ivory, Olay e Mr. Clean. O Walmart percebeu que a P&G tinha tanto controle de cliente quanto ele e repensou.

Contabilidade criativa

A contabilidade pode parecer ciência, mas você tem bastante espaço para a criatividade. Quando estiver elaborando um modelo de negócio, decida como contabilizar os custos que determinam a margem. Decisões como quais custos são variáveis, fixos ou mesmo se existem afetam como você pensa no seu modelo. A forma como você pensa no seu modelo afeta quão agressivo será seu marketing e o preço que oferece. Essas decisões, por sua vez, afetam a performance do seu modelo.

Pegue o modelo de negócio de uma fabricante de escadas. Vinte anos atrás, uma escada boa de sete degraus custava $20. Hoje em dia, essa mesma escada é vendida por $80. Tudo bem, o alumínio está mais caro, mas o que realmente

Capítulo 8: Ganhando Dinheiro com Seu Modelo de Negócio

aumentou foi o custo com processos judiciais. Quando a fabricante de escadas concebeu seu modelo de negócio vários anos atrás, provavelmente estabeleceu o preço da proteção legal em 0,5% das vendas — ou simplesmente ignorou isso. Alguns grandes processos depois, a fabricante percebeu que o modelo de negócio era falho e ajustou para cima os preços de venda para abarcar apropriadamente os processos judiciais.

Seu modelo de negócio pode parecer significativamente melhor ou pior dependendo de como você escolhe categorizar despesas e receitas. Conservadorismo demais e empurrar todo custo concebível contra a margem direta fazem com que o modelo pareça menos lucrativo do que provavelmente é. Conservadorismo de menos — como não orçar a substituição de equipamentos ou pesquisa/inovação — infla artificialmente as perspectivas do modelo. A contabilidade pode parecer ciência, mas decisões como essas são subjetivas, não objetivas. A forma como você escolhe contabilizar os custos vigentes do negócio pode impactar o seu modelo de negócio. A lista a seguir mostra algumas maneiras específicas em que suas práticas de contabilidade podem afetar a forma como você pensa em seu modelo de negócio e administra o próprio negócio:

- Os custos legais da fabricante de escadas contam como despesa ou custo direto de bens? Contabilizar os custos legais na margem direta afeta o modelo de negócio mais do que contabilizá-los na despesa. Isso não quer dizer que esse afetar seja bom ou ruim, apenas que tem um grande impacto.

- Considere o preço de um selo postal. Enquanto o serviço postal americano debate-se com fundos de pensão anteriormente ignorados, o preço do selo subiu vertiginosamente.

- Como uma companhia aérea deve contabilizar o custo enorme de motores e estruturas das aeronaves? Ela deveria acrescentar $25 a cada passagem para cobrir o custo ou adicionar um custo por milha? Essa decisão afeta o preço, a margem e a posição competitiva.

- Como a obsolescência deve ser contabilizada? Por exemplo, softwares precisam trabalhar em novas plataformas (iPad, Windows 8). Quais são os custos do desenvolvimento? Se você contabilizar o custo do desenvolvimento com custo direto de bens — em outras palavras, $10 por unidade vendida —, você pensaria em um custo maior por unidade. Se você tratar o desenvolvimento como despesa, pode ser engabelado pela sua margem superestimada.

- Como você deve contabilizar custos irrecuperáveis, como capacidade não utilizada? Você trata-os como se fossem de graça, porque já estão pagos? Essa abordagem pode criar um problema de "caroneiro"[1] financeiro. Você aloca esse custo da mesma forma que faz com outros produtos? Essa abordagem pode alocar custo demasiado e fazer com que o modelo pareça menos lucrativo do que de fato é.

---

[1] N.T.: No original, *free-rider* é o agente financeiro que se beneficia de um bem sem que para isso tenha contribuído de alguma forma.

- Subsídios artificiais chegam em dezenas de formas e podem ser contabilizados de diversas maneiras:

  - O que faz o lucro no valor de um lanche? São as batatas fritas, é o refrigerante ou o hambúrguer?
  - Sally trabalha à noite como eletricista. Ela ganha $50 por hora, o que é mais do que paga seu trabalho durante o dia. Ela pensa em deixar seu trabalho de dia e abrir sua própria empresa de serviços elétricos. Contudo, Sally precisa contabilizar toda a compra sem desembolso. Atualmente, ela não paga aluguel porque trabalha em casa, e seu trabalho durante o dia cuida de seus gastos. Depois que esses subsídios forem retirados, será colocada muito mais pressão no modelo de negócio.
  - A Sears está derivando sua Hometown Stores como uma entidade separada. Essa tem sido uma das unidades lucrativas para a Sears. Quanto dessa lucratividade se deve ao impulso dado pelo poder de compra, infraestrutura operacional e pela publicidade da Sears? Como entidade isolada, ela permanecerá lucrativa?

Acredite ou não, é possível ganhar dinheiro com uma linha aérea. Os custos com combustível significam apenas 40% da tarifa paga. Some-se mais 25% do custo de bens para os funcionários, como pilotos, e a fórmula parece boa. Mas espere. Não se esqueça do custo de todas as aeronaves e funcionários se aposentando. Em 2010, o custo do piloto da U.S. Air por assento ativo por milha era de razoáveis $0,61, mas o custo por assento ativo por milha de ex-pilotos era de $1,40 (2,3 vezes mais). A forma como as linhas aéreas contabilizam os fundos de pensão afeta seu preço. Se elas contabilizarem esses custos conservadoramente, o preço não será competitivo. Os assentos não são preenchidos e os investimentos pesados em equipamentos são subutilizados, criando perdas. A decisão sobre como contabilizar os custos com pensão pode afetar enormemente o modelo de negócio da linha aérea.

Tecnologia: Matando as margens rapidamente

Assim como um investimento estratégico em tecnologia ajudou o Walmart a bater a concorrência, a mudança tecnológica pode arruinar suas margens. Essa disruptura pode aparecer de diversas formas:

- **Tecnologia superior:** Tecnologia superior adotada por seus concorrentes que aprimora os processos existentes deles. Exemplos incluem software de relacionamento, gerenciamento móvel de ativos e RFID (identificação por radiofrequência).
- **Nova tecnologia:** Nova tecnologia que substitui ou muda radicalmente processos empresariais. Ainda existem agências de viagem, mas os sites de reserva como Expedia, Priceline e Decolar eliminaram a maior parte dos lucros que as agências tinham com passagens aéreas e diárias em

hotéis. A Kodak continuou ganhando dinheiro por 20 anos após as câmeras digitais terem sido introduzidas, mas a margem gerada com os filmes se desintegrou com o passar do tempo.

✔ **Freemiuns:** Utilizar a tecnologia por um modelo freemium. A tecnologia pode retirar tanto do custo tradicional de um item que um concorrente sagaz pode torná-lo gratuito, quando antes era pago, de forma a torná-lo um caminho para outras vendas pagas (freemium). Essa dinâmica aconteceu nas seguintes indústrias:

- **Impressão:** A Vistaprint dá cartões de visita gratuitamente, como freemium, de modo a conquistar pedidos mais lucrativos em outros serviços de impressão.
- **Jornais:** Com tanto conteúdo gratuito disponível na internet, os jornais tradicionais têm tido que lutar para manter as margens. Jornais importantes de grandes cidades estão distribuindo gratuitamente as edições de domingo, quando antes eram cobradas.
- **Publicidade:** As gerações mais jovens de hoje em dia passam quase a mesma quantidade de tempo assistindo a vídeos no YouTube quanto vendo TV. O problema que as empresas de publicidade enfrentam é que 25% do tempo que se passa assistindo a TV é gasto vendo propagandas. Na internet, apenas 3% é dedicado a ver as propagandas.
- **Software:** Cansado de pagar $100 pela última versão do Windows? Mude para o Linux, é gratuito. Não está com vontade de fazer o upgrade do Quicken? Experimente o `mint.com`. Softwares alternativos gratuitos existem e, mais que isso, são desenvolvidos todo dia.

✔ **Transparência:** A transparência mata as margens. Ela não existe somente na internet, mas esta torna a transparência fácil e barata. Graças a essa dinâmica, hoje você tem:

- Vendedores com leilões online no estilo do eBay pelo privilégio de tornar-se um vendedor. Que vença o menor lance!
- Acesso público fácil a documentos de forma que todos os concorrentes possam ver os cálculos de todos os demais.
- Sites, como o Nextag, que oferecem comparações de preço rápidas de dezenas de vendedores.
- Showroom. Aplicativos de celular, como o Price Check da Amazon, permitem que os consumidores escaneiem códigos de barras em lojas e comparem instantaneamente os preços oferecidos pela Amazon — e então eles podem, com um clique, comprar o item pela Amazon enquanto estão parados em frente a esse mesmo item na loja. Essa prática se tornou tão prevalecente que muitos varejistas, como a Target e a Best Buy, tiveram que cortar suas margens e oferecer preços compatíveis com a internet.

Vendedores de grandes volumes na Amazon pagam milhares de dólares a mais por software sofisticado para garantir que seus produtos sejam $0,01 mais baratos que o resto. Alguns itens, como DVDs, têm preços muito sensíveis, e preços mais baixos garantem significativamente mais vendas — e margens ruins.

Capítulo 9

Monetização com Performance de Vendas

Neste Capítulo
▶ Identificando e trabalhando problemas comuns de vendas
▶ Conhecendo o valor do marketing em relação às vendas
▶ Criando um processo comprovado para tornar um pretendente em cliente pagante — várias e várias vezes

*O*casionalmente, um modelo de negócio potencialmente ótimo vira presa de um sistema pobre de vendas. Todo produto precisa ser vendido. Isso não significa vendido por uma pessoa — apenas vendido. Para que seu modelo de negócio tenha sucesso, você precisa criar um sistema de vendas a fim de finalizar o processo de marketing que transforme as necessidades do cliente em dinheiro no seu bolso.

Este capítulo discute como criar um processo de vendas comprovado e replicável para garantir que seus conceitos de marketing transformem-se em quantidades suficientes de vendas de fato.

É difícil imaginar um mundo sem a lâmpada. Imagine viver na década de 1880, antes que prédios e casas fossem iluminados segura e facilmente. Naquele tempo, as pessoas usavam velas e lamparinas para iluminar prédios. Poderia parecer que a venda mais fácil seria vender uma forma mais barata, fácil e melhor de iluminar. Não era. Ninguém instalava as lâmpadas de Thomas Edison, porque temiam que elas incendiassem o prédio. Irônico, não é? Para fazer com que as pessoas experimentassem as lâmpadas, Thomas Edison teve que instalá-las gratuitamente em um prédio de escritórios em Nova York. O ponto aqui é: nada se vende sozinho, nem mesmo as maiores invenções do século.

Fechando o Negócio

Você pode criar um produto excelente, selecionar o nicho certo de mercado e ter um ótimo programa de marketing, mas nada disso importa se você não consegue vendê-lo. Todo produto precisa ser vendido. Mesmo os produtos mais bem concebidos podem ser vitimizados por um problema na execução de vendas. A maioria dos problemas na conversão de vendas cai em três categorias: custo de vendas excessivo para conquistar um novo cliente, subestimar significativamente a dificuldade do processo de vendas e a dificuldade de realizar vendas repetidas.

Obtendo clientes com um custo não razoável

Para ter um modelo de negócio forte, a razão entre custo de vendas e margem gerada deve ser razoável. Por exemplo, uma fabricante de roteadores vê o crescimento de redes domésticas sem fio como atrativo e vende um produto para um grande varejista, como a Best Buy. O varejista promete grandes vendas, então o fabricante de roteadores corta as margens significativamente para apenas $20 por unidade. Contudo, o fabricante subestima a necessidade de suporte dos clientes sem conhecimento técnico. O suporte ao cliente por roteador é de $7 dos $20 da margem. Com uma margem de apenas $13 por roteador, a organização não pode sustentar esse canal de vendas.

O Groupon construiu um negócio multibilionário ajudando varejistas a encontrar novos (ou, com esperança, novos) clientes. Por exemplo, o Groupon pede que um restaurante ofereça desconto de 50% em uma refeição. O restaurante sai ganhando porque centenas de novos compradores são expostos a ele e tornam-se clientes repetidos. Os negócios que utilizam o Groupon, no entanto, têm oferecido muita rejeição. Eis o porquê:

- Após o desconto de 50%, o varejista divide a venda com o Groupon. Se um restaurante oferecer uma refeição de $20 por $10 no Groupon, ele recebe apenas $5, quando antes recebia $20. É claro que o custo da refeição continua o mesmo para o restaurante e pode criar uma transação não lucrativa.
- Muitos dos compradores do Groupon podem ser clientes já existentes. Agora o restaurante transformou uma refeição de $20 em uma de $5.
- Muitos dos novos clientes se guiam muito pelo preço e não são particularmente fiéis. Eles estão dispostos a experimentar novos lugares pela metade do preço, mas não voltarão pelo preço cheio depois. Eles apenas comprarão um Groupon para um restaurante diferente.

Subestimando a dificuldade de vendas

Às vezes, os arquitetadores do modelo de negócio subestimam a dificuldade do processo de vendas. Quando se dedica tanto tempo e esforço concebendo sua oferta, planejando o marketing e elaborando os detalhes operacionais, é fácil se apaixonar pela sua "criança" e torna-se difícil ver as coisas objetivamente. Essa dificuldade pode ocasionar a superestimação da facilidade do processo de vendas. Quando isso acontece, a empresa pode acabar com um alto custo para a aquisição de cliente ou descobrir que o produto é muito difícil de ser vendido para se ter um modelo de negócio viável.

O teste Groupon

Muitos negócios têm tido experiências positivas com o Groupon. Muitos não. Se seu produto tiver margem alta e você for expor sua oferta para muitos novos clientes, o Groupon é ótimo. Se você opera um negócio com margem mais baixa, como um restaurante, é melhor observar as razões subjacentes pelas quais você precisa do Groupon.

Eu chamo isso do teste Groupon. Muitos negócios que utilizam o Groupon estão desesperados o suficiente para pegar o negócio, embora obter 25% do preço normal de vendas faça pouco sentido economicamente. Por que esses negócios estão tão desesperados? Eles não conseguem adquirir clientes o suficiente com o próprio marketing e precisam da ajuda do Groupon. Em vez de vender suas almas, esses negócios deveriam refinar o marketing. Quando foi a última vez que você viu um Groupon da Starbucks? Negócios com marketing bem feito não precisam do Groupon.

Quando o Walmart se expandiu para a Alemanha, pensou que seu modelo bem afinado nos EUA facilmente conquistaria concorrentes. A análise do Walmart mostrou que poderia economizar o dinheiro dos clientes com seu modelo de baixo custo. Apesar do preço mais baixo, o Walmart foi um tremendo fracasso na Alemanha. Os gurus enumeram dezenas de teorias sobre o porquê: a Alemanha estava muito "verde" para o Walmart, ela tem uma cultura sindical pró-trabalhadores, é antiamericana quando se trata de varejistas de marca conhecida ou os consumidores alemães preferem pequenas lojas de bairro.

Quer você seja o Walmart ou a Mercearia do Seu João, subestimar a dificuldade de vender seu produto pode abruptamente quebrar seu modelo de negócio.

Supondo que vendas repetidas virão facilmente

Quando a maioria das pessoas está elaborando um modelo de negócio, elas supõem que vendas repetidas ao cliente são fáceis. Na maior parte do tempo são. Mas dê uma olhada objetiva na dificuldade de venda repetida quando elaborar seu modelo de negócio. Não presuma simplesmente que o cliente tornará a comprar com pouco ou nenhum esforço. A consequência de superestimar a facilidade de repetir uma venda é a inflação demasiada de sua margem antecipada. Nesse cenário, você acreditará que está obtendo muito mais margem do que de fato está. Esse problema se desdobra para outros aspectos do seu modelo de negócio, como os seguintes:

- Você poderia ter gastos excessivos com custos/ativos fixos porque acredita que existe uma margem adicional.
- Você poderia decidir gastar com custos diretos adicionais porque tem margem disponível. Por exemplo, comprar grãos de café melhores para aprimorar a qualidade do produto.
- Poderia investir pouco em sua força de vendas.
- Poderia perder volume de vendas para um concorrente com melhores acessos ao processo de repetição de venda.

Eu aposto que o pessoal da Comcast está frustrado com essa dinâmica. Por 20 anos, quando alguém trocava seu serviço pelo da Comcast, a empresa desfrutava uma estabilidade longa e ininterrupta. À medida que a concorrência com a Dish TV e a DirecTV se intensificou, a Comcast foi forçada a oferecer incentivos, como preços mais baixos e equipamento gratuito para clientes existentes, de forma a encorajá-los a ficar.

DICA Dê uma boa e objetiva olhada no processo de venda repetida. Muito poucos produtos têm uma compra repetida automática e sem custo. Um pouco de esforço e dinheiro investidos no processo de compra repetida pode ir longe. É melhor superestimar a dificuldade da repetição de venda do que subestimá-la.

O Marketing Bate as Vendas

Não há nada de errado com um processo de vendas antiquado. Contudo, da perspectiva de um modelo de negócio, produtos que podem ser vendidos principalmente por marketing são preferíveis àqueles que exigem um árduo processo de vendas. A Procter & Gamble me convenceu a comprar o Crest por meio do marketing, 40 anos atrás, e nunca mais precisou vender para mim desde então.

EXEMPLO

Por muitos anos, a Kirby vendeu seus aspiradores de pó mediante a uma força de vendas maciça de porta em porta. Os aspiradores eram caros, então as margens eram boas. Contudo, a rotatividade e o contínuo treinamento de novos vendedores tinham que pesar significativamente na margem. A Dyson, por outro lado, contou com recursos altamente diferenciados do produto e bom marketing. Em apenas dez anos, a Dyson capturou 23% do mercado de aspiradores dos EUA com um produto que custa o dobro daquele da líder da indústria anterior, a Hoover.

Esqueça qual marca de aspirador você gosta por ora e se pergunte: "Qual modelo de negócio é melhor: o da Dyson ou o da Kirby?" Antes de responder, não deixe a natureza difícil do modelo de venda de porta em porta da Kirby dissuadi-lo. Se o pensamento da venda de porta em porta lhe embrulha o estômago, isso não é relevante. O que é relevante é a força do modelo de negócio e sua capacidade de fazer dinheiro. Dito isso, o modelo da Dyson é melhor. É melhor porque o marketing geralmente bate as vendas.

LEMBRE-SE

O marketing é muito mais controlável do que as vendas. O marketing é muito mais previsível do que as vendas. O marketing é muito mais escalável do que as vendas. O marketing tem muito mais custo variável e menos custo fixo do que as vendas. À medida que você elaborar seu modelo de negócio, incline-se para o marketing, não para as vendas.

Criando um Processo de Venda Provado e Replicável

Seu produto deve ter um processo de vendas comprovado e replicável. Esse fato pode parecer óbvio, mas você deve ser capaz de comunicar claramente seu roteiro de como transformará em cliente pagante um cliente em perspectiva.

A armadilha mais comum em que elaboradores de modelo de negócio caem ao tentar criar um processo de vendas comprovado é não ter um processo duplicável. Um exemplo comum de processo não duplicável ocorre no mundo da consultoria. Sally deixa o mundo corporativo para se tornar consultora. Visto que é uma empresária talentosa, muitos de seus amigos e colegas valorizam os serviços dela. Ela imediatamente assina com várias dessas pessoas e constrói uma prática saudável. Sally trabalha por vários anos atendendo a esses clientes e, então, os projetos acabam. Todos os seus clientes anteriores eram pessoas com quem Sally passou anos desenvolvendo um relacionamento. Agora acabaram as pessoas que a conhecem, gostam dela e confiam nela, e ela está presa vendendo para o resto do mundo. Sally não possui um processo para vender a pessoas que não conhecem a qualidade de seu trabalho. Até que encontre o caminho para vender a completos estranhos, ela não tem um processo de vendas provado e replicável.

Muitos médios negócios têm um processo de venda comprovado, mas apenas o proprietário ou um seleto grupo de vendedores especiais pode executá-lo. Isso também é não duplicável. Bob cria uma ratoeira melhor. O produto preenche um nicho muito necessitado e tem muitas vantagens sobre a concorrência. Infelizmente, o mercado parece não ligar. Das dez pessoas da equipe de vendas de Bob, apenas duas altamente aptas conseguem vender uma quantidade razoável do produto. A solução de Bob para esse problema é criar uma equipe de dez excelentes vendedores em vez de apenas dois. Ele está perdendo tempo. Esse é o problema de *vender gelo para esquimós*. O que Bob está efetivamente dizendo é: "Se eu não tivesse nada além de vendedores capazes de vender gelo para esquimós, nós não teríamos um problema." É claro que Bob está se esquecendo de que vendedores altamente talentosos que conseguem vender qualquer coisa para qualquer pessoa são altamente compensados. Ele não orçou esse custo alto em seu modelo de negócio. Além disso, não há vendedores altamente talentosos suficientes no mercado para permitir que Bob contrate dez deles. O problema não é o talento da equipe de venda do Bob, mas o potencial mercadológico de seu produto. Quando ele tratar desse problema central do modelo de negócio, não terá problema com a equipe de vendas. Para que um processo de vendas seja qualificado como comprovado e replicável, uma pessoa mediana deve conseguir vender um volume aceitável do produto.

A EMC Corporation é uma líder mundial em soluções de armazenamento para empresas. Fundada em 1979 durante o pico dos dias do Big Blue da IBM, a EMC encarou uma séria batalha para convencer os compradores a mudarem da IBM. Afinal, ninguém nunca foi demitido por comprar IBM. A empresa sabia que seria uma venda muito difícil, mas também entendia que não podia se dar ao luxo de pagar um esquadrão de supervendedores. A companhia adotou uma estratégia inovadora para lidar com essa batalha de crescimento contra um Golias, a IBM. Com base na área de Boston, a empresa contratou recém-graduados que eram também ex-atletas. A lógica era a de que esses ex-atletas estavam acostumados a batalhas difíceis e não se intimidariam em uma batalha contra a IBM. Além disso, ela selecionou especificamente vendedores que não estavam ainda familiarizados com a dinâmica do "ninguém nunca foi demitido por comprar IBM". Ela treinou a equipe focando nas vantagens do armazenamento da EMC sobre a tecnologia mais antiga da IBM e convenceu/fez lavagem cerebral para que eles acreditassem que não havia absolutamente nenhuma razão pela qual alguém compraria a tecnologia mais antiga da IBM em detrimento da solução superior da EMC. Esse plano louco funcionou e hoje a EMC é um negócio de $20 bilhões.

Capítulo 10

Fazendo Seu Modelo de Negócio Durar

Neste Capítulo
- Criando vantagem competitiva
- Mantendo a vantagem competitiva

Neste ponto, você encontrou um ótimo mercado para o seu produto, criou um nicho, selecionou clientes de qualidade e descobriu uma forma de vender seu produto com um lucro. Ótimo trabalho! Agora é hora de encontrar uma forma de fazer isso durar.

O negócio seria bem mais fácil sem os chatos dos concorrentes. Você tem a ideia de um ótimo modelo de negócio e eles roubam suas ótimas ideias. Infelizmente, concorrentes imitando suas melhores práticas não irão embora, mas você pode mitigar os efeitos adversos da concorrência, criando vantagens competitivas sustentáveis. Ultrapassar a concorrência em inovação e evitar armadilhas também ajudam. (Eu abordo esses tópicos no Capítulo 11.) Modelos de negócio que empregam esses fatores têm mais sucesso do que os que não o fazem.

Neste capítulo, eu mostro como proteger seu modelo de negócio dos concorrentes e deixá-lo funcionando por um longo tempo. Entendendo plenamente e, então, afinando sua vantagem competitiva, você pode completar a construção de um modelo de negócio forte.

Criando Vantagem Competitiva Significativa

Vantagem competitiva é um conceito complexo e difícil de alcançar. Tentando simplificar, a *vantagem competitiva* é o que mantém forte o seu modelo de negócio e deixa os seus concorrentes para trás. Para ter um modelo de negócio sólido e durável, você *deve* sempre trabalhar para ter alguma forma de vantagem competitiva. Sem isso, seu negócio não tem poder de durabilidade de longo prazo.

Eu discuto vários dos aspectos clássicos da vantagem competitiva nos Capítulos 6, 7 e 8. Vou poupá-lo da redundância. Sua vantagem competitiva é a soma de todos os aspectos do seu modelo de negócio (competências e cultura centrais) que seus concorrentes *desejariam* poder copiar, *mas não conseguem*. Sua vantagem pode ser simples como:

- Fazer negócio de uma maneira melhor ou diferente que seus clientes apreciem — como os comissários divertidos da Southwest Airlines.
- Ter um ponto ótimo em uma esquina agitada do subúrbio ou em Wall Street.
- Encontrar uma maneira melhor de fazer um dispositivo que o torne único ou que economize custos.
- Manter a página inicial do seu site simples e limpa, como a do Google.
- Ser simples como a 37 Signal, que insiste em que seus softwares sejam tão fáceis de usar que não exijam um manual.
- Possuir uma fórmula ou um processo importante, como a Coca-Cola.
- Ter direitos de distribuição exclusivos em uma área protegida.
- Know-how. Se você for o único mecânico da cidade que pode consertar um Ford Modelo A, você tem vantagem competitiva.
- Recorrer a relacionamentos cruciais. O senador responsável por aprovar seu projeto é seu ex-colega de quarto, hein?
- Ser o primeiro no mercado e agarrar (e defender) uma grande fatia, como o iPad da Apple ou o Dippin Dots.
- Fidelidade à marca. Fidelidade ao seu produto pode ajudar muito a criar uma vantagem competitiva. Pense no Google entre os mecanismos de busca, Tide entre os detergentes e Listerine entre os enxaguantes bucais.

Frequentemente sua vantagem competitiva surgirá de uma combinação de fatores que, reunidos, permitem que você ultrapasse a concorrência. É claro que esses fatores, ou pelo menos a forma como você os combina, devem ser singulares a você e muitos devem ter relevância para sua estrutura de custo ou quão fortemente você compete dentro de sua indústria. A questão real é se você tem fatores suficientes que realmente importam para o cliente e os motivam a querer consistentemente fazer negócio com você em vez de com um concorrente.

Se você for o primeiro no mercado (vantagem competitiva nº1) com um produto distribuído exclusivamente (vantagem competitiva nº2) que use um processo de fabricação próprio (vantagem competitiva nº3), mas os recursos do produto forem desimportantes para o cliente, nenhuma dessas vantagens importa. Às vezes marcas populares dos EUA levadas para outros países fracassam apesar de sua vantagem competitiva no país de origem. A Best Buy e a Disney fracassaram na Europa enquanto a Coca-Cola e o McDonald's tiveram sucesso.

Recorrendo à propriedade intelectual

Se você acreditar na premissa de que a vantagem competitiva é criada ultrapassando a concorrência em inteligência, então *inteligências* são os componentes-chave para criar e manter sua vantagem. Outra palavra para inteligência em negócio é *propriedade intelectual* (PI). A propriedade intelectual não é somente patentes e marcas registradas, é cada aspecto do seu negócio no qual você aplicou sua inteligência. Pode ser algo tão simples quanto um método de treinamento singular ou uma ótima ideia de marketing.

Todo mundo está no negócio da propriedade intelectual

Você pode não se considerar um estudante da teoria do negócio, mas aqui está uma daquelas teorias pomposas que é importante: todo mundo está no mercado da propriedade intelectual. Cada negócio tem competências centrais, segredos, processos, poder intelectual, talento, sabedoria organizacional e truques do negócio que equivalem à PI. Sua propriedade intelectual pode incluir:

- Patentes, marcas registradas e direitos autorais.
- Ideias ou processos sem patentes.
- A fórmula das 11 ervas e temperos secretos da Colonel Sander não é patenteada. Em vez disso, a Yum Brands utiliza um sistema engenhoso para proteger a fórmula.

  Os ingredientes são enviados para instalações controladas pela Yum marcados com a informação "Ingrediente Secreto nº1", "Ingrediente Secreto nº2" e assim por diante. Esses ingredientes são então misturados nas proporções corretas e colocados em embalagens marcadas com "11 Ervas e Temperos" antes de serem enviados para os restaurantes.

- Um programa interno de treinamento que consistentemente transforma jovens inexperientes em vendedores produtivos.
- Conexões pessoais ou organizacionais.
- Sabedoria organizacional. No final dos anos 1990, grandes corporações gastavam bilhões em sistemas de gerenciamento de conhecimento desenvolvidos para guardar e proteger conhecimento organizacional. Imagine quanta PI se perde quando um cientista pesquisador se aposenta. Esses sistemas foram elaborados para mitigar essa perda.
- Formas melhores de fazer negócio, como processos superiores, uso de recursos humanos ou aprimoramento tecnológico — como o sistema point-to-point da Southwest Airline, comboio de caminhões ou software personalizado.
- Proeza em marketing. Steve Jobs tinha a manha de criar produtos vencedores. Vai ser difícil substituir essa PI na Apple.
- Sua marca. Uma marca forte é um ativo intangível significativo do seu negócio.

✔ Ser o primeiro a utilizar e recorrer a tecnologias emergentes. A tecnologia não precisa ser ultra-hightech. Ray Kroc viu o potencial da máquina de milkshake primeiro; o uso dessa tecnologia foi crucial para o McDonald's.

Depois de perceber que seu negócio *real* está construindo e aumentando sua propriedade intelectual, você pode focar no que *realmente* traz dinheiro — sua PI sempre crescente. Quanto mais rápido e melhor você conseguir aumentar sua PI organizacional, mais forte sua vantagem competitiva.

À medida que o mundo desenvolvido passa de uma economia baseada na indústria para uma economia baseada em conhecimento, a importância da propriedade intelectual apenas irá se intensificar.

Proteja sua propriedade intelectual

A propriedade intelectual tende a vazar. A Apple criou uma quantidade tremenda de PI envolvendo o iPhone. Com o passar do tempo a inovação se difunde, a PI lentamente vaza e os concorrentes surrupiam a vantagem. Aqui estão algumas formas como a PI vaza:

✔ **Funcionários:** O Yahoo! contratou Marissa Mayer, retirando-a do Google. Ela trouxe consigo um tremendo conhecimento obtido no Google e começou a utilizá-lo contra seu antigo empregador. O Yahoo! já teve ganhos significativos sob a liderança de Mayer.

✔ **Web:** Várias empresas são muito transparentes na internet. "Ei, obrigado por colocar toda sua equipe de vendas e o contato dela na internet. Eu estava procurando um bom vendedor. Não preciso recrutar um, vou apenas roubar o seu."

✔ **Fornecedores:** Seu fornecedor fixo ajuda-o a criar um processo mais eficiente. Depois, ele imediatamente compartilha a PI com seu concorrente na esperança de conseguir uma venda com ele.

✔ **Processo de venda:** Em uma tentativa de criar mais receita, os vendedores às vezes vão longe demais e revelam a propriedade intelectual.

Aqueles três truquezinhos

Um empresário que eu respeito muito é dono de um negócio de iluminação comercial. Como a maioria dos negócios voltados à construção, é duro tirar uma grana. Apesar de uma indústria lotada de concorrentes de "um cara e um caminhão" e gerentes pão-duro, ele construiu um negócio bastante lucrativo.

Eu perguntei a ele como conseguia ter lucros excelentes enquanto todo mundo na indústria lutava para manter um equilíbrio. O que ele disse se aplica a todos os negócios, "No decorrer dos últimos 20 anos, eu aprendi três truques que servem para cada dólar do meu lucro. Se eu não

> tivesse aprendido esses truques, eu teria que ficar me equilibrando como os outros".
>
> Esses truques fazem parte da propriedade intelectual controlada pelo meu amigo e desconhecida pelos concorrentes. Essa propriedade intelectual altamente empregada cria vantagem competitiva e lucros.

Se você aceitar a premissa de que sua PI é o ativo mais valioso de sua empresa, deve protegê-la. As seções a seguir dirão como.

Proteção legal

Uma opção para proteger sua PI é por meio do sistema legal tradicional, com patentes, marcas registradas e direitos autorais. Direitos autorais e marcas registradas são bem baratos. Se estiver em dúvida, registre a marca ou o direito autoral de sua PI. É muito barato para não fazê-lo.

Nos EUA, as patentes podem custar apenas $5.000 ou até centenas de milhares, ou mesmo milhões, de dólares. Isso apenas para dar entrada na patente. Sua patente pode ser negada. Se for aceita, deixar de gastar milhares de dólares para defendê-la pode tornar a patente inútil. Se você realmente achar que a proteção de patente é necessária, prepare-se para gastar muito dinheiro para defendê-la. A Apple e a Samsung têm feito exatamente isso no mundo inteiro na esperança de ganhar vantagem competitiva defendendo a PI de seus respectivos tablets.

Muitos empresários deram entrada no pedido de patente achando que era o santo graal da proteção de propriedade intelectual apenas para ficarem desapontados com o resultado. O fato é que, se a ideia que estiver protegendo não valer milhões de dólares ou mais, não vale a pena patenteá-la.

Proteção física

O segundo jeito de proteger sua PI é simplesmente tratá-la como qualquer outro ativo de valor. Você guarda bem sua lista de clientes porque é valiosa. Sua lista de clientes é uma PI. E seus segredinhos na contratação e no treinamento? Essa PI precisa ser protegida também.

A maioria dos médios e pequenos negócios *não* deve se preocupar em patentear sua PI. Você precisa disponibilizar seus segredos quando os patenteia e a maioria dessas empresas não gastará os fundos necessários para as taxas legais a fim de fortalecer a patente. Seja pragmático e pergunte-se:

- ✓ **Quanto realmente vale a PI?** Se for milhões ou bilhões de dólares, patenteie-a de qualquer jeito. Se não, o custo legal pode exceder os benefícios.
- ✓ **Você consegue manter uma não patente?** A fórmula da Coca-Cola é guardada a sete chaves, mas não é patenteada. Às vezes, um segredo

de negócio secreto é melhor que uma patente. Você precisará criar um esquema inteligente de proteção, como o da Colonel Sanders ou da Coca-Cola. Apenas duas pessoas sabem a fórmula da Coca-Cola.

- **Quais são as chances de sua patente ser concedida?** Nos EUA, aproximadamente 54% de todos os pedidos de patente são aprovados. Trinta por cento dos pedidos de patente têm alegações duplicadas (o que uma patente existente já faz) e são funcionalmente redundantes. Não há estatísticas disponíveis sobre quantas patentes nunca deixam as mesas dos advogados para irem às mesas dos escritórios de patentes. Muitas dessas patentes abandonadas são anuladas pela pesquisa de um advogado em patentes existentes apenas para encontrar uma patente solicitada. Outras patentes morrem nas mesas dos advogados quando as contas legais sobem a um nível em que cancelar o pedido é mais palatável do que mais gastos legais.

- **Quais são as chances de seus concorrentes conseguirem mudar algum pequeno aspecto de sua patente e contorná-la?** Isto é uma grande decepção para muitos. Eles dão entrada na patente para proteger sua PI apenas para ajudar seus concorrentes a realizarem engenharia reversa dela.

Produtos, ideias, código de software ou processos de negócio que têm um valor substancial *devem* ser patenteados. Se tiverem um valor substancial e uma PI única, patentei-os de qualquer jeito. Eu vi muitas companhias se decepcionarem quando sua patente foi negada ou diluída até ficar inútil. Eu encorajo você a considerar a opção de não patentear antes de mergulhar nas caras proteções legais.

Estabelecendo uma vantagem financeira

Alguns aspectos financeiros do seu modelo se traduzem em quanta margem você pode gerar. Outros aspectos financeiros podem oferecer vantagem competitiva e manter os concorrentes afastados. Economias de escala, o tamanho do seu fundo de investimento, cultura corporativa e flexibilidade podem significar vantagem competitiva financeira.

Muitas vezes, uma vantagem financeira pode se tornar a vantagem competitiva definitiva — uma que simplesmente não se pode superar. Para compensar a vantagem financeira e sobrepujá-la, um concorrente teria que vender por uma margem reduzida, fazer enormes investimentos *esperando* alcançá-lo ou ambos. Essa forte proteção financeira pode durar por décadas.

Invenção do laser

Não está claro se Gordon Gould inventou o laser. Ele entrou, sim, com um pedido de patente dessa tecnologia em abril de 1959. O Escritório de Patentes dos EUA negou seu pedido e, um ano depois, concedeu a patente ao Bell Labs. Isso provocou um processo judicial de 28 anos que custou milhões a Gould. Ele acabou vencendo a batalha e o prestígio e os royalties que vieram com isso. Gould utilizou 80% dos provenientes para financiar seus custos legais, mas ainda ganhou milhões.

Economias de escala

Muitas vantagens financeiras entram na categoria "economias de escala". Essas vantagens não são somente a economia mínima de escala necessária para efetivamente entrar no jogo, mas uma economia que seus concorrentes não consigam igualar. O ideal seria que a sua fosse a única empresa a alcançar uma economia de escala. Isso serviria como uma forte vantagem competitiva.

Uma economia de escala não tem que ser uma grande fundição de aço ou mil programadores. Você pode obter economias de escala para processos ou quaisquer outras facetas de seu negócio. A vantagem vem de ter suficiente volume/repetição do item para criar escala quando outros não o tiverem. Empresas que atualmente têm tais economias de escala incluem as seguintes:

- A Starbucks possui 29% do mercado de cafeterias nos EUA. Ela alavancou essa escala para introduzir a cafeteira doméstica estilo Keurig, a Verismo.
- A grande rede de distribuição da Amazon permite que a empresa acrescente produto após produto a um custo mais baixo do que qualquer outro vendedor na internet.
- O maior eletricista da cidade compra fio suficiente para compensar a negociação de mercadorias. Quando o preço do cobre sobe, esse prestador de serviços fica protegido do aumento e ganha um projeto de construção por conta da vantagem de custo.
- As firmas de contabilidade Big 4 contratam a cada ano novos funcionários o suficiente para tornar o recrutamento das maiores faculdades de negócio economicamente viável. Isso dá à Big 4 a oportunidade de agarrar os novos contadores mais talentosos a cada ano. Os concorrentes são forçados a contratar graduados de segunda categoria ou funcionários mais antigos que são mais caros.
- Construir um campo de treinamento de golfe em um bairro que cresce rapidamente combina a vantagem de ser pioneiro com a economia de escala. O custo de aquisição de um terreno grande exigido para um campo de treinamento de golfe exclui um segundo entrante na mesma área.

- Uma remontadora de automóveis viu um volume incomumente grande de um lote de alternadores. Após pesquisar, notou que o volume estava anormalmente alto devido a uma falha da OEM no design dessas peças. Percebendo que teria um filão de vendas, criou uma abordagem única de marketing fora dos canais de venda normais. Esse volume adicional permitiu à montadora pôr em ação uma linha de produção separada para essa peça. A linha de produção sob medida era significativamente mais eficiente, permitindo que a fabricante barateasse a finalização, consequentemente aumentando o volume. Essa era uma pequena empresa comparada com a concorrência. Ela não tinha economia de escalas em outros alternadores, apenas nesse lote.

- A Tesla produz menos de 20.000 automóveis por ano. Contudo, devido ao fato de fabricar somente veículos totalmente elétricos de alta performance, a Tesla alcança economias de escala nesse âmbito estreito.

Estrutura financeira flexível

Uma estrutura de custo flexível também pode oferecer vantagem competitiva de custo. Uma estrutura de custo flexível permite que o custo ande lado a lado com as vendas tanto quanto possível. Normalmente os custos que caminham em conjunção com as vendas são chamados de custos variáveis. Os custos fixos não variam com as vendas. Se as vendas caírem, seu custo de bens acompanha, mas seu aluguel não.

Estruturas financeiras flexíveis permitem que você se flexibilize quando as vendas aumentarem sem distribuição financeira, assim como quando elas caírem. Em geral, você deve minimizar os custos fixos e maximizar os custos variáveis das seguintes formas:

- **Tendo a capacidade de aumentar a produção significativamente sem aumentar os custos.** A equipe é geralmente um dos maiores elementos de custo de qualquer negócio, então a forma como você estrutura sua mão de obra pode ser imprescindível.

- **Tendo a capacidade de absorver períodos sazonais ou inesperadamente lentos sem que as despesas matem os lucros.** Despesas fixas como equipe administrativa, instalações e equipamentos pesam muito nos lucros quando as vendas despencam.

- **Mantendo-se esperto.** Empresas montadoras de telhados com base fixa (em outras palavras, que trabalham em apenas um local) têm dificuldade de encontrar montadores de qualidade quando há uma tempestade. Empresas montadoras de telhados que se movem de cidade a cidade têm um modelo mais flexível e mudam o negócio para onde o trabalho lucrativo está.

- **Planejando-se para contingências.** Qualquer negócio que trabalha com a China aprendeu os perigos das interrupções de fornecimento no Ano Novo chinês. Uma greve sindical em um fornecedor não deve matar sua lucratividade. Fornecedores para acabamento em gesso de paredes não encontravam demanda em meados dos anos 2000. As construtoras não tinham fornecedores alternativos e compravam material chinês defeituoso que continha contaminantes. Como resultado, muitos processos judiciais foram feitos contra essas construtoras, acabando com quaisquer lucros.

- **Controlando a inércia organizacional.** Pode ser difícil lutar contra "Nós não podemos por que" ou "Nós sempre fizemos isso desse jeito". Quando os custos são incorporados em uma organização, você se torna menos flexível financeiramente. Evite que esses custos se tornem não negociáveis.

Elaborar seu modelo de negócio, utilizando uma estrutura financeira flexível, pode fazer você conquistar vantagem sobre sua concorrência, não apenas por conseguir gerenciar melhor os custos, mas, mais importante, por ser mais proativo em oportunidades ou ameaças.

Fogos de artifício: uma explosão de dinheiro

Todo mês de julho nos Estados Unidos lojas de fogos de artifício espalham-se pelas estradas de muitas cidades. A margem nas vendas de fogos é extremamente atraente. Até aqui, parece um bom modelo de negócio. Ele possui ótima margem e forte demanda todo ano. Contudo, a natureza sazonal do negócio é brutal. A demanda desaparece no dia 5 de julho (um dia após a comemoração da independência dos EUA). Como alugar um imóvel por um mês? Como contratar uma equipe para um negócio de um mês? É claro que você pode contratar trabalhadores temporários a cada ano, mas é preciso alguma continuidade. Alguém precisa conhecer o negócio. Não pode acontecer de todos serem novatos.

Distribuidoras de fogos de artifício superaram com sucesso esses obstáculos e criaram modelos de negócio muito lucrativos se mantendo flexíveis. Aqui está como elas superaram os obstáculos:

- Não se preocupe com um ponto de varejo consistente. Alugue pontos com alto tráfego de senhorios desesperados que preferem aceitar um aluguel de dois meses a nada.

- Mantenha uma equipe básica o ano inteiro para treinar e gerenciar novos funcionários.

- Contrate alunos de faculdade que estão sempre de férias no verão (EUA) e pague mais que outros varejistas.

- Se você encontrar um ponto de varejo altamente desejável cujo senhorio não aceite uma locação de dois meses, alugue-o por seis meses ou mesmo um ano. Vendas de fantasias para Halloween e apetrechos natalinos cobrirão o aluguel adicional.

- Utilize empresas de logística para cuidar das cargas de fogos que chegam, estocagem e distribuição para lojas. Esse pode parecer um detalhe pequeno, mas uma empresa de fogos de artifício pode ter centenas de pontos precisando de estoque diariamente.

A capacidade de ser flexível com a demanda de mercado e de manter os custos operacionais baixos permitem que companhias de fogos de artifício sejam excepcionalmente lucrativas.

Cultura corporativa

O Walmart é famoso por fazer reuniões de compras no que é efetivamente um enorme celeiro em Bentonville, Arkansas, nos EUA. Altos executivos de empresas com esperança de venderem para o Walmart sentam em mesas de piquenique para apregoar suas mercadorias. O Walmart cobra inclusive $0,10 por café. A empresa não está brincando com os fornecedores nem chorando miséria. Essa abordagem sem rodeios para comprar é parte de uma cultura de economia no Walmart.

O Walmart é uma das corporações mais lucrativas do mundo. Poderia ter seu escritório central nas melhores áreas de Manhattan. Em vez disso, o Walmart mantém as despesas baixas ficando em seu escritório central em Bentonville. Tudo o que a empresa faz é focado em manter os custos baixos e repassar as economias aos clientes. Essa cultura cria uma vantagem financeira para o Walmart em um negócio varejista geral sensível a custos.

Assim como o Walmart, você pode usar sua cultura corporativa para criar vantagem competitiva. O Walmart escolheu uma cultura de economia para baixar os custos. Você também pode criar uma cultura de inovação para baixar custos. O processo de montagem enxuta da Toyota inovou em como os carros são produzidos e baixou dramaticamente os custos.

Sustentando Sua Vantagem Competitiva

Mesmo que você crie uma vantagem competitiva significativa, seus concorrentes não vão ficar parados. O trabalho deles é remover essa vantagem, e fazê-lo rapidamente. Como você manterá esse ativo valioso? Proteger sua vantagem competitiva cai em duas amplas categorias: táticas ofensivas e táticas defensivas.

Táticas defensivas

Use táticas defensivas para desacelerar ou parar os avanços da concorrência. Quando corretores de imóveis que davam descontos entraram no mercado, os corretores plenos reagiram rapidamente com diversas táticas defensivas, como exclusão da listagem na MLS (Multiple Listing Service — Serviço de Listagem Múltipla) e recusando-se a mostrar imóveis listados por corretores que davam descontos. Outras táticas defensivas incluem:

- **Fossos:** Depois de construir um castelo, um fosso pode protegê-lo. O McDonald's criou um fosso gastando robustos 9% da receita em publicidade. A maior companhia de courier da Índia, a Now Courier, investiu colossais $30.000 em GPS por veículo enquanto essa era ainda uma tecnologia emergente. Por que a empresa gastaria tanto? Para

- **Não transparência:** Para ser curto e grosso, a transparência abaixa as margens. Empregadores vão ao site `salary.com` e veem a taxa vigente; salários aumentam, margens caem. O preço de compra na internet torna-se simples e amplamente divulgado; as margens caem. Você me entende. Combater a transparência sempre que possível não elimina o desgaste da vantagem competitiva, mas pode desacelerá-lo. Aqui vai uma regra simples: se tiver dúvida, não apregoe. Em outras palavras, mantenha seus segredos guardados.

- **Atualizações:** Exemplos incluem atualizar a versão de seu software antes que ele fique ultrapassado ou restaurantes renovando antes que pareçam saturados. O Wendy's comentou recentemente que lojas que passaram por renovação tiveram um aumento de 30% nas vendas.

- **Resguardar seus ativos como PI, talento e marca:** Se você concorda que todo mundo está na indústria da propriedade intelectual, trate sua PI como ouro.

- **Legalidades:** Acordos de não competição para funcionários-chave, acordos de não revelação para distribuidores e clientes, acompanhados de reforço agressivo, podem servir como movimento defensivo.

- **Cortar preços:** Para manter a fatia de mercado em um mercado maduro, você muito provavelmente terá que se adequar a margens em queda. Insistir em manter suas margens antigas de um mercado prematuro provavelmente não funcionará.

- **Ser ofensivo:** A melhor defesa é um ataque forte. Movimentos defensivos apenas desacelerarão a queda de sua vantagem competitiva. Seus concorrentes não estão de braços cruzados, então você também não deve ficar. Constante inovação e pensar à frente é a melhor defesa. Olhe a Apple para ter ótimos exemplos desse movimento. A Apple continua um passo à frente da concorrência, forçando os concorrentes a constantemente brincar de pega-pega.

Táticas ofensivas

As táticas ofensivas apenas desaceleram a concorrência. Use o ataque para acrescentar vantagem competitiva, assim como para sufocar a concorrência. Quando preparar suas táticas ofensivas, considere o seguinte:

- **Inovação:** Talvez a melhor proteção para sua vantagem competitiva seja a inovação constante. A Blockbuster foi a líder de indústria dominante, mas deixou de inovar. Essa falha permitiu que a Netflix e a Redbox capturassem uma parcela significativa da fatia de mercado da Blockbuster.

- **Velocidade:** Ser capaz de mover-se mais rápido que seus concorrentes equivale à vantagem competitiva. Steve Jobs era famoso por ser rígido com suas equipes de desenvolvimento de produto. Essa tática parece ter funcionado, já que a Apple continuamente bate a concorrência no mercado.

- **Cultura:** A Southwest Airlines tem uma cultura de diversão e prontidão. Essa cultura tem sido plantada em todo funcionário por mais de 30 anos. A empresa pode recorrer a essa cultura para sustentar e aumentar sua vantagem competitiva.

- **Talento:** Um negócio com talento superior em posições imprescindíveis tem a oportunidade de aumentar a vantagem competitiva. O cientista da Intel Ajay V. Bhatt ajudou a definir e desenvolver várias tecnologias, como o USB (sigla para Barramento Serial Universal em inglês), AGP (Porta Gráfica Acelerada) e PCI Express. Ele detém 31 patentes. O emprego de um grande talento como Bhatt representou uma vantagem competitiva duradoura para a Intel.

- **Aposte na mudança, não na falta dela:** Uma das dinâmicas mais frustrantes em negócio é dedicar anos lutando por um objetivo, alcançar esse objetivo e, então, perceber que não se pode relaxar como recompensa, porque o objetivo precisa ser perseguido. A jornada é perpétua. Empresários sagazes sabem que a mudança é inevitável e contar com que as coisas permaneçam as mesmas é para tolos.

- **Cansar o adversário (*rope-a-dope*):** Essa tática de boxe que ficou famosa por Muhammad Ali permitia que o adversário sentisse que estava vencendo, apenas para que Ali pudesse atacar no final. Se você tiver um concorrente mala que constantemente copia suas inovações, rouba seus melhores funcionários ou suga de qualquer forma sua vantagem competitiva, uma opção é mandá-lo para um jogo de gato caçando rato. Aqui estão alguns movimentos de rope-a-dope que eu já vi:

  - Um funcionário antes valioso ficou ruim. Um concorrente tentou roubá-lo. A empresa ajudou-o a conseguir.

  - Uma empresa de tecnologia suspeitava que um concorrente estava roubando informação interna. Ela criou um projeto falso e tratou-o como alta prioridade, esperando que o concorrente o roubasse e desperdiçasse recursos.

  - Um concorrente estava seguindo funcionários de serviços de café em suas rotas de venda e, então, jogava sujo com preços mais baixos para roubar essas vendas. A empresa contratou um funcionário temporário para reunir funcionários demitidos e outros potenciais clientes ruins para jogar o concorrente para fora da jogada.

Espero que você nunca precise usar nenhuma dessas trapaças (como as táticas de cansar o adversário), mas não é sempre possível controlar seus concorrentes e é importante estar preparado com boas táticas ofensivas.

Aumentando a Vantagem Competitiva Utilizando o Modelo das Cinco Forças de Porter

O guru Michael Porter oferece insight em como aumentar a força de sua vantagem competitiva, assim como a probabilidade de sustentá-la. O modelo das cinco forças de Porter desmembra as cinco formas mais comuns pelas quais a vantagem competitiva pode ser desafiada. A Figura 10-1 mostra a inter-relação das cinco forças.

- **Ameaça de novos entrantes:** Parabéns, o iPad é um sucesso gigantesco. Agora pode esperar cada empresa de produção de tecnologia roendo seus calcanhares. Negócios de tecnologia tendem a correr o risco de novos entrantes perseguirem a próxima "coisa grande". Todavia, se você descobrir um ótimo nicho ou produto para explorar, a ameaça de novos entrantes será significativamente menor.

- **Poder dos compradores:** Grandes montadoras de automóveis desfrutam de grande poder junto a seus fornecedores. Por outro lado, um cliente meu fornece cabeamento complexo para o exército. Alguns dos conectores são quase impossíveis de encontrar. Sempre que meu cliente faz o pedido de qualquer um desses conectores, ele basicamente tem que enviar um cheque em branco para o fornecedor e dizer "Obrigado por receber meu pedido".

- **Poder dos fornecedores:** A OPEC é um ótimo exemplo do poder de distribuidores. O suprimento de petróleo bruto é mais crítico do que qualquer outro produto derivado dele, então a OPEC tem um poder significativo sobre seus clientes.

- **Intensidade da rivalidade competitiva:** Indústrias com alto custo fixo de entrada tendem a ter intensas rivalidades, especialmente se o negócio for cíclico. Empresas gastam centenas de milhões de dólares construindo instalações físicas e, então, o volume decresce devido a uma recessão. Elas não simplesmente abandonam seu grande investimento, elas lutam.

- **Ameaça de substitutos:** Provedores de TV a cabo têm usado essa dinâmica por anos. Eles antes tinham praticamente um monopólio até que os satélites se tornaram uma opção viável. Os clientes que se inclinaram a mudar descobriram que isso era caro e complicado. A BlackBerry se viu no lado errado dessa dinâmica. Em seus primeiros dias, ela desfrutou de uma tecnologia própria, tornando o custo e a dificuldade de mudar para outra tecnologia algo significativo. À medida que os concorrentes criavam soluções substitutas com funcionalidade parecida, a dificuldade e o custo de mudar de serviço caíram dramaticamente — assim como as vendas da BlackBerry.

Diagrama das Cinco Forças de Porter

PODER DOS FORNECEDORES
Concentração do fornecedor
Importância do volume para o fornecedor
Diferenciação de inputs
Impacto de inputs no custo ou na diferenciação
Custos de troca de firmas na indústria
Presença de inputs substitutos
Ameaça de integração subsequente
Custo relativo ao total de compras na indústria

AMEAÇA DE NOVOS ENTRANTES
Barreiras à entrada
Vantagens de custo absolutas
Curva de aprendizado próprio
Acesso a inputs
Política governamental
Economias de escala
Exigências de capital
Identidade de marca
Custos de troca
Acesso à distribuição
Retaliação esperada
Produtos próprios

RIVALIDADE

AMEAÇA DE SUBSTITUTOS
Custos de troca
Inclinação do comprador ao substituto
Performance de preço
Trade-off de substitutos

PODER DO COMPRADOR
Nível de pechincha
Volume de comprador
Informação de comprador
Identidade de marca
Sensibilidade a preço
Ameaça de integração reversa
Diferenciação do produto
Concentração de comprador vs. Indústria
Substitutos disponíveis
Incentivos do comprador

GRAU DE RIVALIDADE
– Barreiras de saída
– Concentração da indústria
– Custos fixos/Valor acrescido
– Crescimento da indústria
– Sobrecapacidade intermitente
– Diferenças do produto
– Custos de troca
– Identidade da marca
– Diversidade de rivais
– Participação corporativa

Figura 10-1: Modelo das cinco forças de Porter.

O modelo das cinco forças de Porter foi publicado em 1980. Houve desafios para o modelo desde então, principalmente em relação ao fato de que Porter enxerga a maioria das ameaças no contexto de uma indústria estabelecida. Essa é uma preocupação válida. Ameaças podem vir de dentro da indústria ou de inimigos não relacionados. Considere o golpe que alguns restaurantes receberam durante as últimas recessões (nos EUA). O problema não eram os restaurantes, era o combustível abocanhando os ganhos disponíveis do cliente.

A mídia recentemente cobriu a tendência de consumidores com amplos fundos para comprar os smartphones ou gadgets mais recentes, mas abrindo mão de roupas, andando mais de carro e economizando em outras áreas. Essas ameaças não são abordadas no modelo de Porter, mas merecem alguma atenção.

Capítulo 11

Sustentando Seu Modelo de Negócio: Inovando e Evitando Armadilhas

Neste Capítulo

▶ Empregando a inovação
▶ Conhecendo seu fator inovação
▶ Desviando de armadilhas comuns

*U*m modelo de negócio completo e redondinho é capaz de dar continuidade à sua viabilidade por um extenso período de tempo. A Beanie Babies foi uma bonança para sua fabricante, a Ty. Quando a tendência morreu, as vendas sofreram, mas a empresa continua viva. Os calçados Crocs foram uma tendência maciça que colocou a empresa de mesmo nome no mapa. Os calçados que já foram uma febre enfraqueceram-se significativamente, mas a companhia conseguiu entrar em outras áreas e é hoje uma lucrativa empresa pública.

O melhor método para continuar aumentando a força do seu modelo de negócio é por meio da inovação. Inovação em toda e qualquer área fortalecerá seu modelo e sua capacidade de competir.

A inovação pode assumir várias formas. Seu modelo pode ser fortalecido alterando seu mercado-alvo, seu modelo de marketing, o que você vende e por quanto, os produtos que vende ou alguns deles, aprimorando o modelo de vendas ou sistema de entregas ou inovando para escapar de uma armadilha.

Uma armadilha é uma falha técnica em potencial no seu modelo de negócio. O ideal é que seu modelo de negócio consiga evitar armadilhas como interferência governamental, confiança demasiada em poucos clientes, confiança demasiada em funcionários importantes, deficiências de localização, preocupações legais excessivas ou outras.

As armadilhas não inviabilizam um modelo de negócio, mas o tornam, sim, menos atraente. Seja o modelo modestamente sem atrativos (um negócio de moda com tendências sempre mudando) ou significativamente sem atrativos (banimento de armas, congelamento de gastos militares, imóveis costeiros em Veneza combinados com calotas polares derretendo), as armadilhas devem ser consideradas riscos potenciais a ele.

Mantendo a Força do Seu Modelo com Inovação

O que a Blockbuster, as Páginas Amarelas, a Borders, Circuit City, Chicago Tribune, WGN, Musicland e estações de rádio têm em comum? Todos tiveram seus modelos de negócio destruídos pela internet. Os ferreiros tiveram seus modelos de negócio destruídos pela tecnologia automotiva. As linhas férreas sucumbiram à invenção dos irmãos Wright. A Kodak caiu ante as câmeras digitais e, agora, estas estão caindo ante as câmeras dos telefones celulares. Deixe de inovar e seu modelo de negócio será prejudicado. Se você não inovar, outra pessoa irá.

Antes que você diga "É, mas...", eu admito que algumas empresas precisam inovar mais do que outras. Uma empresa de paisagismo não precisa inovar tanto quanto uma empresa de biotecnologia, mas *ambas* precisam inovar para manter a vantagem competitiva. Todas as empresas têm a *capacidade* de inovar, que equilibram com a *necessidade* de inovar. Esse é o *fator inovação*.

Entendendo seu fator inovação

A necessidade de inovar é estabelecida pela sua indústria. Se estiver na indústria de microchips ou biotecnologia, sua necessidade de inovar é altíssima. Se deixar de inovar, seus concorrentes passarão por cima de você e rapidamente roubarão sua fatia de mercado. Se for um fabricante, a necessidade de inovar é mediana. Se for um paisagista comercial ou operador de pista de boliche, a necessidade de inovação é relativamente baixa. Nestas indústrias, você poderia construir um negócio sem praticamente nenhuma inovação, mas isso não é motivo para ser complacente.

A necessidade de inovar é comparada com a capacidade de inovar de sua firma. Se uma empresa de chips para computadores tem uma alta necessidade de inovar, mas pouca capacidade de fazê-lo, adivinhe o que acontece — tchauzinho. Uma empresa que se destaca em inovação em uma indústria que exige muito isso (Intel, Genentech 3M, Amazon e Google) não só tem sucesso, assim como o faz estrondosamente.

Empresas inovadoras como Starbucks, UPS, BigBelly Solar e NFL têm utilizado a estratégia de superar seus concorrentes em inovação como alavancagem competitiva em indústrias com necessidade de inovação mais baixa. A Figura 11-1 mostra a relação entre a necessidade de inovar de uma empresa e sua capacidade de fazê-lo. Companhias com alta necessidade de inovação irão se destacar como resultado ou serão punidas por não o fazerem. Empresas com uma necessidade competitiva de inovação menor têm o potencial de superinovar e dedicar recursos demais a um mercado que não precisa ou não quer inovação excessiva. Por exemplo, um serviço de cortador de grama local deve se manter no topo da tendência de equipamentos e design. Todavia, se a empresa ficar constantemente gastando recursos preciosos construindo equipamentos de ponta para os clientes simplesmente para cortar grama de jardins, o mercado pode não recompensar esse esforço. Se essa mesma empresa mudar seu modelo de negócio e começar a vender invenções, a necessidade de inovação na indústria de fábricas de equipamentos é muito maior do que na atividade de cortar grama, e o problema está resolvido.

Figura 11-1: Seu fator inovação.

Matriz com eixos "Fator Inovação" (horizontal: Capacidade de Inovação) e vertical (Necessidade de Inovação), contendo os quadrantes: Subinovação, Inovação como Vantagem Competitiva, Pouca Necessidade de Inovação, Potencial de Superinovação.

Imagem cortesia de businessmodelinstitute.com

Lembrando-se de que você precisa inovar

Inovação não tem que ser a invenção de uma nova droga ou smartphone. Inovação é qualquer aprimoramento no modelo de negócio. Pode ser inovação no marketing — como usar o Twitter para aumentar as vendas, criar um produto ou uma poderosa campanha de marketing (a campanha "Pode To Be" da Pepsi, a "Bebê sem Papel" do Itaú). Pode ser um processo criativo de negócio — como lanchonetes móveis que levam o lanche para as pessoas ou um restaurante self-service de saladas. Pode ser adotar um novo equipamento antes da concorrência. A inovação não é só para empresas de tecnologia, é para todas.

> ### Cyndi Lauper versus Madonna
>
> Tanto Cyndi Lauper quanto Madonna eram cantoras que estavam no topo das vendas na década de 1980. Lauper teve vários sucessos, como *Time After Time* e *Girls Just Want to Have Fun*, venceu um Grammy e vendeu mais de 40 milhões de álbuns/músicas. Madonna estava tendo sucesso na mesma época com músicas como *Borderline* e *Like a Virgin*.
>
> Cada uma delas foi uma das artistas que mais gravaram no período. A diferença entre essas duas artistas é que Lauper não conseguiu trocar seu estilo "*ela é tão diferente*" para a próxima grande onda, apesar de seu considerável talento. Em 1993, o quarto álbum de Lauper, *Hat Full of Stars/Twelve Deadly Cyns*, vendeu apenas 120.000 cópias. Lauper não conseguiu inovar.
>
> Madonna, por outro lado, tem sido magistral em inovação. Ela vive mudando seu visual e sua sonoridade para revigorar a carreira. Aos 53 anos, ela ainda era uma das maiores artistas em seu ramo, apresentando-se no Super Bowl.

Ficando à frente no jogo da inovação

A inovação é para líderes, não para seguidores. Você não precisa ser um aventureiro descarado para inovar. Se entender seu fator inovação, você saberá do que seu modelo de negócio precisa ou não precisa. Apenas ajuste sua disposição para correr riscos de forma a ir ao encontro das necessidades de sua indústria.

Colocando pesquisa e desenvolvimento no orçamento

Uma das melhores práticas que você pode seguir é orçar pesquisa e desenvolvimento (P&D). A pesquisa é de onde vem a inovação. Todas as empresas na Fortune 500 têm um orçamento para P&D. Pequenas e médias empresas raramente orçam esses pontos. Elas costumam ter uma abordagem reativa. Tal abordagem frequentemente deixa os negócios menores brincando de pega-pega com outros. Você tem a chance de fazer a coisa certa.

Acrescente o custo de pesquisa e desenvolvimento ao seu modelo de negócio. Orçar de 1 a 2% da receita irá deixá-lo consistentemente focado na inovação e oferecerá uma chance muito maior de inovação bem-sucedida. Também não perca de vista quaisquer possibilidades de incentivos locais, estaduais ou federais ou créditos em impostos para ajudar a mitigar esse tipo de gasto.

Como você pode ver no catálogo de gastos em P&D na Tabela 11-1, a inovação e as despesas com pesquisa e desenvolvimento são inseparáveis. Você provavelmente reconhece a maioria ou todas essas empresas como algumas das mais bem-sucedidas do mundo. A pesquisa leva à inovação e a inovação potencializa seu modelo de negócio. Você não pode inovar sem investir para isso

Tabela 11-1	50 Maiores Investidores em P&D, 2006-2007	
Classificação	*Empresa*	*P&D, Quatro Trimestres Mais Recentes*
1	Microsoft	$7.420.000.000
2	IBM	$6.153.000.000
3	Intel	$5.755.000.000
4	Cisco	$4.730.000.000
5	Hewlett-Packard	$3.632.000.000
6	Oracle	$2.496.000.000
7	SAP	$2.296.330.000
8	Google	$2.120.000.000
9	Sun Microsystems	$1.937.000.000
10	Advanced Micro Devices	$1.847.000.000
11	EMC Corporation	$1.526.928.000
12	Yahoo!	$1.084.000.000
13	Seagate	$939.000.000
14	Symantec	$890.000.000
15	Apple	$844.000.000
16	Computer Associates	$657.000.000
17	Adobe Systems	$613.242.000
18	Intuit	$544.137.000
19	Cadence Design Systems	$494.000.000
20	Autodesk	$452.800.000
21	Network Appliance	$436.039.000
22	VMware	$285.941.000
23	BEA Systems	$240.578.000
24	McAfee	$218.000.000
25	Palm	$213.994.000
26	Novell	$208.370.000
27	BMC Software	$207.000.000
28	Citrix Systems	$205.000.000
29	Parametric Technology	$166.000.000
30	Verisign	$160.000.000
31	Sybase	$153.000.000
32	National Instruments	$127.000.000
33	Teredata	$126.000.000

(continua)

Tabela 11-1	(continuação)	
Classificação	Empresa	P&D, Quatro Trimestres Mais Recentes
34	Quest Software	$123.000.000
35	Compuware	$109.000.000
36	RealNetworks	$103.000.000
37	TIBCO Software	$92.924.000
38	Nuance Communications	$92.000.000
39	Red Hat	$91.125.000
40	Lawson Software	$81.488.000
41	Wind River Systems	$81.432.000
42	Progress Software	$80.345.000
43	Informatica	$70.000.000
44	Openware Systems	$65.369.000
45	Salesforce.COM	$63.812.000
46	TriZetto Group	$62.000.000
47	Borland Software	$57.795.000
48	Silicon Graphics	$57.000.000
49	ANSYS	$56.000.000
50	MSC Software	$53.000.000

Fontes: Arquivos das empresas, Yahoo! Finance, ciozone.com.

Evitando Armadilhas

Você cria um produto com alto potencial mercadológico. Tem um forte sistema para vendê-lo. Sabe como inovar e está preparado para fazê-lo. Seu modelo de negócio está quase completo. Agora você tem que evitar armadilhas. A maioria dos modelos de negócio consegue evitar as principais armadilhas. Todavia, o ambiente de negócio é fluido e os modelos desgastam-se com o passar do tempo, então uma pequena discussão a respeito das armadilhas é válida para que você possa garantir que seu modelo permaneça livre de problemas. Essas armadilhas caem em três categorias: seguir excessivamente as tendências, confiar demasiadamente em poucos clientes e suscetibilidade a forças além do seu controle.

Ter armadilhas no seu modelo de negócio não significa que ele é ruim. Você apenas precisa estar consistentemente consciente delas e se planejar. O perigo encontra-se em ignorar as armadilhas ou usar o plano da avestruz (esperando que não aconteçam ou acreditando que as coisas não vão mudar). Uma loja de moda entende que a nova tendência durará apenas uma estação e já está planejando sua troca. Uma empresa como a Taser, em um negócio demasiadamente litigioso, orça uma porcentagem das vendas para despesas legais.

Seguir tendências excessivamente

A Pet Rock foi uma máquina de ganhar dinheiro — por um ano. A plataforma de software Ruby on Rails atualmente está bombando, e muitas firmas estão faturando. O que acontece se houver uma nova moda do mês? Não há problema em capitalizar com modas. Seguir tendência pode ser uma forma muito mais fácil de aumentar as vendas do que ficar se matando em um mercado estagnado. Contudo, você deve se lembrar de que as modas passam, e você precisa transitar para uma nova *antes* que eles o façam.

Confiar demais com poucos clientes

Contar demais com poucos clientes é um problema comum com distribuidoras automotivas de segunda categoria. Eu lembro-me de um senhor me contando que administrava uma empresa que fornecia antenas elétricas de Cadillacs para a GM. Uma fábrica inteira não fazia nada além de antenas para Cadillacs. A Cadillac mudou seu design para antena de para-brisa, tornando a versão elétrica obsoleta. Esse senhor teve sorte. Ele pulou em um avião e implorou à GM que encontrasse outra peça para que a fábrica produzisse, e a GM o fez. Se a GM fosse menos generosa, ele estaria fora do negócio. Confiar demais em um punhado de clientes não arruína seu modelo de negócio, apenas o enfraquece.

Suscetibilidade a forças além do seu controle

Negócios de turismo localizados próximo ao Golfo do México tiveram que resistir à fúria imprevisível da mãe natureza muitas vezes nos últimos dez anos. Outra força além do seu controle é o governo. A suscetibilidade à ação ou à inação governamental enfraquece um modelo de negócio. Considere o seguinte:

- **Mudança em imposto ou outros incentivos:** À medida que o preço do petróleo explodia de $60/barril no começo de 2007 para $145 em meados de 2008, empresas quebraram a cabeça para lucrar com o etanol, construindo refinarias de mais de $100 milhões. A teoria era a de que o consumo de gasolina poderia ser trocado por uma mistura de 85% de etanol com 15% de gasolina, porque o etanol era mais barato que o combustível fóssil. Além disso, o governo subsidiava $0,45 por galão de etanol. Todavia, os preços do petróleo caíram para $90/barril e o governo removeu o subsídio do etanol. Menos de cinco anos após abrir, muitas dessas fábricas multimilionárias fecharam.

- **Planejamento de infraestrutura como a mudança de uma estrada, reconstrução urbana ou obras em estradas:** É duro fazer negócio quando ninguém consegue entrar em seu estacionamento porque a pista está sendo construída.

- **Mudança de leis ou padrões:** Por exemplo, a conformidade com as especificações do HIPAA (Health Insurance Portability and Accountability Act — Ato de Portabilidade e Responsabilidade do Seguro de Saúde) forçou várias clínicas a cessar as operações ou entrar em uma fusão devido às atualizações tecnológicas forçadas.

- **Negócios demasiadamente litigiosos têm um modelo de negócio diminuído:** Este é o *teste Taser*. A Taser possui um produto próprio, líder de indústria, que vende com um bom lucro, mas é processada regularmente por muito dinheiro. Ser processada frequentemente não arruína o modelo de negócio da Taser, apenas o enfraquece.

Capítulo 12

Faturando

Neste Capítulo

▶ Transferindo ótimos modelos de negócio
▶ Tornando seu modelo de negócio mais do que uma marca pessoal
▶ Vender seu negócio pode não ser a melhor estratégia de saída
▶ Criar uma saída elegante versus vender o negócio
▶ Saindo do seu negócio no momento certo
▶ Vendendo pelas razões certas

*V*ocê deve estar se perguntando por que foi incluído um capítulo sobre como vender o seu negócio em um livro sobre modelos de negócio. Se você estiver administrando uma empresa pública, sinta-se livre para pular este capítulo. Mercados de capitais oferecem a empresas públicas uma estratégia de saída pronta que negócios menores não conseguem acessar. Estou supondo que a maioria das pessoas lendo este livro possui ou abrirá um pequeno ou médio negócio.

Em algum ponto, você quererá transferir a operação de seu negócio para outros e colher os frutos de seu trabalho. Eu chamo isso de chamada elegante. O design do seu modelo de negócio pode facilitar uma saída elegante ou dificultá-la. Um design impróprio de modelo de negócio nos primeiros estágios do empreendimento pode diminuir significativamente seu ganho final. Um número estimado em 35% de pequenos negócios *nunca* são vendidos. Não se consegue encontrar um comprador e o negócio simplesmente fecha — a antítese da saída elegante.

Para ter um modelo de negócio completo, você deve ser capaz de deixar o negócio com êxito e receber uma recompensa financeira compatível com seus esforços.

Neste capítulo, você descobrirá como e quando vender o seu negócio, assim como maximizar o preço de venda. Também apresentarei você ao conceito de saída elegante. A maioria das pessoas acha que a única forma de sair de um negócio é vendendo-o. Mas eu falarei de outra estratégia de saída poderosa que pode garantir a você um ganho maior.

Considerando o Próximo Proprietário: Os Melhores Modelos de Negócio São Transferíveis

Uma das formas mais fáceis de avaliar um modelo de negócio é por sua lucratividade. Um modelo de negócio altamente lucrativo deve ser um bom modelo, certo? É possível, no entanto, que um modelo de negócio produza lucros excelentes por décadas, mas lhe falte a capacidade de transferir essa lucratividade para outro proprietário.

Pegue a prática de uma médica, por exemplo. Uma médica pode ter ganhos excelentes por décadas. Ela pode aprimorar seu modelo de negócio periodicamente acrescentando fluxos de receita como testes ou serviços laboratoriais. Contudo, quando ela se aposentar, o modelo desmorona.

Você deve construir um modelo de negócio que seja valoroso para o próximo proprietário, assim como foi para você. Quanto mais suavemente o negócio conseguir ser transferido para um novo dono, melhor e mais completo é o seu modelo de negócio.

Minando o valor de seu modelo de negócio

Muitos proprietários de negócio são tão focados em construir um modelo de negócio lucrativo hoje em dia que eles acabam minando o valor futuro do negócio. Idealmente, você operará seu negócio de tal forma que aumentar os lucros atuais também aumente o valor futuro do negócio.

Lições do Rich Jerk

Muitas pessoas vendem materiais educacionais dizendo como você vai ficar rico ou ganhar dinheiro na internet. Alguns desses "gurus" ganham milhões de dólares fazendo isso. Contudo, o que acontece quando o guru no vídeo não quiser mais trabalhar ou quiser vender o negócio? Ele não pode, porque ele é a cara do negócio e sua marca pessoal *é* o negócio.

Que entre Rich Jerk (http://www.therichjerk.com). Talvez você conheça Tommy Vu, o rei do infomercial imobiliário americano. Ele era famoso por desafiar o público com zombarias como "Whazza matta, you chicken?"[1] O Rich Jerk é uma versão mais grosseira de Tommy Vu para construir riqueza na internet.

---

[1] Em português, seria algo equivalente a "Que que tá pegando, frangote?".

> Goste ou não do nicho de Rich Jerk, o homem (ou mulher) por trás do negócio é um gênio. Em vez de construir uma marca pessoal que vive e morre com o indivíduo, Rich Jerk criou um personagem de desenho animado para ser a persona do negócio. Assim como o Pernalonga continua vivo depois do falecimento de Mel Blanc, o Rich Jerk criou um modelo de negócio com muito mais saída elegante do que a maioria de seus concorrentes.

EXEMPLO

Por exemplo, Alan tem a tendência a se meter no processo de venda sempre que um grande negócio está tomando forma. Ele é um grande fechador de vendas, então o negócio é feito. Tudo parece bem hoje. Os vendedores recebem comissões. Lucros são obtidos. Contudo, minando a força de vendas, Alan corre o risco de que os negócios não sejam fechados sem seus esforços pessoais. Em vez de treinar a equipe de vendas para fechar negócios difíceis, está treinando-a para contar demais com ele. Esse sistema pode maximizar os lucros hoje, mas pode custar muito a Alan quando ele vender o negócio, pois o novo proprietário ficará inseguro de se os lucros podem continuar sem ele.

Diversos fatores podem afetar adversamente sua capacidade de transferir o negócio para outro proprietário e baixar o valor de venda no processo:

- **O proprietário detém os principais clientes, parceiros e relacionamentos com fornecedores.** Na melhor das hipóteses, o novo proprietário terá que recomeçar o processo de construção de relacionamento. Na pior, esses relacionamentos nunca virão a ser tão fortes quanto eram com o proprietário anterior e o negócio será impactado negativamente.

- **O proprietário é pessoalmente responsável por uma porcentagem significativa do volume de vendas.** Qualquer negócio cujo vendedor número um seja o dono tem um problema de transferibilidade. Quando o negócio troca de dono, o vendedor número um sai.

- **Os clientes só querem fazer negócio com o proprietário.** Isso é comum em negócios de serviços pessoais. Eu adoro minha encanadora local, a Betty. Ela sempre faz um ótimo trabalho. Quando Betty contrata um segundo encanador, eu não quero o encanador nº2, quero a Betty.

- **As operações seguem tranquilamente quando o proprietário está envolvido, mas desmorona de outra forma.** Esse tipo de operação radial tem o proprietário no centro de tudo. Mesmo que as habilidades do dono possam ser duplicadas, ele se envolve demais em muitos aspectos das operações rotineiras. Mudar a pessoa no centro da roda é como trocar os pneus de um ônibus em movimento.

A maioria desses problemas é resultado de um modelo de negócio sendo a marca pessoal do proprietário, em vez de um modelo de negócio padrão. Até que seja ajustado para remover o impedimento de uma marca pessoal, esse modelo nunca alcançará seu potencial pleno.

Livrando-se de uma marca pessoal

Muitos pequenos e médios negócios empregam a marca pessoal de seu proprietário por uma razão: funciona. Os clientes gostam de tratar com a pessoa responsável. O proprietário é altamente comprometido com que cada transação esteja funcionando perfeitamente. Clientes e acionistas em algum momento percebem que estão tendo algo a mais com o envolvimento pessoal com o dono do que se tivesse que tratar com um funcionário. Traduzindo isso, é um negócio melhor para o dono — hoje.

Seu negócio pode operar lucrativamente por décadas com uma marca pessoal forte no centro do seu modelo de negócio. Quando chegar a hora de deixar o negócio, contudo, pode ser o momento de encarar as consequências. A Tabela 12-1 mostra o ganho total obtido por duas empresas de encanamento, a Best Local Encanamentos e a Sam Encanamentos. A Sam Encanamentos confia na forte marca pessoal de Sam Smith, o proprietário. Sam está pessoalmente envolvido nos aspectos de vendas e serviços de cada trabalho. Ele utiliza a equipe do escritório e de campo para assisti-lo e completar o trabalho.

Tabela 12-1 O Conto de Dois Encanadores: Números Atuais		
	Sam	*Jane*
Vendas	$2.000.000	$2.000.000
Marketing direto (10% das vendas)	$200.000	$200.000
Custo de bens vendidos (15% das vendas)	$300.000	$300.000
Mão de obra (40% das vendas)	$800.000	$800.000
Equipe de vendas	$0	$100.000
Despesas	$250.000	$200.000
Lucro	$450.000	$400.000

Jane, proprietária da Best Local Encanamentos, tem uma abordagem diferente. Ela não quer ser a "cara" da Best Local Encanamentos, então estruturou o modelo de negócio de forma muito diferente do que Sam fez. Alguns aspectos do negócio de Jane são mais desafiadores do que os de Sam. É difícil encontrar um funcionário que vá tomar o mesmo cuidado com o serviço que Sam tomará. É difícil encontrar um vendedor que consiga vender tão eficientemente quanto Sam. É mais difícil construir fidelidade para a Best Local Encanamentos do que é para Sam construir uma fidelidade pessoal com seus clientes.

Para dar um crédito a Jane, ela trabalhou duro para superar esses obstáculos e construiu um negócio com o mesmo volume de vendas de Sam. A Tabela 12-1 mostra o ganho atual de cada operação. Observe que o gasto com vendas de Jane é mais alto, porque Sam está assumindo a função de vendedor e Jane deve pagar alguém para fazê-lo. Jane economiza $50.000 com despesas administrativas, porque ela trabalha no escritório, e Sam tem que pagar alguém para exercer essa função.

Dessa perspectiva, o modelo de negócio de Sam parece superior porque produz mais lucro. Todavia, a situação muda dramaticamente quando Sam e Jane querem vender seus negócios. A Tabela 12-2 mostra os prováveis preços de venda para cada negócio após seus lucros serem normalizados. Para Jane, esse processo de normalização é mínimo, porque as funções operacionais e de marketing não dependem dela. O novo dono precisa apenas contratar para o escritório uma pessoa que substituirá Jane. Visto que o negócio pode ser operado bem sem o input diário de Jane, ela receberá um multiplicador de lucro maior quando vendê-lo.

Tabela 12-2   Um Conto de Dois Encanadores: Vendendo o Negócio

	Sam	Jane
Lucro anual	$450.000	$400.000
Normalização de novo vendedor	$(150.000)	$0
Normalização de despesa adicional	$0	$(50.000)
Lucro normalizado	$300.000	$350.000
Múltiplo de lucro	3	5
Preço de venda	$900.000	$1.750.000

Normalizar os lucros do negócio de Sam é mais complexo. Visto que ele era o vendedor principal, o novo proprietário precisa contratar um substituto altamente competente. Bons vendedores não saem baratos, e Sam terá que pagar mais do que os $100.000 anuais que Jane pagava para seu vendedor. Sam receberá um multiplicador de lucro muito mais baixo do que Jane, porque o negócio carrega sua marca pessoal. O comprador terá que descontar o preço de compra, porque tem as seguintes questões:

- ✔ As pessoas ainda vão comprar os serviços da Sam Encanamentos se o Sam não estiver por perto?
- ✔ Um novo vendedor será tão eficiente quanto ele?
- ✔ Quanta fidelidade de cliente era ao serviço e quanta era ao Sam?
- ✔ Quanto as vendas cairão como resultado da troca de donos?

Sam pode ter embolsado $50.000 a mais de lucro a cada ano, mas Jane sai na frente no final. A confiança de Sam em uma marca pessoal pode ter produzido lucros adicionais por muitos anos, mas, quando ele quiser deixar o negócio, essa marca pessoal diminuirá significativamente o valor do negócio.

O modelo de Jane tem os benefícios adicionais de:

- **Mais potencial de crescimento:** Jane não é uma "peça na engrenagem" como Sam. O negócio dela tinha o potencial de crescer mais facilmente do que o de Sam. Esse potencial também torna o negócio de Jane mais vendável.
- **Impostos mais baixos:** Sam paga impostos comuns sobre seus ganhos anuais, mais do que Jane paga. Jane pagará uma taxa menor sobre ganhos capitais sobre o valor aumentado do negócio.
- **Vendabilidade:** O negócio de Sam pode não ser nem um pouco vendável. Se Sam é a "cara" da empresa, ou se o negócio estiver demasiadamente dependente de suas habilidades de venda, um comprador em potencial pode não querer assumir o risco de duplicar o modelo.
- **Férias:** Jane pode desfrutar férias. Sam é o funcionário vital de seu negócio. Quando Sam não trabalha, o negócio não funciona bem. É seguro apostar que Jane teve mais tempo para si e desfrutou mais do que Sam.
- **Menos horas:** Provavelmente é seguro dizer que Sam trabalha mais horas por semana que Jane, porque ele é vital às operações rotineiras.

Aprendendo lições com a Oprah

Oprah é rica por uma razão: ela é uma empresária sagaz. Como muitos empresários, Oprah começou com talento e uma forte ética profissional. Aos 19 anos, seu trabalho árduo foi recompensado e ela conseguiu trabalho como coâncora do telejornal matinal de Nashville. Uma série de movimentos transformou o *AM Chicago* de mais um programa em um campeão.

Em dado momento, o *AM Chicago* foi renomeado para *The Oprah Winfrey Show*. Como modelo de negócio, Oprah não tinha nada além de uma marca pessoal.

O apresentador de *At the Movies*, Roger Ebert, convenceu Oprah a alavancar sua marca, nacionalizando-a. Agora a marca de Oprah era nacional e ela estava ganhando milhões anualmente. Contudo, ela não era nada diferente de uma estrela de cinema. Se ela não trabalhasse, não era paga.

Oprah fez um movimento crítico que transformou sua marca pessoal em um império. Ela ameaçou acabar com o programa se não fosse também a empresa de produção. Temendo a perda de receita, os donos do *The Oprah Winfrey Show* concordaram. Em certo momento, Oprah ganhou controle total da produção e distribuição de seu programa.

Ela então expandiu sua marca pessoal para construir um negócio, em vez de apenas ganhos. Como resultado, a Oprah's Harbo Productions criou vários programas de TV de sucesso, como *Dr. Phil*, *Rachael Ray*, *The Doctor Oz Show* e *The Rosie Show*.

Apesar de sua saída da TV diária, Oprah é consistentemente uma das pessoas que mais ganha dinheiro em Hollywood.

A lição que Oprah oferece aos empreendedores é a de que uma marca pessoal poderosa não é o fim do jogo. Em vez disso, use uma forte marca pessoal como componente de um empreendimento maior.

Vender Seu Negócio Não É a Única Estratégia de Saída

A maioria dos proprietários de negócio pensa que a melhor forma de ganhar riqueza é vendendo seu negócio por uma quantidade enorme de dinheiro. Vender o negócio e receber um cheque multimilionário parece como cruzar a linha de chegada vitorioso. A jornada acabou com sucesso e o herói conquistador ganha um desfile de homenagem.

Mas e se seu negócio não conseguir ser vendido por milhões de dólares? De acordo com o provedor de dados infoUSA.com, existem 17,6 milhões de negócios nos Estados Unidos. Apenas uma pequena porcentagem dos proprietários desses negócios receberá um cheque multimilionário quando o negócio for vendido. Os outros ainda precisam de uma estratégia viável de saída que irá ao encontro de suas necessidades financeiras. Que entre o conceito de saída elegante.

Uma saída elegante de seu negócio oferece um ganho suficiente para viver confortavelmente para sempre. Há duas maneiras de sair elegantemente de um negócio:

- **Vender o negócio.** Se você receber dinheiro suficiente da venda do negócio para viver confortavelmente para sempre, essa é uma saída elegante. Se não receber o suficiente, não é; é apenas uma saída.

- **Criar um papel de CEO Emérito.** Esta é minha estratégia de saída preferida. Um *CEO Emérito* é definido como alguém que trabalha tanto quanto queira e continua a ganhar o mesmo (ou mais) que ganhava quando trabalhava em tempo integral. O negócio continua servindo como uma fonte de renda para o proprietário, diferentemente de ser negociado em uma venda por um valor fixo em dinheiro.

Frequentemente, sair de um negócio como CEO Emérito é muito mais lucrativo do que vendê-lo. O fluxo de renda do negócio é, em muitos casos, significativamente maior do que o valor total da venda. Negócios de serviço em particular devem considerar bem a opção de CEO Emérito, porque os preços pagos por esses negócios tendem a ser mais baixos.

Vender seu negócio versus tornar-se CEO Emérito

Vender seu negócio ou mantê-lo como CEO Emérito é uma decisão pessoal, assim como financeira. As Tabelas 12-3 e 12-4 mostram alguns prós e contras de cada.

Tabela 12-3	Prós e Contras de Vender o Negócio
Prós	*Contras*
Acabam-se as dores de cabeça diárias	Tentar determinar como investir seu dinheiro a 4% e ainda ter a mesma renda de antes
Eliminar riscos competitivos, econômicos e tecnológicos que poderiam comprometer significativamente os lucros	Eliminar qualquer lado positivo da lucratividade aumentada
Sensação de vitória/cruzar a linha de chegada	Tentar determinar o que fazer com seu tempo
Beneficiar-se de informação interna a respeito do tempo do cenário competitivo (pegue, por exemplo, todas as empresas de internet, como a `broadcast.com` de Mark Cuban ou o UOL sendo vendidos como o top do mercado)	Nenhum lado negativo
Ter uma enorme quantia em dinheiro para investir em outro lugar	Você não ter nenhum ganho do negócio

Tabela 12-4	Prós e Contras de Manter o Negócio e Atuar como CEO Emérito
Prós	*Contras*
Manter seu belo contracheque	Você ainda terá algum envolvimento com o negócio
Eliminar o tédio inevitável que os proprietários de negócio sentem um ano depois de vendê-lo	Encontrar um hobby melhor onde você não se sinta entediado
Oferecer continuidade para os funcionários	Oportunidade potencialmente perdida para que o novo dono sacuda a cultura da companhia

Prós	Contras
Melhor construção de riqueza: o atual valor líquido de seu fluxo de renda é muito provavelmente maior do que o preço global (lump sum) devido às baixas taxas de juro atuais	Nenhuma oportunidade de investir em um investimento de risco com procedência de vendas

Comparando benefícios financeiros das estratégias de saída

Nesta seção, comparo o recebimento de uma grande quantia de dinheiro da venda do negócio e o fluxo de renda criado com o plano de CEO Emérito. Eu uso o exemplo de uma clínica odontológica. Susan, dona da clínica, faz $1 milhão em vendas e um líquido de $300.000 por ano. O preço típico de venda para uma clínica odontológica é de 30% das vendas anuais. Eu dobro a quantia da venda só para ser generoso. Também corto o ganho de Susan como CEO Emérita para metade do seu ganho prévio. A Tabela 12-5 mostra a análise da venda do negócio de Susan em comparação com o plano de CEO Emérita.

Tabela 12-5	Vender o Negócio Versus Tornar-se CEO Emérito	
	Vender o Negócio	*CEO Emérito*
Pagamento do preço global (lump sum)	$600.000	$0
Impostos (25%)	$150.000	$0
Ativos investíveis líquidos	$450.000	$0
Ganho do investimento (7%)	$31.500	$0
Gastos com novo pessoal que era antes pago pelo negócio (carro, entretenimento, refeição)	($5.000)	$0
Salário de emérito	$0	$150.000
Renda anual	$26.500	$150.000

Como você pode ver na Tabela 12-5, o plano de CEO Emérito é muito mais lucrativo para Susan. É claro que ela tem bastante trabalho para preparar sua clínica para ser conduzida sem seu input diário. Olhando para esses números, você pode se perguntar por que alguém venderia seu negócio por tão pouco dinheiro.

Se Susan conseguir diminuir seu salário como CEO Emérita para somente $100.000, ela ainda estará melhor do que ficaria vendendo a clínica. Ela precisaria vendê-la por $2.000.000, quando o preço de partida é de $300.000, para ganhar a mesma renda anual. É mais provável que Susan consiga fazer o plano de CEO Emérita dar certo do que encontrar o comprador mais burro do mundo disposto a pagar oito vezes mais pelo negócio.

Tenha em mente, com relação ao plano de CEO Emérito, que Susan ainda possui o negócio e pode vendê-lo mais tarde. Isto é, Susan pode receber a renda como emérita por anos e ainda ter o negócio disponível para vender se ela quiser.

Aprimorando Sua Capacidade de Sair Elegantemente

Quer você deixe o negócio vendendo-o por uma soma significativa ou pelo plano de CEO Emérito (Veja a seção anterior), pode dar passos para melhorar seu pagamento. Criar uma empresa viável, em vez de uma marca pessoal, pode gerar resultados semelhantes aos de Oprah (Veja a seção prévia "Considerando o Próximo Proprietário: Os Melhores Modelos de Negócio São Transferíveis", para detalhes).

Confiando em sistemas em vez de em pessoas

Esta piada sempre faz rir. Qual é a definição do negócio perfeito? Resposta: aquele sem fornecedores, sem clientes e sem funcionários. Em particular, gerenciar funcionários pode ser um desafio para um pequeno negócio. Muitos proprietários de negócios sentem-se observados por seus empregados. Um proprietário de negócio que se sente assim está confiando em seu pessoal para conduzir o negócio. Se você tiver qualquer problema com pessoal, o negócio não segue bem.

Em seu influente livro, *O Mito do Empreendedor* (Fundamento), Michael Gerber propõe: "Os sistemas devem conduzir o negócio; as pessoas devem conduzir os sistemas." Sistematizando a operação do negócio, a confiança nos caprichos dos funcionários é diminuída e o valor do empreendimento é aumentado.

O McDonald's é um negócio intensamente dependente do pessoal. Ainda assim, ele não está preso à capacidade, ao talento e ao capricho de seu pessoal. O McDonald's criou uma vasta sistematização de cada processo necessário para operar um restaurante — do método de fritar um hambúrguer ao local onde os funcionários devem ficar durante o movimento no horário de almoço.

A sistematização pode criar um negócio que retira você das atividades cotidianas. Essa sistematização permite que o empreendedor construa um negócio mais forte e valioso.

Focando no valor da empresa — não apenas nos lucros

Corporações públicas são criticadas por focarem demais em ganhos trimestrais em vez de no lucro a longo prazo. Negócios menores cometem o mesmo erro quando elaboram seu modelo de negócio como marca pessoal em vez de como um empreendimento em andamento.

É fácil entender por que empreendedores caem nessa armadilha. Os benefícios do modelo de negócio com marca pessoal são muitos:

- Menos dores de cabeça operacionais, porque o proprietário está intimamente envolvido nos aspectos rotineiros do negócio.
- Nenhuma decisão ruim tomada por funcionários, porque estes não têm permissão de tomar qualquer decisão. Todas as decisões são tomadas pelo proprietário.
- Os lucros ficam em seu máximo absoluto, porque o proprietário ocupa cargos que normalmente seriam ocupados por funcionários pagos.
- Os clientes gostam de tratar com o proprietário do negócio que tem todo o controle, mexe os pauzinhos e mobiliza toda a empresa se necessário.
- Pessoas gostam de tratar com pessoas. Colocar um rosto na empresa é um atrativo para muitos clientes.

No entanto, se empreendedores construírem o negócio em torno de si (marca pessoal), eles se aprisionam em construir uma marca em vez de construir um empreendimento. Quando chega o momento de vender, o valor da marca pessoal será bem menor que o valor de um empreendimento real.

Vendendo no momento certo

A maioria dos planejadores de saída dirá a você que há um momento ideal para sair de sua empresa. Empresários buscando vender suas empresas para sete, oito pessoas, ou mais, passam anos preparando a companhia para a venda.

Assim como investir no mercado de ações, o momento é importante para maximizar seu retorno.

Os aspectos pessoais do seu plano de saída são tão importantes quanto os aspectos financeiros. Muitas vezes, a saída de um proprietário de negócio tem muito mais a ver com questões não financeiras do que com questões financeiras.

Vendendo pelas razões certas

Quando você estiver pronto para vender ou sair do negócio, deve fazê-lo pelas razões certas. Certamente receber um enorme cheque e ficar rico pelo resto da vida é uma ótima razão para vender. Contudo, mais frequentemente, os proprietários de negócio deixam o negócio por razões não financeiras, como frustração. Algumas boas razões para deixar um negócio incluem:

- **Começar outro negócio.** Você passou cinco anos desenvolvendo esse negócio. Ele é lucrativo. Agora você está pronto para pegar suas fichas e ir para outra mesa de apostas. Essa é uma razão perfeitamente válida para vender um negócio.

- **Perda da paixão.** Não há nada de errado com o negócio, mas você já não está mais afim. Possuir um negócio deve ser divertido. Se você não gosta mais, venda-o.

- **Geografia.** Você decidiu que não aguenta mais as chuvas em São Paulo e quer ir para o Rio de Janeiro.

- **Nova fase na vida.** Os filhos se formaram e você está fazendo mudanças significantes em sua vida pessoal.

- **Grande pagamento.** O negócio é lucrativo. Ele está crescendo. O modelo de negócio destaca-se. Todas os sinais estão verdes. Inesperadamente um concorrente liga e oferece-lhe $50 milhões pelo negócio. Você ama o negócio, mas não o suficiente para recusar $50 milhões.

- **Problema com os sócios.** Muitas sociedades envolvem uma relação pessoal, assim como empresarial. A maioria dos empresários trabalha com afinco para manter sua relação pessoal com o sócio, mesmo que a relação empresarial seja uma confusão. Vender o negócio para terminar polidamente uma sociedade é uma opção viável.

- **Evento adverso na vida.** Ninguém quer pensar nisso quando as coisas estão indo bem, mas a vida acontece — e geralmente não no momento que você escolhe. Problema de saúde, compromissos familiares ou a economia podem trazer mudanças imprevistas e fora de hora à sua vida e aos seus planos. Esses eventos são difíceis de antecipar e normalmente exigem que você, no mínimo, examine e reavalie suas opções. Proprietários de negócio podem encarar bem a possibilidade de ter que fazer mudanças fundamentais ou mesmo considerar sair do negócio.

- **Benevolência.** Você possuiu um negócio lucrativo por 30 anos. Você tem mais dinheiro no banco do que jamais precisará. Seus funcionários são como uma família. Muitos proprietários de negócio nessa situação executam uma venda de ações favorável aos funcionários ou vendem o negócio com termos pouco rígidos para um funcionário importante.

> ✔ **Momento.** Todos os negócios têm ciclos. Lembra-se do Palm Pilot? Era tão quente quanto o iPhone. A Palm Corporation teria executado um preço de venda muito maior se tivesse vendido no ápice da moda, em vez de tê-lo feito quando ela acabou. Você tem um monte de informações internas sobre seu negócio. Se você souber que as coisas só vão piorar e puder pensar em um bom preço de venda, talvez agora seja a hora de sair.

Vendendo pelas razões erradas

Se você ler revistas como a *Business Week* ou *Fortune*, verá muitas histórias sobre grandes empresas sendo vendidas por grandes montantes de dinheiro. No mundo das pequenas e médias empresas, essas histórias são menos frequentes. A razão para isso é que os proprietários de médios negócios às vezes vendem pelas razões erradas.

Uma das razões pelas quais pequenos negócios são vendidos por tão pouco é que seus proprietários — como minha dentista, Susan — ficam esgotados. Após 42 anos de odontologia, Susan não liga tanto para o dinheiro quanto liga para acabar com isso. Isso é uma pena mesmo. Susan devotou 42 anos de sua vida a construir uma bela clínica odontológica. Agora o combustível dela acabou e ela sacrificará uma significativa quantia de patrimônio líquido que poderia ter potencialmente construído no negócio, porque ela está cansada, farta de ser dentista.

As seções a seguir destacam três razões ruins pelas quais os proprietários de negócios os vendem.

Frustração

Após 42 anos praticando a odontologia, há muito com que Susan está frustrada. A recepcionista se atrasou ontem e os pacientes ficaram do lado de fora do consultório. Nenhum paciente gosta de ir ao dentista, então quase sempre estão mal-humorados. Está cada dia mais difícil lidar com empresas de seguro. Os pacientes não querem pagar suas contas. Susan precisa desesperadamente de férias, mas sente que não pode tirar. Alguma dessas coisas parece familiar para você?

Em vez de lidar com esses problemas, Susan descobriu a solução final: vender o negócio. Afinal, quando ela vender o negócio, todos eles pertencerão a outra pessoa. Essa solução parece muito boa para Susan.

É claro que, se o negócio tiver problemas operacionais significativos, qualquer comprador esperto irá encontrá-los. Pode ser bom para Susan sonhar acordada em empurrar esses problemas para outra pessoa, mas eu ainda estou para ver o plano "vender o negócio para alguém estúpido" funcionar.

Frustrada ou não, Susan precisa consertar esses problemas em seu negócio antes de vendê-lo. Seu plano de encontrar um comprador burro o suficiente para comprar seus problemas não dará certo. Com esse plano, ela desperdiçará um tempo valioso encontrando potenciais compradores, apenas para vê-los abandonarem o processo quando descobrirem os podres.

Nenhum sucessor

À medida que Susan envelhece, algumas coisas acontecem. Primeiro, ela acumula alguma riqueza, o que dissipa sua necessidade de trabalhar. Segundo, seu desejo de trabalhar diminui com o passar do tempo. Um dia, Susan acorda e dá-se conta de que tem 70 anos. Ela não quer mais ser dentista, mas não tem ninguém para assumir o consultório. Ela não tem tempo ou paciência para trazer uma jovem dentista e treiná-la. Em vez disso, Susan vende o negócio por uma ninharia apenas para acabar com isso.

Cinco anos antes de querer sair do negócio, Susan deveria começar a fazer a transição do negócio. Ela poderia trazer uma jovem dentista e lentamente transferir suas relações pessoais para a nova médica. Alternativamente, Susan poderia alterar as áreas de odontologia em que ela atua para que higienistas e assistentes possam executar a maior parte do trabalho. Ela poderia diminuir sua carga de trabalho para realizar apenas procedimentos odontológicos que exijam muito pouco de seu tempo pessoal.

Medo

Há uma linha tênue entre vender o negócio em seu auge e estar com medo de um resultado negativo. Se você deduzir corretamente e vendê-lo no auge do ciclo, você é um gênio. Deduza incorretamente e você é um idiota. Esse medo de estar errado motiva as pessoas a vender os negócios na hora errada.

Você nunca deveria vender seu negócio se estiver com medo de alguma coisa. Uma coisa é tomar uma decisão calculada e intelectual e decidir que é a hora certa para sair. Outra coisa é vender baseado em medo.

Capítulo 13

Analisando Seu Modelo de Negócio

Neste Capítulo

▶ Usando a estrutura de modelo de negócio para analisar o seu modelo
▶ Respondendo a perguntas difíceis para avaliar a qualidade do seu modelo
▶ Fazendo o escore do seu modelo rápida e facilmente com uma instrução de escore passo a passo
▶ Trabalhando com um analista profissional de modelo de negócio

A arquitetura do seu modelo de negócio está completa agora. Você construiu um modelo viável usando um sistema de oito componentes que eu abordo entre os Capítulos 6 e 12. Parabéns! Agora é hora de revisar seu modelo como um todo e avaliar seus pontos fortes e fracos. Neste capítulo, mostro como avaliar e fazer o escore do seu modelo de negócio usando muitas das mesmas técnicas que analistas profissionais de modelo de negócio usam. Depois que fizer o escore do seu modelo de negócio, você entenderá seus pontos fortes e fracos. Também ofereço sugestões sobre como aumentar os pontos fortes do seu modelo de negócio, assim como corrigir os pontos fracos.

Comparando Modelos de Negócio Práticos com os Teóricos

Como qualquer outro exercício teórico, criar e avaliar um modelo de negócio na teoria é diferente do que é na prática. O mercado dirá a você a validade do seu modelo de negócio. Até esse ponto, é simplesmente especulação. Ao mesmo tempo, você pode avaliar a validade e o sucesso potencial do pré-lançamento de seu modelo de negócio. Neste capítulo, eu mostro uma forma rápida e fácil de analisar seu modelo de negócio e como identificar áreas a serem aprimoradas.

Parte II: Criando um Modelo de Negócio Vencedor

LEMBRE-SE

A maioria dos modelos de negócio criados no laboratório deve passar por mudança significativa enquanto está sendo descortinado no mercado. Não se preocupe, isso é perfeitamente normal. A ação de classificar os oito componentes do seu modelo de negócio irá ajudá-lo durante esse processo. Conhecer os pontos fortes centrais do seu modelo de negócio pode atuar como uma bússola durante esse tempo de tanta mudança.

Esse mesmo processo funciona para classificar modelos de negócios existentes. Se você tiver sorte suficiente de possuir um negócio já em andamento, o processo de fazer o escore do seu modelo de negócio pode ser muito valioso. Você possui dado empírico do mercado para todas as oito áreas do seu modelo de negócio. Classificando objetivamente esses componentes, você pode avaliar os pontos fortes e fracos do seu modelo de negócio e apontar as melhores oportunidades para aprimoramento.

Utilizando a Estrutura de Modelo de Negócio

A Figura 13-1 mostra as três áreas do seu modelo de negócio — oferta, monetização e sustentabilidade — e os oito componentes que as compõem.

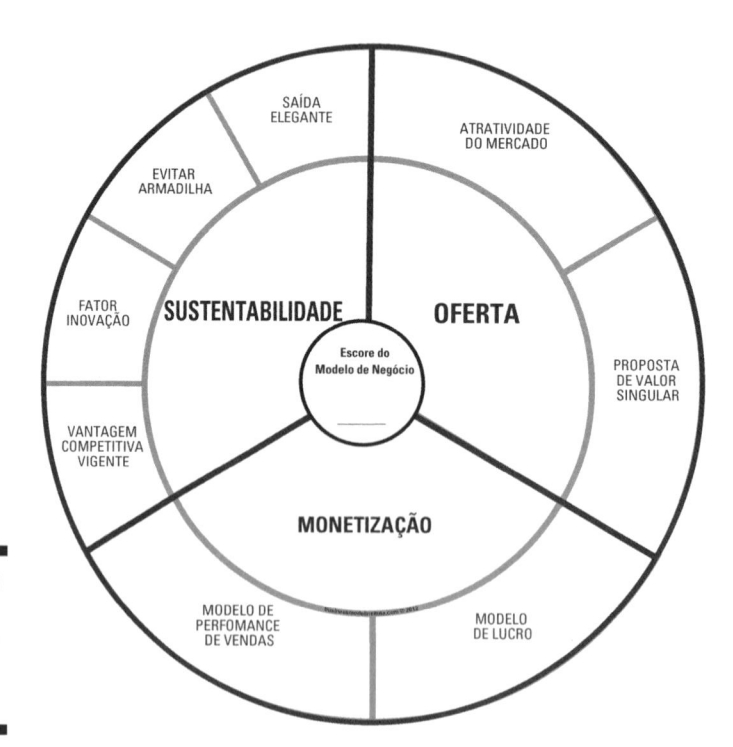

Figura 13-1: Desmembramento do modelo de negócio.

(Diagrama circular com as três áreas: SUSTENTABILIDADE, OFERTA, MONETIZAÇÃO, com "Escore do Modelo de Negócio" no centro. Componentes: SAÍDA ELEGANTE, ATRATIVIDADE DO MERCADO, EVITAR ARMADILHA, FATOR INOVAÇÃO, PROPOSTA DE VALOR SINGULAR, VANTAGEM COMPETITIVA VIGENTE, MODELO DE PERFOMANCE DE VENDAS, MODELO DE LUCRO.)

Para avaliar seu modelo de negócio, comece pelo todo.

- **Qual é a sua oferta?** Descreva brevemente os pontos-chave de sua oferta e por que ela é importante para os clientes. Faça-se as seguintes perguntas:
  - Qual é o seu principal produto/serviço?
  - Por que o cliente precisa dele?
  - O que o cliente faz sem ele?
  - Você está competindo com o não consumo ou com uma concorrência existente?
  - O que torna sua oferta única e diferente?
  - Como você definirá e diferenciará sua oferta?
  - Quem são seus clientes-alvo?
  - Qual valor seu produto/serviço entrega?
  - Você tem uma estratégia "Oceano Azul" válida ou uma estratégia "Oceano Vermelho?" (veja o Capítulo 7 para detalhes sobre essas estratégias).

- **Como você irá monetizá-lo?** Você ganhará dinheiro vendendo o item por um lucro ou há vários fluxos de receita ou caminhos criativos de receita para criar lucro? Aqui estão algumas perguntas para se fazer:
  - Você tem uma vantagem de custo significativa?
  - Você pode fazer um fluxograma de seu processo de vendas?
  - Seus produtos/serviços estão precificados corretamente?
  - Seu negócio possui uma cadeia de valor eficiente?
  - Há possibilidades de aumentar ou modificar sua cadeia de valor?
  - Seu negócio tem dificuldade de crescer consistentemente?
  - Você tem uma força de vendas forte e proficiente?
  - Suas receitas são estáveis ou previsíveis?
  - Você tem um ponto de equilíbrio baixo?
  - Você consegue tomar empréstimos ou levantar fundos de seus investidores?
  - Seu negócio é financeiramente saudável ou está inchado?

- **Você consegue sustentá-lo eficientemente?** Como você lidará com concorrência, inovação e armadilhas e sair com êxito do negócio? Considere estes pontos ao decidir:
  - Quão significativa é sua vantagem competitiva?
  - Você conseguirá manter ou aumentar sua vantagem competitiva?
  - Você consegue atrair ou reter uma força de trabalho apta se necessário?
  - Você tem uma ameaça significativa de novos entrantes no mercado?

- Quais são as barreiras de entrada para o seu mercado designado?
- Você consegue inovar com mais sucesso do que seus concorrentes?
- O impacto negativo de uma armadilha mata o negócio?
- Todos os elementos do modelo de negócio reforçam positivamente uns aos outros?

A Figura 13-2 mostra como utilizar a estrutura de modelo de negócio, utilizando o serviço de música online Spotify como exemplo.

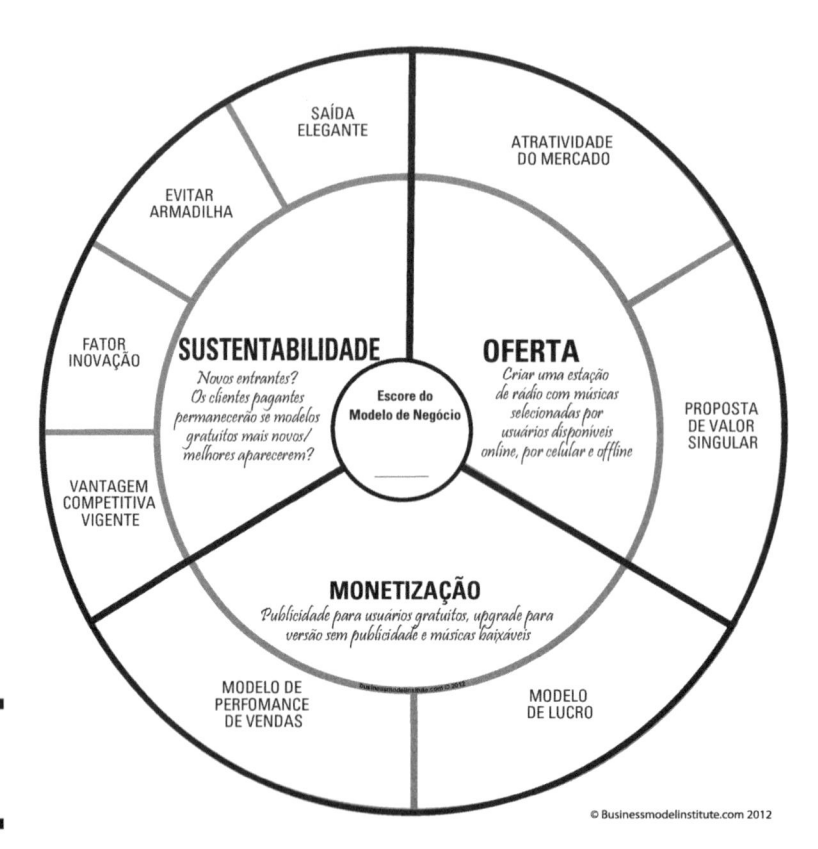

Figura 13-2: Definindo as áreas-chave.

Trabalhando de dentro para fora

Apenas uma rápida definição de cada uma das três categorias está bom. Após completar essas descrições, você pode começar a trabalhar nos subcomponentes de cada uma. Comece com a atratividade do mercado e siga em sentido horário em torno do gráfico para observar os componentes-chave, pontos fortes e fracos de cada um.

Capítulo 13: Analisando Seu Modelo de Negócio   **185**

Os Capítulos 6 a 12 oferecem detalhes de todas as oito áreas, dando a você um entendimento profundo de como avaliar esses pontos fortes e fracos. Nas seções a seguir, também ofereço algumas linhas de questionamentos para ajudá-lo a rapidamente avaliar cada área.

Continuando com o exemplo do Spotify, a Figura 13-3 mostra uma estrutura de modelo de negócio com notação para todas as oito seções do modelo de negócio.

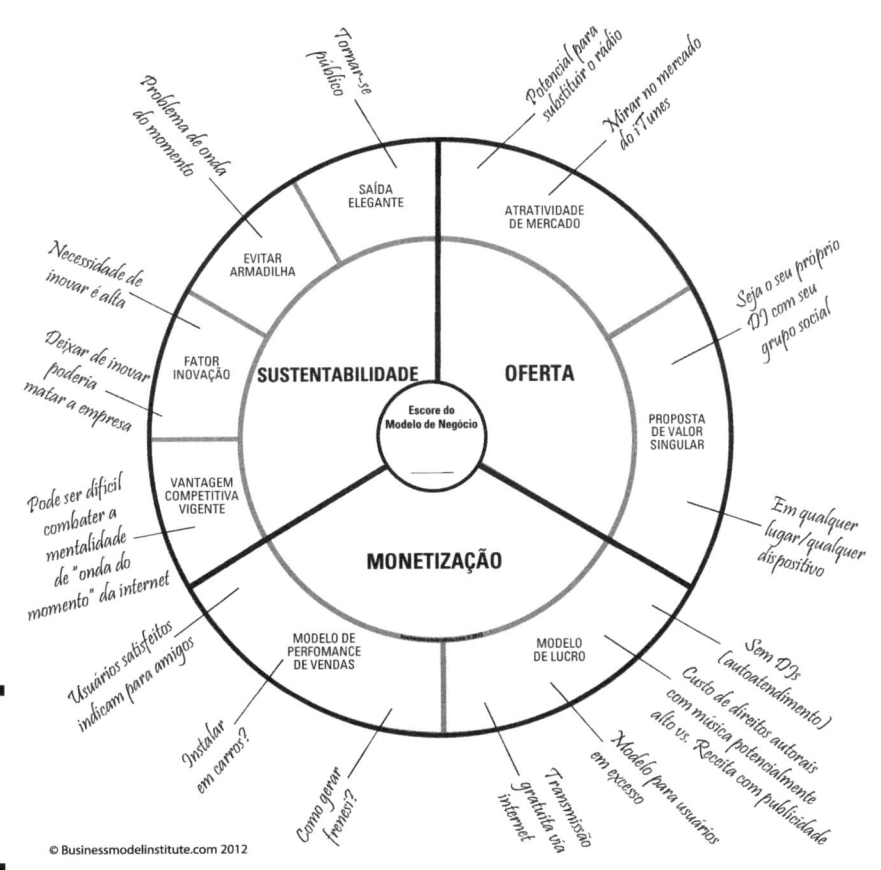

Figura 13-3: Análise completa do modelo de negócio.

Diagrama circular com as seguintes anotações:

- Tornar-se público
- Problema de onda do momento
- Potencial para substituir o rádio
- Mirar no mercado do iTunes
- Necessidade de inovar é alta
- Deixar de inovar poderia matar a empresa
- Seja o seu próprio DJ com seu grupo social
- Pode ser difícil combater a mentalidade de "onda do momento" da internet
- Em qualquer lugar/qualquer dispositivo
- Usuários satisfeitos indicam para amigos
- Sem DJs (autoatendimento)
- Custo de direitos autorais com música potencialmente alto vs. Receita com publicidade
- Modelo para usuários em excesso
- Instalar em carros?
- Como gerar receita?
- Transmissão gratuita via internet

Seções: SAÍDA ELEGANTE, ATRATIVIDADE DE MERCADO, EVITAR ARMADILHA, FATOR INOVAÇÃO, SUSTENTABILIDADE, OFERTA, PROPOSTA DE VALOR SINGULAR, VANTAGEM COMPETITIVA VIGENTE, MONETIZAÇÃO, MODELO DE PERFORMANCE DE VENDAS, MODELO DE LUCRO, Escore do Modelo de Negócio.

© Businessmodelinstitute.com 2012

Respondendo a perguntas sobre seu modelo de negócio

Enquanto você pensa nas oito áreas da estrutura de modelo de negócio, as seções a seguir oferecem algumas considerações e linhas de pensamento para ajudá-lo a avaliar melhor seu modelo de negócio. Não há respostas erradas, mas, quanto mais objetivo você for, melhor será o resultado.

Área n°1: Atratividade de mercado

A atratividade de mercado é geralmente o componente mais importante do modelo de negócio. Veja o Capítulo 6 para uma discussão mais aprofundada. As considerações incluem:

- Quão grande é o mercado?
- Espera-se que o mercado cresça dentro dos próximos três ou cinco anos?
- Espera-se que o nicho cresça?
- Há alguma barreira para entrada?
- Seus clientes são fiéis?
- Como os clientes nesse nicho pagam? Eles são demasiadamente sensíveis a preços?
- Quão competitivo é o nicho do seu mercado?
- Qual é o tamanho do seu mercado?
- Quais são as margens típicas dentro de sua indústria?
- Os clientes nesse mercado tendem a ser fiéis?
- As margens na indústria estão aumentando ou encolhendo?
- Qual é a situação econômica geral de seus clientes?
- Há quaisquer ameaças de quaisquer produtos/serviços substitutos?

Área n°2: Proposta de valor singular

Sua proposta de valor singular (UVP) é uma declaração clara, alinhada com os desafios e desejos do seu mercado, comunicando a contribuição única que sua empresa, produto e serviços oferecerão ao mercado e que diferem daqueles dos concorrentes. Vá ao Capítulo 7 para mais detalhes. Faça-se as seguintes perguntas:

- Quão poderosa e diferenciada é sua proposta de valor?
- Seu produto/serviço é facilmente comerciável?
- Seus clientes podem claramente diferenciar seu produto/serviço daqueles do concorrente?
- Sua marca é significante na percepção de valor/qualidade do cliente?
- Quão volátil é sua fatia do mercado?
- Quão importante é o benefício final de utilizar o seu produto/serviço?
- Quão eficientemente você consegue convencer um cliente a comprar de você e não do concorrente?
- Como é sua capacidade de construir relacionamentos com seus clientes, fornecedores e funcionários?

Área nº3: Modelo de lucro

Para ter sucesso em qualquer tipo de negócio, é importante e vital elaborar e utilizar um modelo de negócio viável. Isso envolve uma estratégia que aborde todos os elementos essenciais do sistema de operação do negócio que vão ao encontro de tornar a companhia viável e lucrativa. Veja o Capítulo 8 para detalhes sobre modelos de lucro.

- ✔ Você tem uma margem de lucro limitada devido à natureza competitiva do mercado?
- ✔ Como é a qualidade de seus fluxos de receita?
- ✔ Você maximizou suas margens de lucro bruto?
- ✔ Algum de seus fluxos de receita é próprio?
- ✔ Sua receita é recorrente ou pontual?
- ✔ Como sua margem se compara à de seus concorrentes?
- ✔ Há vários fornecedores em seu mercado ou indústria?
- ✔ Seu mercado está inchado com concorrentes criando suprimento excessivo e limitando as margens de lucro?
- ✔ Sua indústria de mercado é altamente competitiva ou é única?
- ✔ Seus clientes são guiados mais pelo preço ou pelo valor?

Área nº4: Modelo de performance de vendas

Você pode criar um produto que esteja bem posicionado e que produza margens proeminentes *quando for vendido*. Seu modelo de negócio deve levar em consideração tornar receitas potenciais em receitas de fato. O Capítulo 9 oferece detalhes adicionais sobre o modelo de performance de vendas.

- ✔ Um vendedor de capacidade normal consegue vender sua oferta?
- ✔ Um processo de vendas definível e replicável pode ser criado?
- ✔ O produto passa por marketing ou é vendido? Os produtos que contam com intensos esforços de vendas têm pontuação menor.
- ✔ Quão bem é feito o marketing do produto/serviço?
- ✔ Como sua performance de vendas se compara com a dos concorrentes no seu mercado?
- ✔ Você tem um modelo de pipeline de vendas que possa predizer precisamente as vendas futuras?
- ✔ Como os custos de aquisição de cliente se comparam com a margem por vida útil gerada?

Área nº5: Vantagem competitiva vigente

Idealmente, seu modelo de negócio criará uma vantagem competitiva atual que você conseguirá manter. Examinando os pontos mais minuciosos da vantagem competitiva, você pode avaliar o poder de duração do seu modelo. Veja o Capítulo 10 para mais informação sobre como manter a vantagem competitiva.

- Você é um líder de custo em seu mercado?
- Seu produto/serviço tem vantagem competitiva baseada em diferenciação ou enfoque?
- Você tem uma força de trabalho apta, leal e talentosa?
- Você tem equivalência de marca?
- Existem quaisquer ameaças de produtos substitutos na sua indústria de mercado? Se sim, quão significativas elas são?
- Os números de seus concorrentes estão crescendo ou decrescendo?
- Seu negócio tem crédito para obter empréstimo de fundos se necessário?
- Você está protegido pelos custos de troca para o cliente ou isso é uma desvantagem?
- Há barreiras financeiras que o ajudam ou o atrapalham?
- Seu poder de barganha com fornecedores é forte ou está se enfraquecendo?
- O poder de barganha dos seus compradores está crescendo ou decrescendo?
- Quão significantes são o valor e a qualidade de sua propriedade intelectual?

Área nº6: Fator inovação

Para ficar à frente da concorrência e sustentar seu modelo, você precisará inovar. Todo negócio — de afiador de faca portátil à fabricação de chip integrado — precisa de inovação. Diferentes indústrias exigem diferentes níveis de inovação para manter-se à frente da concorrência. Este componente examina se o modelo tem o equilíbrio certo entre necessidade de inovar e a capacidade de inovar da empresa. Confira o Capítulo 11 para uma introdução ao fator inovação; a Parte IV também entra no tópico da inovação.

- De quanto você precisa para inovar de modo a manter o ritmo com a concorrência?
- Você tem a capacidade de inovar nesse ritmo ou melhor?
- Quanto dessa combinação é vantagem/desvantagem?
- Quão importante é seu produto/serviço para reter ou aumentar sua clientela?
- Você já teve sucesso inovando seu modelo de negócio no passado?
- Se você deixar de inovar rápido o suficiente, quão severas são as consequências?

Área nº7: Armadilhas

Uma *armadilha* é um problema em potencial para seu modelo. Se o negócio tender à litígio ou ação, ou não ação governamental, ele é passageiro ou tem impedimentos em potencial, você deve levar essas questões em consideração. Uma armadilha não arruína um modelo de negócio, apenas o enfraquece. A moda pode ser oscilante, mas muitos estilistas têm navegado na indústria por décadas. Extração de petróleo em alto-mar pode criar passivos multibilionários se as coisas derem errado, mas você deve levar em conta os potenciais lados negativos. O Capítulo 11 fala mais sobre como evitar armadilhas.

- Você é sagaz financeira, estratégica e tecnicamente?
- Há quaisquer futuras ameaças em potencial de mudanças demográficas, mudança no comportamento dos clientes ou outras tendências?
- Seu negócio é vulnerável a potenciais mudanças no governo ou em políticas regulatórias?
- Seu negócio conta demasiadamente com tendências, modas ou vontades próprias?
- A localização de seu negócio é uma deficiência estratégica?
- Você tem contingências para proteger sua propriedade intelectual?
- Seu negócio de uma maneira geral é vulnerável ao litígio ou às armadilhas legais?
- Existe a possibilidade de um grande concorrente entrar em seu mercado?

Área nº8: Saída elegante (pequenos e médios negócios apenas)

Alguns modelos de negócio criam um ganho excelente, mas dificultam a saída do proprietário efetivamente. Para maximizar os benefícios do seu modelo de negócio, ele deve ser elaborado de forma a permitir que o proprietário tenha um ganho excelente hoje, assim como ser lucrativo no futuro. Dê uma olhada no Capítulo 12 para trabalhar na criação de um plano para sua própria saída elegante.

- Você conseguirá vender seu negócio por dinheiro suficiente para nunca mais precisar trabalhar novamente se escolher fazê-lo?
- Quanto o sucesso de vendas depende do envolvimento do proprietário?
- Quantos sócios, distribuidores e relações importantes são dependentes do proprietário?
- O negócio depende muito de poucos clientes?
- Você tem à mão uma estratégia de saída se precisar?
- O que acontece se você "for atropelado por um ônibus"? (Em outras palavras, e se você tivesse que imediatamente parar de trabalhar em seu negócio?)

Fazendo o Escore de Seu Modelo de Negócio

Eu acho que poderia pedir a você para escolher um número de 0 a 100 para representar a força do seu modelo de negócio, mas você chegou até aqui, então eu vou finalizar o trabalho. Desmembrando o modelo em componentes e mergulhando neles, você explorou todos os seus cantos e recantos.

Agora você pode acrescentar um modelo de escore numérico à estrutura de modelo de negócio para criar uma forma fácil de pontuar seu modelo de 0 a 100. As próximas seções orientarão você através de uma versão breve desses escores, assim como oferecerão detalhes de uma versão profissional.

Eu recomendo que você inclua um escore de modelo de negócio em seu processo de planejamento anual. Peça para que funcionários-chave ou consultores façam o escore do seu modelo de negócio todo ano para verificar se ele está crescendo em efetividade ou se precisa de inovação. Quanto mais input de qualidade você tiver sobre o seu modelo, mais bem equipado para aprimorar estará. Considere pedir ajuda a estas pessoas para avaliar seu modelo:

- Funcionários-chave
- Fornecedores confiáveis
- Consultores como contadores, advogados, banqueiros e coaches de negócio
- Consultores de modelo de negócio
- Acionistas
- Junta de diretores

Para os melhores resultados, a pessoa que fará o escore do modelo de negócio deve ter um conhecimento profundo e íntimo do negócio.

Versão Breve do Escore

A Figura 13-4 mostra a estrutura de modelo de negócio com escores acrescentados para todas as oito seções. Essas seções têm escores de zero a máximos variados. Os escores máximos variam para pesar apropriadamente a importância daquela seção.

Capítulo 13: Analisando Seu Modelo de Negócio

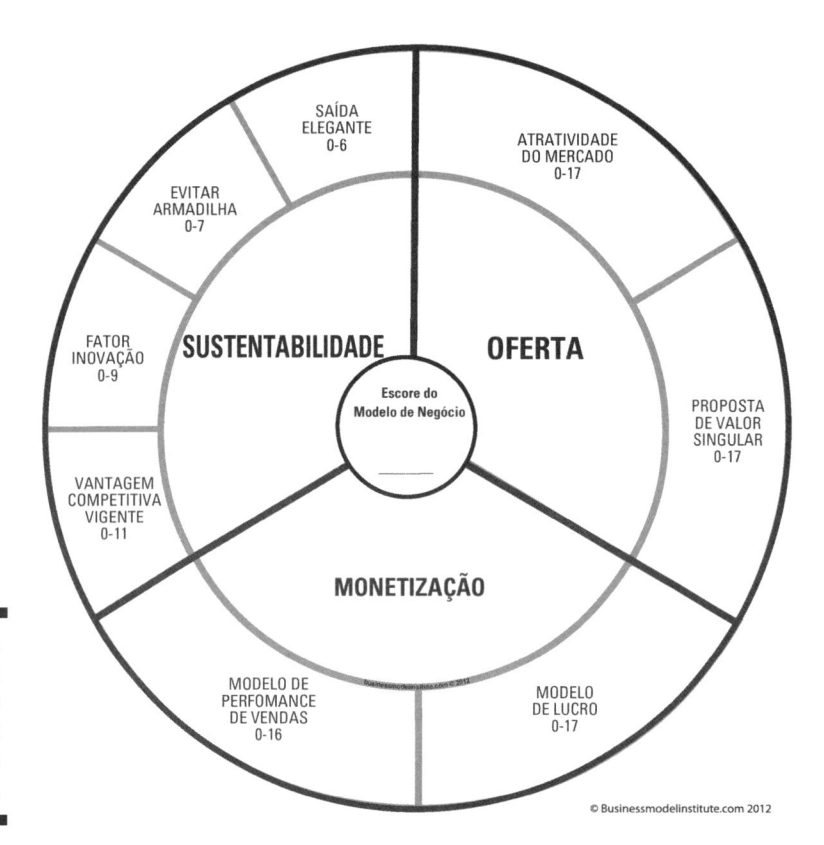

Figura 13-4: A estrutura de modelo de negócio com as extensões do escore.

Diagrama circular dividido em três seções — SUSTENTABILIDADE, OFERTA e MONETIZAÇÃO — com oito subseções:
- SAÍDA ELEGANTE 0-6
- ATRATIVIDADE DO MERCADO 0-17
- EVITAR ARMADILHA 0-7
- FATOR INOVAÇÃO 0-9
- PROPOSTA DE VALOR SINGULAR 0-17
- VANTAGEM COMPETITIVA VIGENTE 0-11
- MODELO DE PERFOMANCE DE VENDAS 0-16
- MODELO DE LUCRO 0-17

Centro: Escore do Modelo de Negócio

© Businessmodelinstitute.com 2012

Até agora você já se dedicou bastante a cada área do seu modelo. Começando pela atratividade do mercado no topo do gráfico, escreva sua melhor estimativa do escore de seu modelo de negócio. Em seguida, faça o escore de sua proposta de valor singular e avance no sentido horário ao redor do círculo.

Depois, some os escores de cada uma das três seções: oferta, monetização e sustentabilidade. Os escores máximos para cada seção são 34, 34 e 33 respectivamente. Então some as três seções para o escore do seu modelo de negócio.

A Figura 13-5 mostra o exemplo do modelo de negócio do Spotify, usado anteriormente neste capítulo, com o escore e comentários sobre cada uma das oito seções.

Escores acima de 90 são excepcionais, e um escore de 80 ou mais é muito bom. Eis o porquê: nenhum modelo de negócio é perfeito. Mesmo que fosse perfeito, não levaria muito tempo para a concorrência ver essa perfeição e atacar. Se o escore do modelo de negócio estiver abaixo de 50, você tem algum trabalho a fazer, mas também tem grandes oportunidades.

Parte II: Criando um Modelo de Negócio Vencedor

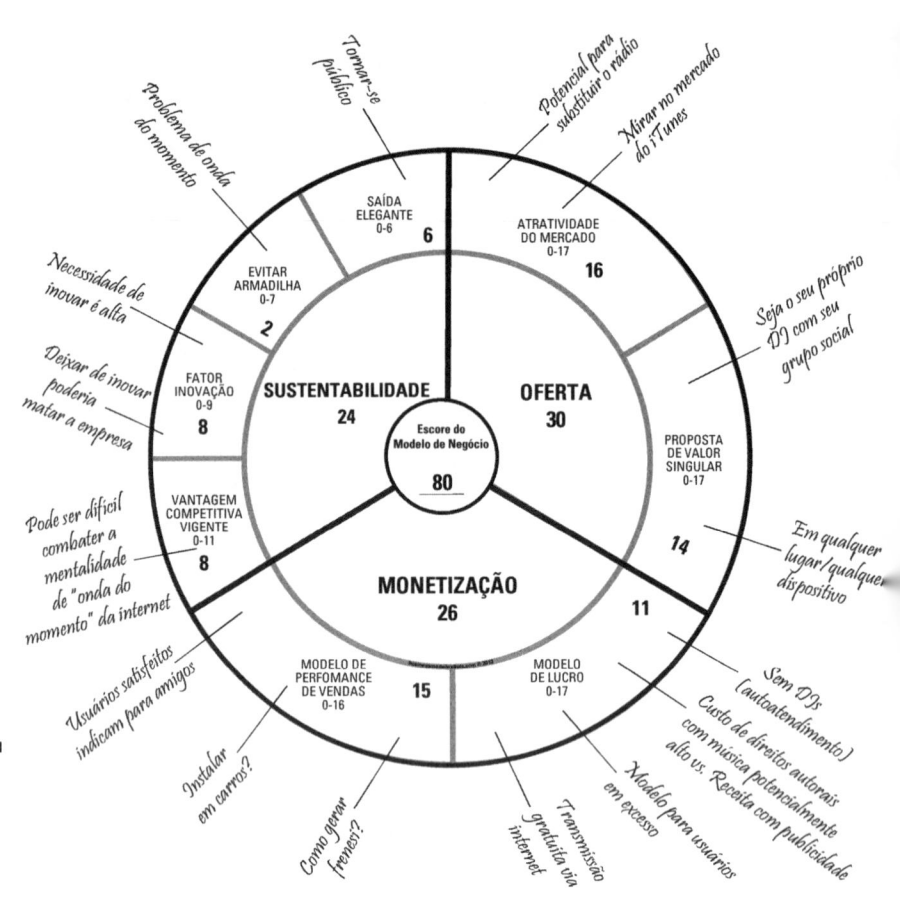

Figura 13-5: Modelo com escore completo e notações.

(Diagrama circular do Escore do Modelo de Negócio = 80, com as seções:)

- SAÍDA ELEGANTE 0-6: **6** — *Tornar-se público*
- EVITAR ARMADILHA 0-7: **2** — *Problema de onda do momento; Necessidade de inovar é alta*
- FATOR INOVAÇÃO 0-9: **8** — *Deixar de inovar poderia matar a empresa*
- VANTAGEM COMPETITIVA VIGENTE 0-11: **8** — *Pode ser difícil combater a mentalidade de "onda do momento" da internet; Usuários satisfeitos indicam para amigos*
- **SUSTENTABILIDADE 24**
- ATRATIVIDADE DO MERCADO 0-17: **16** — *Potencial para substituir o rádio; Mirar no mercado do iTunes*
- PROPOSTA DE VALOR SINGULAR 0-17: **14** — *Seja o seu próprio DJ com seu grupo social; Em qualquer lugar/qualquer dispositivo*
- MODELO DE LUCRO 0-17: **11** — *Sem DJs (autoatendimento); Custo de direitos autorais com música potencialmente alto vs. Receita com publicidade; Modelo para usuários em excesso*
- **OFERTA 30**
- MODELO DE PERFOMANCE DE VENDAS 0-16: **15** — *Instalar em carros?; Como gerar frenesi?; Transmissão gratuita via internet*
- **MONETIZAÇÃO 26**

O que fazer em relação a um escore alto

Você acabou de fazer o escore do seu modelo de negócio e recebeu 95. Parabéns! Um escore na casa dos 90 como o do Google representa um modelo de negócio poderoso. O passo um é verificar. Um escore alto assim justifica investimentos maciços no negócio para plenamente se beneficiar do modelo. Antes de fazer isso, obtenha input adicional sobre o escore do modelo de negócio. Peça para que pessoas com bastante conhecimento de negócio — como funcionários, consultores, bancários ou advogados — criem seus próprios escores para certificar-se de que sua avaliação é precisa. Quando verificar sua precisão, avance agilmente. Os concorrentes rapidamente saberão das inovações do seu modelo de negócio e irão copiá-las. Esse desenrolar provavelmente enfraquecerá o seu modelo. Quanto antes você conseguir agarrar os clientes, criar barreiras e economias de escala, melhor.

O que fazer em relação a um escore baixo

Se seu escore tiver sido mais baixo do que você esperava, não se preocupe. Se ele for como foi o da Apple no decorrer do tempo, houve momentos em que o escore estava muito alto e outros em que estava muito baixo. O que a Apple e a IBM fizeram tão bem foi inovar seus modelos de negócio. Você também pode.

Pegue as áreas do seu modelo que tiveram escore baixo. Alguma coisa pode ser feita para aprimorá-las? Tome o modelo do Spotify. A maior fraqueza é a mentalidade "onda do momento" da internet. Lembra-se do Myspace? A Newscorp pagou $580.000 pelo Myspace que estava fervendo em 2007 e o vendeu a preço de liquidação para um grupo liderado por Justin Timberlake, em 2012, por meros $35.000. O Spotify é um substituto legítimo para o iTunes e as rádios ou apenas um modismo? A capacidade de corrigir essa potencial armadilha aprimora significativamente o modelo de negócio do Spotify.

Na Parte IV, irei me aprofundar bastante em como inovar e aprimorar seu modelo de negócio.

Teoria do modelo de negócio de pico

Mantenha em mente que o escore do seu modelo de negócio não é estático. À medida que as condições do negócio mudam, também o faz o seu escore. Modelos de negócio tendem a crescer na capacidade de gerar lucros e então chegam ao pico. Sem mudanças, o modelo continua a desgastar-se e produz cada vez menos lucro, e o seu escore cai. Esse processo pode levar meses ou anos para uma empresa de tecnologia ou décadas para uma cervejaria ou fábrica de papel. A Figura 13-6 mostra a representação desse declínio.

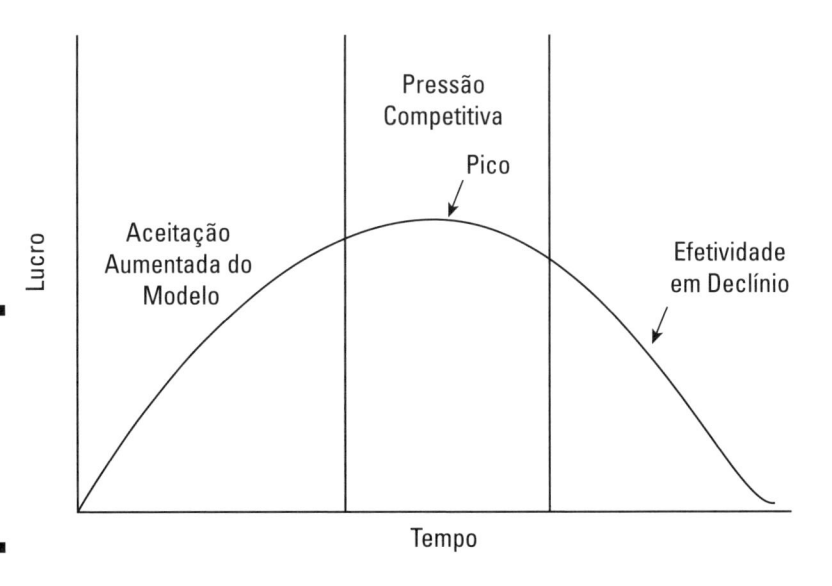

Figura 13-6: Quando seu modelo de negócio pode estar chegando a um pico.

Antes que seu modelo de negócio decline, refine e inove-o para potencializá-lo ao próximo nível. A Figura 13-7 mostra como compassar o processo para obter lucro máximo.

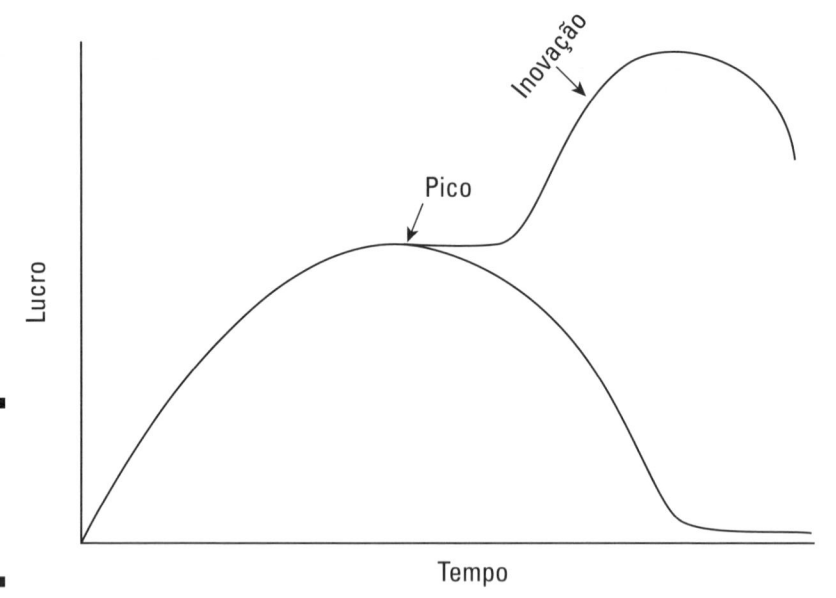

Figura 13-7: Sabendo quando é o momento de inovar.

Versão profissional do escore

Alguns empresários querem ter a ideia mais precisa possível de seu modelo de negócio. Se você for um deles, ficará feliz de saber que o Business Model Institute criou uma versão profissional do escore de modelo de negócio. A versão profissional do instrumento tem alguns dos mesmos elementos discutidos neste capítulo com esses recursos adicionais:

- Mais de 100 critérios analisados.
- O escore da versão profissional leva em conta uma inter-relação entre as oito áreas em vez de ser um sistema de escore linear. Esse sistema próprio exige um programa de software para realizar o escore dos resultados. Por exemplo, um modelo com forte proposta de valor combinada com armadilhas significativas e fraca vantagem competitiva vigente poderia obter um escore radicalmente mais baixo do que um modelo similar com forte vantagem competitiva.
- Apenas Analistas de Modelo de Negócio Certificados podem fazer o escore de modelos no software. Sem um treinamento significativo, os escores não passariam de chutes.

Se você quiser saber mais sobre um modelo de negócio analisado profissionalmente ou como se tornar um Analista de Modelo de Negócio Certificado, visite www.businessmodelscore.com (conteúdo em inglês).

Parte III
Lidando com Mudança

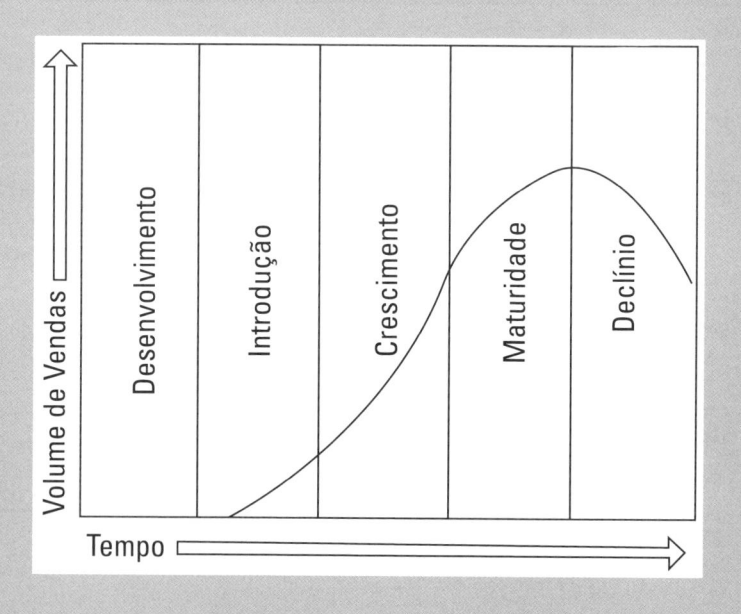

Nesta parte...

✔ Lide com inevitáveis mudanças causadas por fatores competitivos, ambientais, políticos, culturais e econômicos.

✔ Saiba quando seu modelo de negócio está enfraquecendo e quando não está. Todos os modelos de negócio enfraquecem com o passar do tempo, mas alguns indicadores apontam para áreas problemáticas que você pode corrigir antes que seja tarde demais.

✔ Perceba as consequências de manter seu modelo de negócio inalterado. Não importa quão arriscada a mudança pareça, estagnar é pior. Corra alguns riscos e sempre esteja preparado para mudar o curso.

✔ Encontre a causa raiz de problemas de negócio disfarçados. *Dica*: É provavelmente um problema com seu modelo de negócio.

Capítulo 14

Saiba que Todos os Modelos de Negócio Se Desgastam

Neste Capítulo

▶ Modelos de negócio dão errado — supere isso
▶ Tomando umas lições de inovação em modelo de negócio da Apple e da IBM
▶ Usando planejamento proativo de modelo de negócio

*E*m algum momento, seu modelo de negócio será lançado como negócio da vida real. Com esperança, ele desfrutará grande sucesso e prosperidade. Infelizmente, o desgaste do mercado causa estrago em *todos* os modelos de negócio. Com o passar do tempo, a efetividade do seu modelo de negócio diminuirá. Neste capítulo, eu discuto os fatores que desgastam modelos de negócio e por que não é sua culpa.

Não Há Vergonha em um Modelo de Negócio que Enfraquece

Um modelo de negócio enfraquecendo-se não é reflexo da habilidade do empresário. Isso tem muito pouco a ver com seu talento e habilidade. Modelos de negócio enfraquecem por causa das condições do mercado e da concorrência, não por conta de qualquer ação ou falta de ação de sua parte. Razões pelas quais um modelo de negócio pode enfraquecer são:

- ✔ **Concorrência:** Aqueles concorrentes malas simplesmente não vão ficar parados. Quando você tiver uma grande ideia, eles irão copiá-la, diminuindo seu poder.
- ✔ **Economia:** É perigoso culpar a economia pelo sucesso ou fracasso do seu modelo de negócio, mas pressões econômicas significativas podem ser perturbadoras.

- **Tecnologia:** O negócio de filmes da Kodak foi excepcionalmente lucrativo por décadas. Depois que a fotografia digital alcançou qualidade similar, o mercado para filme evaporou.

- **Inovação:** A Blockbuster Video sucumbiu à tecnologia de streaming de vídeo e milhares de máquinas de venda de vídeos Red Box. A inovação não tem que ser tecnológica.

- **Hábitos de consumo:** À medida que os consumidores continuam a comprar cada vez mais bens online, varejistas em lojas físicas lutam contra essa mudança nos hábitos de consumo.

- **Governo:** Seu modelo de negócio pode sofrer quando o governo toma decisões que o impactam. Exemplos incluem remoção de estradas, mudança de regulamentações, nova liderança política e uma variedade de outros fatores além do seu controle.

- **Maturidade do mercado:** Talvez o fator mais danoso seja a maturidade do mercado. À medida que o mercado amadurece, o número de concorrentes aumenta, os preços caem, as margens também, e a concorrência intensifica-se. Muitos modelos de negócio começam em um mercado atraente apenas para ver o oceano azul ficar vermelho dez anos depois.

Todos os modelos de negócio deterioram-se com o passar do tempo. Não é sua culpa. O tempo e a concorrência são os culpados — não você. Dito isso, é sua culpa se você não fizer nada a respeito de seu modelo de negócio em deterioração. Quando digo fazer algo, quero dizer acrescentar, subtrair, mudar ou inovar seu modelo de negócio.

Por que as empresas deixam ameaças passarem despercebidas

As decisões empresariais são tão fáceis vendo de longe, não é? Essa coisa de "deveria", "faria", "poderia" é sempre muito mais fácil no negócio de outra pessoa e quando se olha para trás. Como um empresário esperto, você precisa ser capaz de identificar problemas no modelo de negócio que sejam ameaças para o seu negócio antes que eles entravem a lucratividade.

Aqui estão algumas razões pelas quais os modelos de negócio podem impedir a mudança:

- **Sucesso:** Não mexa com o sucesso, certo? É difícil sacrificar ou canibalizar um modelo de negócio de sucesso para tentar um modelo desconhecido. Geralmente, as empresas bem-sucedidas ficam com seus modelos de sucesso até receberem dados sólidos que o contradigam. Contudo, pode ser tarde demais para mudar. Por exemplo, muitas lojas de varejo físicas ignoraram a ameaça da internet até que ela se confirmou. Nesse momento, os varejistas na internet haviam mudado o comportamento do cliente e alcançaram fidelidade para si.

Capítulo 14: Saiba que Todos os Modelos de Negócio Se Desgastam **199**

- **Entrincheiramento:** Mudar é difícil. Também é caro e doloroso. Logo, os negócios evitam isso. Por que os negócios ignoram dados potencialmente danosos? Eles têm infraestrutura demais no sistema atual, então escolhem morrer aos poucos em vez de ir para a guilhotina.

- **Variar objetivos entre unidades do negócio:** Por exemplo, na Sony, o modelo de negócio dependia dos diferentes negócios funcionando como unidades independentes — hardware tinha objetivos diferentes do software —, então um risco específico do modelo de negócio era a falta de integração entre os dois, quando o mercado estava exigindo uma experiência completa e agradável para o cliente.

- **Fazer deduções pobres:** Às vezes, as empresas tentam inovar seu modelo de negócio e apenas deduzem pobremente. Eles exaurem recursos disponíveis perseguindo as tendências ou inovações erradas. Deve-se frisar que ninguém pode deduzir corretamente todas as vezes e que erros de ação são sempre melhores que erros de omissão.

- **Desconsiderar concorrentes:** Você não consegue ouvir agora mesmo a conversa na Borders ou na Barnes & Noble em 1997 sobre a Amazon? Provavelmente, foi algo como: "Quem quer comprar um livro na internet?" Dez anos depois, a Amazon estava recebendo a loja online da Borders. Desdenhar de concorrentes que surgem com ideias "malucas" é muito perigoso para o seu negócio. Muitas dessas ideias malucas serão malucas, mas preste atenção àquelas que ganham tração e agem de acordo com essa tração.

Lições da Apple e da IBM

Você não pode se dar ao luxo de escrever o seu modelo de negócio existente para sempre. Sem inovação no modelo de negócio, sua situação gradualmente declinará. É uma questão de quão rápido, e não de se acontecerá. A Apple Computer e a IBM oferecem ótimos exemplos de como os modelos de negócio podem ser inovados e mudados para alcançar um sucesso duradouro.

Apple: Retornando da sarjeta

É difícil acreditar que a Apple estava perto da falência em 1997. A empresa estava tão desesperada que tentou se fundir à Sun Microsystems e teve que pegar empréstimo da Microsoft. Essa mesma empresa quase falida é hoje uma das mais valorizadas do mundo.

As lições de modelos de negócio da Apple Computer são:

- O sucesso número um não garante o sucesso número dois. O computador Apple II foi um sucesso tremendo, mas o negócio da Apple deteriorou-se rapidamente depois dele, devido a mudanças em tecnologia, preferências dos clientes e concorrência.

- Uma situação sombria pode ser retificada. Embora a Apple estivesse às portas da bancarrota em 1997, o cofundador e CEO Steve Jobs conseguiu reparar o negócio radicalmente para engendrar uma das maiores reviravoltas de negócio.

IBM: Antecipar problemas e fazer as mudanças certas

A IBM é talvez a melhor empresa do mundo em inovação de modelo de negócio. A IBM deveria ter saído do mercado uma meia dúzia de vezes. Diferente de outros negócios, ela tende a inovar seu modelo de negócio antes que tenha um problema e aposta alto quando necessário.

As oportunidades de aprendizado que a IBM oferece são muitas: você sempre pode corrigir/aprimorar seu modelo, você precisa sempre melhorar seu modelo e você pode mudar radicalmente seu negócio e ter sucesso. No curso de 100 anos, a IBM passou de relógios a consultoria em energia ecológica.

As seções a seguir oferecem um resumo interessante das mudanças no modelo de negócio da IBM.

Primeiros modelos de negócio

- Na década de 1880, os predecessores da IBM produziam uma ampla gama de produtos, como sistemas de ponto de empregados, balanças, fatiadores de carne automáticos, moedores de café e equipamento de cartão perfurado. Naquela época, seu maior cliente era o governo, que usou o sistema de cartão perfurado no censo de 1900.

- Muitos aprimoramentos nos sistemas de cartão perfurado, como sistemas sem perfuração com o método de "preenchimento de ovais", expandiram o negócio.

- A IBM e suas empresas predecessoras fabricaram relógios e outros produtos de registro de tempo por 70 anos. Em 1958, a divisão de equipamentos de tempo da IBM vendeu seus ativos para a Simplex Time Recorder Company.

- Em 1933, a IBM comprou a Electromatic Typewriter Co. para adquirir importantes patentes. As máquinas de datilografia elétricas viriam a ser um dos produtos de maior sucesso da empresa e, em 1958, a IBM obtinha 8% de sua receita da venda dessas máquinas. Na década de 1960, a IBM apresentou a máquina de datilografia Selectric, que viria a tomar 75% da fatia de mercado para máquinas datilográficas. Em 1991, a empresa sabiamente deixou o mercado das máquinas de datilografia, derivando-as como parte da Lexmark.

Primeiros modelos de negócio de computadores

- Em 1952, a IBM entrou no nascente negócio dos computadores com o 701. Na década de 1960, a empresa introduziu o revolucionário System/360, o primeiro computador "mainframe" de grande porte que usava software intercambiável e equipamentos periféricos. A revista *Fortune* apelidou isso de "I.B.M.'s $5.000.000.000 Gamble" ("Aposta de $5.000.000.000 da IBM"), porque ninguém tinha garantia de que a compatibilidade computacional teria sucesso no mercado. Para que o S/360 tivesse êxito, ele teria que

Capítulo 14: Saiba que Todos os Modelos de Negócio Se Desgastam

- canibalizar a linha de computadores existente, que produzia receita. O plano funcionou, e o império Big Blue foi o resultado. O S/360 era tão implacável com a concorrência que gerou comentários como "Ninguém nunca foi demitido por comprar IBM" e "Os 7 anões", em referência às sete empresas de computação da era que se tornaram anãs frente à proeza da IBM no mercado: Burroughs, UNIVAC, NCR, Control Data Corporation, Honeywell, RCA e General Electric.
- Muitas unidades adicionais de negócio foram criadas como resultado do sucesso da IBM com computadores: Drives de disco magnético, fitas magnéticas, como aquelas de cartões de crédito (a fita magnética da IBM é padrão na indústria do mundo inteiro), chips e memórias de computadores.

Ascensão da computação pessoal

- A IBM viu a ameaça que o PC representava ao seu lucrativo negócio de computação central, então pulou no mercado. Infelizmente, a IBM não teve sucesso porque não seguiu um modelo de negócio de arquitetura integrada como tinha no S/360. A IBM chegou atrasada à festa do PC, então isso permitiu que fornecedores externos suprissem componentes (arquitetura aberta) para aumentar a velocidade do mercado. A IBM teve algum sucesso inicial no mercado de PCs, mas empresas como Dell e Compaq entraram no mercado com modelos de negócio melhores para vender PCs com margens baixas e tomaram a maior parte da fatia da IBM.
- É interessante pensar que, se a IBM tivesse se atido à arquitetura fechada, seu empreendimento com PCs teria tido o potencial de ser extremamente bem-sucedido. Tanto Intel quanto Microsoft pegaram carona na IBM em sua arquitetura aberta de PC e criaram modelos de negócio lucrativos. Se a IBM tivesse usado seus próprios microprocessadores e sistema operacional, talvez pudesse ter construído uma divisão de processadores de computador do tamanho da Intel e uma divisão de sistema operacional do tamanho da Microsoft.
- Depois que ficou claro que os computadores de mesa eram um modelo de negócio sem atrativo, a IBM mudou o foco para os mais lucrativos laptops, desenvolvendo o popular ThinkPad. Em 2005, a IBM desistiu dos PCs e vendeu o negócio para a fabricante chinesa Lenovo.

Retomada do foco no lucrativo hardware

- No início dos anos 1990, a IBM estava com um grande problema. Seus produtos, antes lucrativos, haviam desgastado e tornado-se negócios com baixa margem, transacionais e voltados a mercadorias. Em 1992, a IBM relatou uma perda de $8,10 bilhões, que foi a maior de uma empresa em apenas um ano na história dos EUA à época.

- Sob o comando do CEO Lou Gerstner, a IBM livrou-se das indústrias de margens baixas (DRAM, IBM Network, impressoras pessoais e discos rígidos). Gerstner mudou radicalmente o modelo de negócio, acabando com as unidades separadas e reintegrando a IBM como loja única para departamentos de TI de empresas.
- A IBM retomou o foco em uma de suas principais competências: computação de larga escala. Mesmo com o significativo poder computacional dos PCs em rede, algumas aplicações de larga escala são muito complexas. Os supercomputadores da IBM são uns dos mais poderosos do mundo.
- Investimentos anteriores em pesquisa e desenvolvimento permitiram altas margens à IBM na produção de chips especializados. Os chips desenvolvidos pela IBM são atualmente utilizados nos consoles PlayStation 3, Xbox 360 e Wii.

Renascimento como empresa de serviço e software

- A IBM percebeu que as margens de hardware são rapidamente comoditizadas, então a empresa alterou seu modelo de negócio para focar em softwares e serviços.
- Uma decisão-chave foi tornar-se agnóstica em relação à marca. A IBM integrava quaisquer tecnologias que o cliente exigia, mesmo que fosse de um concorrente.
- Em 1995, a IBM adquiriu a desenvolvedora de software Lotus Development Corp., dando início a um esforço para aumentar o portfólio de software de uma marca, a DB2, para cinco: DB2, Lotus, Web Sphere, Tivoli e Rational.
- A IBM aumentou seu negócio de serviços com a aquisição da divisão de consultoria da PricewaterhouseCoopers, em 2002.

Seja Proativo e Receba a Recompensa

Empresas como a IBM, que conseguiram se manter viáveis por longos períodos, entendem a importância da mudança proativa de seus modelos de negócio. O fato é: normalmente não se consegue ver as forças destrutivas chegando. Para ter o modelo de negócio mais lucrativo em sua indústria, você precisa mudá-lo proativamente de tempos em tempos.

Planejamento anual do modelo de negócio

As empresas envolvem-se em planejamento anual estratégico e de negócio. Por que não planejamento anual de modelo de negócio? Se o modelo de negócio é central à lucratividade da empresa, então o pensamento crítico sobre o modelo é essencial.

Eu recomendo uma revisão anual do modelo de negócio. Durante essa revisão, você deve:

- Avaliar seu modelo de negócio baseado na estrutura de oito partes. Veja o Capítulo 5 para ter uma visão geral dessa estrutura.
- Designar alguém de sua equipe para bancar o advogado do diabo. Essa pessoa será responsável por rebater cada ideia e fazer você provar a validade dela. Essa pessoa também deve assumir a mentalidade de seus concorrentes. Ver suas ideias por meio da visão de sua concorrência pode ser difícil. Quando estiver tão focado em fazer suas próprias ideias irem para frente, você pode esquecer que seus concorrentes estão tentando impedir que elas tenham êxito.
- Analisar os aspectos do seu modelo de negócio que estão melhorando. Por que estão melhorando? O que você pode fazer para aumentar ou acentuar essa melhora? Eles continuarão a melhorar?
- Analisar os aspectos do modelo de negócio que estão se deteriorando. Você pode retificar o problema ou apenas desacelerar a deterioração? Se o problema não puder ser corrigido, você deve se incomodar em desacelerar a deterioração ou desistir?
- Quais fontes de receita intocadas podem ser geradas do modelo? Você já avaliou todos os fluxos de receita próprios?
- Se você soubesse com 100% de certeza que seu modelo de negócio pararia de funcionar completamente em três anos, o que faria?
- Se você soubesse com 100% de certeza que seu modelo de negócio seria um sucesso, o que faria?
- Faça a pergunta de milhões de Brewster. Se alguém lhe desse $10 milhões com a condição de que você teria que investir em seu modelo de negócio, qual seria o melhor uso que faria desse dinheiro?
- Que experimento de um modelo de pequeno negócio você pode fazer em um negócio diferente? Não importa se o negócio está ou não em um campo relacionado.

Recomece a cada cinco anos

Sem modificação, seu modelo de negócio parará de trabalhar bem. Para os negócios que têm sorte, esse processo leva 20 anos. Para a maioria dos negócios, leva apenas 10 anos. Para os negócios de tecnologia, pode levar somente de dois a três anos.

Em vez de lentamente ferver o seu sapo, recomece o seu modelo de negócio a cada cinco anos. Você agora entende como criar um modelo de negócio poderoso (se não, dedique algum tempo a estudar a Parte II). Em vez de inovar ou torcer seu modelo de negócio atual, apague o quadro e recomece completamente.

Eu não estou dizendo para você abandonar seu modelo de negócio ou parar seu negócio atual. Estou sugerindo que faça o exercício de fingir recomeçar tudo sem nenhum ônus. Esse não é um exercício fácil. Fingir que você não tem nenhum ônus ou negócio é difícil. Se você conseguir investir energia criativa no exercício, contudo, deve gerar várias ideias criativas que podem melhorar radicalmente seu modelo de negócio.

Exemplo: Sony

A Sony tem a reputação de fazer inovações canibalistas. Ela não espera um concorrente bater sua oferta de produto, ela mesma o faz. Quando a maioria das empresas cria um recurso ou um produto que danificaria severamente sua oferta existente, elas matam o produto ou desaceleram sua introdução no mercado. Teoricamente, isso maximiza o retorno econômico do produto. A Sony toma a abordagem oposta acelerando a entrada do produto no mercado, matando sua própria oferta existente.

A teoria da Sony é que, se ela não ultrapassar a si mesma em inovação, os concorrentes irão fazê-lo. Ela pode estar cortando fluxos de receitas de produtos existentes, mas produz novos e inovadores produtos antes da concorrência. Produtos novos tendem a atrair margens maiores do que produtos mais velhos/maduros. Desde que os custos de inovação da Sony sejam menores que os lucros canibalizados, essa é uma ótima estratégia.

Busque inovar seu modelo de negócio como a Sony inova produtos. Em vez de tentar espremer até a última gota do seu modelo de negócio, pratique um "autocanibalismo" e avance para uma nova versão do seu modelo.

Capítulo 15

Procurando Sinais de que Seu Modelo de Negócio Está Enfraquecendo

Neste Capítulo

▶ Detectando os sinais de que seu modelo de negócio pode estar enfraquecendo
▶ Expor-se gerando margens superiores
▶ Persistir em tempos difíceis pode ser uma má ideia
▶ Tentar com calma em vez de se debater tentando

Por natureza, negócio é competitivo. Como um boxeador, sua concorrência o enfraquece enquanto a luta segue. Às vezes, é difícil saber quando sua fraqueza é aceitável e quando não é.

Neste capítulo, eu mostro como reconhecer quando a luta competitiva estiver tirando o melhor do seu negócio e quando a causa for a execução do negócio. Discuto quatro dos sinais mais comuns de que seu modelo de negócio pode estar perdendo sua eficiência: margens decrescentes, lucratividade mínima prolongada, persistência de vendas estagnadas e insatisfação generalizada com seu negócio. Mais importante que isso, eu mostro como detectar essas tendências e ofereço sugestões de como corrigi-las da melhor maneira.

Margens Decrescentes

Enfatizar este ponto nunca é demais: ótimos modelos de negócio têm margem superior. Você deve avaliar suas margens de duas formas. A primeira, avaliar a margem sem levar em conta a concorrência. Um negócio com margem de 90% possui um modelo de negócio melhor que um com margem de 15%. A segunda, avaliar a margem em comparação com empresas na mesma indústria. É possível que a porcentagem de sua margem esteja diminuindo, mas, em comparação com a concorrência, esteja aumentando. Por exemplo, a margem de sua empresa pode cair de 40% para 30%, enquanto a margem média da indústria cai de 35% para 20%. Seu modelo de negócio estaria em uma situação melhor do que a de sua concorrência, mas, de qualquer forma, ainda estaria enfraquecendo.

Qualquer diminuição na porcentagem da margem deve ser vista como sinal de alerta. Uma tendência comum entre proprietários de negócio é impulsionar as vendas para compensar a margem decrescente. Às vezes, essa é a solução certa, às vezes não. Optar pelo aumento de vendas pode criar um declive escorregadio. Sempre há mais vendas para fazer, então essa sempre parece a melhor opção. Antes de assumir essa tática, explore o porquê de as margens terem diminuído e tente corrigi-lo.

Grandes margens pintam um alvo em suas costas

Criar um produto com grandes margens funciona como um ímã que atrai a concorrência em sua direção. Se você fizer seu trabalho bem e criar inovação em um produto ou negócio com margens extraordinárias, os concorrentes ficarão com inveja. Eles verão essa inovação como uma forma de aprimorar seus próprios modelos de negócio. Infelizmente, fazer um ótimo trabalho em seu modelo de negócio é pintar um alvo em suas costas. É por isso que a inovação no modelo de negócio é tão importante (veja o Capítulo 11 para saber mais sobre a importância da inovação). A realidade inconveniente dos concorrentes copiando suas melhores ideias forçam-no a ultrapassá-los em inovação. Que vença o melhor inovador.

Além da inovação, aqui estão algumas coisas a mais que você pode fazer para desacelerar o ataque da concorrência ao seu modelo:

- **Proteja sua propriedade intelectual:** A inovação tem a ver com ideias. Proteja sua propriedade intelectual, como a Apple faz. Espere que os funcionários mantenham confidenciais os novos desenvolvimentos. Use acordos de não revelação com funcionários, fornecedores e sócios.

- **Garanta que suas compras sejam importantes para os seus fornecedores:** Os fornecedores estão sempre buscando a próxima oportunidade de negócio — e não proteger suas inovações. Garanta que você seja um "peixão" para o seu fornecedor de forma que possa exigir sigilo e/ou contratos exclusivos.

- **Continue com seus funcionários-chave:** Um dos jeitos mais fáceis para um concorrente alcançá-lo é retirando um talento de sua equipe e colocando na equipe dele.

- **Garanta os bens essenciais:** O McDonald's tem um departamento inteiro dedicado à seleção de local. A maioria dos esforços dessa equipe foca em encontrar ótimos pontos antes da concorrência.

O McDonald's usa uma sofisticada análise de dados para esse fim. Quando a Apple lança um novo produto, garante um contrato exclusivo de um ano com fornecedores de componentes essenciais. Essa tática elimina a capacidade da concorrência de ser macaco de imitação.

- **Faça marketing como uma grande onda:** Em vez de lançar um balão promocional com seu novo produto inovador, mantenha-o secreto. Espere até o último momento para tornar pública a sua inovação e, então, exponha-a para todos. Essa abordagem de onda do marketing pode agir como uma barreira contra a concorrência.

Ciclo de vida do produto e seu modelo de negócio

Sua capacidade de gerar margens suficientes depende em parte do ciclo de vida do produto. Geralmente, os primeiros estágios do ciclo de vida oferecem margens maiores do que os últimos. Durante os últimos estágios, muitos concorrentes já entraram no mercado, mas poucos saíram, deixando um desequilíbrio de oferta e demanda. Muitas vezes, o fim do ciclo oferece tanto volumes de vendas quanto margens mais baixas devido à concorrência excessiva. Todavia, é possível experimentar margens mais altas no final se a concorrência diminuir radicalmente. Por exemplo, quando a Yugo interrompeu as vendas de automóveis nos EUA, uma esperta empresa de peças comprou todas as peças restantes, e é hoje a única fonte de peças Yugo no país (www.yugoparts.com). Essas peças têm pouca saída, mas garantem uma boa margem. A Figura 15-1 mostra como o volume de vendas aumenta durante o ciclo de vida do produto. Volumes crescentes de vendas atraem a concorrência e derrubam as margens.

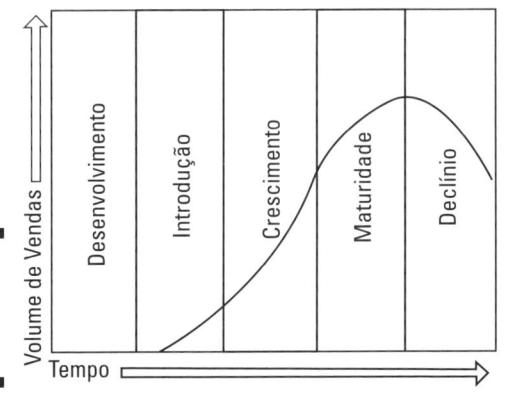

Figura 15-1: Ciclo de vida típico de um produto.

As seções a seguir mostram um breve desmembramento do ciclo de vida do produto, usando um exemplo das botas UGG. As margens nas primeiras fases do ciclo do produto são significativamente melhores do que no final. Isso não significa que você não pode ter um modelo de negócio bom com ofertas maduras. Muitos produtos de sucesso oferecidos pela Procter & Gamble são maduros. Contudo, a empresa empenha um esforço significativo na criação de novos produtos, acrescentando aprimoramentos a produtos existentes e expandindo suas marcas. Isso permite à Procter & Gamble aumentar o período em que as margens são fortes.

Estágio 1: Desenvolvimento

Durante o estágio de desenvolvimento, o produto não está disponível para o público geral. A empresa refina a oferta antes de sua introdução.

Estágio 2: Introdução

A fase de introdução é quando a oferta é levada pela primeira vez ao mercado. Clientes potenciais veem o produto nas lojas e em propagandas e comparam a oferta a opções existentes.

Durante esta fase, as empresas tendem a usar uma de duas estratégias de precificação. Elas fixam um preço alto para recuperar os gastos com desenvolvimento ou utilizam uma precificação de penetração que artificialmente põe o preço do produto muito baixo na esperança de construir volume para cobrir os custos do desenvolvimento. Quando os celulares foram introduzidos pela primeira vez na década de 1980, o Motorola DynaTAC 8000X, popularizado por Michael Douglas no filme *Wall Street*, custava $3.995 (isso equivale a $9.065 dólares em valor corrigido). Os primeiros compradores de celulares pagaram pelos custos de desenvolvimento. À medida que esses custos eram recuperados, o preço dos celulares caía dramaticamente.

Novas drogas prescritas usam uma abordagem subvencionada. As companhias farmacêuticas conhecem a duração do produto, porque sua patente expirará em uma data específica. A empresa estima as vendas totais do período em que tiverem exclusividade da patente e precificam o primeiro comprimido vendido igual ao último vendido (barrando uma droga similar de entrar no mercado e criar pressão no preço).

Como qualquer produto inovador, a introdução das botas UGG foi um processo lento. Os primeiros a adotá-las foram, principalmente, surfistas da Califórnia. Visto que o volume era baixo e o produto inovador, as margens eram altas e a concorrência baixa. Para a UGG, esse período durou por mais de dez anos. As vendas aumentaram — porém lentamente — durante esse período.

Estágio 3: Crescimento

A fase de crescimento é quando as vendas e os lucros do novo produto começam a ascender. A maioria das empresas mantém os preços do produto estáveis durante essa fase para maximizar o faturamento e a fatia de mercado. Os canais de distribuição muito provavelmente irão se expandir. Por exemplo, os cereais

Kashi eram originalmente disponibilizados em lojas de produtos saudáveis. À medida que a popularidade do produto crescia, grandes varejistas, como Walmart e Kroger, começaram a disponibilizá-lo.

Para a UGG, a fase de crescimento disparou porque Pamela Anderson, estrela de SOS Malibu, foi flagrada usando as botas. Outras celebridades começaram a usá-las e uma moda nacional começou. Como único operador no mercado de pele de carneiro, a UGG conseguiu manter os preços e capturar quase 100% do crescimento do mercado.

Potenciais compradores das botas UGG viram Pamela Anderson usando-as, mas os concorrentes também viram. Alguns criaram produtos parecidos, entrando na fatia de mercado da UGG. Contudo, o mercado estava crescendo tão rapidamente que esses concorrentes pouco afetaram a lucratividade da UGG.

Estágio 4: Maturidade

O estágio da maturidade começa a marcha para baixo das margens. Os concorrentes que viram um mercado atraente na fase de crescimento finalmente têm seus próprios produtos nesse mercado. Combinadas a isso, as vendas começam a estagnar, o que cria um desequilíbrio de oferta e demanda (oferta excessiva). Os compradores agora estão no comando e as margens caem.

O efeito de todos esses vendedores entrando no mercado pode levar a uma guerra de preço e intensificar a concorrência. O mercado pode ficar saturado e os maiores operadores podem deixá-lo, porque a margem produzida pelas vendas do produto não vale mais o esforço.

As botas UGG ainda não atingiram a maturidade plena. As vendas não estão acontecendo em um ritmo frenético como antes, mas ainda são robustas. As UGGs ainda estão sendo vendidas a preço cheio de varejo e não é comum haver desconto. Quando as UGGs começarem a perder vendas para marcas concorrentes que custam um terço do preço, a fase de maturidade terá alcançado a plenitude.

Estágio 5: Declínio

À medida que os volumes de vendas começam a declinar, o desequilíbrio entre oferta e demanda toma conta. O mercado agora está saturado com seus concorrentes entrincheirados lutando por um volume cada vez mais decrescente. A guerra de atritos, na qual todos os combatentes perdem, está a todo vapor; e os preços, assim como as margens, continuam a cair.

Um erro comum que empreendedores cometem é ver a saída de um grande concorrente como um evento positivo. A lógica deles é assim: "Isso significa mais fatia de mercado para todos os outros, inclusive para mim." Essa lógica faz sentido, mas não funciona dessa maneira. A grande empresa é esperta o suficiente para deixar a guerra de atrito que está por vir. Às vezes, o melhor movimento é seguir o exemplo.

Quando margens decrescentes são toleráveis — e quando não são

Concorrência e margens decrescentes são um fato da vida. Como saber se as margens decrescentes devem levá-lo a mudar? Definitivamente, a decisão encontra-se em sua habilidade como empresário. Considere estes fatores:

- **Velocidade da diminuição:** Quando a IBM entrou no mercado de PCs em meados da década de 1980, um computador de mesa custava em torno de $3.000. Em meados da década de 1990, o mesmo tipo de computador custava em torno de $1.000 e, hoje, você pode comprar um bom computador por $400. O interessante é que um dos componentes essenciais no IBM 8086 era o processador Intel 8086. Esse processador custava por volta de $350 na época. Hoje, o processador equivalente da Intel é o i7, que custa em torno de $300. Se suas margens estiverem diminuindo no ritmo da IBM, a análise é muito diferente de se estiverem diminuindo no ritmo da Intel.

- **Motivo da diminuição:** Uma diminuição de margem devido a um declínio econômico ou algo temporário é muito diferente de uma diminuição devido a concorrentes demais insistindo na guerra de atritos. Margens decrescentes são um fato da vida. Pequenas diminuições por boas razões podem ser toleradas.

- **Probabilidade de aumentar a margem no futuro:** Quando o preço do petróleo caiu para $30 por barril nos anos 1990, as petroleiras continuaram com a extração porque sabiam que o preço aumentaria no futuro.

- **Estágio do ciclo de vida do produto:** Se você estiver na fase de maturidade do ciclo de vida do produto e as margens estiverem caindo, isso é esperado. Se estiver na fase de introdução ou do crescimento inicial e as margens começarem a cair, isso pode ser causa de preocupação (veja a seção anterior, "Ciclo de vida do produto e seu modelo de negócio", para saber mais sobre essas fases).

- **Sua capacidade de inovar:** A 3M Corporation entende que a curva do ciclo de vida do produto afeta as margens. A 3M é uma máquina perpétua de inovação que se esforça para obter um terço de sua receita proveniente dos produtos novos, porque estes sempre carregarão uma margem melhor do que suas linhas maduras. A 3M não mata as linhas maduras, aumenta-as com variações inovadoras ou novos produtos.

- ✓ **Número esperado de concorrentes entrando no mercado ou deixando-o:** Atualmente, a UGG tem apenas alguns poucos concorrentes. O que aconteceria se uma dúzia de novos concorrentes entrassem no mercado? O efeito mais provável seria um aumento dramático na concorrência e corte de preço.
- ✓ **Sua capacidade de diminuir custos:** O Walmart e a Amazon têm tido êxito com a pressão para baixar significativamente a margem, tornando-se cada vez mais eficientes. Essas empresas equilibraram pressão na margem com economias nos custos para preservar a força de seus modelos de negócio.
- ✓ **Custos irrecuperáveis:** Este é uma pegadinha. Os custos irrecuperáveis não devem ter nada a ver com sua análise. A razão pela qual o custo irrecuperável está nesta lista é que empresários tratam-no como algo a ser considerado quando não deveriam. Só porque você investiu muito tempo e dinheiro em um produto não significa que deve continuar lutando em um mercado ruim. Isso não quer dizer que você deve abandonar seu investimento, apenas se certifique de tomar uma decisão racional baseada em outros fatores e deixe o custo irrecuperável fora da equação.

Exemplo: Chips de memória

A Intel foi formada em 18 de julho de 1981 como fornecedora de chips de memória (SRAM e DRAM). Os fundadores da Intel vieram da Firchild Semiconductor, uma líder de indústria. A Intel pulou a fase de introdução do negócio de memórias de computador e foi direto para a fase de crescimento. Nos anos seguintes, a Intel cresceu bem. Mas a fase de crescimento não durou muito devido a muitas grandes empresas japonesas estarem entrando no mercado.

Frustrados com as baixas margens no agora maduro negócio de memórias, os executivos da Intell Gordon Moore e Andy Grove corajosamente decidiram sair desse negócio. A Intel redirecionou seu foco da DRAM para a tecnologia emergente das unidades centrais de processamento (CPU — processadores). O processador resultante, o 8086, tornou-se padrão para o mercado em desenvolvimento do PC e levou à predominância da Intel no mercado de fabricação desses chips.

Como você pode ver na Figura 15-2, a decisão da Intel de deixar o mercado de memórias foi extremamente sábia.

Vendas e Fatia do Mercado da Memória Intel
(Adotado de Burgelman, 1994; Grosvernor, 1993)

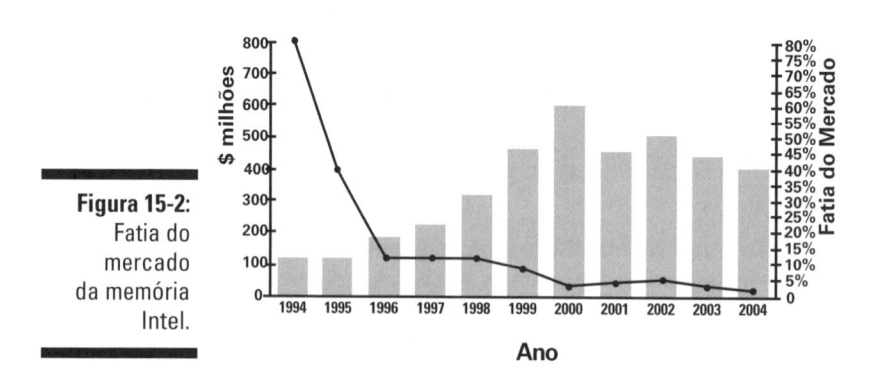

Figura 15-2: Fatia do mercado da memória Intel.

A Figura 15-3 mostra claramente por que a Intel estava ansiosa para deixar o negócio de memórias em processo de estagnação por um negócio de microprocessadores em rápido crescimento.

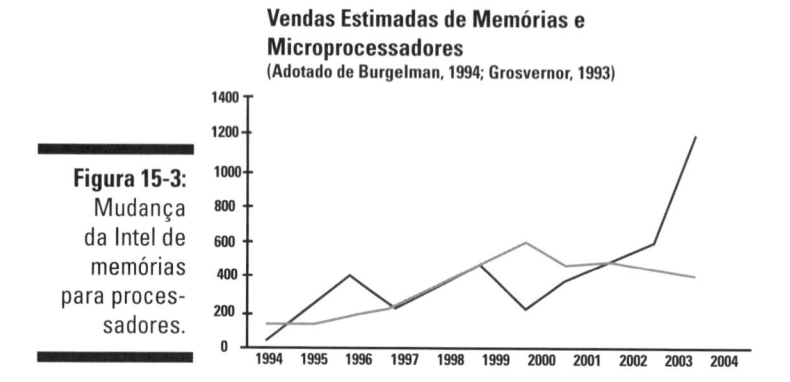

Vendas Estimadas de Memórias e Microprocessadores
(Adotado de Burgelman, 1994; Grosvernor, 1993)

Figura 15-3: Mudança da Intel de memórias para processadores.

Lucros Mínimos Prolongados

Os lucros mínimos prolongados tendem a ser um problema de pequenas empresas. Grandes empresas têm diversas linhas de negócio e podem dar-se ao luxo de transferir recursos para usos maiores e melhores, resultando em uma lucratividade aumentada. E se você for uma lanchonete local que obtém apenas um pequeno lucro a cada ano?

EXEMPLO

Sam controla uma lanchonete local e trabalha duro. O melhor ano dele foi 1997, três anos após a inauguração, quando ele obteve um líquido de $65.000. No ano passado, Sam faturou $52.000. Ele tem uma média de $54.000 de lucro por ano.

Capítulo 15: Procurando Sinais de que Seu Modelo de Negócio...

Após 20 anos no negócio e 20 anos de lucros consistentes, está claro que Sam continuará a faturar um líquido de modestos $50.000 anualmente. Eis o problema: os negócios avançam ou retrocedem; não há equilíbrio em negócio. Sam pode achar que está mantendo o ritmo, mas, em negócio, manter o ritmo é retroceder.

Ele pode ter sorte e conseguir terminar sua carreira na lanchonete, e então vendê-la por uma soma modesta. Mas, provavelmente, Sam encontrará um quebra-molas e isso prejudicará severamente seu negócio.

Ele tem um problema de modelo de negócio. O modelo de negócio dele permite apenas que um homem trabalhador conquiste uma vida modesta. Isso é tudo que esse modelo de negócio tem a oferecer. Sam é talentoso o suficiente para melhorar, mas não conseguirá sem alguma inovação de seu modelo de negócio.

A linha tênue entre quase ultrapassar um ponto crítico e a estupidez

Sam, o dono da lanchonete, deve ser de Chicago. Fãs antigos do Chicago Cubs, como Sam e eu, são afetados pela síndrome do "espere até o ano que vem". Por quantos anos Sam trabalhou na esperança de que o ano seguinte traria o grande pagamento? A tenacidade e o trabalho afincado de Sam devem ser admirados, mas sua ilusão de que os lucros melhorarão magicamente é loucura.

Os lucros de Sam não melhorarão radicalmente porque ele tem evidência empírica de que está obtendo tudo que seu modelo de negócio atual tem para dar. Sem mudar seu modelo de negócio, Sam está vivendo como na citação de Benjamin Franklin, "A definição de insanidade é continuar a fazer a mesma coisa e esperar um resultado diferente".

Não seja como Sam. A persistência no negócio deve ser recompensada com um aprimoramento no modelo de negócio e lucros. Sem esse aprimoramento, isso não passa de cabeça dura.

Não se torne escravo de um modelo de negócio ruim

Quando alguém como Sam, o dono da lanchonete, insiste em trabalhar com mais afinco em um modelo de negócio falho em vez de aprimorá-lo, acaba tornando-se escravo de seu modelo ruim. É assim que acontece:

1. **Sam cria seu modelo de negócio e trabalha duro para inaugurar sua lanchonete com êxito.**

2. **A lanchonete passa do ponto de teste e as operações tornam-se mais lucrativas.**

3. **Alguns anos se passam e nada realmente muda — nem para melhor nem para pior.** Sam relaxa e sente-se estável e seguro. Ele desfruta uma pausa após a dificuldade de lançamento.

4. **Algo começa a desgastar o modelo de negócio de Sam.** Pode ser a economia, a inauguração de um restaurante concorrente ou os clientes querendo uma mudança. Sam chegou a uma bifurcação no caminho. Ele deve inovar seu modelo de negócio ou mantê-lo o mesmo. Ele opta pelo plano de "empenhar-se mais", mantendo o mesmo modelo. Afinal, mudar o modelo de negócio é arriscado e difícil.

5. **A batata de Sam começa a assar.** Cada desgaste das condições do negócio faz com que Sam "se empenhe mais". Ele continua a trabalhar cada vez mais arduamente pelos mesmos resultados, tornando-se escravo do negócio. Ele para de tirar férias, trabalha sete dias por semana e para de gostar do fato de ser proprietário do negócio como resultado.

Ninguém vence a guerra de atrito

Uma *guerra de atrito* é aquela em que os combatentes lutam furiosamente por um longo período e ninguém vence. Os lados esmagam um ao outro até que um deles fique sem recursos. Você não deve entrar em uma guerra de atrito porque até o vencedor perde.

Um cliente meu vendia peças para o mercado automotivo. Apenas 50 empresas estavam nesse negócio. Em um período de três anos, 25 dessas empresas deixaram o negócio por escolha própria, falência ou fusão. Meu cliente ficou empolgado. Afinal, muitas dessas empresas fecharam as portas. Isso significava mais negócios para os operadores remanescentes, certo? Errado.

Já faz cinco anos desde essa comoção financeira e a indústria ainda está uma droga. A empresa do meu cliente ainda luta muito por cada cliente e constantemente tem pressão para baixar o preço. Lembra-se do jogo "War"? A maioria dos garotos parou de jogá-lo porque ninguém nunca ganhava. Era chato e não divertido. O mesmo vale para o negócio. Se você estiver jogando War, não tente descobrir como vencer; apenas não jogue!

O plano de tentar com cautela

Sair de um negócio ruim facilmente nem sempre é possível. Às vezes, o modelo de negócio não pode ser inovado com êxito. Para situações em que não seja fácil abandonar um modelo de negócio, o *plano de tentar com cautela* é uma boa opção. Qual é o plano de tentar com cautela?

1. **Reconheça que parte do seu trabalho duro tem recompensa mínima.**

2. **Encontre o ponto da diminuição de retorno onde seu trabalho duro não acrescenta muito valor.**

3. **Trabalhe duro até o ponto em que o retorno é diminuído e pare.**

4. **Abandone hábitos perfeccionistas.** Este passo é difícil. Quando você deixa de trabalhar com tanto afinco quanto costumava fazer, pequenas coisas darão errado. Essas pequenas imperfeições irritarão você. Deixe que sejam imperfeitas. Você está empregando o princípio de Pareto (também conhecido como regra 80/20). Por definição, você está fazendo 80% e deixando de lado 20%. Dentro desses 20%, algumas coisas não sairão perfeitamente. E daí? O custo de corrigir os 20% excede de longe o valor da perfeição.

5. **Utilize o tempo que você economiza implementando o Passo 4 para criar fluxos de receita, novos produtos, ou para inovar seu modelo de negócio.** Os benefícios ganhos dessas atividades excedem de longe investir tempo no modelo de negócio antigo.

Tendência de Vendas Estagnadas

Eu diria que é bem seguro supor que você constantemente tenta melhorar suas vendas. Se esses esforços não conseguirem aumentar as vendas significativamente, seu modelo de negócio pode estar enfraquecendo. Vendas estagnadas são como um buraco em um barco a remo. Seus esforços de venda freneticamente jogam a água para fora, mas o buraco deixa entrar a mesma quantidade de água retirada. Quaisquer ganhos advindos dos esforços de venda aumentados são descompensados pela erosão do modelo de negócio.

Se você experimentar uma tendência de vendas estagnadas de longo prazo, procure potenciais problemas no modelo de negócio primeiro e, depois — só depois —, dê um impulso operacional para aumentar as vendas.

Duas grandes varejistas têm atualmente esse problema. Tanto a JCPenney quanto a Sears tiveram vendas estagnadas por anos. Mas, para dar um crédito, as duas reconheceram as mudanças fundamentais de mercado afetando seus modelos de negócio e perceberam a necessidade de grandes mudanças.

A JCPenney reviu radicalmente sua estrutura de precificação, eliminando todas as vendas in loco do modelo baseado em ter preços baixos todo dia. A JCPenney também criou lojas dentro de uma loja para melhorar suas ofertas. Está muito cedo para ver se esse modelo funcionará, mas dê um crédito à JCPenney por tentar um novo modelo.

A Sears adotou uma abordagem muito diferente. Vários anos atrás, a empresa comprou a Land's End em uma tentativa de aprimorar um já lucrativo negócio de roupas. A experiência com a Land's End funcionou, mas não bem o suficiente para corrigir o problema da Sears. Atualmente, a Sears parece estar lentamente desmantelando a empresa, a fim de preservar a participação. Ela vendeu grande parte de suas lojas no Canadá, vendeu imóveis de valor, desvinculou lojas

Hometown, focou no licenciação de suas marcas populares, como a Craftsman, e recusa-se a reinvestir em suas lojas.

A diferença entre os modelos da Sears e da JCPenney é que esta está tentando sobreviver como uma forma reinventada de grande varejista. A Sears parece estar tentando vender seus ativos pedaço por pedaço, deixando que uma varejista destruída vá à falência no final. Será interessante ver qual modelo funciona melhor. Se a JCPenney não conseguir se reinventar com êxito, a abordagem da Sears pode ser o melhor método de preservar o valor do acionista.

Insatisfação Generalizada

Insatisfação generalizada com seu negócio provavelmente é o menos preciso precursor de um problema com seu modelo de negócio, mas pode ser um precursor. Há centenas de razões para estar insatisfeito com seu negócio que não têm nada a ver com seu modelo de negócio. As seguintes razões tendem a ser problemas com seu modelo de negócio em vez de questões cotidianas:

- **Incapacidade de encontrar bons funcionários:** Por que você não consegue encontrar bons funcionários? Provavelmente porque não pode pagar bem o suficiente para ter bons funcionários. Por que não pode pagar o suficiente? Não tem margem suficiente. Você não tem margem suficiente por causa do seu modelo de negócio.

- **Incapacidade de manter funcionários essenciais:** Eles podem não saber, mas os funcionários inconscientemente avaliam a qualidade do seu modelo de negócio. Eles entendem que um emprego no Google paga mais do que no Yahoo!. A empresa com o melhor modelo de negócio normalmente paga melhor e oferece mais segurança no emprego. Quando funcionários descobrem um empregador com um modelo de negócio melhor, "sayonara".

- **Dificuldade para aumentar as vendas:** São os componentes do modelo de negócio de sua oferta que estão tornando as vendas difíceis. Corrija esses componentes e não será difícil aumentar as vendas.

- **Cansar-se de lidar com os concorrentes:** Você provavelmente está cansado de lidar com os concorrentes porque tem muitos deles. Esse mercado altamente competitivo golpeia um modelo de negócio ruim ou um nicho de mercado ruim. Novamente, o problema é com o modelo de negócio.

- **Ter clientes que não pagam suas contas em dia:** Os clientes têm uma incrível capacidade de priorizar o pagamento de contas. Eles pagam primeiro as contas que absolutamente têm que pagar e empurram com a barriga tanto quanto possível os fornecedores não essenciais. Se o cliente estiver lhe pagando lentamente significa que você não é um fornecedor essencial. O problema é que seu modelo de negócio posicionou você como fornecedor não essencial, e não que o cliente não queira lhe pagar.

- **Estar farto de todas as mudanças trazidas pela internet:** Eu concordo, todas as mudanças operacionais e de marketing advindas da internet são desencorajadoras. Suponho que, se você estiver farto da maldita internet, está lutando contra a tendência, não pegando carona nela. O fato de você estar combatendo uma poderosa tendência indica que você tem um problema com seu modelo de negócio.

- **Ficar cansado de continuar lutando:** Como você pode ver, a maioria dos problemas de negócio tem raiz em questões do próprio modelo de negócio. Trate esses problemas como um presente, não como uma maldição. Se você dedicar um tempo para explorar a raiz da causa do modelo de negócio, pode torná-lo agradável novamente.

Possuir um negócio deve ser divertido

Possuir um negócio lucrativo e bem-sucedido deveria ser um dos mais agradáveis empreendimentos de sua vida. Pergunte a qualquer proprietário de negócio que conseguiu isso e eu aposto que ele concordará. Eu já vi empresários serem abatidos por seus negócios. O que realmente os abateu foi seus modelos de negócio, não seus negócios. Por favor, utilize as lições neste livro para corrigir o que está errado com seu modelo de negócio. Possuir um negócio pode e deve ser divertido!

Capítulo 16

Detectando Problemas Ocultos e Se Adaptando Antes que Seja Tarde Demais

Neste Capítulo

▷ Trabalhando em seu modelo de negócio (é como uma varinha mágica!)
▷ Olhando para problemas comuns como necessidade de mais vendas e mais tempo
▷ Identificando as causas-raiz de problemas corriqueiros de negócio
▷ Adaptando seu modelo de negócio enquanto ainda pode

Às vezes, problemas corriqueiros de negócio são mais problemáticos do que parecem. Muitas vezes são sintomas de uma questão mais profunda do modelo de negócio. Aprendendo a reconhecer a causa-raiz desses problemas corriqueiros, você pode se resguardar de uma grande dor de cabeça. Se você tratar o modelo de negócio como causa do problema, descobrirá que muitos problemas simplesmente desaparecerão.

Neste capítulo, falo sobre alguns dos sintomas comuns de problemas no modelo de negócio e suas soluções. Fique preparado para um empurrãozinho, para confrontar e lidar com esses problemas agora em vez de depois. Em seguida, discuto o processo de erosão do modelo de negócio e como mitigar seus efeitos. Levando a mudança em consideração, você pode manter um modelo de negócio mais forte do que sua concorrência.

Corrigindo Seu Modelo de Negócio para que Outros Problemas Desapareçam

Eu sempre brinco que não há varinha mágica em negócio. Contudo, o que mais se aproxima da tal varinha é abordar efetivamente um problema-raiz do modelo de negócio. Quando você resolve um problema raiz do modelo de negócio, dez outros supostos problemas magicamente desaparecem.

O melhor jeito de explicar esse fenômeno é usando um exemplo. Ocasionalmente, muitos proprietários de negócio ficam frustrados com a pobre performance de funcionários. Eles dizem coisas como "Como é difícil..." ou "Por que alguém não pode simplesmente...". Eu chamo esses problemas de "trabalho inferior dos funcionários". O problema raiz aqui não são funcionários burros ou preguiçosos; é mais provavelmente pagar pouco ou falta de treinamento.

Não pare por aí. Assuma que o negócio nesse exemplo é como a maioria dos negócios de pequenos a médios e não pode pagar lugar privilegiado nas prateleiras superiores. Se o negócio pudesse recrutar pessoas mais qualificadas e mais bem pagas, a performance no emprego melhoraria. Parece simples: pague mais e consiga pessoas melhores. Por que esses proprietários não pensaram nisso antes? Eles não pensaram nisso porque o modelo de negócio atual não suporta pagar mais. Se a verdadeira raiz do problema for a necessidade por funcionário de mais alto calibre, o modelo de negócio deve suportar pagar pessoal mais caro. Atualmente, o modelo de negócio não suporta um pagamento maior; logo, tem-se um problema de performance.

Se você acha que o nível de pagamento e o calibre da equipe não são o problema, então a raiz da performance pobre encontra-se na falta de treinamento. Mais de 90% dos pequenos e médios negócios encurtam ou mesmo pulam o treinamento. Pode presumir que um programa extraordinário de treinamento resolveria ou mitigaria significativamente os problemas de performance, porque o faria mesmo.

Você provavelmente entende a importância do treinamento. É difícil argumentar que treinamentos inadequados ou ruins batem treinamentos de qualidade. Então por que encurtar o treinamento? Necessidade, eis o porquê. O tempo e os recursos humanos necessários para treinar funcionários simplesmente não estavam disponíveis.

A maioria dos proprietários de negócio e sua equipe não têm tempo. Eles não têm tempo porque estão pagando por um nível de equipe que o modelo de negócio não consegue suportar. Modifique o modelo de negócio para gerar mais margem e — puf! — o problema desaparece.

Examinando Alguns Problemas Disfarçados

Às vezes, o que prejudica um negócio é exatamente o que parece. Se você precisa que mais clientes comprem seus produtos, a solução óbvia é mais marketing ou marketing melhor. Se você quiser expandir, mas não tiver capital, encontrar alguém disposto a conceder um empréstimo é uma boa opção.

Todavia, às vezes a solução óbvia para um problema de negócio é um sintoma e não a raiz do problema. Um negócio pode precisar de capital por muitas razões: dispêndios de capital, expansão, custear recebíveis ou catálogo, ou para comprar um concorrente. Todas essas são boas razões para precisar de fundos adicionais. Em alguns casos, contudo, o negócio precisa de fundos porque o modelo não está gerando lucros suficientes. O empréstimo não corrige esse problema, apenas subsidia artificialmente o fraco modelo de negócio.

Esta seção descreve vários exemplos nos quais "o problema pode não ser o problema" e é mais provavelmente uma questão do modelo de negócio.

Problema disfarçado: Necessidade de mais vendas

Não existe modelo de negócio de sucesso sem um modelo de vendas bem-sucedido. Se você não consegue vender um produto de forma lucrativa, não permanecerá no negócio por muito tempo. Embora as vendas sejam fundamentais para um modelo de negócio bem-sucedido, muitos empreendedores enfatizam demasiadamente a ideia de que simplesmente aumentar as vendas resolverá todos os problemas. Os vendedores são mal pagos? Venda mais. O negócio está perdendo dinheiro? Venda mais. Os clientes exigem mais por menos? Venda mais.

É difícil encontrar um proprietário de negócio que não diga: "Precisamos de mais vendas." Afinal, vendas adicionais podem providenciar os tão necessários dinheiro e margem. Volume de vendas adicionais lubrifica as engrenagens do negócio, inclusive do seu.

Contudo, suas contas são pagas com as margens brutas. Considere estas fórmulas:

Vendas - Custo de Bens Vendidos = Margem Bruta

Margem Bruta - Administração e Despesas - Juros = Margem Líquida (também chamada de Lucro Líquido)

Volume de vendas adicionais nem sempre significa mais lucro líquido. Trocar $1 de vendas por $0,80 em custo gera fluxo de caixa, mas pode não gerar o suficiente do que você realmente precisa: lucro.

A verdadeira questão é que você precisa de mais dinheiro! Sim, adicionar mais clientes é uma forma de obter mais lucro. Se obter mais clientes fosse simples, porém, você já não teria feito isso? A verdadeira questão é um problema com seu modelo de negócio.

Em muitos casos, o volume de vendas do negócio é aceitável. As vendas não podem ser *facilmente* aumentadas. Por exemplo, um prestador de serviços de encanamento com uma fatia de mercado de 8% pode estar indo muito bem. Todas as frutas nos galhos mais baixos já foram colhidas. Aumentar as vendas significa aumentar a fatia de mercado de já respeitáveis 8% e trabalhar para atrair cada vez mais clientes difíceis. Esse plano pode aumentar as vendas, mas o custo cada vez mais crescente da aquisição de clientes pode descompensar esse ganho.

Vendas adicionais podem não ser a melhor maneira de aumentar os lucros. Na verdade, a falta de novos clientes é menos provavelmente a causa da raiz do problema do modelo de negócio do que uma questão financeira, como:

- Uma estrutura de custo que seja alta demais para o nível de vendas atual.
- Uma desvantagem competitiva em relação a custo (pense no Walmart em comparação a pequenas mercearias).
- Margem total que seja simplesmente baixa demais para um modelo de negócio viável.
- Problemas de contabilização de custos ou não contabilizar corretamente em relação à margem.

Por exemplo, muitas concessionárias de automóveis vendem veículos "abaixo do custo". Teoricamente, isso parece vender o veículo por menos do que ele custa. Contudo, as concessionárias recebem abatimentos e comissões no valor de milhares de reais por veículo. Então, qual é a margem por carro, $0 ou $2.000? Tudo depende de como você escolhe fazer a contabilidade do seu custo.

A Figura 16-1 mostra o que o aumento de preços pode fazer por suas margens. Com uma margem de 20%, um aumento de preço de apenas 2% permite que você perca 9% do seu negócio e tenha o mesmo lucro.

Capítulo 16: Detectando Problemas Ocultos e Se Adaptando Antes... 223

IMPACTO DOS AUMENTOS DE PREÇO

E você aumentar os preços em	Se sua margem atual for								
	20%	25%	30%	35%	40%	45%	50%	55%	60%
	Para produzir o mesmo lucro, seu volume de vendas deve ser reduzido em:								
2%	9%	7%	6%	5%	5%	4%	4%	4%	3%
4%	17%	14%	12%	10%	9%	8%	7%	7%	6%
6%	23%	19%	17%	15%	13%	12%	11%	10%	9%
8%	28%	24%	21%	19%	17%	15%	14%	13%	12%
10%	33%	29%	25%	22%	20%	18%	17%	15%	14%
12%	38%	32%	29%	26%	23%	21%	19%	13%	17%
14%	41%	30%	32%	29%	20%	24%	22%	20%	19%
18%	44%	39%	35%	31%	29%	26%	24%	23%	21%
18%	47%	42%	38%	34%	31%	29%	26%	25%	23%
20%	50%	44%	40%	38%	33%	31%	29%	27%	25%
25%	58%	50%	45%	42%	38%	36%	33%	31%	29%
30%	60%	55%	50%	46%	43%	40%	38%	35%	33%

Se sua margem for de 30% e você aumentar o preço em 10%, seu volume pode cair 25% antes que seu lucro caia para o nível anterior. (Se todos os clientes tiverem comprado o mesmo produto, você pode perder de 1 a 4 clientes e ainda obter o mesmo lucro.)

Figura 16-1: Impacto da precificação nas margens.

Talvez a resposta *seja* adicionar novos clientes. Às vezes, você quer atrair novos clientes, mas parece não consegui-lo. Você tenta, tenta, mas as vendas aumentam apenas marginalmente. Você continua a pisar no acelerador de vendas quando já está com o pé na tábua. O problema real é que seu sistema de vendas e marketing existente não está funcionando, mesmo assim você insiste em espremer mais vendas nele.

Para corrigir a causa-raiz, pare de tentar trabalhar com um sistema de vendas falho. Aborde a questão subjacente. Muito provavelmente é uma ou mais das seguintes:

- Um produto ou serviço sem diferencial ou do tipo "eu também". É difícil manter um preço alto em um produto ou serviço "eu também". Por exemplo, a maioria dos clientes não se importa com a marca da gasolina que compram, porque marcas de gasolina não são diferenciadas.
- Marketing pobre de um produto/serviço bom.
- Uma marca pouco conhecida.
- Um esforço de vendas ou marketing que não consegue vender um produto ou serviço vendável.

Buscar cegamente por mais vendas apenas exacerba o problema real. Não o corrige. Geralmente, um de dois problemas fundamentais do modelo de negócio é a raiz do problema:

- Você não está gerando margem suficiente nas vendas existentes.
- Você tem um problema com a vendabilidade do seu produto.

Corrija essas questões e o seu problema de "precisamos vender mais" desaparecerá.

Problema disfarçado: Necessidade de um dia com 26 horas

Um dos traços que eu mais admiro em proprietários de negócio é a persistência tenaz. Vocês formam um grupo muito trabalhador. Muitas vezes, escuto "Se ao menos eu tivesse um dia de 26 horas…". Não seria maravilhoso ser a Samantha de *A Feiticeira*? Torça o nariz e todo mundo em volta congela enquanto você continua trabalhando. Nisso está implícito o reconhecimento de que seu negócio não está se saindo tão bem quanto você sabe que poderia. Se ao menos você tivesse mais tempo, poderia aproveitar todas aquelas grandes oportunidades.

É, provavelmente, seguro deduzir que você é a pessoa mais valiosa em seu negócio e que seu tempo tem o maior valor por hora. Se o seu tempo é o mais valioso, a solução óbvia é delegar parte do seu trabalho para seus subordinados. Diga logo, por que não pensou nisso antes? Ah, você pensou, mas não tem ninguém a quem delegar. Você não tem ninguém a quem delegar porque não tem fundos para pagar alguém para fazer o trabalho. Sua solução é dar seu tempo extra de graça para o negócio.

Esse problema é tão comum que eu tenho um nome para ele: O Grande Subsídio. A lógica é mais ou menos esta: "Eu não tenho dinheiro para pagar alguém para executar essa tarefa, mas eu tenho um salário, então irei fazê-lo." O modelo de negócio não consegue suportar pagar a equipe necessária para completar o trabalho, então você pula de cabeça e dá seu tempo pessoal de graça. Agora você está preso realizando um trabalho a $12 por hora, em vez de executar outras tarefas mais importantes.

A solução para O Grande Subsídio é desafiar seu modelo de negócio em vez de sua ética de trabalho. Por que o modelo não gera margem suficiente para pagar $12 por hora a uma pessoa? Corrija o problema do modelo de negócio e você não precisará de um dia de 26 horas.

Ignorar Problemas no Modelo de Negócio Apenas Prolonga a Dor

Em *Os Segredos da Mente Milionária* (Sextante), o autor T. Harv Eker aponta que, se você cuidar das raízes da árvore, a colheita de frutos será abundante. Contudo, se você cuidar dos frutos e não das raízes, eventualmente sua colheita diminuirá e sua árvore poderá morrer.

O mesmo é válido para o seu negócio. Os lucros são os frutos, mas o modelo de negócio é a raiz. Se você não cuidar da raiz, seus problemas não irão simplesmente embora.

LEMBRE-SE Se você insistir em tratar dos problemas óbvios em vez da raiz de sua causa no modelo de negócio, sofrerá desnecessariamente. Em algum ponto, você vai ter que atacar a(s) causa(s) raiz independentemente de quão difícil possa ser fazê-lo. Em vez de ver uma refinada no modelo de negócio como algo intimidador, veja-a como a chance de criar vantagem competitiva. Esteja disposto a fazer o trabalho que seus concorrentes não estão. Enquanto eles estão lá com seus louros, você estará refinando seu modelo de negócio. Use seu conhecimento de design e inovação de modelo de negócio para ultrapassar sua concorrência em inteligência.

Como consumidor, você consegue detectar problemas de modelo de negócio enraizados a quilômetros de distância. Se a loja estiver suja ou o estacionamento vazio, você inconscientemente sabe que o problema não é o estacionamento; há um problema de modelo de negócio. Detectar problemas no seu próprio negócio, contudo, é muito mais difícil. Tenha atenção quando qualquer problema surgir e, se necessário, certifique-se de escavar até a raiz para consertá-lo.

Considerando as Consequências de Não Se Adaptar

Para manter seu modelo de trabalho funcionando da melhor maneira, você precisa inovar, adaptar e ser flexível. Construir um negócio não é como construir uma casa. Quando você constrói uma casa, corta a fita no umbral frontal quando está terminada. Construir um modelo é mais como construir um castelo de areia. Você termina e, então, vem uma onda e derruba parte dele ou todo ele. A questão é com que velocidade a onda chega, e não se ela chega.

Seu trabalho como empresário sagaz é entender a onda e mover seu castelo de areia proativamente para um lugar onde ela não o destrua.

Seu modelo está desgastando-se, mas quão rapidamente?

Todos os modelos de negócio desgastam-se — alguns rapidamente, outros lentamente. A velocidade com que seu modelo de negócio se desgasta depende de uma variedade de fatores:

- **Uso de tecnologia na indústria:** A tecnologia tende a causar uma quebra e criar vantagem competitiva. Se a indústria tiver uma propensão geral para empregar a tecnologia, conte com uma erosão mais rápida do seu modelo de negócio.

- **Intensidade competitiva:** Indústrias violentamente competitivas estão sempre lutando com unhas e dentes por uma forma melhor, mais rápida e mais barata de fazer negócio. Muitas se transformam em inovações nos modelos de negócios e trabalham para desgastar o seu.

- **Fatores econômicos:** Uma boa economia pode desacelerar ou acelerar o desgaste do seu modelo de negócio. Por exemplo, uma economia forte estimulou investimentos maciços em negócios relacionados à internet, causando concorrência excessiva e desgastando modelos de negócio que, em outras circunstâncias, seriam bons. Uma economia boa inchou e alegrou toda indústria de construção e diminuiu a concorrência. O mesmo pode ser válido para uma economia ruim. Uma economia ruim pode diminuir a tendência de correr riscos e estender a vida do seu modelo de negócio, ou pode fazer com que concorrentes apelem para recursos não utilizados para inovar.

- **Convergência de indústrias:** O negócio de câmeras digitais não está sendo desgastado por câmeras digitais melhores ou por uma inovação. Está sendo desgastado pelos celulares. Os dois negócios estão convergindo, e os celulares estão corroendo significativamente o mercado das câmeras digitais.

- **Atratividade da indústria:** Investimentos de alto nível no Facebook tiveram muitos investidores de risco, empreendedores em tecnologia e empresas bem-sucedidas buscando novos modelos de negócio em mídia social. Um mercado altamente atraente criou um mercado altamente competitivo.

- **Barreiras à entrada:** Indústrias que exigem habilidades difíceis de encontrar, grandes somas de capital ou outras barreiras para entrar podem esperar que seus modelos de negócio desgastem-se mais lentamente que outros.

- **Dependência de tendências:** Um modelo de negócio dependente de tendências normalmente irá se desgastar mais rapidamente que outros. Isso não significa que esse modelo seja ruim. Empresas como Ralph Lauren, Chanel e Tiffany's navegam as tendências da moda há décadas.

- **Disponibilidade de informação:** Uma das enormes vantagens que as primeiras empresas de mídia social, como o Facebook, tiveram foi a escassez de dados disponíveis para análise competitiva. A indústria era tão nova que nenhum dado significativo existia. A falta de informação causa incerteza. A incerteza aumenta o risco. Um risco maior diminui a entrada de concorrentes e faz com que o modelo de negócio dure mais.

- **Indústria indigesta:** Os bancos têm reputação de serem indigestos; agências de marketing o contrário. Se sua indústria operar como bancos, espere que mudanças no seu modelo de negócio venham mais lentamente.

✔ **Aversão a risco por parte da indústria:** Grandes empresas farmacêuticas gastam centenas de milhões de dólares todo ano tentando, e às vezes não conseguindo, desenvolver novas drogas. Você pode presumir que essas empresas não são avessas a riscos. Empresas de seguro empregam exércitos de atuários para avaliar e evitar risco e têm departamentos inteiros dedicados a esse fim. Você pode presumir que empresas de seguro são um pouco avessas a risco. Se sua indústria for cheia de empresas de seguro, seu modelo de negócio irá desgastar-se mais lentamente do que se for cheia de companhias farmacêuticas.

Mudar sempre parece arriscado

Mudar é uma droga. Você se mata de trabalhar por anos construindo um ótimo modelo de negócio e um ótimo negócio e, então, vem uma mudança e bagunça tudo. Em modelos de negócio, o demônio que você conhece sempre parece melhor do que o demônio que você não conhece.

Em algum momento, você precisará mudar seu modelo de negócio. Não é uma questão de se, mas uma questão de quando. Então a pergunta de cem mil dólares não é: "Eu devo mudar?" A pergunta deve ser: "É mais arriscado mudar agora ou depois?" Geralmente, é menos arriscado mudar cedo demais do que tarde demais, embora não pareça.

Após a Segunda Guerra Mundial, um Japão devastado buscava reconstruir sua base industrial. Clamando por alguma vantagem, as fábricas japonesas recorreram às metodologias de controle estatístico de qualidade de W. Edwards Deming. Por anos, Deming tentou, sem sucesso, convencer fábricas dos EUA a adotarem seu processo.

Os japoneses utilizaram as técnicas de Deming para criar processos de fabricação dramaticamente superiores, que resultaram em produtos fabricados com maior qualidade e menor custo. As grandes fábricas americanas eram lucrativas e estavam crescendo, então acrescentar o processo de Deming era um aborrecimento.

No início dos anos 1980, as concessionárias da Ford descobriram que, entre os modelos com transmissões produzidas nos EUA e no Japão, os clientes pediam mais frequentemente aqueles com transmissões japonesas. Eles estavam inclusive dispostos a esperar mais tempo para evitar as transmissões americanas. Após perdas recorde em 1981, a Ford recorreu a Deming para trazer suas práticas para a empresa. Enquanto as fabricantes de carros americanas estavam lamentando-se, as japonesas floresciam devido aos custos mais baixos e à produção de maior qualidade.

Esse exemplo pode parecer velho, mas as fábricas americanas ainda pagam o preço por sua lenta adaptação. Elas viam a mudança como algo perigoso porque o modelo de negócio que já tinham era bem lucrativo. A falta de vontade de mudar resultou em uma vantagem de 30 anos para os japoneses. Quando pesar o risco, não deixe de levar em conta os concorrentes que estão dispostos a assumir riscos que você não quer.

Não mudar pode ser pior

Uma parte inerente à natureza humana vê a mudança como algo arriscado ou ruim. O famoso psicólogo Abraham Maslow teorizou que uma das necessidades essenciais de um humano era a segurança. Ele também declarou que necessidades de nível mais alto, como pertencimento ou autoestima, eram impossíveis de alcançar *sem* que as necessidades de segurança estivessem garantidas. A Figura 16-2 mostra a Hierarquia de Necessidades de Maslow. Eu tenho que acreditar que essa hierarquia afeta o comportamento de empresários — segurança, bom; risco, ruim. Em outras palavras, mudar é ruim, não mudar é bom.

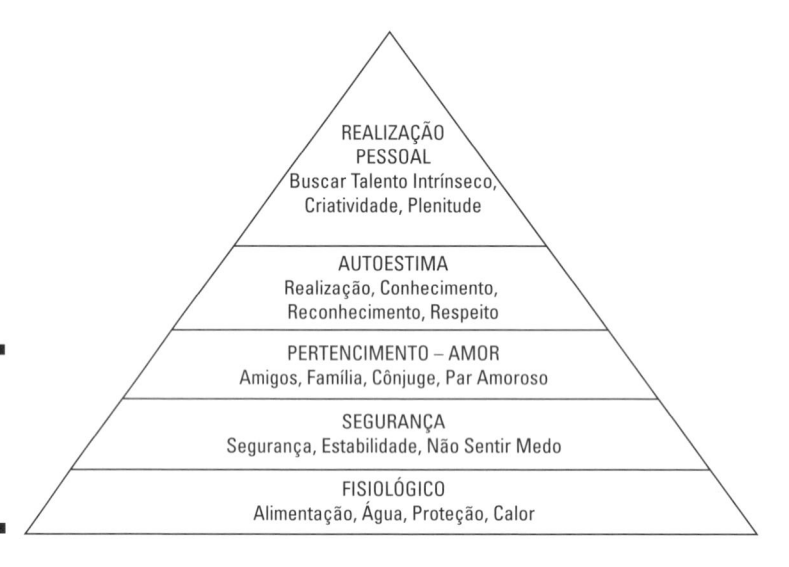

Figura 16-2: Hierarquia de Necessidades de Maslow.

REALIZAÇÃO PESSOAL
Buscar Talento Intrínseco, Criatividade, Plenitude

AUTOESTIMA
Realização, Conhecimento, Reconhecimento, Respeito

PERTENCIMENTO – AMOR
Amigos, Família, Cônjuge, Par Amoroso

SEGURANÇA
Segurança, Estabilidade, Não Sentir Medo

FISIOLÓGICO
Alimentação, Água, Proteção, Calor

Estudo de caso: Blockbuster Video

Um bom exemplo que ilustra o perigo de não mudar é a Blockbuster. A Blockbuster passou de apenas algumas lojas em Dallas para uma potência mundial de locação de vídeo com 6.500 pontos. A empresa dominava a indústria de locação de vídeos até meados dos anos 2000, chegando a uma participação de mercado superior a 50%. Por meio de uma série de passos não dados, e não de passos errados, a Blockbuster agora é irrelevante. Prender-se ao seu modelo de locação de vídeo de enorme sucesso foi o principal culpado do fracasso da empresa. Em 2001, a Dish Network adquiriu os ativos da Blockbuster no processo de falência pelo valor de $320 milhões. Aqui estão algumas das oportunidades de ação que a Blockbuster perdeu:

- 1999: O Netflix foi formado. A Blockbuster deixou o Netflix operar sem concorrer com ele até 2004, quando deu início ao seu serviço de envio de DVD por correio.

- 2002: A Redbox foi criada, não por dois caras em uma garagem, mas com a bênção e os fundos do McDonald's. Em vez de participar do empreendimento, a Blockbuster esperou até 2009 para abrir 9.000 unidades expressas com o fim de competir com as 30.000 unidades da Redbox operando à época.

- 2005: A Coinstar comprou 47% da Redbox por meros $32 milhões. A capitalização total de mercado da Blockbuster à época era de $7,35 bilhões. Por que a Blockbuster ficou inerte? Poderia parecer que metade da Redbox teria sido mais valiosa para a Blockbuster do que para a Coinstar. A Blockbuster poderia ter mudado a marca das máquinas da Redbox ou fechado-as, forçando as pessoas a voltarem às suas lojas. O modelo de negócio da Blockbuster era centrado em sua presença maciça no varejo. O que ela deveria fazer, fechar todas as lojas? A inércia de seu modelo baseado em lojas fez com que a Blockbuster bancasse a avestruz (enfiando a cabeça na terra) e esperasse que o problema não crescesse.

- 2007: O Netflix enviou seu bilionésimo DVD. A Blockbuster continuou a arrogantemente supor que bateria o Netflix apesar da vantagem de cinco anos deste. Novamente, a força do modelo de negócio da Blockbuster, suas lojas, tornou-se sua fraqueza. Um modelo baseado em envios como o do Netflix canibalizou as lojas, então a Blockbuster protegeu as suas, menosprezando a importância do envio de DVDs. Em certo ponto, o grande erro que a Blockbuster cometeu foi não ter comprado o Netflix. Quando ficou claro que o modelo do Netflix estava vencendo, a Blockbuster deveria ter admitido e esmagado a concorrência, comprando a empresa.

- 2007: A Redbox capturou uma fatia de 34,5% do mercado, ultrapassando a Blockbuster. Sem pressa, a Blockbuster esperou dois anos para lançar suas máquinas de vendas.

Em uma reviravolta irônica, a Redbox comprou todos os 10.000 quiosques expressos da Blockbuster em 2012 por $100 milhões.

Está claro que a Blockbuster foi colocada para dormir por sua fatia de mercado dominante e presença de marca. O entrincheiramento em um modelo de negócio de varejo altamente lucrativo deixou a Blockbuster complacente. Essa complacência fez com que a companhia postergasse decisões difíceis e deixasse os experimentos com os modelos de negócio para os "caras menores". Infelizmente, a Blockbuster é o cara menor agora.

Como um aparte interessante, o Netflix tentou fazer o que a Blockbuster deveria ter feito: transição suave do modelo de negócio nº1 para o nº2. Em 2011, o CEO do Netflix, Reed Hastings, possuía um serviço lucrativo de envio de DVD e um crescente serviço de streaming de vídeo. Contudo, Hastings entendeu o aviso — os DVDs estavam com os dias contados — e soube que tinha que mudar para o modelo de streaming de vídeo.

Hastings dividiu o Netflix em um serviço de entrega de DVD, sob o nome do Netflix, e passou o streaming para uma nova empresa, a Qwickster. Diferentemente da Blockbuster, Hastings estava rompendo seu próprio modelo de negócio. Contudo, o movimento enfureceu os clientes. Dividir as empresas exigia dois logins e duas contas separadas. Além do mais, Hastings aumentou os preços em 60% junto com a divisão. O resultado foi catastrófico e rápido. Em quatro meses, 800.000 assinantes do Netflix cancelaram o serviço e as ações caíram 77%.

Hastings rapidamente se recuperou, anulando o serviço do Qwickster e pedindo desculpas aos clientes. Ele não reduziu o preço, porque sentia que o Netflix ainda oferecia o melhor valor do mercado. O Netflix conseguiu mudar suavemente do modelo de entrega de DVD para o modelo de streaming.

Se tratando de negócios, as situações são fluidas, não estáticas. A segurança de hoje pode ser um risco amanhã. Os riscos assumidos não são permanentes. Se você fizer uma mudança significativa em seu modelo de negócio e obtiver evidência de que é uma má ideia, pode ajustar. Os modelos de negócio são moldados em argila, não esculpidos em mármore.

Parte IV
Inovação no Modelo de Negócio

trando no Negócio de Seguros

cos que os clientes são forçados a aceitar	Eles pagariam para mitigá-los?	Quanto?	Potenciais apólices de seguro	Nosso custo	Lucro adicional
anador é bem capacitado?	Sim, o tempo necessário para um encanador pouco capacitado poderia acrescentar centenas à conta.	10 – 20% a mais	Certificar encanadores como Gurus/Técnicos Mestres da ABC Plumbing, Contratar encanadores com cinco anos ou mais de experiência e aconselhar de acordo. Garantia de conserto na primeira visita.	Metade ou menos da receita obtida	Margem de 50% em upsell
que faltar ao trabalho e ar pelo encanador?	O custo da inconveniência é significativo para alguns clientes	$20 – $50 por serviço	Faça melhor do que a margem de uma hora prometida por outras empresas. Garanta que o encanador estará lá na hora exata. É simples, agendamentos baixos, não altos. Orce um tempo de tolerância para que o encanador chegue na hora. Cobre dos clientes se eles não estiverem na hora também. Empresas que empregam essa estratégia podem conseguir margens 25 – 50% maiores que as do mercado.	30% de receita adicional criada	Margem de 70% no negócio criado
anador é honesto ou irá me r coisas das quais não preciso?	Vender além é um grande medo em indústrias de serviços	5 – 25% a mais	Reúna dezenas de depoimentos em vídeo (não por escrito) de clientes satisfeitos discutindo essa questão.	$1.500	Margem gerada por vendas adicionais
anador vai "afanar" nha casa?	Pode não parecer razoável que os clientes se sintam assim, mas alguns o fazem	Um pouco	Cheque os antecedentes de todos os empregados, verifique se tem problemas de crédito a cada 6 meses para certificar-se de que não estão tendo problemas financeiros. Crie uma campanha: "Nós ficamos de olho em nossos empregados para você não tenha que fazê-lo" em que os funcionários usem câmeras sem fio no capacete, monitoradas pelo escritório.	$5.000 – $10.000	Margem gerada por vendas adicionais
anador tem as ferramentas s certas no caminhão?	O cliente não quer pagar $150 por hora para que o encanador tenha que ir a uma loja de construção por conta de um acessório de $2.	5 – 10% a mais	É impossível sempre ter tudo no caminhão, mas é possível ter tudo 90% das vezes. Esta é uma clássica oportunidade perdida. Visto que é impossível sempre ter tudo no caminhão, os encanadores desistem de garanti-lo. A resposta é simples, cobre a mais pela garantia e engula o custo das vezes que não tiver tudo. Você pode enviar um motorista para entregar as peças para que o encanador não precise sair ou oferecer um desconto de $100 se ele tiver que fazê-lo.	10 – 50% de receita adicional gerada	Esta característica pode atrair novos clientes ou fazer com que clientes existentes paguem mais, então o potencial de lucro é significativo.
anador tem a agenda cheia tará arrastar o serviço?	Um encanador com uma agenda cheia provavelmente termina o serviço rapidamente. Um encanador preocupado com quando será o próximo serviço pode demorar nesse.	5% a mais	Tarifa fixa	Custo de serviços mal estimados	Melhora a lucratividade com mais vendas fechadas de prováveis clientes confortáveis.
onserto resolverá o ma permanentemente ou e ligar de novo em 6 meses "2" round"?	A maioria dos clientes quer entender o custo total para corrigir o problema, não apenas o custo hoje.	Um pouco	Crie um programa "Conserto em uma visita" ou "Cinco anos de garantia" para deixar o cliente tranquilo de que você resolveu o problema completamente. Você não precisa dá-lo em todos os serviços. Se um cliente tiver uma casa de 100 anos, gentilmente lhe diga que não pode garantir um encanamento de mais de 20 anos.	Mínimo, porque nosso serviço de alta qualidade já deve durar 5 anos	Margem gerada por vendas adicionais
tempo esse serviço ar a $150 por hora?	Aquela sensação de começar a contar o tempo sabendo que cada minuto que o encanador coça a cabeça e diz "hum" custa $2,50 para você é uma droga.	Potencialmente muito mais, porque o cliente não tem ideia de quanto tempo o serviço deveria levar. Se ele acha que cinco horas são razoáveis, mas o serviço só levará uma, a oportunidade de margem é significativa	Tarifa fixa	Custo de serviços mal estimados	Virada de jogo

Nesta parte...

- Refine seu modelo de negócio com inovação. A verdadeira inovação envolve mais do que apenas dar uma mexida no seu atual modelo de negócio.

- Determine como e por onde começar o processo de inovação. Quando a inovação faz parte do seu modelo, é mais provável colher as recompensas dessa tática.

- Confira exemplos, exercícios e ferramentas que podem ajudá-lo a iniciar o processo de inovação.

- Entenda os segredos da inovação disruptiva como técnica para transformar radicalmente seu modelo para melhor.

- Considere as técnicas avançadas de inovação do modelo de negócio, que são alguns dos melhores truques em minha bagagem — elas garantiram milhões aos meus clientes.

Capítulo 17

Descobrindo Por Onde Começar o Processo de Inovação

Neste Capítulo
▶ Evitando o erro de simplesmente ajustar seu modelo existente
▶ Utilizando o exercício da bola de cristal
▶ Superando o medo de estar errado
▶ Entendendo a beleza do fracasso rápido e barato com um lado positivo
▶ Aprendendo a fazer versões do seu modelo de negócio

Como se corrige um modelo de negócio? Inovando. Feita corretamente, a inovação não só conserta um modelo de negócio quebrado, como o deixa melhor do que era antes. O processo de inovação para o modelo de negócio é semelhante a outros processos de inovação. A inovação precisa de uma pitada de criatividade, uma de coragem, um pouco de futurismo e muita experiência de negócio juntos para criar um lindo novo modelo.

Muitos empresários entendem a importância de refinar o modelo de negócio por meio da inovação, mas não sabem por onde começar. Este capítulo discute o processo de começar a aprimorar seu modelo de negócio com a inovação. Eu demonstro por que dar uma mexida em seu modelo de negócio antigo raramente funciona, como o fracasso pode ser seu amigo e a importância de prever o futuro.

Ajustar Seu Modelo Antigo Raramente Funciona

Emily tem um spa em um subúrbio afluente. Nos últimos dez anos, ela desfrutou bastante sucesso. Alguns anos atrás, o negócio de Emily caiu 20% devido à recessão. Emily fez algumas alterações para retomar um pouco das vendas e cortou custos agressivamente. Com essas alterações, seu negócio ainda era bem lucrativo. Então uma franquia da Massage Envy abriu na mesma rua. A Massage Envy utiliza um modelo de negócio singular que não requer agendamentos e usa um modelo como de clube em vez do modelo onde se paga por uso. Mais de 40% do negócio de Emily era massagem, e esse segmento do negócio foi cortado pela metade.

Emily sabia que precisava mudar seu modelo de negócio. Ela fez uma lista dos clientes que atendia e dos tipos de serviços oferecidos. Emily metodicamente analisou como poderia atender melhor esses clientes e vender mais desses serviços. Ela pensou em dezenas de mudanças, poucas das quais funcionaram.

O problema com o plano de inovação do modelo de negócio de Emily não era a qualidade de suas ideias, era como ela conduziu a inovação. Tudo que Emily fez foi aparar as arestas do modelo existente. Isso parece muito com lixar os cantos ásperos de uma tábua, a madeira, ainda assim, continuará com as mesmas dimensões e medida quando você acabar. Só que sem os cantos ásperos. Emily precisava de mais do que remover os pontos ásperos. Ela precisava de um modelo de negócio vastamente aprimorado, e não conseguiria um remendando o modelo que tinha.

Olhar para a frente, não para trás

Você alcança a inovação do modelo de negócio olhando para a frente, não para trás. Olhar para trás fará para você o que fez para Emily: lixar alguns pontos ásperos. Se você estiver buscando uma inovação significativa, ignore sua situação atual e olhe para o futuro.

Para olhar para o futuro, você deve usar uma página em branco. Quando Emily inovou seu modelo de negócio, fez várias suposições:

- **As atuais linhas de negócio deveriam ser aumentadas e dar mais lucros.** Será que Emily considerou a possibilidade de que uma lucratividade maior poderia ter sido obtida encolhendo ou retirando algumas dessas linhas de negócio? Provavelmente não, porque ela partiu do pressuposto de que deveria aumentar as linhas em vez de começar do zero.

- **O objetivo da inovação do modelo de negócio era combater o avanço da Massage Envy.** Essa é uma posição defensiva. Inovação do modelo de negócio feita com propósitos defensivos traz resultados diferentes da inovação com propósitos ofensivos. Geralmente, uma inovação feita em uma tentativa de liderar o mercado é mais lucrativa do que aquela elaborada para combater concorrentes. Teria sido melhor para Emily desenvolver sua inovação para ultrapassar a Massage Envy com algo espetacular em vez de tentar alcançá-la.

- ✔ **Ela deve concorrer com a Massage Envy.** Visto que ela começou com tal paradigma existente, várias opções nunca passaram por sua cabeça, como se anexar à Massage Envy, comprar uma franquia da Massage Envy ou fazer uma parceria com ela.

- ✔ **Ela deve operar de um local físico.** Nos últimos 20 anos, muitos modelos de negócio foram criados para operação móvel ou para locais anteriormente fixos.

Se Emily tivesse começado do zero com foco no futuro, sua inovação do modelo de negócio teria sido significativamente melhor.

Exemplo: Modelo de negócio global do McDonald's

O McDonald's opera mais de 31.000 pontos em mais de 100 países. Parte do sucesso do modelo de negócio do McDonald's fora dos EUA é iniciar do zero em vez de jogar o padrão americano e dar uma mexida.

Na Tailândia, o McDonald's serve os Samurai Pork Burgers (hambúrgueres com carne de porco) e Thai Spicy Fish McDippers (nuggets de peixe com molho picante). Nas Filipinas, os clientes podem comprar espaguete com molho adocicado, tortas de atum e batatas fritas com sabor de algas marinhas. O McDonald's europeu serve cerveja. No nordeste dos Estados Unidos, o McDonald's serve o café Newman's Own para agradar às preferências locais.

Alguns McDonald's não vendem Big Macs, batatas fritas ou Coca-Cola. Na verdade, o item mais comum nos cardápios de todos os McDonald's é o milkshake. Os milkshakes estão disponíveis em todos os mercados globais do McDonald's, exceto na Argentina, no Paraguai e na Guatemala.

O McDonald's tem tido sucesso em uma ampla variedade de culturas e localidades geográficas, porque designa um modelo de negócio específico para cada uma.

Prevendo o Futuro

Nada é melhor para o seu modelo de negócio do que prever o futuro corretamente. Quando falo em prever o futuro corretamente, quero dizer prever as variáveis de ambiente do negócio que afetarão você no futuro. Se você conseguir prever precisamente essas variáveis essenciais, seu modelo de negócio será muito superior ao de seus concorrentes. Eis o porquê. Provavelmente seus concorrentes sequer tentarão prever o futuro. A desatenção deles, combinada com sua previsão correta, significa bonança para você. Se seus concorrentes se preocuparem em fazer dedução errada atrás de dedução errada, você ganha de novo.

Quando tentar prever o ambiente futuro do negócio, olhe a bola de cristal. Depois entre em ação. Afinal, a melhor forma de prever o futuro é inventá-lo.

Olhando a bola de cristal

Um vidente olha para a bola de cristal e conta o futuro para você. Para inovar o seu modelo de negócio, você deve fazer o mesmo. Olhe para sua bola de cristal e faça a melhor dedução a respeito destas variáveis:

- **Taxa de juros:** Não muito tempo atrás, a taxa de juros de empréstimos para empresas (nos EUA) era de 9%. Os negócios ficaram mimados com taxas de empréstimo historicamente baixas. Um aumento significativo nessa taxa poderia ter um impacto igualmente significativo em seu modelo de negócio.

- **Crescimento econômico:** A economia crescerá ou encolherá e quanto? Como a economia local será afetada pela economia nacional?

- **Valor de imóveis:** Muitos negócios são afetados pelo valor dos imóveis. Os preços imobiliários em sua área cairão ou subirão? Como essa flutuação afeta o seu negócio? O que você pode ajustar de acordo?

- **Preço e disponibilidade de mão de obra:** Você terá uma concentração de mão de obra suficiente com as capacidades de que você precisa disponível? O custo dessa mão de obra funcionará dentro do seu modelo de negócio existente?

- **Preço e disponibilidade de mão de obra extremamente talentosa:** A McKinsey & Company tornou famosa a expressão "guerra por talento". A pesquisa da McKinsey mostrou que haverá uma competição mundial pelos funcionários mais talentosos. Não importa se a sua empresa é de biotecnologia ou de serviços de paisagismo, funcionários extremamente talentosos são raros e difíceis de encontrar. Você conseguirá encontrar tais funcionários? Se não, como você precisa mudar seu modelo de negócio?

- **Mudanças tecnológicas que afetam a indústria:** Muitos especialistas sentem que os dias dos cartões de crédito estão contados. Chips de comunicação por proximidade em celulares podem tomar o lugar dos cartões de crédito. Como essa mudança afeta o modelo de negócio de empresas como Walmart, American Express e bancos? Toda indústria é afetada pela tecnologia. Não pense que você não é afetado por não estar em uma empresa de tecnologia. Restaurantes móveis tiveram um efeito muito disruptivo em restaurantes físicos.

- **Mudanças gerais em tecnologia:** Dez anos atrás ninguém tinha um smartphone ou um iPad. Agora todo negócio tem que lidar com esses tsunamis tecnológicos. Como os hábitos tecnológicos da sociedade mudam e afetam seu modelo de negócio?
- **Mudanças no comportamento do comprador:** Em 1978, os americanos faziam 15% de suas refeições fora de suas casas. Em 1995, essa porcentagem subiu para 29%. Essa tendência é ótima para restaurantes, mas ruim para supermercados. Quais tendências significativas você consegue prever no comportamento do comprador?
- **Mudanças demográficas:** O poder de compra maciço da geração de baby boomers criou indústrias inteiras. Como mudanças demográficas vindouras afetam seu modelo de negócio?
- **Mudanças em metodologias de marketing:** O correio (nos EUA) está morrendo. Pode ser que, daqui a 10 anos, não exista mais. Fazer telemarketing para consumidores é ilegal em vários lugares. A publicidade online pode ser arriscada. Propaganda em mídia social parece um tiro no escuro. Como você transitará nesse cenário para fazer marketing dos seus produtos? Quais novas tendências você prevê? Como você pode capitalizar sobre essas tendências?
- **Crescimento geral de sua indústria:** Sua indústria crescerá ou encolherá?
- **Crescimento do seu nicho:** Seu nicho crescerá ou encolherá?
- **Potencial concorrência entrando no mercado:** Você vê concorrência entrando no mercado? Quem? Não se esqueça dos concorrentes indiretos.
- **Convergência de indústrias:** Há dez anos, ninguém previu que os celulares competiriam com as câmeras digitais. Quais indústrias têm o potencial de convergir para a sua? Se uma batalha for travada, quem vencerá?
- **Sucesso de suas iniciativas atuais:** Quais de suas iniciativas atuais funcionam bem e quais não? Como essa resposta afeta seu futuro modelo de negócio?

Para que esse exercício funcione, você deve deduzir. Dizer algo como "Eu acho que a economia vai ficar bem" não é uma dedução. "Eu acho que a economia crescerá de 2 a 3%" é uma dedução sobre a qual você pode agir.

Superando o medo de estar errado

Empresários não gostam do exercício da bola de cristal da seção anterior, porque eles não gostam de estar errados. Eis o problema: deduzir errado é quase sempre melhor que não deduzir. Seus chutes não estão esculpidos em uma pedra. Você simplesmente caminhará em uma direção nova ou diferente. Se ficar claro que você pegou o caminho errado, você pode corrigi-lo.

Talvez o exercício da bola de cristal possa ser categorizado entre o tentar muito em oposição a não tentar o suficiente. Não conseguir deduzir sobre o futuro não é tentar o suficiente e não acarreta na melhor inovação do seu modelo de negócio. Se você for corajoso o suficiente para fazer o exercício da bola de cristal, a maioria das suas deduções estará próxima de estar certa. Só isso colocará você anos-luz à frente de sua concorrência.

Praticando a extrapolação da tendência com uma dose de criatividade

Às vezes, os tipos analíticos, como contadores e engenheiros, têm dificuldade de realizar o exercício da bola de cristal. Sinto muito, senhoras e senhores, vocês ainda precisam fazê-lo. Se você estiver tendo dificuldade para ser criativo, tente extrapolar criativamente a tendência atual. Bill Gates e Paul Allen não inventaram o sistema operacional que os deixou ricos. Eles viram um artigo na *Popular Mechanics* elogiando um sistema operacional para o computador Altair. Gates e Allen pegaram essa tendência nascente e extrapolaram-na, muito. Como se pode ver, eles estavam certos. A tendência era enorme e a previsão correta deles criou um poderoso modelo de negócio.

Prevendo tendências em segurança domiciliar

Em 2005, apesar de sua relutância, eu fiz um cliente da área de alarme domiciliar passar pelo exercício da bola de cristal. Ele passou os primeiros 30 minutos de nossa reunião reclamando de várias tendências negativas que apareciam na indústria. Várias cidades haviam instituído multas altas por alarmes falsos e infração por excesso de alarmes falsos, e a polícia ficou relutante em atender aos chamados devido ao alto índice de alarmes falsos. A polícia de Las Vegas parou de responder a todos os chamados de alarmes, forçando os proprietários de casas a recorrerem a empresas privadas de segurança para fazê-lo.

Pedi ao cliente que olhasse na bola de cristal e me desse uma descrição de como seria o negócio de segurança domiciliar em cinco anos. Eis o que ele disse:

- Todas as cidades operariam como Las Vegas, sem resposta da polícia aos alarmes.
- As altas multas continuariam e provavelmente piorariam.
- Esses dois fatores desencorajariam os proprietários de casas de obter sistemas de alarme. Pedi para que chutasse uma porcentagem de diminuição que essa mudança causaria. Ele estimou entre 30% e 50% de queda.
- A tecnologia sem fio permitiria que instaladores sem conhecimento facilmente equipassem as casas. Esse problema era significativo porque seu negócio atendia a casas sofisticadas com instalações complexas feitas por uma equipe altamente capacitada. A tecnologia sem fio permitiria que instaladores menos

capacitados se tornassem competitivos com sua equipe altamente capacitada.

- Recentemente, empresas de TI em IP (protocolo de internet) começaram a competir no negócio de vigilância por vídeo. A vigilância por vídeo representava 25% do negócio dele. Na época, ele não havia perdido muitas ofertas significativas para uma empresa de TI. Contudo, como as câmeras eram dispositivos de TI para a maioria dos usuários, alguns clientes potenciais consideravam que empresas de TI tinham maior capacidade com essa tecnologia em comparação com a especialidade em vídeo da companhia dele.

Esse laudo não parece muito positivo, parece? Estava claro que seu modelo de negócio estava em perigo de estagnação ou erosão. No entanto, ele tinha um negócio lucrativo construído em torno de uma infraestrutura existente, na qual uma empresa de alarme com fio instalava o sistema, uma empresa de monitoramento respondia aos invasores e filtrava alarmes falsos e a polícia prendia os perpetradores.

Todo mundo no ecossistema existente estava feliz, exceto a polícia. Também estava claro que a tecnologia com fio em algum momento seria substituída pela sem fio, deixando os funcionários mais capacitados desse cliente subutilizados e subvalorizados pelo mercado. O cliente precisava criar um modelo de negócio que incorporasse as mudanças do mercado, em vez de combatê-las.

Depois de um brainstorm de uma hora, nós tocamos em um ponto interessante: monitoramento autogerido. Todo mundo que teve um alarme já teve um alarme falso. O proprietário da casa tem que ligar para a polícia apenas se houver um intruso. Infelizmente, a tecnologia era baseada em sensores nas janelas e sensores de movimento, e ambos são cegos. Um sensor de movimento não tem ideia se um passarinho entrou pela sua chaminé ou se um intruso está roubando tudo que você possui. O alarme simplesmente dispara. O conceito de monitoramento autogerido envolve usar streaming de vídeo de sua casa para cada smartphone que você designar. Você pode dar uma olhada rápida para ver se é um intruso ou um passarinho e apertar um botão para notificar a polícia no caso de ser um intruso. Efetivamente, a central que monitora os alarmes e liga automaticamente para a polícia é substituída pelo cliente. Esse novo modelo de negócio resolve o problema de Las Vegas e ainda oferece uma variedade de recursos adicionais por conta do feed de vídeo. Tenho certeza de que você já viu comerciais de sistemas assim na TV, mas eles não existiam em 2005.

Olhando na bola de cristal e extrapolando as tendências atuais, esse dono de negócio conseguiu prever precisamente o futuro e criar um modelo de negócio para capitalizar sobre ele.

O Fracasso Pode Ser Seu Amigo (Desde que Seja Barato e Rápido)

No Vale do Silício, o fracasso é visto como uma medalha de honra. Um empreendedor fracassado é visto como alguém com cicatrizes de batalha e sabedoria que não pode ser alcançada por meio da estrada fácil para o sucesso. Em todos os lugares, menos no Vale do Silício, o fracasso é a Letra Escarlate — um sinal de um mau empresário.

Eu desafio você a dizer um modelo de negócio que tenha funcionado na primeira tentativa. Você não consegue, porque não existe um. A primeira versão de *todo* modelo de negócio fracassa. Esse fato não faz você se sentir melhor? Saber que qualquer modelo que você desenvolver terá algo de errado é um alívio. Isso retira a pressão e faz com que o perfeccionismo pareça bobo. Por que se preocupar em tentar fazer o modelo perfeito quando é impossível?

Em vez de tentar deixar o seu modelo de negócio perfeito, tente chegar à versão perfeita mais rápido. Modelos de negócio são iterativos. Você tenta, você falha, você mexe. Enxágue e repita. Em algum momento, após várias iterações, você conseguirá aperfeiçoar o seu modelo. O elaborador sagaz de modelo de negócio passa pelas iterações rapidamente em vez de focar na perfeição.

Eu sugiro que você siga a regra que eu chamo "fracasso rápido e barato com um lado positivo". Desde que a mexida no seu modelo de negócio tenha um lado positivo, lado negativo limitado, não custe muito e possa ser testada rapidamente, vá com tudo.

Redefinindo fracasso

Eu sugiro que você redefina fracasso. Todas as revisões em seus modelos de negócio serão "fracassos" se você definir fracasso como não perfeição. Em vez disso, defina fracasso como algo que não fará você avançar em algum momento.

Se você ainda acreditar no conceito geral do seu modelo de negócio e tentar uma revisão do modelo de negócio que não funcionar, tome a abordagem de Thomas Edison: considere-se um passo mais próximo do sucesso, porque você já eliminou aquela opção.

Mesmo as tentativas que terminam em "fracasso" podem às vezes ser as mais valiosas experiências de aprendizado no caminho para um sucesso ainda maior. Se você ler entrevistas com empresários bem-sucedidos, muitas listam "fracassos" como a chave do seu sucesso definitivo. Muitas vezes, o sucesso não é tão bom professor quanto o fracasso. Encontre uma forma de encontrar a luz no fim do túnel no fracasso e aplique isso à próxima versão do seu modelo.

Exemplos: Fracasso como o primeiro passo em direção ao sucesso

Após gastar $100 milhões para desenvolver o tablet Newton, parece que a Apple não ficou com nada além da honra de cunhar o termo "PDA" (*personal digital assistant* — assistente pessoal digital). O Newton foi um fracasso miserável no mercado. A Apple abandonou o projeto, mas aprendeu muitas lições valiosas, como reconhecimento de escrita à mão e criação de um novo sistema operacional.

Capítulo 17: Descobrindo Por Onde Começar o Processo de Inovação

A sabedoria convencional da época dizia que o Newton estava à frente do seu tempo. A Apple levou em conta essa sabedoria e aplicou a tecnologia do Newton ao tablet Macintosh. A Apple deu entrada em vários pedidos de patentes para esse tablet, mas nunca o lançou. Esse tablet Macintosh depois veio a ser o iPad, que atualmente executa o iOS System Software, exclusivo da Apple, um descendente direto do sistema operacional do Newton.

Os empreendedores na área de sorveteria Ben Cohen e Jerry Greenfield originalmente abriram uma sorveteria em um posto de gasolina reformado. Depois de dois meses, fecharam, percebendo que tinham o modelo de negócio errado. Eles mudaram o foco para caixas de sorvete fechadas e franquias de lojas como modelo, em vez de conduzir sua própria sorveteria. Esse novo modelo criou um império. Ben e Jerry nunca tiveram medo de fazer experiências, como deixam claro alguns dos sabores de seus sorvetes — como Oh Pear (pêra e amêndoa), Economic Crunch (baunilha e chocolate com nozes), Peanut Butter e Jelly (manteiga de amendoim com geleia) e Schweddy Balls (baunilha com rum e um trocadilho infame).

Os Estados Unidos fracassaram com seus primeiros modelos de negócio, inclusive nos Artigos da Confederação. Em dado momento, o modelo foi modificado para a Constituição e para a estrutura de governo vigente com sucesso.

Steve Jobs comprou o Graphics Group da Divisão de Computação da Lucasfilm. George Lucas estava quebrado financiando a empolgante tecnologia e não conseguia transformar isso em um lucrativo modelo de negócio em vez de um kit de ferramentas para efeitos especiais de filmes. Jobs pagou cinco milhões a Lucas e colocou mais cinco milhões do capital de giro no Graphics Group e o renomeou Pixar Studios. O modelo de negócio e a tecnologia criada por Lucas mudaram de um foco em efeitos especiais para um foco em animação, gerando vários filmes lucrativos.

O Post-it foi criado com uma fórmula de cola que falhou em seu propósito original.

Centenas de empresas de sucesso foram descartadas de organizações maiores como modelos de negócio perdedores apenas para prosperar como negócios independentes. A queridinha do mercado de ações Intuitive Surgical comprou do instituto de pesquisas sem fins lucrativos SRI International os direitos intelectuais do Da Vinci Surgical Institute. O SRI estava tentando criar um dispositivo que pudesse realizar cirurgias à distância em campos de batalha. Esse modelo fracassou, mas a Intuitive Surgical tem sido amplamente bem-sucedida vendendo o sistema de cirurgia laparoscópica.

A potência em gasodutos Kinder Morgan foi criada devido às diferenças filosóficas no modelo de negócio com a Ken Lay, da Enron. Kinder foi presidente e COO da Enron de 1990 a 1996 e ajudou a empresa a construir uma pequena divisão de gasoduto. Lay não estava interessado em negócios de "bens fixos", porque não ofereciam os impressionantes lucros que a Enron estava obtendo com o negócio de energia. Em 1997, Kinder deixou a Enron para dar início à Kinder Morgan. O modelo de negócio de bens fixos revelou-se vastamente superior ao da Enron. Atualmente, Kinder é a 42º pessoa mais rica dos EUA, com mais de nove bilhões de dólares.

As divisões que antes faziam parte da Pepsico Frito-Lay e Yum Brands (Taco Bell, KFC e Pizza Hut) estão funcionando melhor como modelo de negócio independente do que como divisões de uma corporação maior.

A lição desses exemplos é que, às vezes, aparentes fracassos são meramente percalços no caminho para o sucesso. Esses percalços só são fracassos se você parar de inovar.

Mantendo-se viável com a criação de versões do modelo de negócio

Para manterem-se viáveis, todos os modelos de negócio devem passar por constante inovação. Assim como a evolução de software, modelos de negócio têm versões. Toda vez que você faz uma alteração ou ajuste em seu modelo de negócio, está criando uma nova versão.

O processo de criação de versão de software acontece mais ou menos assim:

- Os lançamentos .0 (ponto zero) representam significativas mudanças no software. O Windows 7 teve significativas atualizações, mudanças e tecnologia em relação a seu antecessor, Windows XP.

- Os lançamentos pontuais representam upgrades ou mexidas para um lançamento de ".0". Quanto mais baixo o valor numérico do lançamento pontual, menor sua significância. O Windows 3.1 foi o primeiro aprimoramento significativo no Windows 3.0, enquanto o Windows 3.11 foi uma alteração muito menor. Lançamentos de software como Windows 3.1118 são mínimos e representam provavelmente nada mais que a correção de um bug.

O processo de criação de versão do modelo de negócio é exatamente o mesmo. Grandes alterações no modelo de negócio são como os lançamentos de software .0 (ponto zero).

A Figura 17-1 mostra a evolução do modelo de negócio de uma fábrica de equipamentos de corte de grama e jardinagem. Várias alterações significativas foram feitas no decorrer da longa história da empresa. Além dessas mudanças .0, a empresa fez vários lançamentos pontuais em seu modelo de negócio.

Capítulo 17: Descobrindo Por Onde Começar o Processo de Inovação

Não há uma resposta certa quanto à frequência com que você deveria fazer versões do seu modelo de negócio. A única certeza é a de que não fazê-lo em algum momento irá destruí-lo. Geralmente um lançamento ".0" de um modelo de negócio deve ocorrer a cada dez anos ou menos. A cada ano, você deve fazer uma alteração com lançamento pontual ou mudanças no modelo de negócio para mantê-lo fresco.

Versões de modelo de negócio da Apple

Eu poderia escrever um livro inteiro sobre o modelo de negócio da Apple e uma análise detalhada de suas rotações. Aqui eu faço uma breve revisão da história do modelo de negócio da Apple.

- **Versão 1: Empresa de computação de garagem.** Apenas 200 computadores Apple I foram construídos. Steve Wozniak construiu à mão cada um deles. A experiência deu certo e a Apple avançou para a Versão 2 de seu modelo de negócio.

- **Versão 2: Fábrica de PC em desenvolvimento.** Não estava claro se os computadores pessoais eram para consumidores ou empresas dessa vez. O computador Apple II não era uma marca campeã de vendas. Estava em terceiro lugar atrás do Commodore e do Tandy, mas a Apple teve um golpe de sorte. O Apple II foi selecionado como plataforma para o software VisiCalc. Muitos especialistas atribuem a ascensão do PC ao "aplicativo matador" VisiCalc.

- **Versão 3: Entrada em computadores de negócio.** O sucesso do IBM PC deixou claro que o uso empresarial de PCs ultrapassaria o uso doméstico. Não querendo perder esse grande mercado, a Apple fez duas tentativas fracassadas nele — o Apple III e o Lisa.

- **Versão 4: Encontrando um nicho.** O fracassado computador Lisa levou diretamente ao sucesso do Macintosh. Incapaz de competir com os PCs da IBM e seus clones, a Apple encontrou usuários de um nicho devotados e fiéis em indústrias que utilizavam intensivamente gráficos. Esses usuários fiéis da Apple carregaram a companhia nas costas em sua década mais difícil.

- **Versão 5: Empresa de gadget.** Enquanto as vendas do iPod eclipsavam as vendas do Macintosh, a Apple continuava a focar nas vendas lucrativas de dispositivos para consumidores, como iPhones (um iPod com telefone) e iPads (um iPod gigante), com lucros recordes.

Parte IV: Inovação no Modelo de Negócio

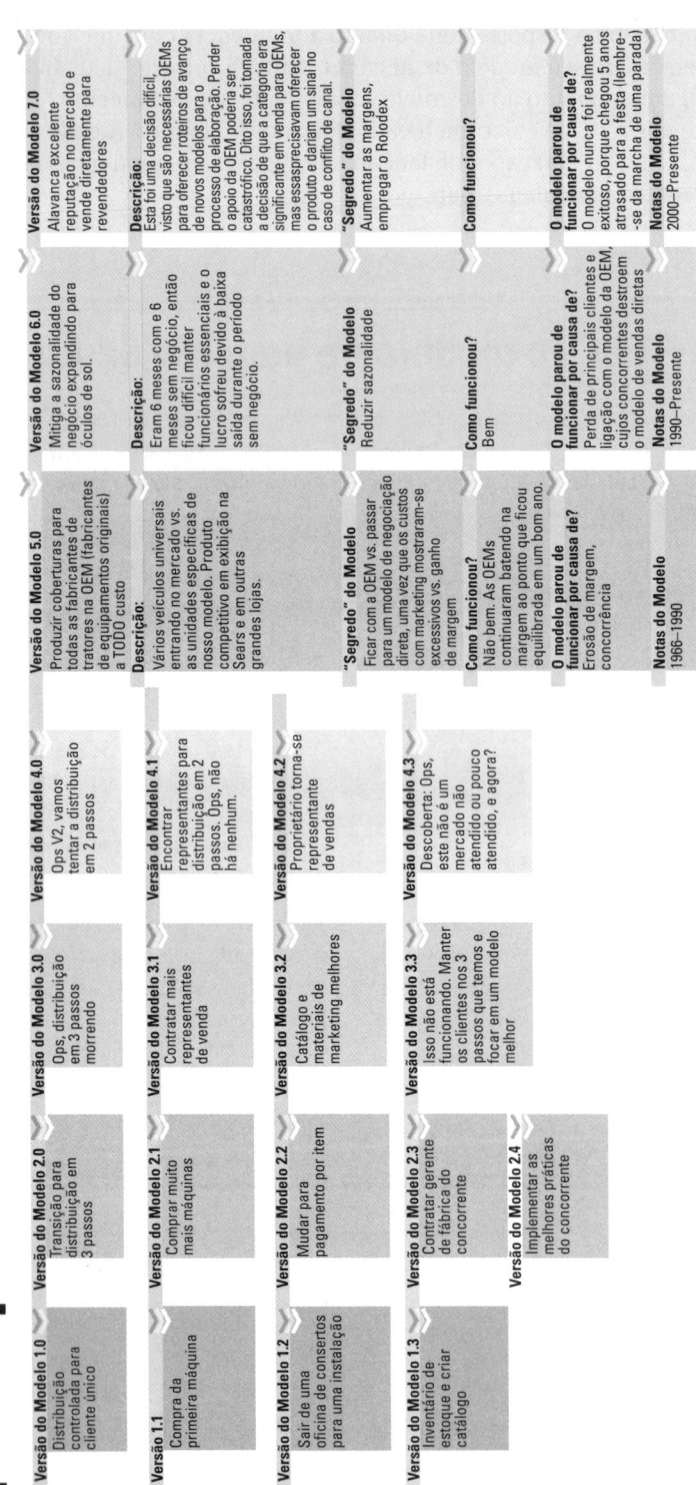

Figura 17-1: Exemplos de versões de modelos de negócios.

- **Versão do Modelo 1.0:** Distribuição controlada para cliente único
- **Versão 1.1:** Compra da primeira máquina
- **Versão do Modelo 1.2:** Sair de uma oficina de consertos para uma instalação
- **Versão do Modelo 1.3:** Inventário de estoque e criar catálogo

- **Versão do Modelo 2.0:** Transição para distribuição em 3 passos
- **Versão do Modelo 2.1:** Comprar muito mais máquinas
- **Versão do Modelo 2.2:** Mudar para pagamento por item
- **Versão do Modelo 2.3:** Contratar gerente de fábrica do concorrente
- **Versão do Modelo 2.4:** Implementar as melhores práticas do concorrente

- **Versão do Modelo 3.0:** Ops, distribuição em 3 passos morrendo
- **Versão do Modelo 3.1:** Contratar mais representantes de venda
- **Versão do Modelo 3.2:** Catálogo e materiais de marketing melhores
- **Versão do Modelo 3.3:** Isso não está funcionando. Manter os clientes nos 3 passos que temos e focar em um modelo melhor

- **Versão do Modelo 4.0:** Ops V2, vamos tentar a distribuição em 2 passos
- **Versão do Modelo 4.1:** Encontrar representantes para distribuição em 2 passos. Ops, não há nenhum.
- **Versão do Modelo 4.2:** Proprietário torna-se representante de vendas
- **Versão do Modelo 4.3:** Descoberta: Ops, este não é um mercado não atendido ou pouco atendido, e agora?

- **Versão do Modelo 5.0:** Produzir coberturas para todas as fabricantes de tratores na OEM (fabricantes de equipamentos originais) a TODO custo

  Descrição: Vários veículos universais entrando no mercado vs. as unidades específicas de nosso modelo. Produto competitivo em exibição na Sears e em outras grandes lojas.

  "Segredo" do Modelo: Ficar com a OEM vs. passar para um modelo de negociação direta, uma vez que os custos com marketing mostraram-se excessivos vs. ganho de margem

  Como funcionou? Não bem. As OEMs continuaram batendo na margem ao ponto que ficou equilibrada em um bom ano.

  O modelo parou de funcionar por causa de? Erosão de margem, concorrência

  Notas do Modelo 1966-1990

- **Versão do Modelo 6.0:** Mitiga a sazonalidade do negócio expandindo para óculos de sol.

  Descrição: Eram 6 meses com e 6 meses sem negócio, então ficou difícil manter funcionários essenciais e o lucro sofreu devido à baixa saída durante o período sem negócio.

  "Segredo" do Modelo: Reduzir sazonalidade

  Como funcionou? Bem

  O modelo parou de funcionar por causa de? Perda de principais clientes e ligação com o modelo da OEM, cujos concorrentes destroem o modelo de vendas diretas

  Notas do Modelo 1990-Presente

- **Versão do Modelo 7.0:** Alavanca excelente reputação no mercado e vende diretamente para revendedores

  Descrição: Esta foi uma decisão difícil, visto que são necessárias OEMs para oferecer roteiros de avanço de novos modelos para o processo de elaboração. Perder o apoio da OEM poderia ser catastrófico. Dito isso, foi tomada a decisão de que a categoria era significante em venda para OEMs, mas esasspreciavam oferecer o produto e dariam um sinal no caso de conflito de canal.

  "Segredo" do Modelo: Aumentar as margens, empregar o Rolodex

  Como funcionou?

  O modelo parou de funcionar por causa de? O modelo nunca foi realmente exitoso, porque chegou 5 anos atrasado para a festa (lembre-se da marcha de uma parada)

  Notas do Modelo 2000-Presente

Capítulo 18

Dando Início ao Processo de Inovação

Neste Capítulo

▶ Sabendo de que tipo de inovação você precisa
▶ Beneficiando-se com inovação marginal e quantum
▶ Aprendendo a amar ideias malucas
▶ Mantendo seu processo de inovação nos trilhos

Muitos empresários não sabem por onde começar o processo de inovação. A inovação na realidade não tem um processo formal padrão, então algumas pessoas sentem que a inovação não passa de executar algumas ideias.

Sem inovação, seu modelo de negócio estagnará e se tornará cada vez menos eficiente. Goste ou não, em algum ponto você tem que pensar seriamente sobre a inovação do seu modelo de negócio. Quando chegar esse momento, quanto melhor o processo de inovação, melhor será o resultado.

Neste capítulo, eu discuto o processo de inovação e as diferenças entre inovação marginal e quantum. Mostro os benefícios de trazer um talento de fora e algumas das ferramentas que você pode usar em seu processo de inovação.

Comparando Inovação Marginal com Inovação Quantum

Esta afirmação pode ser uma grande simplificação, mas a inovação pode ser colocada em duas categorias: inovação marginal (também conhecida como inovação incremental) e inovação quantum. As duas formas são importantes para o seu modelo de negócio, mas atendem a funções bem diferentes.

A *inovação quantum* envolve saídas radicais da norma existente e tende a ser muito mais arriscada. Como discuto no Capítulo 17, as inovações quantum são os lançamentos .0 do seu modelo de negócio. As *inovações marginais* aprimoram aspectos existentes de seu modelo de negócio ou fazem pequenos acréscimos/subtrações. Inovações marginais são os lançamentos pontuais do seu modelo de negócio.

Quando você precisa de cada uma

Então, como você sabe quando deveria focar na inovação quantum ou na marginal? A necessidade de inovação pode ser comparada a correr para um touchdown em um jogo de futebol americano. No terceiro down e duas jardas, você só precisa dar uma curta corrida para manter-se em movimento. Quando tem uma jogada livre, porque o outro time partiu para o offside, você tenta um passe.

A Figura 18-1 mostra o melhor momento para uma inovação. Durante a fase de crescimento do seu modelo de negócio, inovações consistentes de lançamento pontual sempre fazem sentido. Essas inovações são parecidas com os short runs que mantêm o ataque seguindo.

Quando o seu modelo de negócio estiver comprovado e se fortalecendo, você tem o equivalente a uma jogada livre. Você pode ousar — inovações quantum — com risco mínimo. Cresça agora, antes que seja tarde demais. Quando você perceber que seu modelo de negócio está declinando rapidamente, pode ser que a inovação demore a funcionar para corrigir o problema. Você sempre deve inovar antes que precise.

Figura 18-1: Ajustando o tempo de suas inovações.

Inovações do Modelo de Negócio

Ciclo de Vida do Modelo de Negócio

Lançamentos pontuais
Jogada Livre
Inovação Radical-Lançamentos .0
Tarde Demais

Benefícios da inovação marginal

O principal benefício da inovação marginal (lançamentos pontuais) é menor risco. Espero que eu tenha convencido você do perigo e do risco extremo de não inovar. A inovação marginal ou quantum oferece a capacidade de manter-se à frente de sua concorrência sem grande risco. Muitas inovações marginais levam-no a inovações quantum posteriormente.

O computador Lisa da Apple foi uma inovação quantum que falhou no mercado. O computador Macintosh de sucesso estrondoso não foi uma inovação quantum. A Apple simplesmente pegou as inovações quantum do Lisa e as introduziu no Macintosh. A verdadeira inovação do Macintosh foi baixar dramaticamente o preço do Lisa e dinamizar o conjunto de recursos.

Pode-se dizer que todos os produtos de grande sucesso da Apple são inovações marginais do iPod. A inovação quantum foi o iPod ou o iPod touch — dependendo do seu ponto de vista. O iPhone é um iPod touch com telefone, não uma grande extensão. O iPad é um iPod gigante, mais distante de ser uma extensão. Ainda assim, esses dois produtos garantiram dezenas de bilhões de dólares à Apple.

A Apple dá várias lições aos empresários:

- É incrível o quanto você pode aproveitar de uma inovação vencedora (como o iPod).
- Marketing inovador pode ser tão importante quanto produtos ou ofertas inovadores.
- Fique com seus vencedores. Quando você pensou que o iPod estava morto, a Apple ofereceu novas cores, tamanhos e recursos.
- Continue inovando. A cada ano a Apple faz alterações em suas ofertas campeãs. Em vez de ficar acomodada, a Apple continua inovando.

Benefícios da inovação quantum

As inovações quantum são criadoras de império. É difícil encontrar um negócio extraordinário que não teve uma inovação quantum em algum ponto. A Apple construiu um império baseado em inovação quantum — o iPod.

Se quiser construir um modelo de negócio que irá torná-lo verdadeiramente rico, você precisa de uma inovação quantum. As pessoas jogam termos como "pensar fora da caixa" quando se referem à inovação quantum. Às vezes, é difícil saber o que se qualifica como inovação quantum. Definitivamente é subjetivo, mas a maioria das inovações quantum cria um grande desconforto. Se você não estiver inquieto ou desconfortável, a mudança provavelmente não é arriscada o suficiente e não é uma inovação quantum.

Essas conhecidas empresas se revitalizaram a partir da inovação quantum:

Parte IV: Inovação no Modelo de Negócio

- A **Sony** trouxe o primeiro rádio com transistor para o mercado. Empregando o poder disruptivo do transistor contra as válvulas, a Sony ganhou um ponto de apoio significativo tanto em rádios quanto em televisores.

- As cervejas Budweiser têm sido campeãs de vendas por décadas. A **Anheuser-Busch** foi a primeira cervejaria dos EUA a usar a pasteurização para manter a cerveja fresca, a utilizar refrigeração mecânica e vagões de cargas refrigerados e a usar garrafas extensivamente.

- O **Google** era o 18º mecanismo de busca na internet, mas derrotou toda a concorrência por conta de uma ideia: classificação de página (PageRank). Um ou outro mecanismo de busca usa os dados no site-alvo para gerar os resultados. O Google acrescentou a dimensão da inter-relação e a ligação entre sites para criar o critério de classificação de página, aprimorando vastamente a qualidade dos resultados das buscas.

- A **CMG Worldwide** criou uma firma de gerenciamento de direitos sobre propriedade intelectual multimilionária, representando os bens de famosos falecidos, como Mark Twain, James Dean e Lou Gehrig. A empresa foi pioneira na representação de celebridades mortas.

- A **Kellogg's** construiu a maior empresa de cereais do mundo como resultado direto do Corn Flakes.

- A **Procter & Gamble** tem usado consistentemente a inovação para ultrapassar sua arquirrival Colgate-Palmolive. A Crest superou o creme dental Colgate com a adição de flúor em seu produto. Na década de 1920, os americanos usavam sabão em flocos para lavar suas roupas. A ação dos flocos em água saturada era pobre, deixando um anel de material na lavadora, desbotando as cores e deixando os brancos acinzentados. A Procter & Gamble criou uma fórmula em pó, a Dreft, que afastava a sujeira das roupas e a suspendia até que pudesse ser enxaguada. Essa fórmula mais a introdução do Tide dez anos depois, colocaram a P&G à frente da Colgate-Palmolive.

- Você pode achar que a inovação não pode ser aplicada a um negócio chato como a siderúrgica, mas você está errado. A **Bethlehem Steel** foi a primeira a produzir vigas estruturais laminadas nos EUA (vigas H). A viga H tem o crédito por ter dado início à era dos arranha-céus e tornou a Bethlehem Steel a distribuidora líder para a indústria da construção. O material da Bethlehem foi utilizado no Empire State Building, no Chrysler Building, na ponte Golden Gate, na Madison Square Garden, Merchandise Mart, Rockefeller Center, Alcatraz e na usina Hoover.

- A **Campbell's Soup** foi uma empresa de enlatados bem comum até 1897, quando um funcionário desenvolveu um método comercialmente viável de condensar sopa.

- A **Johnson Controls, Inc.** está em 67º lugar na Fortune 500 e é uma líder global no gerenciamento de energia, baterias e sistemas internos automotivos. A gênesis dessa gigante global foi a invenção em 1883 do primeiro termostato elétrico para recintos pelo fundador da empresa, Warren S. Johnson.

- A **Nike** construiu um negócio de $24 bilhões anuais começando com um par de tênis de atletismo feito em uma chapa de waffle.

O perigo da inovação marginal é você sempre começar com o status quo. A inovação quantum ignora o status quo. Começar do zero leva a uma mudança radical e disruptiva.

Talvez a melhor maneira de demonstrar o poder da inovação quantum seja com o exemplo do Google e da Encyclopedia Britannica. Quando eu tinha 12 anos, precisei fazer um trabalho sobre Thomas Jefferson. Todo o conhecimento de que precisava estava reunido da Encyclopedia Britannica. Trinta anos depois, minha filha precisou fazer um trabalho sobre Thomas Jefferson. Ela reuniu a informação de que precisava na internet, em particular no Google.

Quando eu tinha 12 anos, a empresa líder em prover informação sobre Thomas Jefferson era a Encyclopedia Britannica. Trinta anos depois, o Google era a empresa líder oferecendo informação sobre Thomas Jefferson. Isso leva à pergunta: quem deveria ter sido o Google? A resposta é a Encyclopedia Britannica.

É provavelmente seguro dizer que o pessoal da Encyclopedia Britannica era inovador incremental, não inovador quantum. Eles provavelmente se viam como editores de livros, não como fornecedores de informação. Quando a nova tecnologia da internet surgiu, eles a viram pelo ponto de vista de editores de livro em vez de olhar a folha em branco da internet.

Descobrindo a Correlação entre Loucura e Gênio Inovativo

Toda inovação é teórica e não testada. Quanto mais radical a inovação, mais louca parece. Os seres humanos estão presos a rejeitar ideias loucas por considerá-las ideias ruins. Para ser um inovador de sucesso, você precisa amenizar esse comportamento.

A maioria das inovações mais bem-sucedidas é considerada louca inicialmente. Em geral, quanto mais gente gostar de sua ideia, a probabilidade de que seja uma inovação poderosa é menor. Alguns defensores doidões e fiéis são tudo que se precisa para que uma poderosa inovação aconteça. A Figura 18-2 mostra a relação entre aceitação popular de sua ideia e a probabilidade de que será uma inovação poderosa.

Figura 18-2: Grandes inovações nem sempre são apreciadas inicialmente.

[Gráfico: eixo Y "Probabilidade de Sucesso Estrondoso", eixo X "Porcentagem de Pessoas que Acham Sua Ideia Ótima", mostrando uma curva com pico à esquerda e cauda longa à direita.]

Diferenciando ideias loucas das geniais

Como saber se sua ideia louca é genial ou só louca mesmo? Não se sabe. Durante o processo de inovação tudo que você faz é dar o seu melhor chute. O mercado dirá se sua ideia maluca é genial.

Parte do processo de inovação é testar sua ideia no mercado. As verdadeiras ideias quantum raramente têm aceitação rápida e maciça. Mais provavelmente, as inovações quantum criarão uma meia dúzia de fãs leais e entusiastas. Esses entusiastas criam a fundação para a crescente aceitação do seu produto. Quando tentar uma inovação quantum, sempre mire os fãs enlouquecidos em vez de aceitação em massa. Se sua oferta não conseguir criar fãs enlouquecidos, sua ideia provavelmente é maluca. Se conseguir criar entusiastas, tem uma chance de ser genial.

Saiba que a paciência é uma virtude na inovação

Ofertas inovadoras raramente chegam no mercado e explodem em popularidade. Com mais frequência, uma oferta inovadora cria fãs entusiastas e cresce lentamente com o passar do tempo. Se o empreendedor permanecer paciente durante essa fase, a popularidade da inovação pode explodir mais tarde. De fora, essas ofertas parecem sucessos que aconteceram da noite para o dia. Na realidade, o empreendedor trabalhou pacientemente por anos para alcançar esse sucesso "repentino".

Se você quiser tirar o melhor de suas inovações, seja paciente. O sucesso repentino é tão raro que você provavelmente deveria fingir que não existe. Uma opção muito melhor é esperar pacientemente para que sua inovação engate. Mais uma vez, preste atenção se você tem fãs entusiastas. Se sim, seja paciente enquanto eles se mantiverem entusiasmados. Se não tiver fãs, ajuste sua oferta até que tenha. Sem tais fãs, a paciência pode não ser uma virtude.

A Travelocity foi o primeiro site de viagens a oferecer o recurso de calendário mostrando tarifas aéreas por data. O preço baixo importa no mundo da viagem online, então essa poderosa inovação foi um divisor de águas. Ninguém usava o recurso do calendário. A reserva de viagem online estava apenas começando e os clientes não estavam prontos para um recurso avançado como um calendário visual de reserva. Alguns anos depois, esse recurso foi incluído com grande sucesso. A lição: só porque sua inovação não está pegando hoje não significa que não o fará depois.

Mantendo o Processo Criativo nos Trilhos

A inovação criativa é difícil para a maioria dos proprietários de negócio, então não fique desanimado se o processo for desafiador. Possuir um negócio pode ser solitário. Muitas vezes, os proprietários não têm pessoas capacitadas para opinarem sobre as ideias deles. Se você for suficientemente afortunado de ter uma equipe disponível para ajudá-lo em um brainstorm de novas ideias, considere-se sortudo. Muitos pequenos e médios negócios não têm talento executivo para criar uma equipe de brainstorm.

Trazendo gente de fora

É difícil ter uma ideia altamente criativa do vácuo. O melhor processo criativo é um processo em grupo, não individual. Esse fato representa um desafio para pequenos e médios negócios em que o proprietário pode ser o único executivo. Se lhe faltar equipe para criar um time de inovação, considere trazer gente de fora. Essas pessoas podem não só preencher as cadeiras vazias em sua equipe, como trazer a perspectiva mais fresca que falta ao pessoal de dentro.

O valor de um novo olhar

O processo de inovação requer um pensamento diferente e uma perspectiva singular. É muito difícil ter uma perspectiva singular de alguém de dentro da sua organização. É como a percepção do crescimento de uma criança pelos olhos dos avós em comparação aos dos pais. Os pais veem a criança todos os dias e as mudanças sutis misturam-se e tornam-se norma. Um avô que vê a criança algumas vezes por ano enxerga mudanças dramáticas nela.

O neto cresceu vários centímetros, tem um vocabulário mais extenso e parece mais maduro a cada vez que o avô o vê. O crescimento e o desenvolvimento da criança são os mesmos; contudo, a percepção desse crescimento é bem diferente para os pais e para os avós.

Devido à diferença de perspectiva deles, às vezes as opiniões dos avós na criação são mais valiosas do que as dos pais. Nos negócios, você deve aproveitar desse mesmo efeito. Uma pessoa de fora traz o olhar dos avós para o seu negócio. Para ser claro e simples, pessoas de fora veem as coisas que uma de dentro simplesmente não consegue ver.

Melhores opções de ajuda

Quando a inovação se torna uma prioridade, você deve criar uma equipe de alta qualidade para esse fim. Muito provavelmente o melhor time será fortalecido com gente de fora. Você pode encontrar membros externos de qualidade para sua equipe em uma variedade de lugares. Bons candidatos para sua equipe de inovação incluem:

- Consultores de modelo de negócio ou de inovação
- Coaches ou consultores de negócio
- Consultores ou agências de marketing
- Consultores ou agências de branding
- Estudantes ou estagiários de MBA
- Amigos ou colegas que possuam um negócio
- Membros da junta

Pontos de resistência

Eu poderia falar mais e mais sobre os benefícios de trazer gente de fora. O lado positivo é tremendo, ainda assim a maioria das pequenas e médias empresas não o faz. A lista de razões é longa, mas aqui estão as mais frequentes:

- **Custo:** Expertise externa tem um custo. Os benefícios geralmente excedem o valor dos custos várias vezes, mas sempre parecem imprevisíveis ou tênues. Custos conhecidos mais benefícios desconhecidos detêm alguns empreendedores de investir em ajuda externa.
- **Confidencialidade:** Empresários não querem compartilhar informações delicadas com estranhos. De alguma forma, parece mais seguro não compartilhar os segredos internos. Qualquer pessoa de fora estará disposta a assinar um contrato padrão de não divulgação.
- **Roubo:** E se a pessoa de fora roubar minhas ideias, meu pessoal, clientes ou outra propriedade valiosa? Certo, mas quais são as chances? A maioria das pessoas é ética e honesta. Além do mais, você pode obter um acordo de não divulgação e/ou não concorrência por precaução.

> ✓ **É só mais uma coisa para fazer:** No mundo já ocupado demais dos empreendedores, obter um input (seja bom ou não) de pessoas de fora parece trabalhoso demais. É claro que essa atitude viola a regra do "pare de se debater tentando" que eu discuto no Capítulo 15.

É claro que o maior culpado é a responsabilidade. As pessoas de fora forçam você a refinar suas ideias e selecionar as melhores para a ação. Depois de passado algum tempo, podem inclusive perguntar: "Como está indo aquela importante iniciativa?" Encare isso, uma das melhores partes de ser um empreendedor é não ter ninguém a quem dar satisfação. Ter gente de fora para alguns parece muito com ter um patrão. O que esses empreendedores estão perdendo é imensurável. Goste ou não, há uma relação direta entre responsabilidade e performance. Quanto maior a responsabilidade, maior a performance.

Utilizando ferramentas durante o processo

A ferramenta mais importante que se usa durante o processo de inovação é o poder do cérebro de sua equipe. Você também deve empregar algumas ferramentas e técnicas durante o processo de inovação. Considere o seguinte:

> ✓ **Use modelos.** O www.innovationpractice.com (conteúdo em inglês) sugere usar quatro modelos para impulsionar a inovação: subtração, multiplicação, divisão e unificação de tarefa.
>
>   • **Subtração:** Remover um componente essencial e manter apenas o que restar. O celular Jitterbug para idosos retirou vários recursos não utilizados por pessoas acima de 50 anos.
>
>   • **Multiplicação:** Fazer uma cópia de um componente, mas alterá-lo de alguma forma. As atuais guerras de lâmina de barbeador são um exemplo dessa plataforma. A Gillette cria um barbeador de três lâminas, então a Shick inova com um barbeador de quatro.
>
>   • **Divisão:** Dividir um componente de um produto e colocá-lo em outro lugar ou pegar o componente e dividi-lo fisicamente. Os MP3 players substituíram os aparelhos de som tudo em um, mas vendem fones e alto-falantes separadamente.
>
>   • **Unificação de tarefas:** Atribuir uma tarefa adicional a um componente existente, dando-lhe um novo emprego além do que já tem, como usar câmeras de celular para visitas virtuais a imóveis.
>
> ✓ **A inovação é um processo múltiplo:** Comece pelo nível mais alto e mais amplo na primeira reunião e gradualmente filtre as ideias nas reuniões subsequentes.
>
> ✓ **Siga as regras do brainstorm durante as reuniões iniciais:** É difícil não criticar ideias. Contudo, se você permitir uma discussão sobre os méritos de uma ideia, abafará ideias adicionais. Não faça isso.

- **Compre um kit de ferramentas de brainstorm:** Você pode encontrar uma variedade de jogos de cartas, de tabuleiro e outro gadgets para auxiliar no processo de brainstorm.
- **Use uma boa estrutura de modelo de negócio.** O Modelo de Negócio Canvas do Dr. Alexander Osterwalder pode servir como boa estrutura no início do processo de inovação.
- **Recorra às faculdades de negócios locais:** A maioria dos programas de negócio de MBA ou de graduação procura projetos interessantes do mundo real. Chame um estudante para juntar-se às reuniões de sua equipe de inovação ou lhe peça para pesquisar ou verificar suas ideias.
- **Utilize a abordagem do fracasso barato e rápido com lado positivo:** A Pet Rock ensinou aos empresários que não existe essa coisa de ideia estúpida. O mercado dirá a você se sua ideia é genial ou estúpida. Quando inovar, mantenha em mente o custo da tentativa no mercado. Uma ideia inovadora que exija um investimento significativo apenas para ser testada pode ser a ideia errada.

Capítulo 19

Usando a Inovação Disruptiva

Neste Capítulo

▶ Descobrindo o poder da inovação disruptiva
▶ Entendendo por que o disruptor normalmente vence
▶ Mirar no não consumo
▶ Sabendo quando ser ousado

Uma inovação incremental consistente é vital para o sucesso do seu negócio. Contudo, em algum ponto você irá querer, ou precisar, ousar. Inovações visionárias refazem os cenários competitivos e criam fortunas para os proprietários de negócio.

A inovação quantum, visionária, pode assumir várias formas. Aqui estão alguns exemplos interessantes:

- ✔ A Delta Airlines comprou uma refinaria para arbitrar combustível de avião e potencialmente economizar mais de um bilhão de dólares por ano.
- ✔ Hospitais criaram centros cirúrgicos adjacentes com quartos privativos e serviço de portaria para atender ao crescente mercado de cirurgia para pacientes externos.
- ✔ A General Electric recorreu ao seu conhecimento de tecnologia de motores para tornar-se uma operadora dominante no emergente mercado de energia eólica.
- ✔ A Toyota e a Honda criaram marcas sofisticadas como Lexus e Acura para agarrar uma fatia lucrativa do mercado de carros de luxo.
- ✔ O Google constantemente faz experiências em campos aparentemente não relacionados, procurando a próxima grande ideia. Ele já se aventurou com mapeamento, viagem espacial, usinas eólicas, óculos 3D e serviço telefônico.

- Uma cafeteria local dividiu seu espaço pela metade e tem uma combinação de pub/cafeteria.
- Uma lanchonete em San Antonio fechou sua loja, mudou-se para uma casa móvel e foi para os campos de petróleo de Permian Basin, onde os clientes pagam com gosto o dobro do preço por um lanche.
- Uma advogada frustrada para de praticar o direito e muda seu foco para planejamento financeiro sem vínculos contratuais, dobrando sua renda.

A inovação quantum pode assumir um número infinito de formas. Todavia, a melhor oportunidade para uma inovação quantum radical vem da inovação disruptiva.

O Inovador Disruptivo Normalmente Vence

Parafraseando o guru da inovação de Harvard, Clayton Christensen, uma inovação disruptiva é aquela que cria um novo mercado e uma nova rede de valor. No decorrer do tempo, isso quebra mercados e redes de valor existentes e em algum momento os substitui.

Inovações disruptivas criam mudanças sísmicas em mercados existentes, alterando os produtos ou serviços de uma maneira que o mercado não esperava ou mesmo que considerava impossível. A inovação disruptiva é como mudar uma estrada: se todo o tráfego parar, o negócio que depende do tráfego morre. Muitas inovações disruptivas têm como essência a tecnologia, mas essa inovação não necessariamente tem que girar em torno dela. O Panera Bread and Chipotle rompeu o negócio de fast-food oferecendo alimentos de maior qualidade, não superioridade tecnológica.

A Tabela 19-1 mostra alguns exemplos de inovações disruptivas e os mercados que elas mudaram radicalmente.

Tabela 19-1	Inovações Disruptivas
Inovação	*Mercado Rompido*
MP3	Gravações
Automóveis	Linhas férreas
Miniclínicas de farmácia	Clínicos gerais/médicos
Impressora 3D	Fábricas, lojas de máquinas
Redbox	Videolocadoras, como a Blockbuster
Automóveis híbridos	Petróleo
Computadores pessoais	Computadores de grande porte/minicomputadores

Inovação	Mercado Rompido
Editoração eletrônica	Impressão offset
Zipcar	Locação de carro, trens, ônibus
Linux	Sistemas operacionais tradicionais, como o Microsoft Windows
Câmera digital	Filme
Telefone	Telégrafo
Centros cirúrgicos para pacientes externos	Hospitais
Modelo T	Todas as outras fabricantes de automóveis, cavalos
YouTube	Propagandas tradicionais e provedores de conteúdo
Turismo médico	Cirurgiões
Google	Páginas Amarelas
Skype	Comunicação a longa distância
Conferência na web	Linhas aéreas
Internet	Agentes de viagem e mais
Medidores inteligentes	Técnicos de companhia elétrica
Financiamento coletivo	Bancos
Craigslist	Jornais impressos
Ensino online	Universidades
Teste médico doméstico	Laboratórios

A inovação disruptiva frequentemente oferece uma forma menos cara de fazer negócio, mas não necessariamente um método melhor. Uma videoconferência pela internet não é superior a uma reunião pessoal, mas custa 50 vezes menos. Uma foto digital é inferior a uma foto de filme, mas não custa quase nada e é muito mais conveniente. O Linux tem bem menos recursos que o Windows, mas é grátis. Geralmente, essas inovações disruptivas oferecem qualidade e recurso aceitáveis por um preço muito menor. Essa combinação tende a capturar grandes faixas do mercado.

Ocasionalmente, uma inovação disruptiva é mais barata e melhor. O Skype oferece vídeo e teleconferência por muito menos que um serviço de somente telefone a longa distância. Os arquivos MP3 podem ser usados em dezenas de formatos e têm portabilidade, o que os CDs não têm. A locação de vídeos no Redbox custa um quarto do que a Blockbuster cobra e tem muito mais locais para buscar e deixar. Os resultados de busca do Google são refinados para o usuário, ao contrário de uma lista telefônica genérica.

Quer a inovação disruptiva seja melhor ou levemente inferior em qualidade à oferta existente, ela quase sempre vence.

Lições do dilema do inovador

Como poderosos líderes de indústria, como Kodak, Blockbuster, *The Chicago Tribune*, Bethlehem Steel, Circuit Circus e a R.H. Donnelley Company, desabam em alguns curtos anos? Eles são derrubados pelas poderosas forças disruptivas que movem a estrada. Como muitas empresas entrincheiradas, elas não puderam reagir às forças disruptivas.

A proeminente autoridade em inovação disruptiva, o professor de Harvard Clayton Christensen, explica como os líderes de indústria viram presas do dilema do inovador. Líderes de indústria estabelecem grandes fatias de mercado de clientes grandes e altamente lucrativos. Para atender às expectativas do crescimento de mercado, a empresa inova no lado sofisticado do mercado, criando produtos e serviços que geram margens superiores e são vendidos por preços altos.

Lição n°1: Um concorrente forte pode ser tudo o que você precisa

À medida que firmas dominam o mercado, a sede por margens cada vez maiores permite a inovação disruptiva. Enquanto concorrentes estabelecidos lutam pelas margens cada vez maiores, uma oportunidade para atender a clientes no lado menos sofisticado do mercado se abre. Esses clientes são vistos como não atraentes para as firmas entrincheiradas buscando margens cada vez melhores de clientes cada vez maiores.

Antes de 1975, corretores plenos como Merrill Lynch eram a única opção para comprar ações. Grandes comissões eram baseadas no montante em dólares da ação comprada e poderiam chegar a milhares de dólares por uma única transação. As comissões também tinham um mínimo fixo que acabava excluindo pequenos investidores. Naquela época, a maioria dos americanos não possuía ações.

Em 1º de maio de 1975, o limite mínimo de comissão foi revogado, permitindo aos corretores que davam descontos, como Charles Schwab, oferecer comissões 70% menores do que as cobradas pelos corretores plenos. Schwab tocou no mercado de pequenos investidores que não conseguiam pagar as caras comissões mínimas. Esses clientes eram ignorados pelas grandes firmas, pois tinham apenas pequenos montantes para investir e não estavam dispostos a pagar as altas taxas de comissão que as grandes firmas estavam acostumadas a receber. Como em muitas inovações disruptivas, o que começa como um mercado pequeno e não atraente cresce e torna-se muito maior e mais atraente. Hoje em dia, Schwab tem 8,2 milhões de clientes. Outros corretores econômicos como E*TRADE, Scottrade e TD Ameritrade têm milhões de clientes também, provando que o mercado era muito maior do que os corretores plenos imaginavam.

Lição nº2: Rédeas soltas

Empresas entrincheiradas sabem sobre a inovação disruptiva, mas frequentemente escolhem ignorá-la. Com isso vem uma inovação disruptiva que oferece preços menores de vendas e margens mais baixas. Por que uma firma bem-sucedida detonaria seu modelo de negócio em troca de um mercado menor e com margem mais baixa? A resposta é que ela normalmente não o faz. A firma continua com sua fórmula vencedora, assim como as corretoras plenas fizeram.

Ignorando o mercado potencialmente disruptivo e não atraente, as empresas estabelecidas dão aos principiantes uma liberdade de ação e praticamente nenhuma concorrência nas fases iniciais. Se a inovação disruptiva engatar, pode ser tarde demais para que a firma estabelecida participe do novo mercado.

A entrega e as máquinas de venda de vídeos foram uma força disruptiva para as videolocadoras. O Netflix se ofereceu para ser vendido à Blockbuster por $50 milhões durante seus primeiros anos. A Blockbuster zombou da ideia, porque seu modelo de negócio era muito mais lucrativo. Contudo, a Blockbuster deixou de ver a força disruptiva da inovação e, quando percebeu que a estrada tinha sido mudada para o envio de vídeo não varejista, era tarde demais.

Lição nº3: Disrupção como aborrecimento

Firmas estabelecidas desprezam a inovação disruptiva por ser um aborrecimento com margem baixa. Provedores de ligações de longa distância disseram coisas como: "Quem quer usar seu computador como telefone?" Siderúrgicas de aço integradas ficavam felizes em deixar as pequenas siderúrgicas buscarem as vendas de vergalhões com margem baixa. A Kodak considerou a qualidade da fotografia digital muito baixa para afetar seu mercado de filme. A Blockbuster perguntou-se por que alguém iria querer esperar que um filme fosse enviado para ele, em vez de pegá-lo imediatamente em uma loja.

Quando as pequenas siderúrgicas de aço começaram a aparecer no início da década de 1960, grandes siderúrgicas integradas, como a U.S. Steel, não se preocuparam. Diferentemente das siderúrgicas integradas, as pequenas siderúrgicas tinham pequenas caldeiras elétricas que conseguiam fundir apenas pedaços de aço e transformá-los em vergalhões para construção. O vergalhão era o item de menor margem que as siderúrgicas integradas produziam (5%), então elas tinham prazer em deixar essas pequenas siderúrgicas ficarem com ele. Visto que a margem em uma siderúrgica pequena era de 20%, elas alegremente agarravam a fatia do mercado de vergalhão do leão. Após conquistar esse mercado, elas escalavam a cadeia alimentar passo a passo. Todas, exceto uma siderúrgica integrada, estão agora fora do negócio, e as pequenas siderúrgicas agarraram 60% do mercado de aço.

Lição nº4: O disruptor torna-se competitivo

O inovador disruptivo encontra uma forma de corrigir problemas. As pequenas siderúrgicas criaram um processo de lançamento direto que as permitia produzir chapas altamente lucrativas. Antes dessa inovação, apenas as siderúrgicas integradas conseguiam produzir esses produtos. Quando as pequenas siderúrgicas, com o custo de operação 20% mais baixo, conseguiram fabricar o mesmo produto, foi o fim do jogo.

O Netflix encontrou uma forma de entregar o DVD para os clientes no dia seguinte, tornando isso mais — não menos — conveniente do que correr para a Blockbuster. A internet de banda larga e a prevalência das redes sem fio tornaram o Skype tão conveniente quanto uma linha fixa. Apostar que um processo disruptivo desengonçado continuará desengonçado é uma aposta ruim.

Lição nº5: Novos mercados superaram o mercado existente

No momento em que o concorrente entrincheirado perceber que o mercado rompido excederá o tamanho do seu próprio mercado, será tarde demais. O Google faz mais negócios do que as Páginas Amarelas já fizeram. Os corretores de câmbio expandiram o número de investidores para níveis inimagináveis por Merril Lynch e pelas outras corretoras plenas. O pico de vendas de filmes da Kodak foi de aproximadamente $3,5 bilhões no início dos anos 2000. A cada dia, 200 milhões de fotos digitais são carregadas no Facebook e 300 milhões no Instagram. Se a Kodak tivesse focado no mercado de fotografia, em vez de no mercado de filme, poderia ter se beneficiado da explosão das fotos.

Exemplos adicionais de inovação disruptiva incluem:

- **Jornais impressos:** Quando Craigslist, `Monster.com` e `Autotrader.com` entraram no mercado, um anúncio na internet era menos eficiente e menos caro do que um anúncio no classificado de domingo de um jornal. Os jornais prenderam-se aos seus modelos de negócio, optando por manter os preços e as margens altos para maximizar os lucros. À medida que o uso da internet explodia, os anunciantes transferiram seus gastos do jornal para anúncios na internet. Essa transição aumentou a efetividade de custo do anúncio na internet e colocou o modelo de negócio dos jornais em um declive íngreme de efetividade e receita com anúncios cada vez menores. De 2001 até 2011, o anúncio em classificados de jornais caiu 70%.

- **Páginas Amarelas:** Parecido com os jornais, as Páginas Amarelas desfrutaram um quase monopólio lucrativo. Os distribuidores das Páginas Amarelas tentaram criar uma versão online para contra-atacar o Google, mas fracassaram, porque tentaram criar um concorrente do Google com listas de buscas de negócio em vez de todo tipo de busca. O Google capturou o mercado, porque os clientes usavam o site para *todas* as buscas. Por que os consumidores deixariam o Google para usar um site de busca específica como as Páginas Amarelas? Resposta: eles não deixariam, e não deixaram.

- **Administração plena de associação de proprietários de casas:** Ferramentas em software permitem que proprietários de casas realizem 90% das funções tradicionalmente realizadas por administradores de casas. Os administradores plenos que utilizam o modelo de negócio antigo estão buscando cada vez menos clientes que exigem cada vez menos serviços.

Como se beneficiar da inovação disruptiva

Se a inovação disruptiva normalmente vence e o novo mercado criado pela disrupção pode superar o mercado antigo, ser o disruptor compensa. O professor Christensen delineia várias táticas para efetivamente inovar.

Compita com o não consumo

A inovação disruptiva oferece opções menos caras aos consumidores. Logo, procure não consumidores que, de bom grado, comprariam se o preço fosse menor. Tenha cuidado. Esse passo parece fácil, mas preço mais baixo nem sempre equivale à compra do cliente. Eu não tenho um gato. Eu sou um não consumidor de ração de gato. Nenhuma diminuição radical de preço fará com que eu compre um gato ou ração de gato. Contudo, abaixe radicalmente o custo de um carro elétrico ou pacote de férias e eu comprarei.

Charles Schwab ofereceu uma opção de baixo custo para investidores do mercado de ação que não podiam comprar sob as regras restritivas dos corretores plenos. Os milhões de pequenas comissões que os corretores econômicos ganham somam bilhões a mais do que aquelas ganhas pelos corretores plenos.

Itens que concorriam com o não consumo incluem os seguintes:

- **Impressora 3D:** A impressão em 3D permite que empresas façam matrizes e moldes para produção em pequena escala a um bom preço. Antes da impressão 3D, a produção dessas peças e suas matrizes correspondentes tinham um custo proibitivo.
- **Celulares:** Um celular não era um telefone melhor. Era uma forma de ser mais produtivo no carro e um dispositivo de segurança. Antes do celular, essas necessidades não eram integradas.
- **Ford Modelo T:** Henry Ford competia com a locomoção a cavalo, não com outros carros.
- **Tarifas da Southwest Airlines:** Antes dos altos preços do petróleo, as tarifas de última hora a $49 instigavam passageiros a visitar a avó ou ir a Las Vegas em vez de ficar em casa.

✔ **Webconferência:** Uma videoconferência com 20 executivos pode custar $200 contra $20.000 para uma reunião ao vivo. A reunião é importante, mas não tão importante para valer $20.000.

Atrair clientes fora de alcance

Clientes fora de alcance são compradores de uma oferta atual que não estão dispostos a fazer upgrade para opções premium. Eles caem em duas categorias:

✔ Consumidores que não querem fazer o upgrade porque não podem arcar com isso

✔ Consumidores que sentem que o produto atual oferece uma fraca solução para uma necessidade específica, mas não há solução por nicho

Como exemplo da segunda categoria, considere os vários idosos que possuem celulares que realizam centenas de funções que eles não querem ou precisam. O telefone Jitterbug retira a maioria desses recursos indesejados, mas oferece teclas grandes, um grande teclado e visor com cores vivas, tornando-o o celular perfeito para idosos.

A regra a ser seguida para clientes fora do alcance é "Bom o suficiente é bom o suficiente". Ofereça uma opção boa o suficiente com um preço ótimo e você pode atrair esses clientes fora de alcance.

Exemplos de empresas atendendo a clientes fora de alcance são:

✔ O **Open Office da Oracle** oferece planilhas simples e editores de texto para baixar gratuitamente. O produto é direcionado a clientes que utilizam apenas 1% dos recursos disponíveis no Microsoft Excel e/ou Word. Apesar do fato de que a maioria dos clientes utiliza apenas uma fração dos recursos do Excel e do Word, a Microsoft lança uma nova versão de anos em anos. A Microsoft criou um buraco na ponta menos exigente do mercado de software, tal como o Open Office.

✔ A **37 Signals** oferece softwares básicos na internet para gestão de projeto, gestão de relacionamento com cliente (CRM, da sigla em inglês) e colaboração. Diferente de outras empresas de software, a 37 Signals insiste que o software deve ser tão simples que não seja necessário nenhum manual ou treinamento para utilizá-lo. Sua estratégia é atingir clientes fora do alcance de outras empresas de software para CRM e gestão de projeto.

✔ A **Apple** usou o iPad para provar que havia um mercado de usuários não alcançados de laptops e desktops. O iPad ofereceu uma forma mais barata e mais fácil de acessar a internet e o e-mail para esses usuários.

✔ As **faculdades online** atendem a estudantes que valorizam mais a graduação do que toda a experiência na própria faculdade. Muitos alunos não ligam para fraternidades, jogos de futebol ou grandes associações estudantis. Eles só querem o diploma.

- ✔ A **Minute Clinic** da **CVS** oferece alguns serviços simples — como vacinações, testes de saliva e diagnósticos de doenças simples — de maneira mais conveniente do que ir a médicos tradicionais.
- ✔ **Cartões de débito e de crédito pré-pagos** tocam no grande mercado dos que não têm conta bancária. Esses consumidores geralmente pagam em dinheiro, mas ainda precisam de um cartão de crédito para compras na internet, locação de carro e outras compras que só podem ser realizadas com esse método de pagamento. Os bancos oferecem muitos serviços a um custo muito alto para esses clientes.

Segmento por utilidade ao cliente

Os negócios tendem a colocar os clientes em segmentos demográficos, como renda, idade, gênero ou localização. Um cliente não compra um produto porque tem renda média, é graduado e possui uma casa. Segundo Christensen, o consumidor "contrata" um produto porque há um trabalho que precisa ser feito. Você contrata o McDonald's para acabar com o ronco do seu estômago, não porque é um homem de 26 anos do segmento demográfico certo.

Christensen ensina esse assunto em seu curso de MBA com o exemplo do milkshake. Um fast-food quer melhorar suas vendas de milkshake. Primeiro, a empresa segmenta o mercado tanto pelo produto (milkshakes) quanto pela demografia (o perfil de um consumidor médio de milkshake). Então, o departamento de marketing pede para pessoas dentro do segmento demográfico que listem as características do milkshake ideal (denso, ralo, com crocância, suave, com fruta, chocolate e assim por diante). A empresa faz ajustes no milkshake com base nas sugestões, mas as vendas de milkshake não melhoram.

Então a empresa muda sua abordagem para focar no serviço em que o cliente "contrata" o milkshake. Após um estudo, a lanchonete descobre algo surpreendente: 40% dos milkshakes são a primeira coisa comprada de manhã por pessoas indo para o trabalho, que o pedem para viagem.

A lanchonete entrevista clientes que compraram milkshakes de manhã e pergunta por que eles os compraram pela manhã. A maioria dos compradores disse que estavam enfrentando uma longa e chata jornada, queriam algo para ocupar o tempo e que pudesse ser consumido com apenas uma mão, de modo que eles não bagunçassem sua roupa de trabalho, e que ajudasse a segurar a fome até o horário do almoço.

Revelou-se que o serviço para que o milkshake era contratado para realizar tinha mais a ver com acabar com o tédio de uma locomoção matinal do que com o sabor. Visto que essa pessoa indo para o trabalho quer que o milkshake dure a viagem inteira, a densidade do produto é importante. A empresa tornou os milkshakes matinais mais espessos e mais interessantes acrescentando pedaços de fruta. Essa mudança aumentou significativamente as vendas do produto.

Quando você pensa no serviço que o cliente precisa que seja realizado, pode ter uma centelha criativa ou encontrar um ângulo totalmente novo. Você não quer comprar gasolina, quer comprar o seu carro se movimentando. Os produtos a seguir criaram ofertas únicas usando a abordagem do "serviço precisa ser realizado":

- **Brita:** A purificação de água cria água potável. Para muitos clientes, o serviço a ser realizado é eliminar o descarte de garrafas plásticas, não filtrar a água.
- **Cartões Hallmark:** Quando você se importa o suficiente em enviar o melhor. O que importa é mostrar amor, cuidado e afeição em alto nível. As palavras no cartão importam muito menos que o gesto.
- `Hipmunk.com:` Em uma indústria já inchada de sites de viagem, essa empresa desenterrou um nicho realizando o serviço que outros não faziam: comparar os horários de partida e o preço em vez de somente o preço. O serviço a ser realizado no Hipmunk é reservar a viagem mais conveniente, não a mais barata.
- **Netflix e Redbox:** Esses dois serviços alugam DVDs, mas com serviços diferentes para o cliente. O Netflix oferece um fluxo conveniente de entretenimento com sua lista de filmes entregue em sua porta. A Redbox oferece entretenimento barato *agora*.
- **Nike:** Uma camiseta de time da Nike não é apenas uma camiseta, é uma fonte de orgulho e pertencimento.
- **Nintendo Wii:** Este produto criou um grande público entre avós. A vovó não quer jogar um videogame, ela quer compartilhar uma atividade com seus netos.
- **Olé:** O aparelho auditivo para pessoas que não querem usar um aparelho. O serviço a ser realizado não é escutar melhor. O serviço a ser realizado é escutar melhor sem que alguém saiba que você está usando um aparelho auditivo.
- **Whole Foods:** Esse mercado oferece alimentos naturais. O serviço a ser realizado é viver com mais saúde. O cliente realiza esse serviço comprando itens encontrados na Whole Foods.
- **Zipcar:** O serviço a ser realizado não é alugar um carro mais facilmente, é um ônibus ou trem ampliado. Você não pode carregar cinco bolsas de compras ou um sofá em um ônibus.

A Maior Parte do Seu Modelo Atual Funciona Bem: Não Jogue o Bebê Fora Junto com a Água do Banho

É possível inovar demais. Como tirar uma planta da terra para saber se ela está crescendo, mudança demais pode prejudicar seu modelo de negócio. A Coca-Cola pensou que estava perdendo espaço para a Pepsi e decidiu mudar sua fórmula de 99 anos. A New Coke foi um desastre de pesquisa e desenvolvimento. Apenas 79 dias após ser lançada, a Coca-Cola reverteu o feito e trouxe de volta a fórmula original como Coca-Cola Clássica.

Comparando subinovação com superinovação

A Coca-Cola superinovou. Pode ser difícil encontrar o equilíbrio apropriado entre inovação e mudança. Você pode superinovar:

- Mexendo com marcas confiadas, como fez a Coca-Cola.
- Sendo vítima da síndrome do objeto reluzente. Novas ideias que não estão sobrecarregadas do aborrecimento da execução sempre parecem mais interessantes. Focar na próxima coisa grande às vezes tira o foco da última coisa grande.
- Ser impaciente com o crescimento. Às vezes, as empresas podem pressionar demais para o crescimento e acabam tomando o caminho do fracasso com a superinovação. O supermercado online Webvan teve sucesso em alguns poucos mercados selecionados, mas pressionou seu modelo de negócio a um ponto de quebra, expandindo-o para cidades marginais.
- Ser impaciente por lucros. O Twitter ainda está para obter lucro, mas reúne 140 milhões de usuários enviando 340 milhões de tuítes todo dia. Não se sabe se o Twitter um dia será um modelo de negócio lucrativo, mas a empresa tem sido paciente com lucros e não superinovou seu modelo de negócio.

As empresas subinovam com mais frequência. Seu modelo de negócio começa a funcionar bem e elas se tornam complacentes. Então chega um inovador disruptivo e as golpeia.

Inovação envolve risco. Geralmente os empreendedores evitam o risco e, portanto, fogem da inovação. Se estiver em dúvida, aposte na superinovação. Eis o porquê. O que parece superinovação provavelmente não é.

Aqui estão alguns sinais de que você pode estar subinovando:

- **Porcentagem de margem decrescente:** Novos produtos inovadores têm margens maiores. À medida que o mercado amadurece, a concorrência intensifica-se e as margens começam a cair.
- **Concorrência intensificada:** A inovação é a melhor defesa contra a pressão competitiva. Se estiver sentindo uma pressão intensa da concorrência, pode ser hora de combater isso com a inovação.
- **Falta de crescimento:** Crescimento tornando-se lento significa que a fase de maturidade não está muito longe. Em vez de lidar com as consequências negativas da maturidade, como pressão no preço, inove.
- **Falta de novos produtos:** Mexer demais em produtos antigos ou simplesmente tocar sua oferta existente, em algum momento, pegará você.
- **Tédio:** Se você estiver entediado com seu negócio, é seguro deduzir que seus clientes podem estar entediados com sua oferta.
- **Membros de qualidade da equipe saindo:** Os melhores membros de sua equipe valorizam desafios e uma chance de demonstrar a criatividade deles. A falta de inovação nega a eles a oportunidade de brilhar. Eles partirão para encontrar uma empresa que lhes dê essa oportunidade.

Saiba quais partes do seu modelo manter e quais descartar

Como saber quais partes do seu modelo exigem inovação e quais partes não? Em geral, se algo estiver dando certo, a inovação incremental é a melhor opção. Se você sentir uma deterioração, é hora de parar de remendar e tentar uma inovação quantum.

Quando estiver decidindo quais partes do modelo manter e o que mudar radicalmente, considere estes fatores em sua decisão:

- **Potencial futuro da oferta:** Lutar com unhas e dentes pela aceitação do mercado de um potencial produto de um bilhão de dólares é diferente de espernear por uma oportunidade de $100.000.
- **Aceleração:** Se o progresso estiver acelerando, é provavelmente melhor deixar as coisas seguirem seu rumo. Se o progresso estiver desacelerando rapidamente, é hora de uma inovação quantum. A RIMM, fabricante do BlackBerry, está atualmente nessa posição. Sua fatia de mercado está encolhendo vertiginosamente. Em tempos assim, "Na dúvida, jogue fora".
- **Volume de vendas:** A Apple finalmente está vendo a aceleração das vendas do iPad diminuir. Os iPads são um produto multibilionário; a Apple não precisa entrar em pânico em relação à desaceleração. A inovação incremental é mais prudente quando grandes vendas estiverem estáveis e a desaceleração for suave.

- **Fatia do mercado:** A Starbucks passando por quedas de venda é diferente de uma cafeteria de um ano começando a ver as vendas diminuírem. Pode ser melhor para a Starbucks esperar as coisas se acertarem ou ajustar o modelo levemente. A nova cafeteria pode precisar ajustar radicalmente. Proteger uma grande fatia de mercado justifica o conservadorismo adicional.
- **Ciclo do mercado:** O estágio do ciclo do mercado pode ajudá-lo a determinar se deve ser paciente, ajustar levemente ou inovar radicalmente.
- **Inovação incremental prévia:** Se você não tiver tentado nenhuma mínima inovação, é provavelmente melhor começar com uma alteração pequena em vez de mudar radicalmente seu modelo. Por outro lado, se você tiver mexido no mesmo problema por anos e consistentemente não tiver obtido êxito, é provavelmente hora de pensar grande.

Capítulo 20

Colaboração Coletiva como Inovação Avançada no Modelo de Negócio

Neste Capítulo
▶ Descobrindo o poder da colaboração coletiva
▶ Olhando três coisas que você não sabia que eram colaboração coletiva
▶ Recorrendo ao poder da colaboração coletiva para aprimorar seu modelo de negócio

Se você já postou um vídeo no YouTube, votou no Ídolos, leu o Oxford Dictionary ou comentou no `Yelp.com`, já viu a colaboração coletiva em primeira mão. O dicionário Merrian-Webster define a *colaboração coletiva* (*crowdsourcing*) como "a prática de obter serviços necessários, ideias ou conteúdo solicitando contribuições de um grande grupo de pessoas e, especialmente, da comunidade online, em vez de funcionários ou fornecedores adicionais". Colocando em termos simples, a *colaboração coletiva* faz com que várias pessoas, de clientes a fornecedores e completos estranhos, contribuam resolvendo uma tarefa comum.

Normalmente, essas "contribuições" do público são gratuitas. Você pode ver como obter algo gratuitamente do público, em oposição a pagar funcionários e fornecedores, consegue impactar radicalmente seu modelo de negócio. Empresas inovadoras da Fortune 500 a lojas para bebê e gestante têm usado a colaboração coletiva para acelerar a inovação, manter contato com os clientes, criar produtos, encontrar soluções criativas, levantar capital e mais.

O conceito de colaboração coletiva foi cunhado por Jeff Howe em um artigo da *Wired Magazine* de 2006. Howe coloca a colaboração coletiva em quatro categorias principais:

- **A criação de público usa as massas para acrescentar valor ao produto.** Exemplos incluem:
  - NASA's Clickworkers, no qual entusiastas pelo espaço ajudam a categorizar padrões de crateras em Marte
  - Softwares de código aberto como o Linux
  - `Threadless.com`, que permite que os consumidores proponham conceitos de camisas para venda
  - iStockphoto, que utiliza fotógrafos amadores para fornecer um acervo de imagens de alta qualidade e custo baixo
  - O Rally Fighter Car, que foi o primeiro carro de criação coletiva elaborado. Mais de 35.000 designs feitos por 2.900 membros da comunidade, em mais de 100 países, contribuíram com o projeto.
- **A votação do público recorre à tecnologia para obter input das massas e, então, disponibiliza os resultados como output.** Howe aponta a Regra 1/10/89: 1% dos participantes criarão algo de valor, como uma resenha bem escrita, 10% votarão e classificarão e 89% consumirão o conteúdo. Exemplos de votação do público incluem:
  - Votação em reality show
  - `Yelp.com`
  - Sites de classificação de filmes como o Fandango
  - Digg
- **Sabedoria do público.** Este princípio tenta recorrer ao conhecimento coletivo de muitos para resolver problemas ou prever resultados futuros. Howe declara: "Dado um conjunto certo de condições, o público quase sempre superará qualquer número de empregados — um fato que muitas empresas estão cada vez mais tentando explorar." O conceito de democracia está centrado na sabedoria geral do público para saber como melhor selecionar líderes. O Yahoo! Respostas e a inovação aberta recorrem à sabedoria do público também.
- **O financiamento coletivo corta instituições tradicionais de empréstimo pode ser um intermediário desnecessário.** Pessoas que tomam empréstimos de fontes tradicionais podem usar um grupo de credores individuais para alcançar suas necessidades financeiras. O `Kiva.org` usa o financiamento coletivo para oferecer microempréstimos a empreendedores em nações em desenvolvimento. O `Kickstarter.com` financia uma variedade de projetos de startups, desde filmes a invenções para negócios.

Neste capítulo, eu discuto a poderosa estratégia de inovação do modelo de negócio que é a colaboração coletiva. Eu explico que não se trata de um modismo e dou exemplos potencialmente surpreendentes de colaboração coletiva. Também farei o melhor possível para convencê-lo de que seu modelo de negócio pode beneficiar-se desse método enquanto me certifico de que você estará ciente do lado negativo.

Inovação avançada do modelo de negócio

Não há limite para o número de formas pelas quais você pode inovar. Muitas inovações são inspiradas pela ótima ideia de outra empresa. O inovador pega a centelha de outra empresa e então manipula a ideia um pouco para que funcione na sua. Esses tipos de inovações construíram muitas grandes empresas e indústrias. O fundador da Steak and Ale, Norman Brinker, tem o crédito por ter inventado o salad bar no início dos anos 1960. Dezenas de inovações em restaurantes foram inspiradas em tal salad bar.

Às vezes, uma tática relativamente comum de uma indústria é transformada em um sucesso estrondoso de modelo de negócio em outra. A linha de montagem transformou a indústria de fábricas e, então, tornou-se onipresente. Desde então, a tal tem sido usada em centenas de indústrias de ambientes não relacionados à fabricação, desde o McDonald's até escritórios. Outras inovações baseiam-se em técnicas amplas de modelo de negócio que podem ser usadas em ilimitados cenários de negócio. A estratégia de modelo de negócio freemium tem sido criativamente utilizada por milhares de empresas, como as de cereais, concessionárias de automóveis e marqueteiros de informação na internet.

Três amplas, porém poderosas, estratégias de inovação do modelo de negócio são a colaboração coletiva (assunto deste capítulo), a virtualização de vendas (veja o Capítulo 21) e o seguro (vá ao Capítulo 22). Essas estratégias são amplas, mas podem ser aplicadas a qualquer empresa. Qualquer uma delas tem a capacidade de transformar radicalmente um modelo de negócio e deixá-lo melhor.

A Colaboração Coletiva Chegou para Ficar

Dez anos atrás, algumas poucas aplicações de colaboração coletiva como YouTube, Elance e o Ídolos tocavam no poder do público. Hoje em dia, milhares e milhares de empresas utilizam a colaboração coletiva para:

- **Criar produtos.** Permitindo que os clientes "colocassem a mão na massa", a Frito-Lay criou o concurso *Do Us a Flavor* ("Faça-nos o Sabor"). Esse concurso, primeiro do tipo nos EUA, já é um sucesso em outros países. Alguns dos sabores esquisitos sugeridos incluem o Chili & Chocolate, Caesar Salad, Late Night Kebob e Cajun Squirrel. Esses concursos geraram mais de oito milhões de ideias globalmente. O vencedor recebe $1 milhão.

- **Votar em novas opções de produto.** As ideias do concurso da Frito-Lay são selecionadas por uma junta de celebridades que mantêm apenas algumas opções e, então, os consumidores votam para escolher a vencedora.

- **Utilizar uma agência de publicidade real:** A potência mundial em consumo Unilever recentemente decidiu demitir sua agência de publicidade de 16 anos, recorrendo à plataforma de colaboração coletiva IdeaBounty para criar ideias para suas próximas campanhas de TV. A marca Sprite da Coca-Cola fez um concurso entre estudantes de cinema para sua propaganda de TV mais recente. Essa campanha fez mais do que gerar ideias; os alunos entregaram comerciais finalizados, prontos para ir para o ar.

- **Classificar produtos em tempo real em oposição a um grupo de foco.** Se você assistiu a um debate político recentemente, viu o gráfico na parte inferior da tela movendo-se como eletrocardiograma. Votantes selecionados classificam sua satisfação ou insatisfação com os comentários dos candidatos em tempo real. Antigamente, membros do auditório eram colocados em uma sala, onde eram pesquisados ou entrevistados, e o feedback era interpretado por gurus da política.

- **Criar uma caixa de sugestões em grande escala.** Os comentários e sugestões do cliente sempre foram valorizados pelos negócios, mas a maioria das caixas de sugestão reunia apenas uns poucos comentários. A facilidade e o alcance maciço da internet permitem que comentários e sugestões sejam coletadas com maior precisão e volume.

- **Puxar a sabedoria coletiva do mundo inteiro.** Um dos princípios da colaboração coletiva é que o público quase sempre está certo. Essa premissa foi fortemente pesquisada e já comprovada. Recorrendo a essa sabedoria coletiva, as empresas podem prever mais precisamente o sucesso das introduções de novos produtos. O `Fandango.com` posta as críticas tanto dos espectadores de filmes como dos próprios críticos de cinema. Em que você confia mais, na classificação de 10.000 espectadores como você ou de alguns poucos críticos? A maioria dos patrocinadores de filmes confia na sabedoria coletiva do público para melhor prever a qualidade de um filme em vez de confiar nos críticos.

- **Desmembrar o trabalho em partes manejáveis.** A empresa finlandesa Microtask usa a colaboração para finalizar tarefas extremamente maçantes que são difíceis de aguentar por 40 horas por semana. Por exemplo, a empresa está digitalizando os arquivos da Biblioteca Nacional da Finlândia, desmembrando documentos escaneados em milhões de pequenas partes. Essas peças são colocadas em um jogo chamado Mole Bridge. Os jogadores leem os pequenos pedaços — que são apenas imagens de palavras individuais — e digitam o que está escrito em uma janela. Eles avançam no jogo como resultado. A Microtask combina os dados e ganha serviços gratuitos de digitação e tradução.

- **Permitir que clientes cocriem produtos.** O CafePress, um popular site de camisetas e presentes personalizados, alega receber 11 milhões de visitas não repetidas por mês e ter mais de 250 milhões de produtos diferentes no site. Os criadores de camisetas elaboram seus próprios designs e postam-nos para que outros visitantes os comprem. Os criadores recebem uma pequena comissão por quaisquer vendas.

Capítulo 20: Colaboração Coletiva como Inovação Avançada...

> ✔ **Levantar dinheiro.** Sites de financiamento coletivo, como `zopa.com` e `kickstarter.com`, podem levantar centenas de milhares de dólares em dias.

LEMBRE-SE

Elaboradores de modelos de negócio não podem se dar ao luxo de tratar a colaboração coletiva como modismo. A transferência de dados barata e fácil permitida pela tecnologia criou essa poderosa tática de negócio. Ela veio para ficar.

Dez Coisas que Talvez Você Não Saiba que Foram Elaboradas Coletivamente

Recorrer ao poder do público é mais comum do que você pensa. Aqui estão alguns exemplos corriqueiros de colaboração coletiva que você pode não ter tomado ciência:

- ✔ A Green Bay Packers foi salva pela colaboração coletiva duas vezes. A equipe estava quase na bancarrota e nenhum banco ou investidor queria se envolver. Então, em 1923, os comerciantes locais levantaram $5.000 vendendo mil ações a $5 cada para a comunidade local e, em 1935, foram levantados $15.000.

- ✔ O logotipo da Toyota. Em 1935, a empresa realizou um concurso que recebeu 27.000 designs entre os quais a logo foi escolhida.

- ✔ As unidades de GPS TomTom utilizam um sistema de input de usuários chamado Map Share, que permite correções e acréscimos ao seu mapa. Milhões de correções de mapas já foram fornecidas pelos usuários, aprimorando a experiência geral para todos.

- ✔ O Twitter pagou por volta de $6 pela logo de passarinho criada coletivamente.

- ✔ Seu iPhone é um detector de radar. O Cobra iRadar é um dispositivo de detecção de radar, laser e velocidade, e de sinal vermelho que se comunica com seu iPhone com um aplicativo especial que mostra pardais no mapa do GPS. Usuários relatam atividades da polícia no aplicativo de modo eficiente, contribuindo coletivamente com a detecção de radares de velocidade.

- ✔ O Citibank confia seu atendimento ao cliente à contribuição coletiva. Em vez de trancar funcionários em um grande escritório e buscar talentos localmente, milhares de representantes do mundo inteiro logam em um sistema na web onde as ligações são concentradas. Então as ligações são distribuídas para os melhores representantes disponíveis, com base em um sistema que pesa seu histórico de upsell, satisfação do cliente, tempo médio por chamada e assim sucessivamente. Os representantes são pagos com base nessa escala também.

- ✔ O quebra-cabeças da `Salesforce.com` vende dados de contribuição coletiva. O cliente A insere um dado que não está atualmente na base de dados para consumo pelo cliente B. Esse modelo de negócio difere muito dos

- fornecedores de dados como Dun & Bradstreet, que criam suas próprias bases de dado com listas telefônicas, busca de diretórios na internet e ligações telefônicas.
- A propaganda de TV recente da Harley Davidson, "No Cages" (sem jaulas, em tradução livre), foi elaborada coletivamente.
- O McDonald's recentemente lançou um hambúrguer de colaboração coletiva, o Pretzelnator, na Alemanha.
- Os resultados do Google são efetivamente colaborativos. O fator-chave de classificação é o PageRank, que leva em conta centenas de fatores, mas, principalmente, pesa hiperlinks de outros sites. De onde vêm os hiperlinks? Eles vêm da massa de usuários da internet que recomendam o site para outros via hiperlink.

Seu Modelo de Negócio Pode Beneficiar-se da Colaboração Coletiva

Muitos empresários tratam a colaboração coletiva como "algo para os outros caras". Eles não entendem plenamente a colaboração coletiva, então a tratam como uma língua estrangeira — algo que eles escutam, mas não compreendem. O fato é que a maioria dos negócios pode beneficiar-se de alguma forma da colaboração coletiva. A colaboração coletiva tem o potencial de acelerar o desenvolvimento, gerar ideias criativas e baixar custos. Ela também é uma inovação potencialmente disruptiva para negócios que possam empregar seu poder eficientemente (veja o Capítulo 19 para mais informações sobre inovação disruptiva).

A colaboração coletiva é 1.300 vezes mais rápida

Um produto de colaboração coletiva pode ser criado em uma fração do tempo de um do modo tradicional. A colaboração coletiva elimina camadas de burocracia, permite um vasto número de participantes e utiliza informação transparente que não pode ser rivalizada por uma organização sequer.

Desde sua primeira impressão em 1771, a Encyclopedia Britannica criou mais de 65.000 artigos em sua coleção. Desde janeiro de 2001, a Wikipédia reuniu quase 3,9 milhões de artigos. Dizendo de outra forma, a Encyclopedia Brittanica acrescentou uma média de 270 artigos por ano enquanto a Wikipédia, de colaboração coletiva, acrescentou em média 354.545 anualmente — ou 1.313 vezes mais.

A natureza da matéria escura encafifou os astrônomos por décadas, então a NASA criou um concurso de matéria escura para trazer respostas coletivamente.

Martin O'Leary, um glaciólogo britânico da Universidade de Cambridge, venceu o concurso. Sua solução foi um modelo matemático para as pequenas distorções em imagens da galáxia, que se acredita serem matéria escura. A NASA, a Agência Espacial Europeia e outros vêm trabalhando no problema por anos, mas O'Leary encontrou a solução em uma semana e meia.

A colaboração coletiva cria uma nova meritocracia

Em um ambiente de colaboração coletiva, as barreiras são removidas e o acesso a recursos aumentado, criando um campo de atuação igual e sem vieses. Pegue, por exemplo, o concurso da NASA da seção anterior. Quem sabe se o usuário com nome Joe5434 é um menino de 12 anos de Tulsa, Oklahoma, ou um senhor de 62 anos, aposentado no País de Gales? Não importa. A informação normalmente compartilhada apenas com conhecedores está disponível a todos e que a melhor ideia vença — independentemente de sua fonte.

Historicamente, uma variedade de barreiras mantinha jogadores talentosos fora de campo. Você não podia escrever para um grande jornal sem um diploma de jornalista. Hoje em dia, blogs e novos sites de agregação, como o digg.com, permitem que qualquer pessoa publique. O público vota com visualizações, comentários e classificações para permitir que a nata vá para o topo.

Pegar as ações campeãs tem sido, por muito tempo, o único domínio de especialistas bem formados e capacitados do mercado empregados por firmas de Wall Street. Essas firmas vendiam sua capacidade de escolher as campeãs de bilhões de dólares por newsletters, comissões, bancos privados e honorários. Usando a colaboração coletiva, a Motley Fool rompeu essa lucrativa indústria. Com uma comunidade de investidores de 170.000 membros, o sistema de classificação CAPS da Motley Fool permite que o público vote em ações de zero a cinco estrelas.

O sistema patenteado CAPS provou-se preciso. Ações de cinco estrelas saíram-se melhor que as de quatro, enquanto as de zero estrelas foram mal, apoiando a previsão do público. A Motley Fool também classifica a capacidade de escolher ações de seus 75.000 membros. O maior selecionador de ações, bbmaven, não é um guru de Wall Street, ele é um cara comum de Massachusetts. No entanto, o recorde de escolha de ações de bbmaven é melhor do que as escolhas milionárias de gestores de fundos assalariados, como Jim Cramer da *Mad Money*. A Motley Fool simulou as seleções de ações de Cramer e ele tem uma pontuação de 85,52, enquanto o bbmaven tem uma pontuação de 99,9.

Reality shows podem ser vistos como uma forma de colaboração coletiva. Anteriormente, apenas alguns poucos atores famosos de Hollywood podiam ser selecionados como estrelas de uma nova série de TV. Hoje em dia, qualquer pessoa comum — como Snooki de *Jersey Shore*, Mike Rowe de *Trabalho Sujo*, os pescadores de *Pesca Mortal*, Honey Boo Boo, Bethenny Frankel de *The Real Housewives* e Kate Gosselin de *Jon & Kate Plus 8* — pode desfrutar fama e fortuna.

A colaboração coletiva pode gerar ideias superiores

O cofundador da Sun Microsystems, Bill Joy, disse algo que ficou conhecido: "Não importa quem você seja, a maioria das pessoas inteligentes trabalha para outras." Se ao menos você pudesse acessar essas pessoas inteligentes, certo? Você pode, com a colaboração coletiva.

A empresa canadense de mineração de ouro Goldcorp estava construindo uma estação para a conversão de minério de ouro e precisava saber quanto ouro havia no solo. Os geólogos internos da empresa não conseguiram dar uma resposta. O fundador Rob McEwen chocou a indústria de mineração de ouro compartilhando os dados geológicos de sua propriedade para que pessoas do mundo inteiro pudessem fazer a prospecção de ouro para ele.

A Desafio Goldcorp oferecia $575.000 para o vencedor. Uma equipe de duas firmas australianas criou um modelo tridimensional da minha e criou o plano vencedor entre vários enviados. O plano da equipe identificou mais de 110 sítios de exploração, e 50% deles eram desconhecidos à empresa. Mais de 80% desses novos sítios geraram reservas de ouro significativas. A Goldcorp ganhou milhões com esses dados.

A Encyclopedia Britannica reúne artigos de 110 ganhadores do Prêmio Nobel e cinco presidentes americanos; ainda assim, muitos especialistas enxergam a Wikipédia como uma fonte superior de informação. Neste caso, a quantidade *pode* bater a qualidade. Enquanto a Encyclopedia Britannica reúne mais de 4.000 autores de artigos, a Wikipédia tem mais de 750.000 colaboradores. Seu vizinho pode não conseguir superar um laureado pelo Nobel em um teste de QI, mas eu aposto que ele sabe mais sobre produtos de limpeza doméstica ou conserto de automóveis.

Muitos profissionais da computação preferem o sistema operacional de código aberto do Linux ao Windows. Os defensores do Linux apontam que esse sistema é mais estável, tem menos vírus e não fica mais lento com o tempo comparado ao Windows. Como a Wikipédia, o Linux é uma plataforma livre que tem passado por upgrades e tem sido refinada por milhares de programadores.

A colaboração coletiva baixa custos

A Frito-Lay pode estar pagando $1 milhão por um novo sabor de salgadinho (veja a seção anterior, "A Colaboração Coletiva Chegou para Ficar", para mais detalhes), mas esse montante é quase nada se comparado à alternativa. Se a Frito-Lay criasse um novo sabor à moda antiga, poderia ter gasto dezenas de milhões de dólares e tido menos chances de sucesso. Na Tabela 20-1, eu comparo o processo antigo de desenvolvimento de produto com a colaboração coletiva, usando o concurso de sabor da Frito-Lay como exemplo.

Tabela 20-1   Frito-Lay: O Antigo Processo de Desenvolvimento de Produto versus Colaboração Coletiva

À Moda Antiga	Colaboração Coletiva
Pegue uma equipe de cientistas especializados em nutrição e marqueteiros para fazer um brainstorm de ideias para sabores do produto. Imagine o custo desses profissionais talentosos gerando ideias por alguns meses.	Ofereça um "prêmio" de $1 milhão e tenha milhões de ideias de sabores por menos do que o custo de criá-las internamente e mais um monte de pesquisa e desenvolvimento de graça.
Faça protótipos de salgadinhos e peça para um grupo de foco múltiplo avaliá-los.	Faça protótipo apenas de algumas opções aprovadas.
Leve as sugestões do grupo de foco de volta para o painel de criação de produto e faça ajustes.	O público atua como grupo de foco vigente, filtrando ideias ruins e reforçando as boas.
Continue este processo até estar satisfeito com o produto.	Este passo não é necessário.
Anuncie o produto para o público e espere que ele goste.	O concurso divulga o produto, então será preciso muito menos marketing quando ele estiver disponível.
Repita todo o processo se o produto fracassar.	As chances de aceitação do mercado são muito maiores, porque os consumidores criaram e votaram no produto. Além do mais, permitir que os consumidores deem input/comprem o produto os envolve em seu sucesso.

Criando o novo sabor com a colaboração coletiva, a Frito-Lay economiza custos de desenvolvimento, o acelera, ganha publicidade de valor inestimável (o concurso travou sua página no Facebook), faz um pré-lançamento efetivo do produto e aumenta exponencialmente as chances de sucesso dele.

A Tabela 20-2 ilustra maneiras adicionais de como a colaboração coletiva pode baixar custos.

Tabela 20-2	Baixando Custos com Colaboração Coletiva	
Opção de Colaboração Coletiva	*Abaixa os Custos...*	*Exemplos*
Teste pelo público	Acessando rapidamente recursos mundiais.	`utest.com`
Colaboração coletiva de distribuidores	Oferecendo acesso a recursos mundiais. Equilibra oferta e demanda. Distribuidores ávidos podem acessar os projetos rapidamente.	`elance.com`, `99designs.com`, `guru.com`
Voluntariado	Permitindo produtos gratuitos. Todo mundo precisa de um hobby, e as criações de colaboração coletiva permitem produtos gratuitos.	Linux
Desmembramento inteligente de trabalho	Desmembrando grandes tarefas chatas que seriam muito caras ou maçantes para completar em tarefas pequenas feitas por muitos.	Amazon Turk, transcrição de Captcha
Pesquisa	Dando feedback instantâneo de um número significativo de usuários, que leva a uma melhor tomada de decisão.	Ídolos, `Feedbackarmy.com`
Cocriação	Retirando tarefas da firma, aumentando as chances de aceitação no mercado e aumentando a fidelidade do cliente. Tudo isso é possível quando a firma e o cliente trabalham juntos para criar e personalizar ofertas.	A Nike dá aos clientes ferramentas para desenvolver seus próprios tênis
Financiamento coletivo	Removendo a instituição de empréstimo tradicional como intermediária. Abre o mercado para credores não tradicionais, assim como clientes de empréstimos marginais.	`zopa.com`, `kiva.org`, `kickstarter.com`
Usuários ajudando usuários	Oferecendo atendimento ao cliente gratuitamente. Por que ter uma equipe de atendimento ao cliente quando o melhor serviço pode ser oferecido por outros clientes gratuitamente?	Incontáveis fóruns da Microsoft, Yahoo!Respostas

Opção de Colaboração Coletiva	Abaixa os Custos...	Exemplos
Concursos	Utilizando o público para fazer melhor, mais rápido e mais barato quando recursos internos não conseguem resolver o problema.	O prêmio de $1 milhão do Netflix para ajudar a aprimorar seu algoritmo de filtragem colaborativo, Desafio Goldcorp
Inovação aberta	Acessando algumas das mentes mais brilhantes do mundo por preços de freelance. As empresas podem fazer isso compartilhando dados anteriormente sagrados.	Eli Lilly usa a plataforma InnoCentive para resolver problemas complexos na criação de drogas
Dados de usuários compilados e retornados a eles	Obtendo dados mais rapidamente. Sistemas de GPS de celulares enviam a velocidade atual do usuário e, então, combinam esse dado com os de outros usuários para traçar um mapa de tráfego. Esse dado é mais preciso e atual do que o antigo método, helicóptero observando o tráfego e divulgação pelo rádio.	Aplicativos de tráfego de GPS

Nomeando uma nova divisão

Uma empresa queria criar uma nova divisão e precisava dar um nome a ela. Não havia respostas erradas e nenhuma maneira de pontuar a qualidade de um nome, mas o proprietário tinha a sensação de que ele não deveria nomear a nova divisão. Ele estava tendendo para uma direção, mas decidiu deixar que seus clientes nomeassem a nova divisão. O proprietário do negócio ofereceu a aproximadamente 20 clientes uma lista com possíveis nomes e pediu para que eles classificassem as três melhores opções. Os clientes tiveram uma escolha clara. O proprietário aceitou a escolha de seus clientes, embora tivesse discordado dela. Dez anos depois, ele está feliz por ter seguido a sabedoria do público em vez de sua própria opinião.

Encontrando formas de usar a colaboração coletiva em seu modelo de negócio, você pode avançar mais rápido, baixar os custos e acessar novos talentos. Qualquer um desses benefícios pode criar uma nova e significante vantagem competitiva.

A colaboração coletiva simplesmente funciona melhor às vezes

Se você quiser que o seu modelo de negócio tenha o melhor desempenho possível, você precisa estar aberto à possibilidade de que a colaboração coletiva pode ser mais do que uma nova maneira de fazer negócio. Em alguns casos, a colaboração coletiva funciona exponencialmente melhor do que os métodos existentes. Muitos projetos abertos de inovação — como o Desafio Goldcorp e o chamado de Eli Lilly à inovação em pesquisa — superam problemas não resolvidos facilmente pela organização.

Muitos concursos com prêmios, como o *Do Us a Favor* da Frito-Lay ou os designs gráficos do 99designs, trazem tanto poder intelectual para um problema que soluções nunca imaginadas se tornam reais.

Em outros casos, o público pode dar conta de uma tarefa maciça que é grande demais para uma empresa. Digitalizando livros um Captcha por vez, bibliotecas inteiras podem ser rapidamente transcritas. O Facebook está usando o público para traduzir o site para várias línguas. O custo de traduzir milhões de páginas na web para dezenas de idiomas seria proibitivo e negaria o Facebook a usuários em suas línguas nativas. Tráfegos de dados altamente precisos de milhares de GPS de celulares de usuários fornecem informações instantâneas e precisas em vez de helicópteros observando algumas retenções e deixando passar outras.

O público também pode oferecer velocidade. Se você descobrir que seu site tem um vírus nocivo às 3h e quiser corrigi-lo imediatamente, boa sorte acordando seu webmaster. Poste o projeto no Elance ou no Rentacoder e o problema pode ser resolvido antes que o alarme do seu webmaster toque. Para tarefas que podem ser realizadas colaborativamente, a disponibilidade de um grupo talentoso maior e ávido pode beneficiar o seu negócio. Os repórteres do iNews divulgam furos para os consumidores mais rápido que os meios de notícia comerciais. Enquanto ocorria o movimento democrático no Egito, o Twitter foi uma fonte de informações melhor que a CNN. Mensagens com doações de cinco dólares enviadas por milhões de usuários de celulares aceleraram o socorro às vítimas da supertempestade Sandy em comparação com a campanha por telefone da Cruz Vermelha e o Teleton.

A sabedoria do público pode exceder a sabedoria individual em alguns casos. Os leitores do CAPS do Motley Fool escolhem ações melhor do que muitos profissionais. Para muitos cinéfilos, os usuários do Fandango classificam os filmes melhor que os críticos profissionais. Saber quando recorrer à sabedoria do público pode aprimorar o seu negócio.

Potenciais Lados Negativos da Colaboração Coletiva

A colaboração coletiva tem muitos potenciais benefícios. Vale a pena mencionar também alguns potenciais efeitos negativos da colaboração coletiva. Considere o seguinte:

- **Baixo custo pode equivaler a baixo valor.** Para cada logo de $35 da Nike, centenas de logos de baixa qualidade são criados.
- **Falta de continuidade.** Muitos negócios de plataforma de colaboração coletiva acham útil recorrer a designers freelancers. Se você usar apenas uma agência de publicidade, pode ser mais caro, mas você tem continuidade e um branding consistente. Utilizar o público pode ser mais barato, mas você sacrifica a continuidade e pode ter que lidar sozinho com branding.
- **Facilita a "corrida para baixo".** Os gurus da colaboração coletiva afirmam que ofertas livres para todos abaixam os preços e diminuem a remuneração de fornecedores.
- **Sobrecarga de opções.** O grande volume de público pode ser intimidador. Ter uma firma de design pode não resultar no melhor logo, mas você só tem cinco opções a considerar. Crie um concurso de design de logo e você terá que escolher entre centenas de opções. As opções adicionais podem não valer o tempo a mais tomado para manejá-las.
- **Dificuldade de gerir o público.** A Starbucks criou a plataforma colaborativa MyStarbucksIdea para solicitar feedback e ideias dos clientes. Contudo, apenas 0,05% (uma em cada duas mil) das ideias foram implementadas. Se você pedir ideias e não as implementar, o público pode ficar furioso ou ver o programa como um golpe de marketing.
- **A regra 1/10/89.** Apenas 1% do público dá contribuições significativas a sites como Yelp, Zagat's e Google Places. Você pode chamar os 99% restantes de complacentes. Eles comeram uma refeição, estava boa, e foram para casa. Eles não têm nenhuma necessidade de logar e escrever uma opinião. Então quem tira um tempo para fazê-lo? Pessoas com raiva, eis quem. Pergunte a qualquer empresário a relação de clientes aborrecidos que escrevem opiniões para os satisfeitos que o fazem. É excepcionalmente desproporcional. Essa tendência torna o sistema de classificação colaborativa inerentemente enviesado de forma negativa. Alguns negócios têm recorrido a opiniões positivas forjadas para combater esse viés negativo. Essa tática acaba destruindo a validade do sistema.

A colaboração coletiva pode ter suas desvantagens, mas deu início a uma mudança dramática na forma como o trabalho é organizado, o talento empregado, a pesquisa conduzida e os produtos feitos e divulgados. Encontre uma forma de inseri-la em seu modelo de negócio.

Capítulo 21

Utilizando Processos de Vendas Virtuais

Neste Capítulo
▶ Vendo como a internet arruinou processos de venda tradicionais
▶ Usando um processo virtual de vendas para empregar, e não combater, a internet
▶ Criando seu próprio processo de vendas virtual

*U*m *processo de vendas virtual* recorre a avanços tecnológicos recentes, particularmente a internet, para tornar o processo de vendas mais econômico e produtivo. O processo de virtualização de vendas começou com a prensa. Antes de Gutenberg, a única maneira de atrair um comprador era cara a cara. A prensa permitiu que comerciantes criassem anúncios de vendas e transferissem parte da venda ao vivo para a palavra impressa. O telefone ofereceu ainda mais virtualização de compras, permitindo que a venda pessoal fosse realizada por fios telefônicos. As corporações montaram enormes equipes de telemarketing e telemarketing ativo para capitalizar sobre as economias e sobre a maior produtividade que essa virtualização oferecia. A internet e todas as ferramentas de venda relacionadas a ela — e-mail, steaming de vídeo, podcasts, mecanismos de busca, sites, RSS e webinário — proporcionam a oportunidade de transformar dramaticamente os processos de venda.

A internet e todas as ferramentas de venda realcionadas a ela — e-mail, streaming de vídeo, podcasts, mecanismos de busca, sites, RSS e webinários — proporcionam a oportunidade de transformar dramaticamente os processos de venda.

No Capítulo 9, falo que o modelo de performance de vendas impacta significativamente seu modelo de negócio. Recorrer à virtualização de vendas pode inovar seu modelo de negócio para a sua melhora. Agora mesmo você deve estar dizendo: "Sim, eu tenho um site e nós fazemos webinários, então, o que tem de mais?" A virtualização de compras é mais do que fazer um webinário. A virtualização de compras muda radicalmente os primeiros estágios do processo de venda para métodos não humanos, menos caros. Você alimenta leads utilizando ferramentas da internet até que eles se tornem "vendáveis".

Quando os leads estiverem prontos, você os passa para a equipe de vendas. Esse processo é significativamente mais barato de administrar e mais eficiente, se feito corretamente.

Entendendo Como a Internet Mudou o Mundo das Vendas

Muito obrigado, internet. Antes de você, vender fazia sentido. Havia apenas alguns meios de divulgação: televisão, rádio, mala direta, anúncios impressos, telemarketing, visitas não requisitadas e Páginas Amarelas. Agora parece que há milhares de métodos: anúncios em banner, pay-per-click, otimização de mecanismos de busca, vídeos e incontáveis canais de mídia social.

Os métodos antigos não desapareceram, só pararam de funcionar tão bem. Eis um segredo. Não é a transição da velha linha de mídia para a nova que importa para o seu modelo de negócio. As tendências de negócio constantemente mudam e avançam, do mesmo modo que o mundo gira em seu eixo todos os dias. O planeta gira a aproximadamente 1.700 quilômetros por hora, mas você se ajusta e sequer sente que ele está se movendo. As mudanças trazidas pela internet parecem mais um terremoto. A internet abalou não só os métodos de marketing, como também o psicológico do comprador. É a mudança radical no psicológico do comprador que cria a necessidade do processo de vendas virtualizadas.

Não venda como se estivesse em 1985

Se você tem mais de 35 anos, lembra daqueles bons e velhos tempos antes da internet. Parecia ser mais fácil vender naquela época, e de muitas formas era. Em 1985, quando a internet não estava disponível, os compradores comportavam-se de forma diferente. Imagine que estamos em 1985 e você quer comprar um novo Cadillac. O que você faz? Você vai até a concessionária, figurativamente "levanta a mão" e diz: "Ei, aqui. Eu preciso de alguma informação, pois sou um possível cliente." A informação não estava convenientemente disponível para os consumidores de nenhuma outra forma, então você precisava de um vendedor para obter a informação que queria.

Avance para hoje. Você está comprando um Cadillac. Você vai até a concessionária para buscar informação ou senta em frente ao computador e a consegue na internet? A maioria das pessoas faz uma extensa pesquisa na internet antes de visitar uma concessionária. O mais importante, elas pesquisam anonimamente. A concessionária pode não saber que você é um cliente em potencial até que você vá lá pronto para comprar. Eu acabei de comprar um carro assim. Eu fui à concessionária e disse: "Eu quero este." O vendedor não tinha ideia de quem eu era até eu comprar. Eu "me escondi nos arbustos" até estar pronto para sair de lá.

Capítulo 21: Utilizando Processos de Vendas Virtuais

É assim que as coisas são compradas e vendidas hoje. Os clientes escondem-se nos arbustos até decidirem que querem se expor ao processo de vendas, e não há nada que você possa fazer a esse respeito. Então, como vender coisas para compradores que você sequer sabe se existem? A resposta está naquelas opções da internet que podem estar deixando você louco. As mudanças no psicológico do comprador (em vez de no conhecimento técnico dele ou no amor por smartphones) as fazem necessárias. A Tabela 21-1 compara mais amplamente as técnicas de vendas do passado e do presente.

Tabela 21-1	Comparando Técnicas de Vendas do Passado e do Presente	
1985	*Hoje*	*Comentário*
Vendedores são fontes valiosas de informação	Vendedores são irritantes e desconsiderados	Os compradores querem estar informados antes de alguém vender para eles. Se você tentar vender para eles antes de que estejam informados, terá menos chance de conseguir a venda.
Os compradores interagem com um fornecedor em potencial para descobrir como um produto pode lhes servir	Os compradores navegam anonimamente na internet	Os compradores sabem que não precisam se identificar como clientes em potencial até mais tarde no processo. Como na caça a veados, se você se mover cedo demais, eles fugirão.
Número limitado de fornecedores	Aparentemente fornecedores ilimitados	Diga o nome de uma indústria com muito poucas firmas. Não há muitas. A globalização criou demanda excessiva na maioria das indústrias.
Os compradores consideram a venda um mal necessário para obterem o que querem	*Vender* é uma palavra de seis letras	Especialmente com as gerações mais jovens, tudo que se acredita ser venda é desprezado. As gerações pré-internet estão acostumadas a conseguirem informações valiosas de vendedores, então essas pessoas nos toleram melhor. As gerações mais jovens sempre se informaram e compraram sozinhas, então os vendedores são vistos como enxeridos, irritantes e desnecessários.
Negociação por um preço melhor	Sistema de checagem de preço da Amazon	Os compradores conseguem um grande negócio só com cliques de mouse e não precisam de uma negociação desconfortável.

(continua)

Tabela 21-1 *(continuação)*

1985	Hoje	Comentário
Formato de confrontação	Os compradores vão embora se se sentirem confrontados ou em um ambiente desconfortável	"Vamos lá, você quer isso" não funciona hoje em dia.
Segredos	Informação transparente	Os compradores estão munidos com seus custos, histórico da empresa, opiniões sobre produto e cliente e comparação de preço. A informação transparente favorece muito os compradores e fortalece a sensação de controle durante o processo de venda.
Marketing de interrupção	Marketing de permissão	Não muito tempo atrás, centenas de firmas geravam bilhões em lucro realizando ligações ou visitas não requisitadas para as pessoas durante o jantar. Agora essa prática é ilegal em muitos países.
Recomendações são menos importantes do que a publicidade	Gestão de reputação	Se o seu encanador fizesse um trabalho pobre em 1985, você reclamava com alguns vizinhos. Hoje, postam-se comentários negativos em sites como Angie's List ou Google Places e publicam-se tuítes sobre isso, matando 100 negócios que o encanador poderia fazer.
Métodos limitados de propaganda	Métodos ilimitados de propaganda, resultando em muito ruído	Uma pessoa comum via 500 mensagens publicitárias por dia na década de 1970 e, hoje, chega a ver cinco mil por dia. A resposta dos consumidores a essa sobrecarga é ignorar *tudo*.
Vendedores no controle	Compradores no controle	O fluxo livre de informação, muitos concorrentes no mercado e a mídia social põem os compradores firmes no controle.

Confira a Figura 21-1, um cartaz real em um consultório médico. Os vendedores de medicamento eram vistos como fonte valiosa de informação sobre novas drogas e assuntos técnicos. Essa informação poderia ainda potencialmente salvar uma vida de um paciente; ainda assim, um médico se recusa a obtê-la de um vendedor farmacêutico. Visto que o médico tem a capacidade de informar-se sozinho e comprar na internet, a informação de um vendedor (mesmo que possa ser superior) é desprezada.

Figura 21-1:
Um cartaz em um consultório médico.

> **VENDEDORES** (proibido)
>
> Vendedores farmacêuticos não são bem-vindos neste consultório, porque nós confiamos em informação científica, não em marketing ou vendedores para tratar nossos pacientes.
>
> Devido a essa política, nós não temos nem oferecemos amostras de medicamentos. Amostras "grátis" não são grátis e aumentam o preço das prescrições de que você precisa. Muitas vezes, os medicamentos mais promovidos e que têm muita distribuição de amostras não são a melhor opção de tratamento para você.

A maldição do possível cliente invisível

A internet mudou fundamentalmente o psicológico do comprador e sua metodologia. Goste ou não, nos primeiros estágios do processo de vendas, seus clientes em potencial são invisíveis. Assim como os médicos eliminando os farmacêuticos representantes de venda, seus clientes em potencial agora têm o poder de avisá-lo quando sua equipe de venda for necessária ou desnecessária.

Pare de usar a palavra "valor"

Um ótimo exemplo de ter que admitir uma derrota é o uso da palavra "valor" em marketing. A maioria dos negócios não oferece preço baixo, então eles vendem o valor. Suas alegações são de que o custo aumentado do produto em relação ao produto de quem oferece baixo custo é de que ele vale o dinheiro a mais.

É assim que *você* compra bens e serviços? Quando você é o comprador, em vez de o vendedor, e escuta a palavra "valor", o que se passa imediatamente em sua cabeça? A maioria das pessoas diz: "Entendi. O seu é mais caro." Não estou dizendo que você tem que baixar os seus preços. Estou dizendo que o psicológico do novo comprador, criado pela facilidade de fazer comparações de preços na internet, criou um troféu para a mentalidade do custo mais baixo. O comprador quer vencer, e a melhor forma de se sentir vitorioso é conseguindo o menor preço. Quando você usa a palavra "valor", automaticamente dispara o pensamento nas mentes dos compradores de que eles não obterão a tão desejada vitória.

Em vez disso, destaque os atributos essenciais de sua oferta sem nenhuma referência a preço ou valor. Afinal, "valor" simplesmente significa que o preço maior pago vale a pena. Deixe que os compradores decidam se o dinheiro extra compensa para eles, e que não seja você a alegar isso.

Em geral, você deve supor que seus clientes em potencial querem que sua equipe de vendas os ajudem tão mais tardiamente no processo quanto possível, se o quiserem. Os possíveis clientes querem reunir anonimamente nada mais do que informação útil nos primeiros estágios do processo de venda. Se você tentar forçá-los a sair do anonimato, pode perdê-los.

Você já foi a um site em busca de informação só para em seguida pedirem seu nome, endereço, telefone, e-mail, idade, data de nascimento e nome do cachorro? O que você fez? Prontamente deixou o site. Essa saída foi sua maneira de dizer: "Eu estava só olhando a vitrine e você me puxou para dentro da loja e me pediu para contar o dinheiro da minha carteira na sua frente. De jeito nenhum!"

Se você não deixar os potenciais clientes protegerem o anonimato e oferecer a informação que querem do jeito que querem, eles podem sair do seu funil de vendas sem que você sequer saiba. Esta é a maldição do possível cliente invisível.

Jogando a toalha

Sempre que eu falo com empresários sobre a maldição do possível cliente invisível, a primeira resposta deles é: "Por que simplesmente não pode ser como era antes?" Estou contigo; era mais fácil vender nos bons e velhos dias. Infelizmente, esse plano de voltar ao passado não funcionará. A boa notícia é que há um plano que pode funcionar — para todo mundo.

Tudo que você deve fazer é "jogar a toalha". Jogar a toalha significa engolir isso e vender do jeito que os clientes em potencial querem, independentemente de se você concorda ou não, gosta ou não. O que eles querem é informação como e quando querem. Atender a essa necessidade com a virtualização do seu processo de vendas pode ser uma melhoria para virar o jogo para o seu modelo de negócio. Alguns aspectos do processo podem revirar seu estômago, especialmente se tiver um sistema funcional orientado a vendedores. Se você não estiver disposto a fazer essas partes desconfortáveis ou até desagradáveis, o plano não funcionará. Reconsidere o exemplo do Cadillac citado anteriormente neste capítulo. Nos últimos 20 anos, as concessionárias tiveram que passar do sistema de vendas pessoal de demonstração e explicação para um salão de exibição na internet ou mesmo para um sistema virtual de teste. Os compradores não querem selecionar materiais ou cores em uma sala de exposição. Eles querem selecioná-los na sala de estar. Uma empresa de automóveis que não deixa os clientes comprarem um carro no método que eles desejam irá perdê-los para um concorrente que simule melhor o processo desejado.

Esses problemas apresentam oportunidades

Potenciais clientes invisíveis, compradores com o controle do processo de venda, transparência excessiva baixando as margens — puxa! Todas essas dinâmicas podem prejudicar o seu modelo de negócio. Mas também, esses problemas podem simplesmente ser considerados uma mudança na forma como você faz negócio. Fazendo uma reengenharia do seu processo de venda para funcionar melhor com a dinâmica de compra do século XXI, você pode aproveitar as vendas enquanto os concorrentes reclamam. Um processo de vendas virtual usa métodos que estão alinhados com esse novo psicológico do comprador.

Considerando os Benefícios da Virtualização das Vendas

Um processo de vendas virtual abaixa os seus custos de vendas, está mais bem alinhado à forma como o cliente quer que o produto seja vendido e funciona melhor que seu processo atual. Considere estes benefícios:

- **A virtualização das vendas abaixa os custos delas.** O cliente em potencial quer informação anônima em um ambiente livre de vendedores. Efetivamente, essa mudança conta para a autonomia na compra. Criando materiais informativos de marketing e oferecendo acesso a eles, você elimina o sistema de venda por pessoal, uma venda por vez, e o substitui pelo caixa eletrônico do marketing que realiza centenas de vendas por vez, a web.

- **Os clientes em potencial apreciam o processo de vendas virtual.** É legal ser legal, mas as vendas compensam, ser legal não. Neste caso, ser legal pode compensar também. Visto que os clientes estão no controle do processo e têm uma variedade de fornecedores para escolher, fazer negócio de uma forma que o cliente em potencial não goste ou não aprecie muito provavelmente significará que ele vai comprar em outro lugar. Dê-lhes o processo de vendas e a experiência que eles querem e você terá mais clientes em potencial e converterá mais deles.

- **A virtualização das vendas funciona melhor.** Esqueça que é mais barata. Esqueça que os clientes em potencial preferem assim. Os processos de vendas virtuais vendem mais bens e serviços do que o método de 1985, com uma equipe humana. Compare a Amazon à Best Buy. Com certeza, comprar online é conveniente e tem um bom custo-benefício, mas quem quer ser atormentado pelos vendedores da Best Buy? Quanto do sucesso da Amazon deve-se à utilização de um processo de venda que vai de encontro às preferências dos clientes? Sendo claro e simples: os processos de vendas virtuais são o novo padrão.

Examinando os Fundamentos do Processo de Vendas Virtual

Se você quiser virtualizar o seu processo de vendas com sucesso, precisa entender os pilares filosóficos do processo. A virtualização de vendas tem tanto de psicologia quanto tem de vendas. Logo, entender os pilares filosóficos da virtualização de vendas é imprescindível para o sucesso.

Abrindo mão de metodologias ultrapassadas

Eu já disse isso antes e direi novamente. Você deve estar disposto a jogar a toalha. Muita coisa no mundo mudou desde 1985. Os compradores estão firmemente no controle, e o seu processo precisa refletir isso. Se você estiver usando qualquer um dos antigos métodos consagrados que funcionavam antes, eles podem afastar seus potenciais clientes hoje. Infelizmente, não importa se você gosta ou não dessa nova mentalidade do comprador; se você não seguir o processo que os compradores querem, eles silenciosa e visivelmente sairão do seu funil de vendas.

Recorrendo ao toma lá, dá cá

Toma lá, dá cá é outra forma de dizer que você tem que dar para receber. Jogando a toalha e dando aos compradores um processo rico em informação e sem vendedores, você dá a eles o que querem. Todavia, recebe um pouco em troca. Se os compradores quiserem informação sobre preço, você quer o e-mail deles. Se os compradores quiserem uma informação mais aprofundada sobre o seu produto, você quer que eles assistam a um vídeo de instrução de cinco minutos. Um processo forte de virtualização de vendas incorpora o toma lá, dá cá. Primeiro você dá, depois recebe.

Quando elaborar o processo e criar as ferramentas de marketing nele, tenha em mente quais informações e ações você quer de seus compradores e o que terá para lhes dar a fim de obter o que deseja.

Informando-se cedo sobre o processo

O que faz um vendedor? Vendedores não vendem. Os compradores não permitirão que um vendedor entre em seus escritórios e não faça nada além de vender para eles. Vendedores podem fazer somente o que os compradores deixarão que façam — informar. Idealmente, a informação do comprador vira persuasão, que vira vendas. Mas não se engane, vendedores não vendem, eles informam.

No processo de virtualização de vendas, você deve informar seu cliente o quanto antes sobre o processo por várias razões:

- **Todos os compradores de alto nível precisam da mesma informação.** O que o produto faz? Como seus recursos e benefícios ajudam os clientes? Quanto custa normalmente? Você paga uma tremenda soma para sua equipe de venda, a fim de que eles respondam perguntas frequentes pessoalmente, a um cliente em potencial por vez. Um processo de vendas virtual, como vídeos, pode responder a essas perguntas 24 horas por dia, 7 dias por semana, 365 dias por ano. Não só isso, os vídeos não têm dias ruins, não ficam ranzinzas, não pegam gripe e nem lhes faltam aptidões. Os vídeos e outras formas de informação eletrônica oferecem a oportunidade de dar o melhor passo todas as vezes. Quando você cria essas peças eletrônicas de informação, elas servem à sua organização por anos e seu uso custa quase nada.

- **A capacidade dos potenciais clientes de manterem-se invisíveis exige dar a eles informação suficiente para que eles desejem se expor.** Eu chamo essa exposição de "botar a cabeça para fora do arbusto". Os clientes se escondem em arbustos, reúnem informação e então colocam a cabeça para fora se acharem que a informação é interessante o suficiente. A informação dada cedo no processo deve quase sempre ser educacional. O comprador definirá o que "educacional" significa, não você. A maioria das empresas acha que informar os compradores sobre as dez razões pelas quais eles precisam comprar o produto conta como "educação". Não conta. Pense como um comprador. Quais são as perguntas que você quer respondidas no início do processo? Você não quer saber as dez razões pelas quais deveria tirar a carteira do bolso.

- **Informação antecipada cria um funil extremamente amplo.** Você agora tem um processo de vendas automatizado e sem presença humana que pode acomodar um número infinito de potenciais clientes. Em vez de passar seu tempo informando e tentando vender para essas pessoas ao vivo, uma por vez, você pode permitir que elas se informem sozinhas e então tomem a decisão de ir para o próximo estágio no processo de vendas. Essa técnica oferece a você muito mais alavancagem e abaixa o custo.

Se estiver em dúvida, sobrecarregue os potenciais clientes de informação. Muitos negócios têm problemas em dar informação cedo demais no processo. Eles sentem que, se propiciarem muita informação valiosa, o cliente tomará uma decisão antes que a empresa tenha uma chance de vender para ele. Eles estão certos. É uma possibilidade real. Contudo, a suposição subjacente desse pensamento é a de que os clientes irão sujeitar-se ao processo de vendas se você não compartilhar a informação, só que eles provavelmente não irão. Eles somente sairão silenciosamente do seu processo de vendas, porque você não lhes deu informação suficiente para que avançassem. Não entenda potenciais clientes sujeitando-se ao processo de vendas convencional como sucesso.

Liberar informação de preços é um ponto comum de argumentação para os proprietários de negócio. Eles sentem que expor a informação de preço arruinará a chance de vender. Ser aberto à ideia de compartilhar, em vez de segurar a informação de preço em seu processo de virtualização de vendas, pode ser melhor. Por exemplo, calculadoras online têm sido um diferencial para muitas empresas. Eu nunca conheci um proprietário de negócio que não morresse de medo da calculadora de preço online, mas já vi uma proprietária cujo negócio triplicou depois que ela tomou coragem e instalou uma.

Usando a mentalidade de vantagem mútua

Quando foi a última vez que você fez um negócio em que os dois lados não saíram ganhando? Provavelmente muito tempo atrás ou talvez nunca. O tempo dos vendedores cheios de lábia se foi há muito tempo. Os potenciais clientes de hoje são bem informados demais para fazerem negócio onde sairão perdendo. Eis a questão: quando você vende, tenta persuadir o cliente a fazer o que você quer. Desde que o que você queira seja uma vantagem para o cliente, você tem o negócio. Não importa quão bem você venda ou quão persuasivo seja, o cliente *não* entrará em um negócio desvantajoso para ele.

Portanto, todos os negócios devem ser vantajosos para os dois lados. Você pode estar dizendo: "Sim, eu já faço isso." Sim, você provavelmente já tem a mentalidade da vantagem mútua, mas provavelmente não tem um processo de venda elaborado para colocar essa mentalidade em ação. Em vez de tentar sem sucesso persuadir os clientes a fazerem o que você quer, mude para um processo de vantagem mútua.

Aqui está um exemplo dos benefícios do processo de vantagem mútua:

1. **Dê aos potenciais clientes toda informação de que eles precisam para tomar uma decisão embasada sobre continuar ou não em seu processo de vendas.** Nesse ponto, você não está tentando vender para ele, está tentando ganhar o direito de vender para ele.

2. **Trabalhe com o pressuposto de que apenas clientes bem adequados à sua oferta virarão compradores.** Você tem um monte de dados sobre como é um cliente que pode se beneficiar do seu produto. Não esconda essa informação. Compartilhe-a com clientes em potencial, de modo que eles possam decidir se são adequados ou não. Essa é a vantagem deles. Esse é um passo extremamente poderoso no processo. Se o fizer corretamente, os clientes não adequados deixarão o seu processo de vendas de modo voluntário. Em vez de gastar milhares de reais e desperdiçar esforço com clientes que nunca comprarão, você os deixa partir, o que não custa nada para você, visto que o processo é automatizado. Esse é o maior benefício da virtualização de compras.

3. **Visto que você já foi franco e generoso com sua informação a respeito da adequação, você conquistou o direito de deixar o processo se desejar.** Encare isso, nem todos os clientes em potencial valem o investimento. Agora você tem um arsenal de ferramentas de marketing baseadas em informação que pode usar para, automaticamente e sem custos, vender para o cliente. Você deve segmentá-los e/ou fazer um escore para categorizá-los, optando pelos mais valorosos.

4. **Venda, querido, venda.** Você agora tem um potencial cliente que voluntariamente optou por entrar em seu processo de vendas. Feche o negócio.

Atravessando o Processo de Virtualização de Vendas

Nesta seção, eu mostro o caminho a tomar para criar um processo de vendas virtual. Então dou um exemplo detalhado da operação de vendas de uma franquia que implementou com sucesso este processo.

Como criar um processo de vendas virtual

Toda empresa tem a oportunidade de aprimorar seu processo de vendas e baixar os custos com a virtual. Uma discussão aprofundada da virtualização de vendas precisa de um livro inteiro, mas aqui eu dou o que você precisa saber:

✔ **Descubra de qual informação o cliente precisa para entrar no seu processo de venda formal.**

Quando está comprando um automóvel, o cliente precisa saber uma quantidade significativa de informação antes de ter qualquer interesse real em realizar a compra. Ele quer saber:

- Duas ou quatro portas. Algumas pessoas adoram carros de duas portas, algumas odeiam. Se a pessoa não for comprar um carro de duas portas e for tudo que você tiver, o processo de venda acabou.

- O custo aproximado do veículo. Se o cliente tiver apenas $20.000 para gastar, olhar Cadillacs não é uma boa ideia.

- Quais cores estão disponíveis. Alguns anos atrás, a GM apareceu com um amarelo vivo. Nenhuma outra montadora tinha essa cor. Se eu estiver com vontade de comprar um carro dessa cor, mas quiser um Toyota, não terei sorte.

- Quais opções estão disponíveis no carro. Não tem GPS integrado? Sinto muito, nada feito.

- Qual é a garantia padrão da montadora.
- Onde é a concessionária mais próxima que pode fazer serviços no carro.

✔ **Descubra o que você pode receber do cliente em potencial.** Se você for generoso com a sua informação, pode esperar um toma lá, dá cá do seu cliente potencial. Por exemplo, sites de automóveis compartilham de bom grado toda a informação do exemplo anterior sem pedir nenhuma informação do cliente em potencial. Contudo, se eles quiserem um modelo específico ou marcarem um test-drive, o site insiste para que o cliente forneça alguma informação. Comece pela informação que você quer do potencial cliente. Então descubra que mimos digitais você pode oferecer em troca dessa informação.

✔ **Crie seu caixa eletrônico de informação.** Mantenha as coisas livres de vendedores tanto quanto possível. Lembre-se da definição de informação: dados que os potenciais clientes querem — e não informação que você quer dar para persuadi-los a comprar. Seu caixa eletrônico de informação está disponível para o cliente 7 dias por semana, 24 horas por dia, 365 dias por ano e contém itens como lista de preço, documento com as características, panfletos digitais, perguntas frequentes, painel de discussão de clientes, opiniões relevantes, artigos, vídeos de instruções, webinários ao vivo e gravados ou qualquer outro que achem útil. Eu nunca tive um cliente que dissesse que criou um recurso digital para seus caixas eletrônicos que não tivesse valido o esforço. A vida útil desses recursos é de anos e eles podem economizar centenas de milhares ou mesmo milhões de reais para você.

✔ **Utilize campanhas de alimentação de leads para fazer com que os clientes em potencial entrem no seu processo de venda formal.** A maioria dos produtos não é vendida na primeira interação. Alguns podem precisar de dezenas de interações para manter o cliente até o final do processo de venda. Geralmente, os vendedores já realizaram algo dessa alimentação de leads. Levam potenciais clientes para almoçar, ligam para eles periodicamente, aparecem para dizer "oi" e mais. Você ainda pode usar um pouco dessa alimentação de lead pessoalmente por razões relativas a custo. Meus clientes descobriram que a alimentação virtual de lead pode não ser tão efetiva quanto fazê-la pessoalmente, mas um cliente bem informado que tenha permissão de continuar no processo de vendas não sairá só porque não tem um aperto de mão ou um almoço grátis. Resumindo, um cliente em potencial bem adequado não partirá porque você não vai pagar almoço para ele.

✔ **Use o escore de lead ou categorização do cliente em potencial para mostrar quando é o momento de passar de lead para vendas.** O escore de lead aponta a adequação demográfica do cliente em potencial e a ação tomada por aqueles que mostram interesse. Clientes com bons escores de leads têm mais probabilidade de comprar do que aqueles com escores mais baixos. Quando o escore de lead de um cliente em potencial alcança um certo nível, você para e começa a venda. A empresa de software Marketo tem uma apresentação incrível de escore de lead em `http://www.marketo.com/b2b-marketing-resources/best-practices/lead-scoring/the-definitive-guide-to-lead-escoring.php` (conteúdo em inglês).

- **Insista em uma performance melhor de sua equipe de vendas, porque os leads que receberá são de qualidade significativamente melhor.** Sua equipe de vendas está agora livre de oferecer informação de baixo nível. Seu sistema de escore de lead permitiu que os melhores clientes em potencial emergissem até o topo. Esse processo deve aumentar a taxa de fechamento para a equipe de vendas e diminuir sua carga de trabalho. Recomendo muito que você repense a estrutura e as expectativas de comissões. Vi clientes diminuírem uma equipe de vendas de seis para dois fechadores e duas equipes de apoio e vender mais do que a equipe de seis vendia. O que quer que você faça, insista na melhor performance do departamento de vendas, porque o processo de virtualização de vendas fará muito do trabalho para eles.

A Figura 21-2 mostra uma visualização do processo. Primeiro utilize sua mídia digital para informar seus clientes em potencial e para que vão até o marketing. Depois você faz o marketing para o cliente e usa um pouco da segmentação, como o escore de lead, para saber se ele está pronto para a venda. Quando ele estiver pronto, você libera a equipe de vendas.

Figura 21-2: Visão geral do processo de virtualização das vendas.

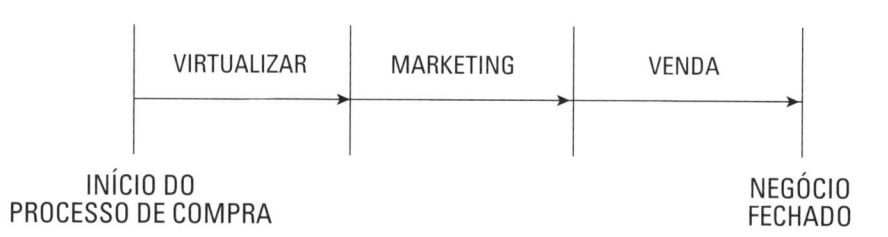

VIRTUALIZAR → MARKETING → VENDA

INÍCIO DO PROCESSO DE COMPRA

NEGÓCIO FECHADO

Exemplo do processo de virtualização de venda: Vendas de franquias

Às vezes, a melhor forma de aprender é pelo exemplo. Aqui está o exemplo de uma operação de vendas de uma franquia que passou de um processo de vendas pessoal intensivo a um altamente virtual.

Com o velho processo, os leads eram coletados de uma variedade de fontes e colocados em um banco de dados. A cada dia, a equipe de apoio de vendas enviava por e-mail um breve PDF de informação para novos leads. No dia seguinte, era enviado um e-mail para os clientes em potencial, tentando marcar um horário com o vice-presidente de vendas. Normalmente, o e-mail não era respondido. A equipe administrativa começou a ir atrás desses clientes, tentando marcar um horário para o seu altamente capacitado VP de vendas, que tentaria persuadir essas pessoas a assinar um grande cheque.

Embora a primeira ligação levasse uma hora, o franquiador descobriu que levava de três a cinco ligações para que um franquiado em perspectiva fosse a um open house no escritório central. A equipe administrativa estava perpetuamente correndo atrás de potenciais clientes para a franquia e o calendário do vice-presidente ficava entupido.

Esse processo tinha vários problemas, incluindo os seguintes:

- Levava de cinco a oito ligações para que os potenciais compradores da franquia marcassem um horário. Para explicar plenamente a oferta da franquia, cada ligação levava uma hora.
- Serviços de lead para franquias são caros. O custo médio para cada lead adquirido era de $32, então, mesmo que um cliente em potencial não parecesse adequado, o vice-presidente continuava falando.
- Mesmo com todo esse esforço, eles não estavam vendendo franquias o suficiente. O custo de dois administradores e um vendedor muito bem pagos era excessivo para esse pequeno franquiador.

Felizmente, o vice-presidente de vendas teve um dia extremamente frustrante e acidentalmente resolveu seu problema. Um dia fatídico, o vice-presidente teve as cinco primeiras ligações consecutivas. Após cinco horas direto explicando o que tornava um franquiado bem-sucedido e outras informações básicas, percebeu que a única diferença nessas cinco conversas era a pessoa do outro lado da linha escutando. Ele sentiu que poderia ter gravado as conversas e apenas ter apertado o play. No dia anterior, a empresa havia gravado um vídeo, e o equipamento ainda estava montado. O vice-presidente ligou a câmera e falou a conversa número seis. Ele conseguiu responder a 12 perguntas frequentes em uma hora. Eles editaram a gravação em 12 partes, criando um vídeo de perguntas frequentes.

O vídeo foi a germinação do processo de vendas virtual deles. Em vez de ir atrás dos clientes para marcar um horário para uma ligação de uma hora, o vídeo era enviado imediatamente para o lead. O cliente em potencial tinha dois dias para ver o vídeo. Então os administradores marcavam um horário para que ele falasse com o vice-presidente. O impacto do vídeo foi imediato. O VP estava um pouco relutante em usar o vídeo em vez de ter uma conversa pessoalmente para vendas, mas ele estava tão frustrado que não ligou. Duas das três pessoas com quem ele conversou falaram para ele como gostaram de ter a informação que desejavam rapidamente e em um horário conveniente para elas. Ele sabia que havia topado com algo bom.

A Tabela 21-2 mostra as mudanças feitas no processo de vendas do franquiador com o passar do tempo para virtualizá-lo e refiná-lo.

Tabela 21-2   A Virtualização das Compras de um Franquiador

Ação da Virtualização de Compras	Comentário
Enviar automaticamente um vídeo das perguntas mais frequentes quando um cliente em potencial enviar um formulário	A equipe administrativa enviava manualmente a informação para cada cliente em potencial. Agora esses clientes têm acesso instantâneo e sob demanda à informação que lhe tomaria uma hora.
Integrar o sistema CRM com o formulário de captura de lead na web	80% dos leads vinham do site da empresa. Trocar o sistema de CRM por um que permita uma integração completa eliminou a inserção de dados.
Cortar a ligação inicial de uma para meia hora	Visto que os clientes em potencial recebiam um vídeo com a informação básica, eles tinham menos perguntas.
Permitir que os clientes em potencial optassem por seguir para a próxima etapa da venda em vez de persegui-los	Este foi um grande passo. Jogando a toalha e confiando na qualidade do vídeo inicial, os clientes que se consideravam não adequados tinham a opção de deixar o processo. Os leads de franquia são notórios por terem muitas pessoas exigentes e chatas. Este passo cortou a carga de trabalho do muito bem pago vice-presidente.
Criar um segundo vídeo de perguntas frequentes	O feedback de potenciais clientes indicou que os vídeos eram preferíveis a ligações. Estava claro que eles queriam tratar com uma pessoa, mas também queriam que o grosso da informação fosse disponibilizado por métodos eletrônicos. Após a primeira ligação com o vice-presidente, esse segundo vídeo com informações mais detalhadas era enviado para cada cliente em potencial.

(continua)

Tabela 21-2 *(continuação)*

Ação da Virtualização de Compras	*Comentário*
Gravar entrevistas francas com já franquiados em convenção anual; enviar vídeos de entrevistas para os potenciais franquiados após a primeira ligação	Um dos maiores problemas para este franquiado era o baixo número de franquias em comparação com o número de clientes em perspectiva. Cada cliente queria falar com vários franquiados para obter informações da perspectiva deles. Era um pedido razoável, mas era muito custoso para os franquiados existentes. Era tão custoso que alguns franquiados se recusavam a falar com os clientes em potencial, possivelmente causando perdas de negócios. O franquiador fez um movimento audacioso e desencorajou veementemente os clientes em potencial a ligarem para os franquiados. Para satisfazer o desejo dos clientes em potencial de ouvir os franquiados, o franquiador filmou de 15 a 20 vídeos espontâneos desses franquiados. Esses vídeos davam aos possíveis clientes informação suficiente até mais tarde no processo, quando eles podiam falar com os franquiados.
Criar um sistema padronizado de três ligações para assegurar que o mesmo conjunto de informações seja enviado para cada cliente ao final de cada ligação	Uma pesquisa indicou que a maioria dos potenciais clientes concordava ir a um open house da franquia após três ligações com o vice-presidente. Saber quando e quais informações o possível cliente havia visto tornava a venda mais fácil. O VP só precisava direcioná-los ao próximo passo no processo de venda.
Usar depoimentos de clientes gravados em vídeo como prova do conceito do franquiador; enviá-lo para os franquiados em potencial após a primeira ligação	A prova social é um problema quando se fala ao telefone. O VP poderia fazer uma alegação, mas em algum ponto precisaria de um embasamento. Cinquenta depoimentos foram filmados para embasar as alegações do franquiador.

Ação da Virtualização de Compras	Comentário
Enviar automaticamente um documento de qualificação do franquiado para os clientes em potencial se eles vissem o vídeo	A maioria dos franquiadores envia imediatamente um formulário de qualificação em uma tentativa de botar os chatos exigentes para correr. O problema é que o formulário de qualificação é muito detalhado e, na porção da primeira "descoberta" da venda, é invasivo. Essa empresa decidiu usar o processo de vantagem mútua para filtrar em vez de botar para correr possivelmente bons clientes em potencial. O ato de clicar no vídeo do franquiador mostrava despertar o interesse significativo, então o formulário detalhado tinha boa chance de ser preenchido.
O sistema CRM marca a registro de cada possível cliente, indicando quais vídeos de perguntas foram assistidos	A equipe administrativa instruía a não marcar ligações com o VP se os possíveis clientes não tivessem visto a informação. Se eles fossem considerados desinteressados, eram retirados do funil.

O resultado final do processo de virtualização das vendas foi dramático. Antes de implementar esse processo, a carga de trabalho exigia contratar outros profissionais de vendas muito bem pagos. Depois do processo de virtualização, uma das posições administrativas foi removida e o VP teve tempo suficiente para atender a uma franquia relacionada.

Capítulo 22

Lucrando com a Dinâmica do Seguro

Neste Capítulo

▶ Saiba por que todo mundo deveria estar no negócio de "seguro"
▶ Entenda o que você está perdendo se não estiver no negócio de seguro
▶ Pensando em um plano de seguro que aumente sua lucratividade

Todo mundo deveria estar no negócio de seguros. Se você é como a maioria dos empresários, provavelmente sente calafrios à simples menção de seguros, quanto mais à sugestão de entrar em tal negócio. Eu estou só brincando. Não quero que você comece uma empresa de seguros. Neste capítulo, porém, eu examino, sim, o fundamento do negócio de seguros e mostro como você pode se beneficiar de pegar alguns dos alicerces fundamentais do modelo de negócio de seguros.

Definindo Seguro

Em seu nível mais básico, seguro nada mais é do que aceitar o risco em troca de dinheiro. Eu não posso assinar um cheque para reconstruir minha casa se ela for destruída por um tornado, então pago uma companhia de seguro para assumir o risco da destruição que um tornado pode causar em troca de um pagamento anual. A empresa assume o risco por dinheiro. O seguro é lucrativo. A Fortune 500 deste ano abrange 35 companhias de seguro, contabilizando mais de 7% dos lucros totais de todas as empresas na lista.

A maioria das pessoas vê empresas de seguro como sisudas e conservadoras. Ao contrário, as empresas de seguro correm enormes riscos diariamente. Se elas não correrem riscos, não recebem pagamentos. A diferença entre empresas de seguro e praticamente todas as outras empresas é que as companhias de seguro *querem* correr riscos e os buscam, enquanto todas as outras tentam evitá-los. As companhias de seguro são muito adeptas de avaliar risco e então vender aos clientes a eliminação desse risco por mais do que custa para elas correr esses riscos — em outras palavras, elas lucram.

Entendendo o Cerne da Lucratividade com Seguro

As companhias de seguro fazem mais do que só aceitar risco em troca de dinheiro. Elas reúnem riscos, investem dinheiro com retornos acima da média e oferecem produtos financeiros. Contudo, o cerne da lucratividade das companhias de seguro é a aceitação do risco. Duas dinâmicas poderosas potencializam a capacidade delas de lucrar com a aceitação de riscos: empresas de seguro têm a capacidade de avaliar riscos muito mais precisamente do que outros tipos de empresas e elas capitalizam sobre o conceito equivocado que os clientes têm de risco.

Avaliando precisamente os riscos que outros não conseguem avaliar

Eu não tenho ideia de como alguém prevê a probabilidade de um tornado, do naufrágio de um navio, do joelho de um atleta estourar ou a expectativa de vida, mas as companhias de seguro fazem isso bem. Após décadas de análise e ajuste de dados, as seguradoras podem prever com alguma precisão os riscos que outras empresas não conseguem. Essa capacidade de avaliar estatisticamente qualquer risco com a mesma precisão com que você consegue classificar as chances de obter um sete em um jogo de dados permite às seguradoras obter lucros maciços. A fórmula é simples: avalie os risco tão precisamente quanto possível e então venda assumir esse risco por muito menos do que o próprio custo do risco. É parecido com Las Vegas, mas com um prêmio muito maior para a casa.

Por exemplo, as chances de um tornado destruir um prédio milionário pode ser de 0,01%. Estatisticamente, o custo desse risco é de um milhão de dólares multiplicado por 0,0001, ou mil dólares. A companhia de seguro vende assumir esse risco por muito mais do que o custo "real" de mil dólares.

Capitalizando sobre o conceito errôneo de risco

Neurocientistas do USC Brain and Creativity Institute identificaram regiões distintas no cérebro com respostas que competem entre si ao medo. Um estudo deu aos voluntários uma tarefa que mede a tolerância ao risco, e os cientistas observaram suas reações com imagens de ressonância magnética funcional (FMRI, na sigla em inglês). Os pesquisadores encontraram uma diferença na atividade cerebral entre aqueles com alta tolerância ao risco e aqueles com uma tolerância mais baixa. Ninguém gosta de risco desnecessário, mas alguns de seus clientes podem enxergar o risco de forma muito diferente que outros.

Se um tornado destruir minha casa, sei que irá me custar centenas de milhares de dólares para repor a casa e o seu conteúdo. Eu não tenho ideia de se o risco de isso acontecer nos próximos 12 meses é de um em dez ou de um em um milhão, mas a magnitude da perda de minha casa prega peças em minha psique. A natureza humana me leva a temer mais a perda do que eu deveria e a ver as chances como muito piores do que elas realmente são. Eu não quero aceitar o risco de um tornado e quero esse risco removido a um preço razoável. Eu não ligo realmente para o valor estatístico do risco. Eu simplesmente peso o valor psicológico da remoção do risco com o custo de fazê-lo.

Se o preço para remover o risco for razoável, o aumento dele é irrelevante. Dê uma olhada nestes dois exemplos:

- **Exemplo 1: Alta correção, mas custo baixo**

    Sua filha, como a minha, vive perdendo ou quebrando o celular. Por oito dólares ao mês, você pode fazer com que a companhia telefônica assuma esse risco. Por uma taxa diminuta, você pode evitar um conflito familiar, então compra a apólice. Esta é uma combinação baixo risco/baixo custo.

    Custo da apólice: $8/mês

    Tempo médio antes da reivindicação: 24 meses

    Custo total da apólice em 24 meses: $192

    Prêmio aproximado da apólice: $100 (telefone usado)

    Lucro da apólice: 92%

- **Exemplo 2: Baixa correção, mas alto custo**

    A saúde de sua avó de 62 anos está declinando um pouco. Você percebe que ela talvez precise ir para uma casa de repouso para idosos, então você procura um seguro de cuidados de longo prazo. Quando você descobre que o custo ultrapassará nove mil dólares por ano, decide que a saúde dela não está tão mal afinal.

    Custo da apólice: $500/mês

    Tempo médio antes da reivindicação: 120 meses

    Custo total da apólice em dez anos: $60.000

Prêmio aproximado da apólice: $50.000

Lucro da apólice: 20%

- ✔ Embora o lucro desta apólice seja bem menor do que a da apólice do celular no Exemplo 1, a combinação alto custo/alto risco reduz a atratividade dessa oferta tanto para quem a disponibiliza quanto para quem adquiriria.

Removendo os riscos a um preço razoável para os clientes, as empresas de seguro continuam a gerar lucros extraordinários.

Negar Seguro para os Seus Clientes Pode Ser Custoso para Você

O seu modelo de negócio pode beneficiar-se da mesma dinâmica das quais as seguradoras se beneficiam — aceitar risco em troca de dinheiro. Seus clientes têm riscos que eles querem que sejam reduzidos ou removidos. Se você negar aos clientes a oportunidade de fazê-lo, estará perdendo dinheiro.

Pergunte-se se os seus clientes correm riscos fazendo negócio com você. A maioria das pessoas responde: "Não." Elas estão erradas. Os clientes aceitam muitos riscos pelo privilégio de fazer negócio com você.

Pegue o exemplo do encanador. Muitos clientes fazem perguntas como as da lista a seguir. Cada pergunta está centrada em riscos que o cliente é forçado a aceitar.

- ✔ O encanador aparecerá na hora marcada? Se você deixou o trabalho para receber o encanador ou reorganizou seu dia, a resposta a essa pergunta faz muita diferença.
- ✔ O encanador tem as ferramentas necessárias? Se não, eu terei que pagar para que ele vá pegá-la?
- ✔ Se o encanador não possuir as ferramentas certas, ele tentará fazer o serviço com a ferramenta errada e destruirá algo?
- ✔ Quão capacitado é o encanador? Este é o seu primeiro dia ou vigésimo ano no trabalho?
- ✔ O encanador ficou bebendo até tarde com os amigos na noite passada?
- ✔ Eu estou seguro sozinho em casa com o encanador?
- ✔ Quão cheia é a agenda do encanador? Ele apressará meu serviço ou o arrastará?
- ✔ Ele tem as peças necessárias no caminhão ou serei cobrado por uma ida desnecessária à loja de materiais de construção?

O cliente não gostaria de remover alguns desses riscos? Os empresários tendem a focar na excelência ao entregar seu produto ou serviço, presumindo que um serviço bem entregue equivale à falta de risco. Não equivale. Olhe as perguntas de novo. Não importa quão bem o serviço seja entregue, você não consegue eliminar esses riscos. *Alguém tem que correr o risco*; ele não vai simplesmente desaparecer. Geralmente, os empresários empurram os riscos para seus clientes. O velho ditado "O cliente vem em primeiro lugar" não se aplica quando se trata da atribuição de risco.

Quantos dos riscos na lista um cliente típico pagaria para remover? A resposta é: muitos. Pense nas aquisições que você evitou simplesmente porque não quis assumir o risco. Por exemplo, você precisa de um bom carro usado, mas não compra um de seu amigo, porque não tem certeza se é confiável. No seu horário de almoço, você leva o seu telefone para o conserto. O técnico garante que seu telefone estará consertado em uma hora. Você precisa do telefone logo após o almoço, então diz ao técnico: "Então deixa pra lá." Nessas duas situações, as decisões tradicionais do negócio, como preço, qualidade e marca não têm nada a ver com realizar a venda.

Para fazer a venda, o risco precisa ser removido, ou o cliente simplesmente não comprará. Se você conseguir descobrir como remover riscos indesejados, pode aumentar a satisfação do cliente, atrair novos clientes e aumentar os lucros. Isso resulta em um modelo de negócio melhor.

Eu acrescentarei uma camada à disputa: "Seguro é aceitar risco por dinheiro." Você pode apostar um real no cara ou coroa. Eu darei a você cinco chances para uma em sua aposta, assim, aceitando o risco em troca de dinheiro. Contudo, eu estaria aceitando risco demais por muito pouco dinheiro. Então mudo a definição para:

> O seguro rentável é a aceitação do risco por mais dinheiro do que se espera que o risco custe.

Em vez de fazer o seguro do cara ou coroa por cinco reais, quando as chances verdadeiras são uma real ganha um real, eu quero oferecer 25 centavos se você ganhar de uma aposta de um real. Agora, as chances se acumulam a meu favor. Imagine se eu fizesse apostas assim várias e várias vezes. Chances verdadeiras para uma jogada da moeda valorizam o seguro em um real e, ainda assim, só me custam 25 centavos se eu perder. É exatamente isso que uma companhia de seguro lucrativa faz.

Você acumulou chances assim com seus clientes. Visto que o seu conhecimento sobre seu negócio é vastamente superior ao de seu cliente, você sabe o custo verdadeiro de qualquer risco. O cliente está apenas supondo. Você pode utilizar essa disparidade de conhecimento como central de lucro.

Pegue a inquietação do cliente a respeito da capacidade de um encanador. Um encanador mal capacitado custando $150 por hora pode criar uma conta de várias centenas de reais a mais do que um encanador capacitado fazendo o mesmo serviço. O cliente vê esse risco como o pior dos casos e associa um preço de várias centenas de reais a ele. A empresa de encanamento conhece o nível de capacitação e a performance de cada encanador muito bem e sabe que o custo real desse risco é muito menor. Além do mais, a empresa de encanamento controla as atividades do encanador e pode mitigar um pouco desse risco com treinamento, procedimentos e planos operacionais. A empresa tem a oportunidade de remover esse risco por uma tarifa razoável e obter um belo lucro.

Você não pode remover o risco inerente em uma transação de negócio. O risco não vai embora. Alguém aceita o risco — você, não o seu cliente. Em vez de forçar o risco a um cliente indisposto, por que não lucrar com ele?

Considere o seguinte:

- Seguro é aceitar risco em troca de dinheiro.
- Seguro é muito lucrativo se você puder avaliar risco apropriadamente.
- Você tem conhecimento superior que lhe permite avaliar o risco melhor que os clientes.
- Seus clientes aceitam o risco por você contra a vontade deles.
- Seus clientes pagarão de bom grado uma soma razoável para remover o risco.
- O montante que o cliente pagará para remover o risco ultrapassa muito o custo estatístico do risco, com isso criando lucros para a empresa.

Portanto, sua fórmula secreta de lucro é:

Conhecimento superior + Aceitação de risco = Lucro extraordinário

Em vez de procurar formas de evitar o risco, busque formas de aceitá-lo — por um lucro.

Cobrando Seguro de Formas Criativas

É questionável um encanador poder literalmente cobrar uma tarifa extra por seguro. Você consegue imaginá-lo dizendo: "Por mais três reais, nós garantimos que o encanador que aparecerá será competente"? Em vez disso, você precisa ser criativo. Cobre uma taxa pelo que é essencialmente uma tarifa de seguro, mas que não o seja obviamente.

Muitas empresas lucram com tarifas criativas de seguro.

- Garantias estendidas vendidas pela Best Buy e pela Circuit City na metade dos anos 2000 foram responsáveis por 60% dos lucros da Best Buy e por todo o lucro da Circuit City.

- A Comcast garante serviço pontual ou o cliente recebe $20. A Comcast não cobra uma tarifa por esse seguro. Contudo, sua lucratividade está diretamente ligada à retenção de cliente. Assumindo o risco da pontualidade, a retenção é criada e, com ela, a lucratividade.

- Garantias são formas de seguro. A empresa conhece o nível de qualidade de seus bens melhor do que o cliente. A empresa cobra mais pelo produto e fornece uma garantia do produto. O preço de venda adicional representa a apólice de seguro contra defeitos do produto. A empresa sabe que o custo da substituição será bem menor do que o dinheiro adicional gerado.

- A gestão de reputação é uma forma de garantia. Uma empresa de encanamento dedica tempo e dinheiro significativos construindo e gerindo sua reputação. Os esforços dedicados pela Best Business Bureau, Yelp, Angie's List e uma presença online são caros. Gerenciar eficientemente uma boa reputação resulta em novos clientes sentindo menos risco e mais negócio para você. O custo de criar e gerir a reputação é menor do que a próxima melhor solução.

- Planos odontológicos pré-pagos aceitam o risco de um dente estragado do cliente. Contudo, esses planos também garantem que esses clientes usarão o dentista para fazer limpezas, altamente lucrativas.

- Academias oferecem matrículas baseadas no comparecimento médio. Grandes academias chegam a ter 15.000 membros. Se 10% desses membros aparecessem ao mesmo tempo, a academia não conseguiria acomodá-los. A capacidade delas de prever precisamente a taxa de frequentadores permite que elas façam mais matrículas.

- As linhas aéreas vendem intencionalmente mais passagens do que os assentos disponíveis no voo. Surpreendentemente, elas conseguem prever mais precisamente se você perderá o voo do que você mesmo. A companhia aérea sabe que uma certa porcentagem dos passageiros perderá o voo. Vender assentos fantasmas fornece lucros tremendos à companhia aérea por um item sem custo de entrega. Todavia, se a linha aérea adivinhar errado, ela tem que subornar os passageiros para que mudem de voo. Quando isso acontece, a linha aérea perde dinheiro na passagem fantasma.

- Planos de perda/substituição de celular são extremamente lucrativos para companhias telefônicas. A companhia substituirá um celular perdido, roubado ou quebrado por descuido. Além disso, se os clientes perderem seus telefones, podem ter que pagar um preço alto por um novo aparelho não subsidiado. Apenas oito dólares por mês para evitar essa potencial dor de cabeça parece pouco. A percepção de risco do cliente é alta. A companhia entende que o risco real é muito menor. Mais provavelmente, a maioria dos clientes não perderá ou quebrará seus telefones. Se os clientes de fato solicitarem um novo aparelho, recebem o mesmo tipo e modelo, não um novinho em folha. Esse detalhe baixa dramaticamente o custo de substituição e aumenta igualmente os lucros dos planos de reposição.

- Companhias de gerenciamento de energia assumem o risco de aumentar as contas de grandes fábricas. Essas firmas se comprometem com contratos de longo prazo (cinco ou dez anos) que fixam um teto para contas de gás e eletricidade a níveis atuais. Esse é um ótimo negócio para uma fábrica que pode estar gastando um milhão por mês em equipamentos. A remoção do risco de aumento vertiginoso dos custos com energia atrai a fábrica para o contrato. A firma de gerenciamento de energia não tem conhecimento superior dos preços da energia, mas tem, sim, um conhecimento superior de como reduzir o consumo em até 20% ou 30% na maioria das fábricas. Ela avalia possíveis clientes para assegurar que economias possam ser capturadas e, então, otimiza a iluminação e os motores da fábrica, e introduz formas de reduzir o consumo de gás natural. A firma de energia aceita o risco de uma conta crescente de energia, mas desfruta os benefícios quando a conta cai 30%.

- Uma firma de TI cobra mil reais por ano por estação de trabalho para todos os serviços relacionados à tecnologia. Uma empresa com 20 estações de trabalho paga $20.000 anualmente por tudo, inclusive software necessário, serviço de suporte, cabeamento, hardware de servidor, qualquer novo hardware necessário — como monitores, teclados e computador —, treinamento e atualizações de software. A companhia de TI remove todos os riscos tecnológicos, permitindo que os clientes foquem no próprio negócio em vez de nas dores de cabeça do TI. O cliente acha ótimo não ter que comprar hardware e software caros. A companhia de TI entende que o hardware não quebra frequentemente e não precisa ser substituído com frequência. A diferença entre a percepção do cliente e a realidade oferece uma oportunidade de lucro para a firma de TI.

- Companhias de energia solar seguram a luz do sol. Firmas de energia solar pagarão para instalar painéis solares em sua casa e comprarão a eletricidade.

- A precificação baseada em valor passa o ônus de um resultado desejável para o provedor. Firmas como consultoras de custo identificaram áreas em que a maioria dos negócios pode economizar. Esses consultores não cobram nada por seus serviços além do compartilhamento das economias. O risco de o projeto ter sucesso é assumido pelo consultor.

- Uma empresa de coleta de lixo hospitalar cobra por semana em vez de, pelo padrão da indústria, por contêiner ou peso. Os clientes simplesmente ligam quando precisam de coleta. A empresa assume o risco pelo volume excessivo. Esse plano resultou em 2,3 coletas de cliente por mês contra quatro antes do plano. As economias associadas a 1,7 coleta a menos por cliente trazem economia para a empresa em custos de veículos, combustível, mão de obra e despesas.

- A precificação voluntária ou baseada em gorjeta propicia um preço de venda de médias maiores. Algumas organizações permitem que os clientes paguem o que quiserem pelas compras. A empresa aceita o risco de que a maioria dos clientes pagará menos. Por exemplo, uma empresa de treinamento oferece um preço sugerido por trainee, mas permite que os clientes paguem o que quer que eles achem justo. A análise da companhia mostra que o sistema de pagamento voluntário gera $22 a mais por trainee do que se a empresa pedisse um valor fixo. A companhia aceita o risco de que os clientes pagarão menos e se beneficia quando eles não o fazem.

- As garantias totais são uma forma extrema de garantia popularizada por companhias automotivas. A reputação ganha por garantir tudo, em vez de apenas componente principais, foi significativa da perspectiva do marketing, mas insignificante da perspectiva do custo, porque todos os componentes caros já estavam cobertos com a garantia antiga.

- Bufês sem balança aceitam o risco de que um cliente comerá mais comida do que o preço cobrado.

- Resorts de serviço completo sabem que muitos hóspedes ficam na praia ou em seus quartos em vez de usar serviços caros. Os hóspedes pretendem utilizar muito esses serviços no momento da aquisição, mas utilizam-no menos do que o pretendido. Os resorts lucram com o conhecimento do fenômeno "olho maior que a barriga".

- A locação na Zipcar não tem milhagem ou tarifas de combustível. A Zipcar assume o risco de que o motorista sobreutilizará o veículo. Visto que seus carros estão disponíveis sobretudo em áreas urbanas, a empresa entende que os motoristas provavelmente não dirigirão para muito longe. Aceitando o risco de percursos longos que desgastarão sua frota, a Zipcar pode oferecer um preço atraente que inclui tudo, com uma apólice de seguro no pacote.

- A Costco vende produtos com margens menores do que varejistas tradicionais em troca de uma taxa de associação, essencialmente tornando essa tarifa uma aquisição adiantada de desconto. O consumidor paga de $55 a $110 por ano para obter preço mais baixo. A Costco tem muito pouco lucro como puramente varejista devido às margens reduzidas. Ela tira a maior parte de seus lucros da venda de associação ($694 milhões no último trimestre). A Costco aceita o risco de que os clientes não usarão demais o desconto antecipado de $55.

- Algumas empresas de paisagismo e remoção de neve vendem por estação. Elas aceitam o risco do tempo. Elas não têm a capacidade de prever o tempo melhor do que o cliente, mas sabem que a lei das médias pode levar a uma lucratividade melhor. O cliente deseja uma previsibilidade de custo, então a empresa cobra pelo número esperado de cortes de grama/remoção de neve e acrescenta uma tarifa de seguro.

- As comissões adiantadas de advogados são efetivamente um seguro ao contrário. O cliente garante ao advogado que um certo número de horas será comprado.

- As taxas fixas têm uma tarifa de seguro. Por exemplo, um designer de logo cobra $350 por logo, aceitando um risco primário — o de que o cliente pedirá muitos retoques. O designer de logo pode cobrar apenas $50 por versão, mas o cliente não tem ideia de quantas versões serão necessárias. O designer sabe que o número historicamente é de 4,7, e cobra a diferença entre 4,7 e 7 como tarifa de seguro.

Quando uma hora não é uma hora

Eu guardei o melhor para o final. A melhor forma de capitalizar sobre a dinâmica do seguro é pelo uso de uma hora com tarifa fixa. Uma hora com tarifa fixa redefine 60 minutos.

Aqui eu uso o exemplo de uma oficina de carro, porque as horas com tarifa fixa são comumente usadas nessa indústria. Quando você leva seu carro à oficina, deve ter notado uma placa mostrando a tarifa de $70 por hora (EUA). No mundo automotivo, uma hora não é uma hora. As oficinas de carro usam manuais de referência, como o Mitchell, para saber quanto tempo um conserto deve levar. A oficina cobra pela tarifa por hora vezes as horas segundo o manual Mitchell — não pelo tempo que levar para consertar seu carro.

Esse sistema tem muitos benefícios para os clientes. O cliente sabe o custo total do conserto antes que o serviço comece. Mais importante, o risco de trabalho malfeito, mal planejamento e custos adicionais são passados para a oficina. Se você pensar nisso, ninguém quer comprar nada por hora. Tente. Diga alguma coisa que você prefere comprar por hora. Quando você compra horas, sempre sente a pressão do tic-tac. Quase todo mundo prefere remover essa sensação. Se você comprar a hora, aceita o risco de que o tempo seja ultrapassado, e isso cria uma relação de desvantagem entre o vendedor e o cliente. O cliente beneficia-se se o conserto for rápido. O vendedor beneficia-se se o conserto for pobre e demorar mais. Corrigir esse desalinhamento beneficia tanto o vendedor do serviço quanto o cliente.

Contudo, o sistema de hora com tarifa fixa beneficia a oficina tremendamente. Um mecânico capacitado pode executar a maioria dos consertos mais comuns na metade do tempo estabelecido no manual Mitchell. Mecânicos altamente capacitados de uma equipe especial (motores, transmissões) podem completar o serviço em um terço do tempo. A oficina cobra duas ou três "horas" por cada hora realmente trabalhada.

Redefinindo hora como a quantidade de tempo necessária para que um mecânico mediano complete a tarefa, a oficina cria uma central de lucro para mecânicos mais capacitados. Um bom mecânico não ganha o dobro do que um mecânico ruim ganha, mas, sim, com o sistema de hora com tarifa fixa.

Exemplo de seguro criativo: Enron

A Enron é famosa por muitos maus negócios, mas a empresa tinha um programa extraordinário que recorria ao poder do seguro. Ela abordava grandes instalações de fábricas com uma oferta tentadora de travar os custos com suas instalações por cinco ou dez anos. Grandes instalações como montadoras de automóveis podem gastar mais de um milhão por mês com equipamentos. A Enron queria acrescentar clientes como esses ao seu negócio de corretagem de energia.

Temendo a incerteza em relação ao aumento dos custos com energia, as fábricas eram muito receptivas à Enron, que se dispunha a aceitar o risco do aumento dos custos de eletricidade e gás. A Enron usava o desejo do cliente de eliminar o risco em benefício próprio. Eis como:

- Uma divisão da Enron especializada em aumentar a eficiência de grandes instalações. Essa divisão otimizaria a iluminação com produtos significativamente mais eficientes, substituiria motores sugadores de energia antigos e ineficientes, instalaria um isolamento superior, detectaria e repararia vazamentos de ar e mais.
- Normalmente a otimização da energia corta a conta com equipamentos em 25% a 50%.
- Visto que a Enron aceitou o risco do aumento de contas de energia, também aceitou os benefícios da diminuição das contas.
- Devido ao conhecimento superior da Enron na arena da otimização de energia, a empresa conseguia prever precisamente a quantidade de economia de energia disponível na fábrica. Essa quantia era comparada ao aumento potencial em custos com energia. Se a comparação fosse favorável, a Enron concordava em manter constantes os custos com energia.

✔ O prazo para a Enron recuperar o custo com a otimização da fábrica era normalmente de 12 a 18 meses. Quando esse período expirava, seus lucros eram significativos. Os custos com energia poderiam ter aumentado em uma pequena porcentagem, mas as economias poderiam cortar a conta pela metade.

Planilha: Criando um Programa de Seguro

Os clientes sempre me dizem: "Eu gosto do conceito de seguro e vejo como ele pode melhorar a lucratividade, mas não sei por onde começar." Eis como começar:

1. **Analise os riscos que seus clientes ou fregueses querem eliminar.**
   Alguns desses riscos serão óbvios, outros não. Os clientes foram ensinados por vendedores que alguns riscos não são negociáveis e não podem ser removidos.

   Na década de 1960, os atletas tinham que se precaver de lesões no joelho. Hoje em dia, eles podem comprar uma apólice da Lloyds of London que os paga caso suas carreiras terminem cedo. Seus clientes ainda estão na década de 1960. Eles não consideraram que alguns riscos podem ser removidos. Você pode não descobrir nenhum desses riscos latentes, mas, se o fizer, pode ter um diferencial.

2. **Pense na possibilidade de o cliente ou freguês pagar para remover o risco.** Quando você vai a um lava a jato, um grupo de gansos poderia sobrevoar seu carro logo depois, arruinando a linda lavagem. O lava a jato poderia fazer um seguro contra essa possibilidade, e você pode inclusive dar valor a isso, mas não o suficiente para que seja uma opção viável.

3. **Considere quanto o cliente pagaria.** A Best Buy fez uma fortuna vendendo garantias estendidas em calculadoras de $17 a $5. Pessoalmente, não entendo como os clientes justificam essa matemática, mas as pessoas compraram essas apólices. Lembre-se, não é quanto o seguro custa, mas o que vale na mente do cliente.

4. **Decida a logística de como entregará o seguro.** Como você pode ver na Figura 22-1, alguns seguros podem ser um ângulo diferente de marketing, uma apólice de seguro puramente, uma garantia ou outro veículo criativo.

5. **Determine quanto o seguro custará.** A relação custo-benefício vale o esforço? Se sim, vá com tudo.

A Figura 22-2 é uma planilha em branco para que você use na criação de produtos de seguro lucrativos em seu negócio.

Capítulo 22: Lucrando com a Dinâmica do Seguro

Figura 22-1: Potenciais oportunidades de seguro.

Entrando no Negócio de Seguros

Riscos que os clientes são forçados a aceitar	Eles pagariam para mitigá-los?	Quanto?	Potenciais apólices de seguro	Nosso custo	Lucro adicional
O encanador é bem capacitado?	Sim, o tempo necessário para um encanador pouco capacitado poderia acrescentar centenas à conta.	10 – 20% a mais	Certificar encanadores como Gurus/Técnicos Mestres da ABC Plumbing. Contratar encanadores com cinco anos ou mais de experiência e aconselhar de acordo. Garantia de conserto na primeira visita.	Metade ou menos da receita obtida	Margem de 50% em upsell
Terei que faltar ao trabalho e esperar pelo encanador?	O custo da inconveniência é significativo para alguns clientes	$20 – $50 por serviço	Faça melhor do que a margem de uma hora prometida por outras empresas. Garanta que o encanador estará lá na hora exata. É simples, agendamentos baixos, não altos. Once um tempo de tolerância para que o encanador chegue na hora. Cobre dos clientes se eles não estiverem na hora também. Empresas que empregam essa estratégia podem conseguir margens 25 – 50% maiores que as do mercado.	30% de receita adicional criada	Margem de 70% no negócio criado
O encanador é honesto ou irá me vender coisas das quais não preciso?	Vender além é um grande medo em indústrias de serviços	5 – 25% a mais	Reúna dezenas de depoimentos em vídeo (não por escrito) de clientes satisfeitos discutindo essa questão.	$1.500	Margem gerada por vendas adicionais
O encanador vai "afanar" em minha casa?	Pode não parecer razoável que os clientes se sintam assim, mas alguns o fazem	Um pouco	Cheque os antecedentes de todos os empregados, verifique se têm problemas de crédito a cada 6 meses para certificar-se de que não estão tendo problemas financeiros. Crie uma campanha: "Nós ficamos de olho em nossos empregados para que você não tenha que fazê-lo" em que os funcionários usem câmeras sem fio no capacete, monitoradas pelo escritório.	$5.000 – $10.000	Margem gerada por vendas adicionais
O encanador tem as ferramentas e peças certas no caminhão?	O cliente não quer pagar $150 por hora para que o encanador tenha que ir a uma loja de construção por conta de um acessório de $2.	5 – 10% a mais	É impossível sempre ter tudo no caminhão, mas é possível ter tudo 90% das vezes. Esta é uma clássica oportunidade perdida. Visto que é impossível sempre ter tudo no caminhão, os encanadores desistem de garanti-lo. A resposta é simples, cobre a mais pela garantia e engula o custo das vezes que não tiver tudo. Você pode enviar um motorista para entregar as peças para que o encanador não precise sair ou oferecer um desconto de $100 se ele tiver que fazê-lo.	10 – 50% de receita adicional gerada	Esta característica pode atrair novos clientes ou fazer com que clientes existentes paguem mais, então o potencial de lucro é significativo.
O encanador tem a agenda cheia ou tentará arrastar o serviço?	Um encanador com uma agenda cheia provavelmente termina o serviço rapidamente. Um encanador preocupado com quando será o próximo serviço pode demorar nesse.	5% a mais	Tarifa fixa	Custo de serviços mal estimados	Melhora a lucratividade com mais vendas fechadas de prováveis clientes confortáveis.
Este conserto resolverá o problema permanentemente ou terei que ligar de novo em 6 meses para o "2° round"?	A maioria dos clientes quer entender o custo total para corrigir o problema, não apenas o custo hoje.	Um pouco	Crie um programa "Conserto em uma visita" ou "Cinco anos de garantia" para deixar o cliente tranquilo de que você resolveu o problema completamente. Você não precisa dá-lo em todos os serviços. Se um cliente tiver uma casa de 100 anos, gentilmente lhe diga que não pode garantir um encanamento de mais de 20 anos.	Mínimo, porque nosso serviço de alta qualidade já deve durar 5 anos	Margem gerada por vendas adicionais
Quanto tempo esse serviço vai levar a $150 por hora?	Aquela sensação de começar a contar o tempo sabendo que cada minuto que o encanador coça a cabeça e diz "hum" custa $2,50 para você é uma droga.	Potencialmente muito mais, porque o cliente não tem ideia de quanto tempo o serviço deveria levar. Se ele acha que cinco horas são razoáveis, mas o serviço só levará uma, a oportunidade de margem é significativa	Tarifa fixa	Custo de serviços mal estimados	Virada de jogo

Figura 22-2: Criando seu negócio de seguro.

Entrando no Negócio de Seguros

Riscos que os clientes são forçados a aceitar	Eles pagariam para mitigá-los?	Quanto?	Potenciais apólices de seguro	Nosso custo	Lucro adicional

Parte V
A Parte dos Dez

Nesta parte...

✔ Explore exemplos de dez ótimos modelos de negócio para manter o seu brainstorm fluindo.

✔ Utilize técnicas top de inovação com seu modelo. A inovação é necessária se você quiser que seu negócio seja bem-sucedido a longo prazo, mas nem sempre é fácil. Use essas técnicas como inspiração.

✔ Tenha cuidado com essa lista de comentários que seus investidores de risco, banqueiros ou sócios nunca querem ouvir sobre seu modelo de negócio.

✔ Descubra frases que devem ser eliminadas do seu vocabulário imediatamente! Muitos empreendedores usam essas frases sem perceber que elas são sinais vermelhos para investidores. Eu irei impedi-lo de cometer esse erro.

Capítulo 23

Dez Modelos de Negócio Incríveis

Neste Capítulo

▶ Descobrindo dez modelos de negócio que passaram pelo teste do tempo e provou-se que geram lucros
▶ Vendo a estratégia essencial de negócio que um empreendedor celebridade usa em cada negócio
▶ Recorrendo ao psicológico emergente do comprador em vantagem própria
▶ Ganhando bilhões com a criação de uma marca indispensável

Às vezes, a melhor forma de aprender é pelo exemplo. Neste capítulo, discuto dez modelos de negócio que se provaram lucrativos no decorrer de longos períodos. Discuto companhias de perfil sofisticado que usam cada um desses modelos, assim como detalhes sobre como elas fazem esses modelos funcionarem eficientemente.

O benefício de estudar vários modelos de negócio é que normalmente eles acendem uma ideia. Enquanto estudar esse modelos, pense em como você pode pegar emprestado um pedaço da estratégia deles para você.

Construa uma Vez, Venda Várias

O *pior* modelo de negócio do mundo é aquele que se constrói uma vez e se vende uma vez. A única maneira de alcançar lucros significativos com o modelo construa uma vez, venda uma vez é com uma tarifa por hora muito alta. Isso fica cada vez mais difícil no mundo das tarifas fixas.

Se construir uma vez, vender uma vez é o pior modelo de negócio, é lógico que construir uma vez, vender várias é um dos melhores. Se você adivinhou isso, está certo. Você pode recorrer ao modelo construir uma vez, vender várias de diversas maneiras. Considere o seguinte:

- A fábrica foi um dos primeiros modelos de negócio a recorrer ao construir uma vez, vender várias. Um esforço significativo foi feito para montar uma linha de montagem e processos, resultando em um produto que era fabricado com um baixo custo marginal por unidade, o que, por sua vez, resultava em lucros.

- A extração de minério é parecida com a fábrica. Um esforço significativo é aplicado para encontrar petróleo, cobre, ouro ou minério de ferro e, então, comprar equipamentos caros. Uma vez que a infraestrutura é construída, os recursos podem ser rentavelmente extraídos.

- Empresas de software como Microsoft, Intuit e Oracle são simplesmente fábricas modernas usando esse modelo. O software é escrito uma vez e vendido várias e várias vezes. A fabricação de software tem uma vantagem sobre a fabricação física em relação ao uso de versões. O software tem obsolescência integrada criada pela empresa. Esse uso de versões mantém as vendas e a linha de montagem de software ocupada.

- Recorrer a ou vender propriedade intelectual — como ideias, processos, patentes ou marcas registradas — conta como construir uma vez, vender várias. Muitas empresas criam propriedade intelectual como um aparte a seu negócio "real" apenas para chegar à conclusão de que a propriedade intelectual vale mais do que o negócio "real". A desenvolvedora do BlackBerry, Research in Motion, valoriza sua propriedade intelectual em $3,37 bilhões, ou quase 85% do valor da companhia inteira. A Nortel Networks vendeu 6.000 patentes wireless em um leilão de falência por $4,5 bilhões em 2012. A Eastman Kodak lutou para ser lucrativa como empresa de filmes, mas concordou em vender suas patentes de imagens digitais por $525 milhões.

- A construção de uma marca pode ser qualificada como construa uma vez, venda várias. O que é isso que leva você a pagar $4 por uma xícara de café da Starbucks? Com certeza é uma boa localização, um café delicioso e um atendimento simpático, mas você pode conseguir isso em um monte de lugares. Parte dos seus $4 é para a marca Starbucks. A construção e alavancagem de uma marca forte conta como construir uma vez, vender várias.

- O mesmo é válido para a construção de reputação. Empresas com fortes reputação desfrutam a dinâmica do construir uma vez, vender várias. Pegue o exemplo de um prestador de serviços de ventilação, refrigeração e aquecimento. O serviço é realizado e lucra-se uma vez (constrói uma vez). Visto que o serviço é feito de forma extraordinária, uma reputação é criada e utilizada na forma de recomendações (custo de vendas reduzido) e a capacidade de cobrar mais (uma forma de vender várias vezes). O preço alto criado pela boa reputação é uma forma de vender muitas vezes.

- Um grande investimento de custo fixo pode ser classificado como construir uma vez, vender várias. Minicampos de golfe, Disneylândia, cruzeiros, hotéis e pedágios criam ativos além do alcance financeiro de qualquer um cliente com o uso de ativos vendidos em pequenas porções. Em muitos casos, a combinação de um grande investimento e a vantagem do primeiro operador é um poderoso modelo de negócio.

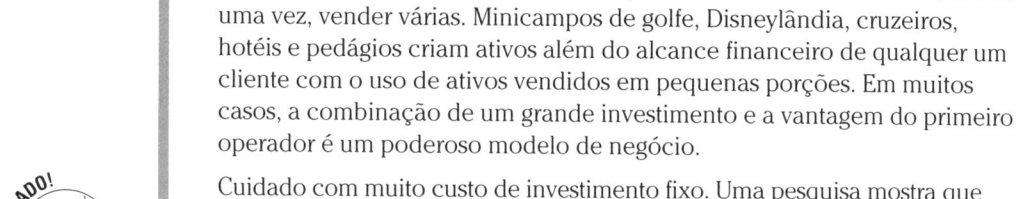

  Cuidado com muito custo de investimento fixo. Uma pesquisa mostra que um alto custo de investimento fixo pode enfraquecer o retorno sobre o investimento — linhas aéreas, as três grandes montadoras de carros dos EUA e empresas de entregas são testemunhas. Idealmente, o âmbito de seu grande investimento enfraquecerá a concorrência, não os retornos.

- Empresas de serviço tornam-se mais sofisticadas recorrendo ao construir uma vez, vender várias. Advogados reutilizam cláusulas bem escritas em contratos para mais de um cliente. A LegalZoom revirou o modelo de negócio legal vendendo formulários padronizados com uma pequena quantia de serviços incluída em oposição a um advogado vendendo um monte de serviços combinados com uma pequena quantidade de padronização de documento. Médicos e dentistas gravam vídeos com instruções sobre cirurgia em vez de instruir cada paciente individualmente.

- Franquia é uma ótima forma de as empresas construírem uma vez e vender várias. Depois que o modelo de negócio é construído, venda os direitos de uso por uma porcentagem das receitas.

Com uma crescente porção da economia passando para negócios de serviços, o construir uma vez, vender várias está mais importante que nunca. É fácil para um negócio de serviço vender o trabalho e então executá-lo — cada serviço é um projeto único. Esta é uma boa receita para ganhar a vida, mas não um bom modelo de negócio. Se você sucumbir a esse modelo, sempre esbarrará na pressão e comoditização de preço.

Empresas de serviço podem recorrer ao construir uma vez, vender várias de duas maneiras:

- Primeiro, esteja sempre à procura de usos adicionais do primeiro serviço. Oradores profissionais fazem um ótimo trabalho assim. O trabalho nº1 é ser pago para falar para um público. O orador trabalha com afinco para criar um conteúdo de apresentação, depois é pago para entregá-lo. Feita corretamente, o orador pode usar a apresentação como uma peça de software e entregar a mesma, ou uma parecida, a outro público. Contudo, o orador ainda está vendendo seu tempo.

  O orador pode depois recorrer à sua propriedade intelectual gravando sua apresentação e vendendo a gravação, a transcrição, o livro de exercício ou outros produtos relacionados. O orador pode vender no próprio púlpito, eliminando, assim, custos de vendas. Melhor ainda, ele pode usar partes da apresentação durante a marcação de consulta.

- O segundo método para recorrer à dinâmica do construir uma vez, vender várias é alavancar a capacidade. Por exemplo, uma empresa de dutos não fazia nada além de instalações customizadas de larga escala (em outras palavras, construa uma vez, venda uma vez). Um dos instaladores percebeu que certos cotovelos (de cano) estavam mais para universais do que para customizados, então a empresa investiu em maquinário para dobrar antecipadamente esses cotovelos em vez de fazê-lo no local de trabalho. Passando o trabalho do local de trabalho para a fábrica, a empresa conseguiu fazer esses cotovelos em um terço do tempo. As economias não foram repassadas para os clientes, porque o trabalho era próprio. Era cobrado do cliente o tempo normal que levava para dobrar os cotovelos no local de trabalho.

O truque é nunca fazer somente o serviço. Esteja sempre pensando em como você pode usar o trabalho n°1 para criar economias no trabalho n°2.

Você pode ir longe demais no construir uma vez, vender várias. O escândalo do "robosigning"[1] na indústria de hipotecas é um ótimo exemplo de super alavancagem.

Crie uma Marca Indispensável

Um dos modelos de negócio mais lucrativos da história é a criação de uma marca indispensável que vá além da mera diferenciação. Uma marca indispensável é uma carta coringa que permite que uma empresa cobre um preço alto e gere vendas significativas.

- A Apple tornou-se uma marca indispensável para esta geração. Sociólogos japoneses determinaram que a marca Apple invoca um fervor quase que religioso em muitos adolescentes japoneses.
- O Toyota Prius era mais do que um automóvel ecologicamente correto. As estrelas de Hollywood dirigiam seus Prius como símbolo de status para demonstrar sua consciência ambiental. Esse endosso ajudou a impulsionar o Prius de modo que ele capturasse 50% do mercado de híbridos nos EUA, ajudando a Toyota a obter mais de 70% desse mercado.
- A Beats Audio vende fones de ouvido por $199 contra $50 de um par semelhante de fones de ouvido da Sony.
- A Under Armour e a Nike podem colocar suas logomarcas em uma variedade de calçados, vestimentas ou itens esportivos e cobrar o dobro do que esses itens custariam sem esses logos.

---

[1] N.E.: Quando um empregado assina um documento sem conferir, assina automaticamente, como um robô.

- Quanto um comprador de carro paga pelo emblema de um Mercedes, um BMW ou de um Lexus no capô de seus carros? Claro, esses carros têm vários recursos ótimos, mas o Hyundai Genesis, que custa $25.000 a menos, também tem. Por que o comprador paga tanto mais por uma BMW? Porque é uma BMW.

- Uma jaqueta Patagonia custa duas vezes mais que uma jaqueta semelhante. A Patagonia produz vestimentas de alta qualidade e ecologicamente corretas para seduzir amantes da natureza que querem proteger o ambiente e ficam felizes em pagar a uma companhia alinhada a essa filosofia.

- A Harley-Davidson vendeu motocicletas a preços mais altos do que o de um sedã barato e teve anos de filas de espera.

- A Coca-Cola é proprietária orgulhosa da terceira marca mais valiosa do mundo, estimada em $81,5 bilhões (2014).

O poder da marca não se reserva a produtos de consumo. Empresas como a Oracle, Cisco, Snap-On Tools, Dungarees e IBM criaram marcas poderosas de B2B (de empresa para empresa). Não há do que duvidar de que o maior poder de marca de todos os tempos foi a IBM no período "Big Blue". Apenas pergunte a qualquer vendedor forçado a vender contra o "Ninguém nunca foi demitido por comprar IBM". A IBM praticava preços exorbitantes por seus computadores mainframe que totalizaram bilhões com o passar do tempo.

Você não precisa ser uma empresa na Fortune 500 para criar uma marca indispensável. Advogados, médicos, paisagistas, arquitetos, construtoras e qualquer outra empresa podem criar uma marca indispensável. Isso é uma simplificação exagerada, mas, sendo o primeiro com algo espetacular, você também pode criar uma marca indispensável.

Faça com que Clientes Criem Bens de Graça

A ascensão da colaboração coletiva e da transferência barata de conhecimento pela internet liberou uma nova onda de modelos de negócio. Você não precisa ter uma empresa de tecnologia para se beneficiar dessas tendências. A internet criou uma meritocracia mundial. Enquanto os consumidores têm acesso a mais informação e a capacidade de compartilhar suas preferências, as empresas podem beneficiar-se de dar aos clientes o que eles querem — controle, ofertas sob medida e velocidade.

Os sistemas de GPS oferecem um recurso valioso para fazer o percurso mais rápido com base nas condições do trânsito. Vinte anos atrás, esses dados tinham que ser obtidos de um serviço de dados do trânsito e o custo era proibitivo. Hoje em dia, os consumidores pagam para usar o GPS e também contribuem com seu próprio dado de trânsito. A empresa do GPS assimila o dado do cliente para criar um mapa de tráfego e o vende de volta para os clientes que o criaram.

O Google faz a mesma coisa. Os usuários da internet votam na popularidade dos sites fazendo links deles e visitando. O Google coleta os dados do usuário, classifica-os com base na relevância e vende-os de volta para os usuários como mecanismo de busca.

O Facebook é só uma plataforma de software. Sem 500 milhões de usuários voluntariamente acrescentando conteúdo, não há produto. Os clientes passaram bilhões de horas construindo o conjunto de conteúdo e dados do Facebook.

Os sites Couchsurfing conectam hospedagens gratuitas (hospitalidade) com usuários e são as únicas partes ganhando dinheiro com o arranjo.

Produtos elaborados colaborativamente, dos sabores do Doritos e conjuntos Lego desenvolvidos por garotos às camisas no CafePress e comerciais do Super Bowl. Empresas deixaram os clientes entrarem no processo de criação e receberam mão de obra gratuita e um produto aprovado pelo público em troca.

Você pode recorrer à ajuda do cliente para criar produtos sem nenhuma tecnologia também. Exemplos incluem:

- U-pick blueberries (lugares onde você mesmo escolhe e colhe suas blueberries)
- Cortar sua própria árvore de Natal (e ainda pagar para fazer isso)
- Restaurantes onde você pode preparar sua própria carne
- A Build-A-Bear Workshops permite que os clientes criem e produzam seus próprios ursinhos de pelúcia e cobra um preço significativo por um bichinho fabricado em massa
- A proliferação de lojas onde se pode preparar o próprio frozen de iogurte, como a Orange Leaf e Yogli Mogli, onde os clientes criam suas próprias guloseimas e as pesam

Permitir aos clientes a liberdade de ajudar a criar os seus produtos pode baixar os custos dramaticamente e aumentar as vendas. Execute bem essa tática e aproveite o lucrativo modelo de negócio.

Verdadeira Vantagem Competitiva como Provedor de Baixo Custo

Às vezes, os empresários confundem provedor de baixo custo com provedor de baixa margem (em outras palavras, o desejo tolo de trabalhar pelo menor lucro). A capacidade de criar o mesmo produto que seu concorrente por um custo significativamente mais baixo é uma arma secreta. Empresas espertas usam essa vantagem de custo como ferramenta. A margem adicional gerada pelo custo menor pode ser usada para:

- **Precificação de penetração.** A Standard Oil ficou famosa por precificar combustível baixo de forma artificial em novos postos para tirar concorrentes do negócio. Isso funcionou tão bem que a prática se tornou ilegal.
- **Precificar agressivamente quando necessário.** A maioria dos varejistas tem dificuldade de competir com o Walmart na Black Friday porque os custos do Walmart são muito menores.
- **Repassar economias para o consumidor em forma de preço menor.** Se o mercado for muito preocupado com preço, o menor preço pode ser crítico para ganhar negócio.
- **Aumentar os lucros.** Retenha as economias de custo para o final.
- **Relações públicas.**
- **Marketing.** O McDonald's tem economias de escala sobre outras lanchonetes e utiliza o lucro extra para criar uma barreira de marketing maciço. O McDonald's gasta um sexto dos lucros dos restaurantes com marketing.
- **Uma combinação de itens nesta lista.** A Dell usou seu produto de baixo custo para cortar a concorrência e produzir lucros superiores durante seu auge.

Nesta era de hipersensibilidade a preço e transparência de informação, está mais difícil do que nunca gerar margens excelentes. Oferecer um baixo custo pode servir como vantagem crítica no modelo de negócio. Muitas empresas bem conhecidas possuem a vantagem do baixo custo:

- A escala da Amazon contra outros varejistas da internet permite que ela capture uma grande fatia do mercado.
- O Walmart alavancou a tecnologia em logística e a escala para entregar sua promessa de marketing "preço baixo todo dia". As margens brutas do Walmart ainda são de respeitáveis 24,9%. Compare com a da Sears, uma varejista com uma margem levemente melhor, 26,1%.
- A Procter & Gamble tem muitas grandes marcas — como Tide, Crest, Dawn, Gillette e Ivory — que não só são campeãs de vendas em suas categorias, como também de produção mais barata devido à economia de escala.
- A Southwest Airlines é a única linha aérea consistentemente lucrativa dos EUA por conta de seu inovador modelo de baixo custo. A empresa mantém seus custos baixos voando somente com 737s e rejeitando o sistema padrão de rota e conexões da indústria.
- A estatal petroleira da Arábia Saudita pode produzir um barril de petróleo por $3, contra os fornecedores de preços mais altos (perfuração no oceano) de $50 por barril.
- A GEICO passou de 7ª companhia de seguro para 3ª recorrendo ao modelo de baixo custo de vendas diretas.

Na maioria das vezes, é difícil começar como um provedor de baixo custo de um produto similar vendido para um mercado similar para um uso similar (em outras palavras, maçãs para maçãs). Economias de escala, processos de negócio superiores e alavancagem da cadeia de valor criam vantagem de custos para operadores estabelecidos. Sem uma vantagem tecnológica, de marca ou de cadeia de valor, começar como líder de custo baixo provavelmente será começar como líder do lucro baixo.

A disrupção pode exercer um papel significativo na vantagem de custo. A inovação radical da cadeia de valor ou da tecnologia pode ter um efeito muito maior do que tirar leite de pedra.

O Craiglist não se dirigiu ao baixo custo de anúncio no classificado; dirigiu-se à cadeia de valor do anúncio em classificado. O resultado foi um modelo de baixo custo.

A United Parcel Service (UPS) foi uma das primeiras a adotar o GPS e as tecnologias portáteis para motoristas na década de 1990. Essa vantagem tecnológica se traduziu em custos mais baixos com combustível, pagamento de motorista e operações.

Extração de Recursos Naturais

Não é o negócio mais antigo do mundo, mas extrair diamantes, madeira, ouro, petróleo, minério de ferro, cobre e outros recursos naturais da terra produziu lucros e riquezas por milhares de anos. É um dos mais antigos modelos de negócio e ainda é lucrativo.

Hoje em dia, há 43 bilionários cujas fortunas foram criadas da mineração e vários outros cujas fortunas foram criadas da extração de petróleo. Mais de 10% dos bilionários do mundo fizeram suas fortunas da extração de recursos naturais.

Durante o extenso período de recessão mundial, a economia australiana cresceu e prosperou. Não é de se espantar que sua economia é fortemente voltada à mineração. O setor de mineração representa 10% do PIB australiano; a economia relacionada à mineração representa outros 9% do PIB — todo o setor de mineração representa 19% de toda a economia australiana.

Faz sentido que a extração de recursos seja consistentemente lucrativa se você pensar nela da perspectiva da cadeia de valor de Porter (Veja o Capítulo 10 para mais informações sobre este assunto). Empresas não ligadas à mineração trabalham para criar valor acrescido por meio de uma variedade de processos e meios. Contudo, todos esses meios têm custo. A dificuldade para essas firmas é fazer com que o valor acrescido valha mais do que o custo para acrescê-lo. Firmas de mineração deixam a mãe natureza acrescer o valor.
Só dê àqueles restos de dinossauros em decomposição algumas centenas de milhares de anos e eles se transformam em depósitos de petróleo — de graça. Obrigado, mãe natureza.

É claro que o custo de extrair diamantes, ouro e petróleo não é gratuito, mas as operações de mineração bem conduzidas têm sido consistentemente lucrativas por séculos. Não muitos modelos de negócio podem tomar o mesmo para si.

Propriedade Intelectual Valorizada com Proteção Legal ou Prática

O que a Polaroid, Eli Lilly, Adobe Systems, Singer, Ford Motor Company, Segway, Microsoft, Xerox, Facebook, Green Mountain Coffee Roasters, Ronco e Westinghouse têm em comum? A origem do sucesso dessas empresas foi a valiosa propriedade intelectual. Considere o seguinte:

- **Polaroid:** Câmera instantânea
- **Eli Lilly:** Insulina
- **Adobe Systems:** Linguagem Post Script
- **Singer:** Primeira máquina de costura prática
- **Ford Motor Company:** Linha de montagem moderna
- **Segway:** O fundamento do sistema de locomoção de pessoas Segway, um sistema giroscópico de estabilização e controle computadorizado, foi inventado por Dean Kamen para uma invenção anterior, uma cadeira de rodas para todos os terrenos, a iBot. Kamen vendeu essa companhia para a Johnson & Johnson, mas manteve a tecnologia giroscópica e empregou-a na Segway.
- **Microsoft:** Sistema operacional DOS
- **Xerox:** Fotocopiadora
- **Facebook:** Rede social
- **Green Mountain Coffee:** Sistema de café Keurig (K-cup)
- **Ronco:** O Veg-O-Matic de Ron Popeil e o infomercial
- **Westinghouse:** Sistema de freio a ar para trens

Uma ótima ideia pode ser a alma de um modelo de negócio. As empresas nessa lista pegaram essa ideia poderosa e 1) protegeram-na da imitação e 2) empregaram a ideia em um negócio viável de longo prazo.

É claro que todas as ideias na lista têm alguma forma de proteção. Patentes, marcas registradas ou simplesmente saber fazer algo que seus concorrentes não conseguem proteger seu modelo de negócio da inevitável cópia. Por exemplo, quando os calçados Crocs eram campeões de vendas, muitas empresas imitaram o visual e estilo deles. Contudo, a Crocs possui a fórmula do material especial usado nos calçados, então as imitações não eram bem a mesma coisa que o verdadeiro. Esse material especial ajudou a Crocs a manter as vendas por um tempo significativamente mais longo.

Destruição Tecnológica do Modelo Vigente

Por que competir em um mercado quando você pode demoli-lo? A destruição tecnológica de um mercado existente emprega uma oferta diferenciada e cria um novo provedor de baixo custo. Muitas vezes, um mercado destruído pela mudança tecnológica estrondosa é ultrapassado pelo novo mercado criado. A Tabela 23-1 mostra várias indústrias que foram severamente rompidas por nova tecnologia.

Tabela 23-1 Exemplos de Tecnologias Disruptivas

Indústria Existente	Tecnologia Disruptiva	Tecnologia Disruptiva Adicional	Tecnologia Disruptiva Adicional
Cavalos	Automóveis	–	–
Pony Express	Telégrafo	Telefones fixos	Celulares
Correios	E-mail	Mensagem de texto	
Livros manuscritos	Impressão offset	Editoração eletrônica	PDFs
Classificados de jornais	Craiglist, `cars.com` e outros	–	–
Pintura	Fotografia	Câmeras digitais	Câmeras de celular
Vendas de garagem	eBay	–	–
Discos de vinil	CDs	MP3s	–
Lojas de bairro	Grandes varejistas/ shoppings	Amazon	–
Agentes de viagem	Priceline	–	–
Estradas de ferro	Automóveis	Viagens aéreas	Skype
Mapas	MapQuest	GPS	–
Relógios	Celulares	–	–
Eventos de rede de contatos em pessoa	LinkedIn	–	–
Restaurantes	Refeições congeladas	Entrega em domicílio	–

Como você pode ver, essas novas indústrias e modelos tendem a acabar com os antigos, mas criam um mercado maior ainda no lugar.

Olhe o doloroso processo acontecendo na indústria de jornais impressos. Alguém poderia dizer que a internet e a Craiglist ajudaram a destruir essa indústria multibilionária que empregava centenas de milhares de pessoas. De 2001 a 2011, o emprego na indústria americana de jornais passou de 414.000 para 246.020 pessoas. A Craiglist emprega em torno de 30 pessoas. Até agora, a destruição tecnológica causada pela internet e pela Craiglist parece muito ruim. Mas, quando se olha para todas as mudanças tecnológicas relacionadas e as companhias geradas, o padrão tradicional emerge.

Empresas públicas como `cars.com`, `autotrader.com`, `monster.com`, `careerbuilder.com`, `ebay.com` e `huffingtonpost.com` têm um mercado de capitalização coletiva multibilionária e milhares de funcionários. Jogue itens periféricos — como o iPad ou o Kindle, usados para ler conteúdo digital — na mistura e pode-se dizer que a "nova" indústria de jornais é maior do que a antiga.

Para criar um modelo de negócio empregando o avanço, não mire em aprimorar a indústria ou melhorá-la — faça-a diferente. Por exemplo, muitos especialistas sentem que a impressão tridimensional tem a capacidade de mudar radicalmente a fabricação. A impressão em 3D já mudou radicalmente a indústria de ferramentas e matrizes, passando de uma fabricação subtrativa (fresando uma peça de metal na forma desejada) para a fabricação aditiva (utilizando um dispositivo semelhante a uma impressora que borrifa metal) para criar a matriz. Se os especialistas estiverem certos, você terá uma impressora 3D em sua casa e simplesmente baixará o molde de qualquer coisa de que precise — como uma peça de lavadora de pratos quebrada, um brinquedo customizado ou um botão de vestido. A impressão em 3D não aprimorará a fabricação, ela irá substituí-la.

Quando você cria uma tecnologia disruptiva, substitui as formas existentes de fazer negócio em vez de simplesmente aprimorá-las. Quando sua ideia engatar no mercado, prepare-se para capitalizar sobre as oportunidades periféricas também. Verdadeiras inovações disruptivas sempre geram muito mais oportunidades de negócio que só são descobertas depois que a disrupção pega.

Banhando a Ouro o Estandarte de Ouro

Enquanto o padrão de vida mundial aumenta, a demanda por bens e serviços de maior qualidade e prestígio aumenta vertiginosamente. Muitas empresas de sucesso usaram uma estratégia de modelo de negócio que simplesmente pega a melhor oferta disponível em uma categoria e aumenta dramaticamente o desejo por essa oferta junto com o preço.

O advogado mais infame desse modelo de negócio é Donald Trump. Trump pode ser tecnicamente um desenvolvedor imobiliário, mas seu verdadeiro modelo de negócio é apenas superar o melhor do que há disponível. Ele foi criticado por pagar a mais por propriedades. Quer você goste ou não de Trump, ele tem o jeito para empurrar preços de venda para além do ponto que qualquer pessoa considerava possível.

Muitas outras empresas utilizaram esse modelo de negócio do banhar a ouro o estandarte de ouro.

- O Häagen-Dazs foi o primeiro sorvete superpremium, chegando a cobrar até dez vezes mais do que um sorvete comum.
- A Panera Bread cobra de duas a três vezes mais por um sanduíche que o Subway vende na mesma rua. A Panera é um bom exemplo de que o produto não precisa ser para os ricos para ser "banhado a ouro".
- Uma xícara de café Starbucks custa de duas a três vezes mais do que no Dunkin' Donuts ou no McDonald's, ainda assim ela controla metade do negócio de café dos EUA.
- As bolsas Coach custam centenas de dólares, competindo em um mercado onde a maioria das bolsas de mão custa em torno de $50.
- Os chocolates Godiva custam até $60 por libra (aproximadamente meio quilo). Uma caixa de chocolates Russell Stover custa por volta de $20 por libra.
- A indústria de cosméticos foi envolvida em um jogo de líder isolado por décadas, criando batons de $50 e perfumes de $5.000 por onça (aproximadamente 0,03 litros). A estratégia de supervalorização parece funcionar, visto que a sofisticada L'Oreal é a maior empresa do mundo, não a Procter & Gamble (Pantene, Olay, Cover Girl e assim por diante) ou Unilever (Suave, Finesse, Ponds e assim por diante).
- As fabricantes de automóveis estão sempre pensando mais alto como recursos como bancos massageadores, tecnologia de estacionamento autônomo e sistemas de navegação sofisticados.
- Por que comprar um Timex de $20 quando você pode comprar um Rolex de $50.000? As fabricantes de joias e relógios literalmente banham a ouro o estandarte de ouro.
- Alimento para cães especialmente elaborado e hotéis para bichos de estimação cresceram bem na indústria de cuidados para animais.
- Lanchonetes sofisticadas vendem os hambúrgueres de $20 com carne Kobe.
- A indústria de bebidas fez bem em sofisticar a vodka, o bourbon e a tequila.
- A Gymboree vende roupas de bebês por até dez vezes mais que o Walmart ou a Target, ainda assim, a rede cresceu e chegou a mil lojas e mais de $1 bilhão em vendas anuais.

- Sim, até macarrão instantâneo pode ser sofisticado. Por $43 o copo, você pode ter um dos 100 Pot Noodle exclusivos no Harrods London. Cada copo elegante do Pot Noodle inclui uma folha de ouro feita à mão.

- A Bling H2O vende água nada diferente ou melhor do que qualquer outra água mineral em uma garrafa ultrassofisticada, que custa $50 cada.

O modelo banhado a ouro é sempre um pouco arriscado, pois você estará segmentando um mercado já definido e finito. As chances são de o mercado não crescer em número de unidades consumidas. Contudo, você pode conseguir aumentar o volume de vendas do mercado devido ao maior preço cobrado por unidade.

O mercado de água a $50 por garrafa é muito menor do que o de $2 por garrafa. Também não há nenhuma garantia de que o cliente pagará por uma versão banhada a ouro da oferta. Alguns exemplos de tentativas fracassadas incluem:

- Muitas linhas aéreas (Eos, Maxjet, Legend, Silverjet) tentaram uma abordagem exclusivamente de classe executiva e fracassaram.

- Oficinas que atendem em domicílio e/ou oferecem um carro reserva fracassaram em todos os lugares, menos com concessionárias de carros novos.

- Água mineral para bichos de estimação fracassaram apesar da sólida demanda por alimentos sofisticados para animais.

- Mesmo algumas tentativas de Donald Trump de banhar a ouro fracassaram.

Jogando com o Crescente Senso de Si dos Clientes

A convergência da customização digital ilimitada, aprimoradas capacidades de fabricação em pequena escala e a crescente competição entre fornecedores de serviço criaram uma cultura de cliente na qual o céu é o limite.

Quando eu era criança, a gente ia ao McDonald's e comprava o hambúrguer que eles ofereciam. Depois, limpávamos a mostarda com o guardanapo e jogávamos os picles fora. A ideia de pedir o hambúrguer exatamente como a gente queria era impensável.

Hoje em dia, tudo que você tem que fazer é ficar na fila da Starbucks e ver como consumidores com poder sentem-se obtendo *exatamente* o que eles querem. Aqui está um pedido real de café na Starbucks:

Um venti, metade de leite integral, um quarto de leite 1%, um quarto de desnatado, extra quente, quatro doses de café (uma dose e meia de descafeinado, duas e meia de café comum), leite sem espuma, com creme, dois pacotes de adoçante, um sachê de açúcar, um toque de xarope de baunilha e três pitadinhas de canela.

Tenha em mente que esse foi um pedido para um café de $4. Imagine o pedido dessa pessoa de algo caro. A questão não é pegar no pé de pessoas que fazem pedidos complexos de café. A questão é que os consumidores querem o que eles querem e foram treinados, pelas empresas, que podem tê-lo.

A supercustomização é parte de uma tendência maior que eu amavelmente chamo de "eu, o mundo". Você pode ser o centro do seu próprio mundo de compra com seus desejos e ego no meio, como representado pela Figura 23-1.

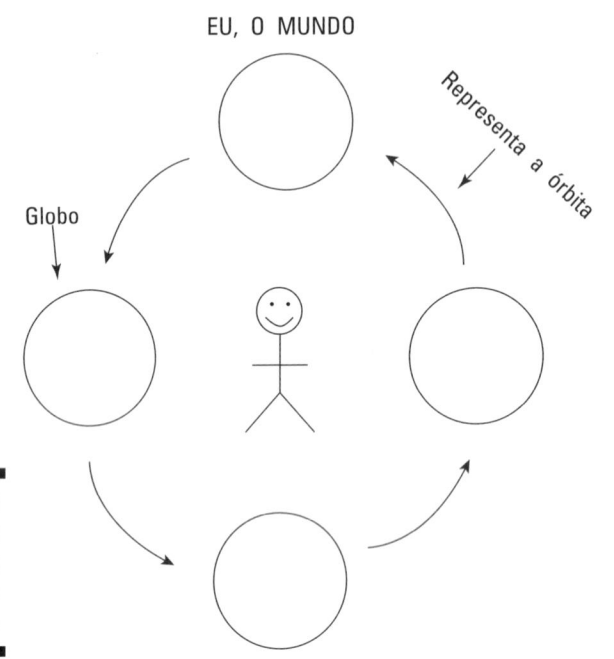

Figura 23-1: Eu no centro do meu próprio mundo.

Os modelos de negócio que pegam carona nessa tendência desfrutam lucratividade adicional, dando aos clientes algo que eles não podem conseguir em nenhum outro lugar. Incontáveis modelos de negócio apelam a essa dinâmica cada vez mais crescente. Aqui estão algumas tendências recentes:

- Cupcakes de $4. Todo mundo sabe que cupcakes deveriam custar apenas cinquenta centavos, mas isso faz com que eu me sinta "Oh, tão especial!".
- Por aproximadamente $20, o `Skinit.com` criará uma capa personalizada para o iPhone ou laptop ou um decalque de qualquer foto que você carregar.
- Por $149, você pode criar uma boneca customizada parecida com sua filha em `mytwin.com`.
- Tratamentos em spa tornaram-se comuns para muitos americanos como uma forma de dar a si mesmo um pouquinho de luxo, como evidenciou a popularidade de empresas como Massage Envy e Hand and Stone.

- Parques temáticos oferecem ingressos caríssimos para clientes que querem pular a fila.
- A fonte Freestyle da Coca-Cola permite que os consumidores escolham entre 127 combinações de sabores. Empresas como Avery's Beverages permitem que os clientes elaborem e engarrafem seus próprios sabores de refrigerantes.
- Vendedores de software estão permitindo que os clientes escolham os recursos pelos quais eles querem pagar.

As oportunidades existem para criar modelos de negócio que expandam os limites ou que se expandem para novas categorias. Exemplos podem incluir:

- Filas VIPs separadas na Starbucks ou faixa VIP em um drive-through.
- Compra de supermercado com previsão que analisa suas aquisições, computa seu uso estimado, cria um pedido desses itens a cada sexta-feira e empacota o pedido, que fica à sua espera.
- Calçados customizados produzidos a partir de um molde de seus pés em vez de um sapato comprado do estoque de uma loja.

O Operador de Ultranicho

Vinte anos atrás, a maioria dos negócios era restringida pela geografia — eles vendiam dentro de um raio geográfico limitado. Os varejistas vendiam para somente um mercado local. Os fabricantes eram limitados a vender somente no próprio continente. O mundo não era deles. Hoje em dia, sistemas de logística e transporte aprimorados, combinados com a internet, fazem do mundo inteiro um cliente em potencial.

O lado negativo dessa melhora é a competição mundial para se adequar ao mercado mundial. Pergunte à maioria dos varejistas sobre o efeito da internet nos negócios deles e eles reclamarão da `Amazon.com` ou algum outro inimigo da internet de um mesmo setor.

O problema com um mercado mundial é que o número de ofertas é esmagador. Nos bons e velhos dias, uma grande loja de hockey em Minnesota desfrutava o fato de ser a melhor opção para que os consumidores comprassem bens relacionados ao esporte. A geografia protegia a loja porque os clientes teriam que dirigir por centenas de quilômetros para encontrar uma oferta parecida. A internet remove a proteção geográfica desfrutada pela loja e coloca-a em competição com cada loja de hockey do mundo.

Há um modelo de negócio que resolve esse problema: o "ultranicho". Esse processo de marketing diferencia sua oferta, tornando-a muito específica e profunda no que oferece. Aqui estão alguns exemplos reais de uma oferta de ultranicho.

- Partners & Crime Mystery Bookseller em Nova York (http://www.crimepays.com)
- Joias de chapéu de graduação (charmfactory.com)
- Peças de aspiradores de pó (vacpartswarehouse.com)
- Cadarços de sapatos (shoelacesexpress.com)
- Vestidos de noiva em tamanhos extragrandes (plussizebridal.com)
- A maior coleção do mundo de tesouras para canhotos (leftyslefthanded.com)
- Grampos de colarinho customizados (qstays.com)
- Equipamento de caça para mulheres (hercamoshop.com)
- Sandálias de yoga (yogasandals.com)

Embora a maioria dos modelos de negócio para o ultranicho seja para o varejo na internet, os conceitos podem ser aplicados para empresários de serviços também recorrendo à telefonia, streaming de vídeo e à internet. As firmas de serviço agora selecionam nichos cada vez mais restritos:

- Consultores não são apenas pessoas inteligentes que podem ajudar. Eles agora são especialistas em gerenciar conflitos organizacionais ou criar processos para contratar equipe de vendas ou implementar soluções RAID de armazenamento.
- Se você visitar o site da International Coaching Federation, encontrará centenas de opções de potenciais coachings, como línguas chinesas, coaching em crise da meia-idade e sites de coaching para crianças.
- Algumas firmas de construção atravessam o país construindo apenas restaurantes do McDonald's. De forma semelhante, empresas de entelhamento vão atrás de tempestades, consertando danos em telhados causados por granizo ou vento, onde quer que a tempestade atinja.
- Empresários que costumavam trabalhar para apenas uma empresa agora se tornaram prestadores de serviço especializado para várias companhias. Esses empresários se especializam em qualquer coisa, de telemarketing a idosos, de gerenciamento de demissões problemáticas a integração de CRM.

Muitos empresários têm medo de buscar um ultranicho, porque acham que estão se limitando. Essa filosofia podia ser aplicável em 1990, mas hoje em dia uma abordagem ampla de mercado pode significar uma abordagem sem diferencial. Seu modelo de negócio ficará bem melhor com um nicho singular, bem refinado, do que com um nicho "eu também".

Eis como fazer um ultranicho funcionar utilizando a estrutura de cauda longa de Chris Anderson. A Figura 23-2 mostra o mercado de vestidos de noiva. À medida que você avança para a direita no gráfico, o tamanho do mercado diminui. O Passo 1 é analisar qual nicho não é atendido ou pouco atendido.

A maioria do mercado já está tomada pelos operadores bem estabelecidos — fique longe da concorrência direta com eles. O Passo 2 da estratégia do ultranicho baseia-se em retirar uma pequena fatia do mercado que os grandes operadores atendem como segundo caso. A Figura 23-3 mostra os nichos mais prováveis para sua oferta. Pesquise as áreas para encontrar a combinação de pouca concorrência com grande potencial de mercado. Tenha em mente que muitos mercados parecem pequenos hoje porque são pouco atendidos. Quando você atender bem a esses mercados, eles podem ficar muito maiores. A Reebok começou no mercado pouco atendido de tênis para aeróbica somente e cresceu até se tornar uma empresa multibilionária.

Figura 23-2: Mercados de cauda longa

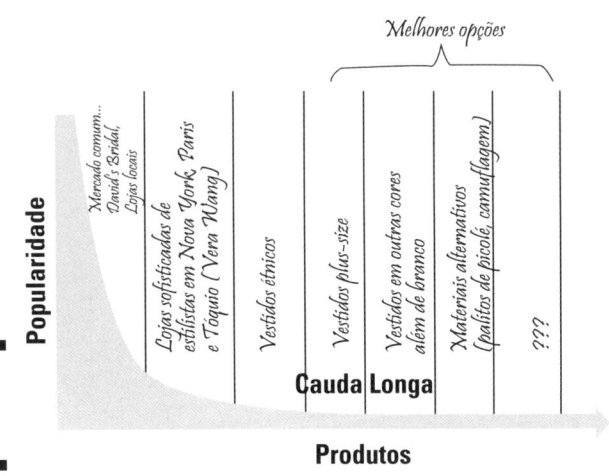

Figura 23-3: Seu lugar na cauda longa.

O Passo 3 no processo é ir fundo. Isso significa que, se você estiver oferecendo vestidos de noiva pretos, ofereça tudo inimaginado pelo mercado. As lojas de noiva comuns não têm o que essas clientes querem. Certifique-se de ter tudo que os clientes nesse mercado poderiam querer.

O último passo no processo do ultranicho é abrir-se para o mundo. Visto que o tamanho do seu mercado é menor, você deve recorrer a vendas para um público muito mais amplo, idealmente mundial.

Capítulo 24

Dez Sinais de que Você Pode Ter um Problema com Seu Modelo de Negócio

Neste capítulo

▶ Detectando sintomas de um modelo de negócio vacilante

▶ Corrigindo as causas-raiz de problemas comuns do negócio

▶ Percebendo por que a falta de fundos nunca é o problema real

▶ Sabendo que contratar uma estrela das vendas nunca conserta um modelo de negócio

▶ Descobrindo uma poderosa tática de delegação

Às vezes, um problema de negócio é exatamente o que parece ser. Você precisa de mais vendas e a equipe de vendas não está se saindo bem. Corrija a equipe de vendas e o problema estará resolvido. Muitos problemas nos negócios têm a ver com a execução e não representam um problema com o seu modelo de negócio.

De quando em quando, problemas podem parecer táticos — como melhorar a força de vendas, marketing melhor ou operações mais fortes —, mas corrigir esses problemas não resolverá. Eu vi muitos negócios passarem anos mexendo nessas questões táticas e conseguirem somente progressos mínimos. Em situações como essas, o impedimento do sucesso pode não ser estratégico nem tático, mas o próprio modelo de negócio.

O seu modelo de negócio é o alicerce do seu sucesso. Se você construir uma casa em um alicerce ruim, as paredes podem rachar, o encanamento pode romper, o telhado pode se separar e os tijolos podem ser danificados. Consertar as paredes, o encanamento, o teto e os tijolos não corrige a causa raiz do problema. Assim como um proprietário de casa esperto reconhece que rachaduras na parede e nos tijolos são sintomas de um problema no alicerce, os problemas que abordo neste capítulo podem ser sintomas de um problema mais profundo do modelo de negócio.

Neste capítulo, você verá dez problemas comuns de modelo de negócio que você pode consertar atualizando-o. E também descobrirá algumas potenciais soluções para esses problemas.

Você Tem um Forte Desejo de Vender o Negócio

Uma vez, um cliente me disse: "Se eu não fosse dono deste lugar, me demitiria." Uma vez que o proprietário do negócio não pode pedir demissão, muitos usam a esperança de vender o negócio como a varinha mágica universal que acabará com sua frustração. Com frequência, os proprietários têm matado um leão por dia em seu negócio por anos, apenas para acordar no dia seguinte e encontrar outro leão. E isso vai se estendendo. Frustrado com a falta de progresso permanente, o proprietário tem uma ideia brilhante: vender o negócio e empurrar os problemas para outra pessoa, e ganhar dinheiro com isso. Parece um plano muito bom.

A frustração, contudo, nunca é uma boa razão para vender o negócio. À medida que o comprador fizer a diligência, os podres aparecerão. O comprador reconhecerá que esses problemas precisam ser corrigidos e demandam pagamento para isso.

A melhor solução é parar de correr atrás dos sintomas e ir atrás do problema subjacente — o modelo de negócio. Pergunte-se: "Se o comprador pudesse me pagar só pelo modelo de negócio, quanto valeria a empresa?" Remova todo o valor da empresa relativo ao capital humano, de cliente e físico. O que sobrou? Se você for dono da Coca-Cola, sobraram $77,8 bilhões — o valor estimado da marca e do modelo de negócio da Coca-Cola.

Faça uma lista de todas as coisas que estão incomodando você em relação ao seu negócio e então escreva as soluções propostas. É um ótimo começo, mas não acabou. Agora passe para um nível mais alto. Como sua solução para cada problema corrige o problema subjacente do seu modelo de negócio? Se sua solução não melhorar o modelo de negócio, você precisa pensar em uma melhor. Se conseguir, você aprimorará seu modelo de negócio e o seu pagamento quando vendê-lo.

Você Recebe Pouco

O mundo do ganho do empreendedor é um pouco errático e polarizado. Eu conheci milhares de proprietários de negócio. Em geral, esses empresários não ganham pouco nem muito. Eu conheço muitos empresários que trabalham longas 65 horas semanais por $56.000 anuais. Também conheço muitos proprietários de negócio que ganham $2 milhões por ano com seus negócios. Se estiver nesta categoria, parabéns e pule para a próxima seção.

Se sente que seu trabalho duro e seu talento não estão sendo recompensados, há uma razão. O seu modelo de negócio está derrubando você. O problema não é a quantidade nem a qualidade de seus esforços, e sim em que está dedicando seus esforços. É como dirigir com o freio de mão puxado. Pisar mais fundo não fará o carro ir mais rápido. Você primeiro tem de liberar o freio de mão. O mesmo é válido se o seu modelo de negócio precisar de ajuste. Você pode trabalhar e trabalhar com pouca recompensa se seu modelo de negócio estiver agindo como o freio de mão puxado do seu negócio.

Nada contra o McDonald's, mas, se você decidisse que sua melhor decisão em relação à sua carreira seria jogar tudo para o alto e virar o melhor engenheiro de batata frita, até onde uma semana de 65 horas de trabalho e muito trabalho iriam levá-lo? Não muito longe, porque trabalho duro não significa recompensa — o trabalho duro certo sim.

Continuar a trabalhar duro quando sente que está recebendo pouco é um plano ruim. Você precisa chegar à raiz do problema, que provavelmente é um problema fundamental no seu modelo de negócio. As seções a seguir mostram dois cenários comuns.

Cenário nº1: Charlie Pão-duro

Charlie passa 10 horas por semana fazendo a contabilidade, 20 horas vendendo, 20 horas cuidando das compras e 10 horas em tarefas diversas. Charlie tem funcionários antigos que poderiam fazer parte do trabalho, mas, para tirar uma quantidade significativa de trabalho dele, ele teria que contratar alguém. Ele já se sente mal pago, então a ideia de contratar alguém não é boa para ele. Afinal, o pagamento dessa pessoa sairia direto do bolso de Charlie.

Charlie tem que decidir se um corte no pagamento dele (contratando uma nova pessoa) pode ser utilizado no modelo de negócio. Isto é, Charlie e o negócio podem acrescentar mais valor ao negócio do que o funcionário custará? Assim como o exemplo anterior da batata frita, se o pagamento da nova pessoa não puder ser ultrapassado pelo valor que a pessoa acrescenta ao negócio, é desperdício de dinheiro.

É desconcertante que Charlie esteja sobrecarregado e não execute a simples solução de contratar mais ajuda. Por que ele não faz isso? Muito provavelmente, Charlie sabe que seu modelo de negócio atual não pode acrescentar muito mais valor com o novo funcionário do que o custo de contratá-lo. É por isso que o próprio Charlie realiza o trabalho. Seu modelo não pode ser alavancado e ele sabe disso. Ele precisa mexer no modelo de negócio para que a adição de um funcionário acrescente um valor quatro, cinco ou dez vezes o custo dele. Isso tornará a decisão muito mais fácil.

No mundo dos pequenos e médios negócios, o problema de Charlie é comum. Charlie é o gargalo de seu negócio, e ele está defasado. Primeiro, Charlie tem que dar o melhor de si e fazer o melhor uso de seu trabalho. Esse uso não é a contabilidade ou administração. Charlie possui habilidades únicas que são valiosas para o negócio, e posso apostar que ele não as está utilizando bem o suficiente. Recorrendo a outros funcionários, Charlie pode trabalhar com o maior e melhor uso de suas capacidades. Eu criei um plano passo a passo detalhado, dizendo como empreendedores podem realizar essa tarefa, no meu livro *The 51 Fatal Business Errors and How to Avoid Them*. Confira o erro nº16 especialmente.

Você pode alavancar a si mesmo ano após ano. Se isso funcionar, seu modelo de negócio estará em boa forma. Em algum ponto, seu plano de alavancagem pode não funcionar tão bem ou pode fracassar. Agora é hora de olhar para o seu modelo de negócio. Para negócios menores, recorrer ao mais alto e melhor uso do proprietário é tão vital que eu acredito que garante inclusão como parte do modelo de negócio.

Cenário nº2: O hábito de Harriet

Praticamente todos os negócios começam com muito pouca ajuda. Há muito trabalho a ser feito e muito poucas mãos para fazê-lo. Essa dinâmica leva o empreendedor a realizar partes de dezenas de serviços. Essa abordagem da iniciativa própria é vital para o lançamento bem-sucedido do negócio. Às vezes, porém, o hábito de realizar serviços como entregas, faturamento, atendimento ao cliente e outras tarefas que podem ser executadas bem por empregados sobrecarrega o dia do proprietário.

O resultado é um modelo de negócio defasado. Seu trabalho como proprietário do negócio é empregar plenamente suas capacidades no modelo de negócio. Resolver o faturamento não é a sua melhor utilização. Assim como no cenário nº1, você precisa gastar mais dinheiro para se empregar melhor.

Você Constantemente Precisa Pegar Empréstimos para Crescer

As vendas estão crescendo 30% ao ano. Seu contador informa que você produziu bons lucros por vários anos, mas nunca tem dinheiro no banco. Para financiar seu crescimento, você constantemente precisa recorrer a empréstimos.

Inicialmente, o banco ofereceu uma linha de crédito operacional que o ajudou a crescer. Agora essa linha de crédito estourou e você ainda precisa de mais. Você recorreu ao seu fundo de garantia, amigos, família e qualquer pessoa que pudesse fazer empréstimo para o negócio — afinal, olhe para todo o lucro que você está produzindo.

Esse ciclo pode continuar para sempre. Em algum momento a fonte de novos fundos secará ou seu banco retirará a linha de crédito. E aí? A causa mais provável desse problema é margem insuficiente — um problema de modelo de negócio.

Imagine que seu produto tem 95% de margem. Você precisaria pegar empréstimos constantemente? A resposta é não. A margem gerada pelas vendas eliminaria a necessidade de débito. Se você constantemente precisa de empréstimo de fundos, o capital necessário para aumentar o negócio e a margem gerada por vendas marginais não estão equilibrados. Você precisa afinar o modelo para espremer um pouco mais de margem.

Você tem um bom modelo de negócio. As vendas estão crescendo, mas o apetite excessivo por crédito em algum momento prejudicará o negócio. Você realmente tem somente duas escolhas, desacelerar o crescimento ou aumentar as margens.

Você Sente que Precisa Contratar Estrelas das Vendas para Corrigir Seus Problemas de Vendas

Aqui estão alguns dos cenários mais comuns que eu vejo em pequenas e médias empresas:

- Empregar uma pequena equipe de vendas que produz resultados medíocres
- O proprietário do negócio é o vendedor de maior performance com margens altas
- Um histórico de contratar vendedor com grandes esperanças de que ele será "o escolhido", que poderá vender significativamente melhor que os outros
- Continuar procurando a estrela de vendas mencionada que possa vender mais que o proprietário

Contratar uma estrela das vendas raramente é a resposta para esse problema. O problema está no modelo de performance de vendas do modelo de negócio. Mais provavelmente, a empresa não tem um processo de vendas comprovado e replicável. O proprietário intuitivamente sabe como fechar negócios, mas não consegue criar um processo que qualquer um possa replicar. Ele pode contratar as estrelas que quiser; sem um processo de vendas apropriado, nenhuma delas funcionará.

Dentro desse processo de venda comprovado e replicável, está o problema da vendabilidade. Talvez haja uma razão pela qual somente o proprietário consiga vender o produto ou serviço. Talvez com o conjunto atual de recursos e benefícios, é simplesmente difícil demais vender, e um vendedor comum terá dificuldade.

Em vez de gastar centenas de milhares de reais procurando o Super-Homem ou a Mulher Maravilha, crie uma oferta e um processo comprovado que permita que um vendedor mediano venda uma quantidade aceitável do produto.

Você Não Tem Crédito

Se eu ganhasse cinco centavos cada vez que ouvi "Eu não entendo por que o banco não me empresta dinheiro", teria muito dinheiro. Sim, os bancos podem ser frustrantemente conservadores. Contudo, são também financeiramente sofisticados e criaram métricas avançadas para avaliar a viabilidade financeira de um negócio. Em vez de ficar frustrado e pensar que o banco não entende, corrija o problema real — o banco não gosta dos aspectos financeiros do seu modelo de negócio.

Qualquer bancário dirá para você: "Nós não queremos ser um parceiro de participação em seu negócio." O que ele está dizendo é que o modelo de negócio não suporta o banco como parceiro financeiro e a única forma que o banco enxerga para recuperar o dinheiro é pacientemente esperar por uma participação. Esse não é o modelo de negócio do banco.

A raiz do problema é mais provavelmente sua margem. Empresários tendem a pensar que aumentar as vendas consertará o problema. Sim, aumentar as vendas ajudará, mas aumentar as margens provavelmente ajudará mais.

Encontre uma forma de cortar despesas fixas, aumentar as vendas e as margens e você encontrará vários credores cooperativos. Se quiser um rápido teste da probabilidade de conseguir um empréstimo, visite www.bankabilityindex.com.

Suas Margens Estão Menores que as de Seus Concorrentes

Grandes modelos de negócio são construídos sobre grandes margens. Se as margens dos seus concorrentes estão melhores que as suas, o que isso diz sobre o seu modelo de negócio? Não é o fim do mundo, mas certamente significa que você está subindo uma ladeira mais íngreme que seus concorrentes.

A margem diminuída coloca você em desvantagem em relação a sua concorrência. Os concorrentes conseguirão contratar melhores funcionários, porque podem pagar mais. Conseguirão anunciar mais, porque têm mais margem que lhes permite isso. Eles conseguirão subsidiar uma oferta com a margem excedente. E a lista continua.

Se suas margens estiverem menores do que as de seus concorrentes, você tem duas opções:

- **Corrigi-lo:** A melhor opção é corrigir o problema. Procure a inovação como resposta. Ofertas novas e inovadoras tendem a carregar margens maiores do que as antigas.

- **Conviver com isso:** A segunda opção é conviver com isso. É difícil imaginar uma empresa criando uma margem maior que a da oferta de café da Starbucks. Se você estivesse preso competindo com a Starbucks, poderia não conseguir corrigir o problema de margem. Contudo, você deveria elaborar seu modelo de negócio levando em conta a pressuposição dessa deficiência. Empresas de petróleo como a Clark têm um grande número de postos de combustíveis antigos construídos na Segunda Guerra Mundial. Eles são construídos em terrenos muito pequenos para as lojas de conveniência enormes de hoje. Devido a essa deficiência, o modelo de negócio da Clark não pode ter acesso a vendas maiores com margens mais altas nas lojas de conveniência. A Clark usa um modelo de custo mínimo e uma abordagem sem firulas com esses postos como resultado.

Você Atura Clientes Chatos em Vez de Livrar-se Deles

A maioria dos negócios já teve, ocasionalmente, clientes que os deixavam loucos. Esses clientes reclamam constantemente, sempre exigem assistência adicional, tratam mal as pessoas, pagam suas contas devagar e/ou pedem tanto descontos que você não consegue ganhar nenhum dinheiro. Você gostaria de poder mandar esses clientes irem passear, mas precisa das vendas.

Seu problema não é o cliente exigente demais, é o seu modelo de negócio. Pergunte a si mesmo, por que não se livrar desses clientes que claramente merecem isso? Considere estas potenciais respostas:

- As vendas a esses clientes são uma porcentagem significativa de suas vendas totais (problema-raiz: armadilha)

- A margem gerada pelos clientes pode ser uma pequena porcentagem, mas sem ela você não consegue dar conta de suas despesas (problema-raiz: modelo de lucro)

- Lá no fundo, você sabe que não consegue encontrar clientes melhores (problema-raiz: modelo de marketing ou de vendas)

Corrija esses problemas-raiz subjacentes e você conseguirá desfrutar o sentimento de satisfação de dizer a esses clientes que é melhor eles irem comprar em outro lugar.

Você Sente que Não Há Ninguém a Quem Delegar

A maioria dos proprietários de negócio trabalha abaixo de sua remuneração. Eles sabem que deveriam delegar trabalho, mas não o fazem. Esses são os cinco fatores principais no trabalho:

- **Dinheiro:** O trabalho não é delegado porque você não pode pagar alguém para fazê-lo. Você mesmo realiza o trabalho porque é "de graça". É claro que não é realmente de graça você mesmo fazer o trabalho devido à oportunidade de custo. Eu estou parecendo um disco arranhado, mas provavelmente é um problema de margem no modelo de negócio. A margem gerada é insuficiente para suportar as verdadeiras necessidades do negócio. Em vez de corrigir o problema de margem, você subsidia artificialmente o negócio com a doação do seu tempo "livre".

- **Confiança:** Os funcionários nunca fazem o trabalho tão rápido ou tão bem quanto você do jeito que você quer que seja feito. Isso é um fato. O problema pode não ser um problema do modelo de negócio puramente, mas afeta o modelo. Negando ao seu negócio a alavancada que poderia propiciar delegando trabalho, você trabalha aquém do exigido. Use a Figura 24-1 para decidir o melhor trabalho para delegar.

Checklist de Delegação

Classifique cada tarefa de 1–10 (1 = menos favorável)

Variável	Classificação	Peso	Total	Nota
Quanto/hora vale a atividade				Menor valor/hora é melhor
Frequência com que a tarefa ocorre				Mais frequente é melhor
Tempo necessário para completar a tarefa				Quanto mais longa a tarefa, melhor
Quanto/hora a atividade custará para que outra pessoa a realize				Quanto mais baixo, melhor em relação ao valor da tarefa
Facilidade/dificuldade da tarefa				Fácil é melhor
Facilidade/dificuldade da delegação				Fácil é melhor
Tempo de treinamento (quanto tempo até estar plenamente capacitado)				Menor tempo de treinamento é melhor relativo ao valor e frequência da tarefa
Carga de trabalho do incumbido (tente passar o nível mais baixo na organização)				Incumbido sobrecarregado é ruim
Impacto nos clientes se der errado (interno vs. externo)				Enorme impacto nos clientes pode fazer não valer a pena delegar
Quem fará o treinamento? Você?				Você = ruim
Recursos externos estão disponíveis para o treinamento? Recursos internos?				Seminário Fred Prior ou New Horizons são favoráveis

Figura 24-1: Checklist de delegação.

- **Talento:** Não é que você não esteja disposto a delegar, você não pode. Sua equipe simplesmente não tem o talento necessário para completar o trabalho. Para esclarecer, às vezes é difícil distinguir se sua equipe é fracamente treinada ou pouco capacitada. Os sintomas são os mesmos. Se o problema for realmente o calibre de sua equipe, a causa-raiz no modelo de negócio é vendas ou margens insuficientes. É claro que você pode simplesmente ser um exigente julgador de talento e precisa contratar melhor, mas, em minha experiência, esse raramente é o caso. Se for, contrate alguém para contratar para você. Se o problema for relacionado a vendas, crie um produto mais vendável ou um processo de vendas melhor. Se o problema for margem insuficiente, aumente o preço ou inove.

- **Pão-durismo:** Às vezes, os proprietários têm o dinheiro para pagar um incumbido, mas não o fazem. Eu provavelmente sou o maior pão-duro deles, mas mesmo eu sei que se deixar de empregar minhas habilidades não consigo aumentar o meu negócio. Há o pão-durismo esperto e o burro. O pão-durismo esperto normalmente se alcança quando o negócio é jovem e exige que você execute várias tarefas para evitar contratar um funcionário em tempo integral para fazer metade do serviço. O pão-durismo burro é quando você toma a decisão errada de manter o pagamento do funcionário em vez de empregar a si mesmo.

- **Treinamento:** Os traços que fazem um bom empreendedor tendem a fazer um mau treinador. Empreendedores tendem a não ter paciência e a orientação para o detalhe que são necessárias para treinar eficientemente. Ocasionalmente, os funcionários têm bastante motivação e talento para executar as capacidades, mas o empreendedor não dá a eles as ferramentas de que precisam para ter sucesso. Investir no treinamento de seus funcionários é um investimento sábio. É muito difícil treinar alguém além da conta. *The 51 Fatal Business Errors and How to Avoid Them* (escrito por este que vos fala e publicado pela Mulekick Publishing) oferece uma orientação significativa sobre este ponto. Em suplemento ao livro, tenho muitas ferramentas para download gratuito em `www.51errors.com`.

Corrija o seu problema de delegação e conseguirá empregar melhor a si mesmo em seu modelo de negócio.

Seus Melhores Colaboradores Frequentemente o Deixam por Melhores Oportunidades

Nada é mais frustrante do que um colaborador talentoso deixar o negócio. É ruim para o moral e para o lucro. Se você se vir em uma situação em que seus melhores colaboradores tendem a sair por melhores oportunidades, você tem um problema de modelo de negócio.

Supondo que você não seja o pior chefe do mundo, seu pessoal está saindo porque o modelo de negócio do concorrente estende uma melhor oportunidade para o funcionário. O Facebook e o Google oferecem aos programadores melhores oportunidades do que a maioria das outras empresas porque os modelos de negócio deles são mais lucrativos. A lucratividade chega aos funcionários na forma de pagamento, benefícios, ambiente de trabalho e segurança no emprego melhores.

Mesmo que você não consiga avaliar seu modelo de negócio, seus funcionários conseguem. Os funcionários têm um jeito ótimo para farejar modelos de negócio fortes e debandar para trabalhar para essas empresas. Se quiser recrutar o melhor pessoal, precisa ter o melhor modelo de negócio.

Sua Base de Clientes Está Estagnada ou Decaindo

A estabilidade nem sempre é algo bom no mundo do negócio. No mundo do negócio, ou você cresce ou morre. Todo mundo no negócio está em uma esteira, e ela se move. Se você se vir em uma situação em que sua base de clientes não esteja crescendo, pode estar em apuros. Todos nós desejamos estabilidade, mas, em negócio, o crescimento é estabilidade.

Se você não estiver alcançando estabilidade por meio do crescimento, provavelmente tem um problema com seu modelo de negócio. Por que não consegue atrais novos clientes? Aqui estão algumas possibilidades:

- Está em um mercado em declínio (problema-raiz: comerciabilidade)
- Sua oferta é superada pela concorrência (problema-raiz: proposta de valor)
- Seu produto é vendável, mas você não consegue executar (problema-raiz: modelo de performance de vendas)
- Sua oferta é estável (problema-raiz: fator inovação)
- Você tinha vantagem competitiva, mas permitiu que a concorrência o alcançasse (problema-raiz: vantagem competitiva vigente)

Aborde algum ou todos esses problemas e sua base de clientes crescerá.

Capítulo 25

Aplicando Dez Fontes de Inovação no Modelo de Negócio

Neste Capítulo

▶ Encontrando inspiração para o processo de inovação
▶ Retirando as ideias de ouro de atividades cotidianas
▶ Usando a criatividade para retirar inovação de negócios não relacionados e de concorrentes

A inovação do modelo de negócio é crítica para o sucesso de longo prazo de sua empresa. Às vezes, é difícil assumir a pose de *O Pensador* (da famosa estátua de Auguste Rodin) e expelir ideias brilhantes. O "sistema pense" não funcionou bem para o professor Harold Hill em *O Vendedor de Ilusões* quando ele disse: "Vamos lá, cara, pense." A maioria das pessoas precisa de um ponto de partida para ter alguma inspiração.

Neste capítulo, você descobrirá dez potenciais fontes de inovação do modelo de negócio e também como aplicá-las melhor ao seu modelo de negócio.

Livros de Negócio

Os livros de negócio oferecem uma fonte abundante de ideias para inovação do modelo de negócio. Grandes livros de negócio contêm muitas histórias e/ou estudos de caso que podem oferecer a semente para a inovação. Aqui está uma lista de alguns dos meus preferidos:

✔ Livros para elaborar modelo de negócio

- *Inovação em Modelos de Negócio* de Alexander Osterwalder e Yves Pigneur (Alta Books)
- *The Business Model Innovation Factory: How to Stay Relevant When the World is Changing* de Saul Kaplan (Wiley)
- *Seizing the White Space: Business Model Innovation for Growth and Renewal* de A. G. Lafley e Mark W. Johnson (Harvard Business Press)

✔ Livros de marketing

- *As 22 Leis Consagradas do Marketing* de Al Ries e Jack Trout (Makron Books)
- *As Novas Relações de Marketing e Relações Públicas* de David Meerman Scott (Ideias de Ler)
- *Marketing Para Leigos* de Alexander Riam (Alta Books)

✔ Livros de vendas

- *You Can't Teach a Kid How to Ride a Bike at a Seminar: The Sandler Sales Institute's 7 Step System for Successful Selling* de David H. Sandler e John Hayes, PhD (Bay Head Pub)
- *SPIN Selling* de Neil Rackham (HighBridge Company)
- *The New Strategic Selling: The Unique Sales System Proven Successful by the World's Best Companies* de Stephen E. Heiman, Tad Tujela, Robert B. Miller e J. W. Marriott (Business Plus)
- *Vendas Para Leigos* de Tom Hopkins (Alta Books)

✔ Livros de inovação

- *Dilema da Inovação — Quando Novas Tecnologias Levam Empresas ao Fracasso* de Clayton M. Christensen e Michael E. Raynor (Makron)
- *The Innovator's Solution: Creating and Sustaining Successful Growth* de Clayton M. Christensen e Michael E. Raynor (Harvard Business School Press)
- *A Startup Enxuta* de Eric Ries (Lua de Papel)
- *Business Innovation For Dummies* de Alexander Hiam (Wiley)

✔ Compilações

- *100 Melhores Livros de Negócio de Todos os Tempos* de Jack Covert e Todd Sattersten (Campus)

Concorrentes

Com certeza os concorrentes são uma pedra perpétua no seu sapato, mas, se você for inteligente, eles podem oferecer ideias valiosas para a inovação no modelo de negócio. Jerry Jones pode enlouquecer outros donos de times do NFL, mas ele tem o crédito por ensinar a outros como monetizar bens que eles nunca tinham considerado. Fabricantes de PCs, um após o outro, não conseguiram fazer o tablet dar certo. O iPad da Apple ensinou a eles que o mercado não queria um tablet, ele queria um brinquedo.

Outros exemplos incluem os seguintes:

- Uma casa funerária inovadora descobriu como monetizar seu site. Logo, centenas de outras funerárias copiaram essa inovação.
- Vários anos atrás, varejistas inovadores nos EUA usaram quiosques de contratação para diminuir o custo com estrutura. Hoje, a maioria usa um plano parecido.
- Muitas grandes empresas estão integrando a prática de escore de lead ao processo de vendas. Concorrentes menores espertos estão criando versões em escala menor da prática para aprimorar seus próprios processos de vendas.
- O concorrente do Hollyday Inn, o Days Inn, entendeu que seu modelo de negócio precisava de um custo de estrutura menor do que o do Hollyday Inn. O Days Inn usou um processo de seleção local despretensioso, mas eficaz — espere até a equipe de seleção do Hollyday Inn pegar um bom ponto e abrir uma filial no outro lado da rua.
- Garantias estendidas são um acréscimo muito lucrativo para um modelo de negócio. Quando os varejistas inovadores provaram que este era um conceito viável, a maioria dos outros seguiu.
- Vários anos atrás, um monte de vendedores no eBay descobriu que era muito mais lucrativo cobrar a mais pelo envio e a menos pelo item comprado. Em um ano, essa prática melhor foi copiada pela maioria dos vendedores do eBay. Interessantemente, a prática era tão lucrativa que os clientes do eBay se revoltaram e os vendedores tiveram que voltar atrás.
- A cadeira Herman Miller Aeron forçou os limites do design e do preço. Essa inovação ensinou a todos os fabricantes de móveis para escritório que os clientes pagariam $1.000 por uma única cadeira se fosse legal o suficiente.
- E o mais famoso de todos: Steve Jobs viu o mouse e a interface gráfica de usuário na Xerox PARC e usou os conceitos para criar o Macintosh. **Nota**: Jobs pegou a licença dessas ideias da Xerox, mas monetizou o que a Xerox não conseguiu.

Não presuma que seus concorrentes são estúpidos. Não me pergunte quantas vezes ouvi um cliente dizer: "Eu não acredito que esse concorrente burro..." Se você achar que seus concorrentes são burros, pode estar perdendo uma oportunidade de encontrar e copiar a inovação deles. É mais provável que os concorrentes tenham topado com algo brilhante e estejam agindo contra os próprios melhores interesses.

Consultores

Os consultores são como abelhas. Sem elas espalhando pólen de flor em flor, nenhuma flor floresceria. Consultores de negócio não apenas ajudam os negócios a terem sucesso, como também polinizam a inovação e as melhores práticas para melhor atender aos negócios.

Um consultor bem viajado e com expertise em sua indústria ou área de necessidade pode trazer uma abundância de ideias de qualidade para o seu modelo de negócio.

Grandes Companhias de Outras Indústrias

As melhores ideias para inovação de modelo de negócio podem vir de empresas fora de sua indústria. Há uma razão pela qual todo mundo dentro de sua indústria se restringe ao pensamento dessa indústria. Eles dizem coisas como: "Todo mundo sabe que você não pode..." ou "Já é assim desde...".

Empresas de fora da sua indústria não são forçadas a lidar com as restrições de sua indústria. Se você for esperto o suficiente para esmiuçar essas ideias, filtrar as irrelevantes, mas manter uma ocasional pepita de ouro, encontrará as melhores inovações de modelo de negócio.

As empresas ao redor do mundo valorizaram as ideias de Walt Disney a tal ponto que se criou a Disney University. A Disney cobra milhares de dólares para ensinar as empresas em cada negócio imaginável sobre os segredos do modelo de negócio de sucesso.

Aqui estão alguns exemplos de ótimas ideias que vêm de indústrias não relacionadas:

- A maioria das pessoas dá ao Google o crédito da regra dos 10% — permitir aos funcionários 10% de seu tempo para projetos não relacionados. Contudo, o Google tomou emprestada essa ideia da 3M. Desde 1948, a 3M permitia aos funcionários passar até 15% de seu tempo em projetos pessoais.

- Muitos empresários espertos seguiram as franquias em relação aos gastos com marketing. As franquias cobram um percentual fixo das vendas que será gasto em propaganda e marketing. Em vez de gastar apenas *ad hoc*, os empresários inteligentes adotaram a porcentagem de vendas a ser gasta com marketing, independentemente do nível de vendas.

- Bom ou ruim, muitos negócios adotaram a filosofia fanática do Walmart de "manter os custos baixos".

- Terceirização e exportação de serviço foi uma tendência iniciada por empresas de tecnologia.

- A indústria de recarga de tôner emprestou muitas das melhores práticas de remontadoras de carros há muito estabelecidas.

- O inventor Dean Kamen foi esperto o suficiente para pegar emprestada a sua melhor ideia. Kamen vendeu sua cadeira de rodas com sistema giroscópico para a Johnson & Johnson e usou a mesma tecnologia central no Segway Peoplemover.

- Um número incomum de jogadores do Green Bay Packers de Vince Lombardi tornou-se muito bem-sucedido no negócio. Muitos desses jogadores atribuem o sucesso às lições que aprenderam no campo de futebol americano.

- Um proprietário de negócio estava lutando com a produtividade do gerente. Em particular, os funcionários estavam ficando muito tempo no escritório do gerente. O proprietário lembrou-se de uma história de Ray Kroc, que queria os gerentes do seu McDonald's no salão e não no escritório. A solução de Kroc foi retirar o encosto das cadeiras do escritório do gerente e deixá-las menos confortáveis para sentar. O proprietário do negócio simplesmente retirou a cadeira para visitantes de cada escritório de gerente. Essa tática cortou os encontros de dez para dois minutos e aumentou grandemente a produtividade.

A Bola de Cristal

Usar a bola de cristal é mais do que adivinhar o futuro ou sonhar acordado. Usar a bola de cristal é um processo pelo qual você pinta uma imagem vívida de como será o ambiente do seu negócio de três a cinco anos. Pergunte-se:

- Qual será o clima econômico geral?
- Qual será a taxa de juros em comparação com hoje?
- Qual será o estado geral de sua indústria?
- Quais novos concorrentes terão entrado em seu mercado? Quem terá saído?
- Quais novas tecnologias serão comuns tanto para a população geral como para o seu mercado? Quais concorrentes terão adotado essa tecnologia?
- Quais novas leis e regulamentações afetarão sua indústria?
- Quais recursos do produto você terá acrescentado e por quê?
- Quais novos produtos os concorrentes introduziram? Quão bem-sucedidos são?
- Qual é a condição econômica de seus clientes e das indústrias deles?
- Quais métodos de marketing serão mais eficazes?

O propósito deste exercício não é o mesmo que o de um plano de cinco anos. Um plano de negócio trata apenas do seu negócio e não põe muita ênfase em mudanças que acontecem no mundo em volta de você. O exercício da bola de cristal foca inteiramente no ambiente em que seu negócio será obrigado a operar e, então, permite que você faça os ajustes necessários. Seu conhecimento em primeira mão da indústria permite que você olhe a bola de cristal e preveja o que o futuro trará.

Muitos defendem que parte do sucesso de Bill Gates na Microsoft deve-se parcialmente à sua habilidade de ler a bola de cristal. Gates prognosticou que em cada casa e escritório haveria um computador. Na época em que ele disse isso, a maioria dos negócios não possuía um computador e muito poucas casas possuíam. Contudo, Gates agiu como se sua previsão fosse realizar-se. Ele trabalhou para dominar as aplicações críticas para esse futuro exército de computadores. Bill Gates teve sucesso por muitas razões, mas uma delas foi sua capacidade de prever o futuro pela bola de cristal.

Funcionários

As empresas usam a caixa de sugestões dos funcionários para aprimoramentos em seu processo de negócio, mas os funcionários podem ser uma fonte valiosa de aprimoramentos do modelo de negócio também. Eles têm acesso a informações detalhadas das interações com os clientes, dos processos do negócio e da concorrência todos os dias. Dar aos seus funcionários a oportunidade e a permissão para auxiliar na inovação do modelo de negócio é um bom negócio.

Aqui estão apenas alguns exemplos de como funcionários ajudaram a aprimorar um modelo de negócio:

- Vendedores, clientes e funcionários recebiam input sobre o design do Ford Taurus. O Taurus não só trouxe bilhões de dólares em lucro para a Ford, como também mudou a forma como a empresa fazia negócio. Uma das sugestões mais interessantes foi colocar uma pequena protuberância plástica no meio da junção do painel. Essa protuberância ajudava a equilibrar o painel, então apenas uma pessoa poderia instalá-lo. Antes, eram necessárias duas linhas de trabalhadores para instalar o painel. Imagine as economias que a Ford desfrutou após implementar essa sugestão aparentemente pequena.
- A fabricante farmacêutica Eisai Co. teve input crítico de seus funcionários em uma substância gelatinosa que os pacientes com Alzheimer poderiam engolir facilmente.
- Um grupo de funcionárias da Best Buy convenceu a gerência de que as mulheres eram melhores clientes que os homens. Após analisar os dados, a gerência concordou. Os dados da loja revelaram que as mulheres tendiam a devolver menos mercadorias que os homens e, assim, geravam mais lucros. A Best Buy então pensou em uma estratégia para mirar nesse mercado pouco atendido.

- J. Willard Marriott começou com uma rede de nove estandes da cerveja A&W, incluindo uma perto do aeroporto. Um funcionário percebeu que os passageiros compravam alimentos e enfiavam em suas bagagens de mão. A ideia resultou na loja estabelecendo uma entrega de caixas de lanches diretamente na pista. Vários meses depois, o serviço se expandiu para a American Airlines, atendendo 22 voos a cada dia. Esse serviço de alimentação no aeroporto agora evoluiu para mais de 100 aeroportos.
- A Miller Furniture criou o primeiro cubículo de escritório como resultado da sugestão de um funcionário.

Produtos ou Serviços que Você Compra

Os produtos e serviços que você já adquire podem oferecer a gênesis de uma inovação do modelo de negócio. O sorvete Ben & Jerry e seus sabores engraçados fizeram com que outros negócios estabelecessem mudanças radicais em tudo, desde sabores de refrigerante a estilos de roupa.

Se você estiver procurando encontrar ideias criativas em produtos existentes, precisa pensar na utilidade do produto ou no recurso que oferece, em vez de no que é literalmente. Por exemplo, o McDonald's reúne pedidos em drive-through no equivalente a uma central de call center a quilômetros de distância para a qual você faria o pedido. Provavelmente você não pode usar o conceito de drive-through à distância em seu negócio. Contudo, pode usar o próprio conceito. O conceito importante no drive-through do McDonald's é a interação mesmo de longe com o cliente. A maioria dos empresários sente que a única forma de atender um cliente pessoalmente é cara a cara. O drive-through do McDonald's desafia essa suposição.

Outro conceito em potencial que você pode copiar do McDonald's é a visualização do pedido do drive-through na tela. Muito antes, os clientes estarão inserindo seus pedidos na tela. Você pode extrapolar essa ideia em seu negócio por meio do conceito de autoatendimento do cliente ou controle de qualidade de seus próprios pedidos.

Esteja à procura de ótimas ideias nas prateleiras dos supermercados, no armário da sua cozinha e onde quer que você olhe.

Viagem a Outros Países ou Pontos Quentes

Por vezes, a melhor inovação é pegar emprestada a inovação de outras pessoas. Howard Schultz teve a ideia da Starbucks enquanto estava sentado em um café italiano. Muitos produtos criativos, moda e ideias de comida vêm de pegar um produto ou conceito comprovado de outra área e transplantá-lo.

Aqui estão alguns exemplos:

- O Kit Kat, que foi ideia de um funcionário, foi originalmente lançado em Londres e em South East em 1935. Sendo depois trazido para os EUA, onde a Hershey's começou a vendê-lo em 1969.
- A série britânica *Pop Idol* foi copiada e levada para os EUA como *American Idol*.
- O hambúrguer é uma invenção americana que agora é vendida no mundo inteiro.
- Imigrantes italianos em Nova York criaram várias pizzarias de sucesso.
- Empresas de vitaminas começaram a vender óleo de peixe em cápsulas depois de descobrirem que os esquimós tinham uma taxa muito pequena de incidência de ataques cardíacos apesar de terem uma dieta gordurosa.
- Fazer pagamentos por celular é cada vez mais comum nos EUA, porém nos países asiáticos essa prática já era utilizada há bastante tempo.
- Hospitais na Índia adotaram práticas médicas inovadoras que baixam dramaticamente os custos. Por exemplo, os médicos não interpretam raios-X; interpretadores profissionais o fazem. Esses não médicos não fazem nada além de olhar raios-X de joelhos o dia inteiro e recebem uma fração do que ganham os médicos. Muitos profissionais sentem que um técnico treinado que lê vários raios-X consegue fazer um trabalho melhor que um médico. Será interessante ver se uma prática similar será adotada no resto do mundo.
- A Ryanair criou uma linha aérea sem firulas na Europa. O uso do banheiro é gratuito, mas a Ryanair cobra $2, visto que a empresa cobra por qualquer adicional imaginável. No entanto, os voos podem custar até metade do concorrente mais próximo. Até agora, nenhuma companhia aérea americana copiou essa estratégia, mas não demorará até que alguém o faça. A Ryanair está inclusive considerando passagens gratuitas, mas monetizando sobre os passageiros com jogatina no voo e lugares para viajar em pé.

Quer você esteja observando a última tendência em Greenwich Village ou em Hollywood ou uma prática legal de negócio na Ásia, outras culturas oferecem ótimas ideias inovadoras para o seu modelo de negócio.

Ignorar as inovações e ideias de outras culturas pode ser perigoso para o seu negócio. Por muitos anos, a Volkswagen se recusou a colocar porta-copos nos carros que vendia nos Estados Unidos. Ela não podia entender porque alguém queria um porta-copos, quanto mais 15. Até que ela cedeu aos consumidores de refrigerante americanos e os acrescentou. Por que a Volkswagen cedeu? Simples. Os americanos recusavam-se a comprar seus carros devido à falta dos porta-copos.

Sonhar Acordado

Se você já viu o filme *Corretores do Amor*, provavelmente se lembra da famosa fala de Michael Keaton: "Nota mental, alimentar o atum com maionese." Keaton representava um desafortunado pretendente a ser empreendedor que sempre pensava ideias malucas, como preparar salada de atum alimentando o peixe com maionese.

Espero que a qualidade das suas ideias seja melhor do que a do personagem de Michael Keaton, mas não despreze o valor de sonhar acordado. Aposto que, em algum momento durante uma viagem longa de carro, você foi para o mundo da lua e uma ideia incrível surgiu na sua mente. Se você der ao seu subconsciente uma oportunidade de trabalhar, ele pode fazer coisas ótimas.

As pessoas estão tão ocupadas e cansadas estes dias que não se dão permissão para sonhar acordadas. Se você tiver um histórico de gerar ideias de alta qualidade enquanto sonha acordado ou está no mundo da lua, encontre uma forma de fazê-lo mais frequentemente.

Um cliente aguentou dois longos voos para a China em um período de quatro dias. Em tom de brincadeira, ele me disse: "Eu faço meu melhor trabalho em um avião." Ele explicou-me como fazia a maior parte de seu trabalho de alto impacto e tinha grandes ideias em viagens de avião. Eu, também de brincadeira, perguntei por que ele não viajava mais de avião. Em vez de rir do meu comentário, ele comprou a passagem mais barata para o voo mais longo para poder realizar um trabalho de qualidade. Ele passou literalmente um dia inteiro voando para Los Angeles, sentando no aeroporto por duas horas e, então, voando de volta para casa. Ele me garante que foram os $400 mais bem gastos do ano inteiro.

Vendedores

Vendedores podem ser uma ótima fonte de informação e inovação. Eles estão na linha de frente lidando com seus atuais clientes e clientes em potencial. Aqui estão algumas formas com que os vendedores podem ajudá-lo a aprimorar seu modelo de negócio:

- Vendedores têm uma ótima percepção ao que clientes em potencial são e não são receptivos. Eles medem o pulso da comerciabilidade (veja o Capítulo 6 para mais informações sobre esse conceito).
- Eles têm uma boa percepção do que o mercado pensará sobre o seu produto. Por exemplo, você pode aumentar os preços ou precisa baixá-los? Dessa forma, eles podem ajudá-lo com seu modelo de lucro (veja o Capítulo 8).

- Eles têm ótimas ideias para produtos adicionais. Esses são exemplos do modelo de lucro e do fator inovação (veja os Capítulos 8 e 11).

- Vendedores podem ajudar a criar um processo de venda comprovado e replicável (para detalhes sobre o seu modelo de performance de vendas, confira o Capítulo 9).

- Vendedores podem reunir dados da concorrência (veja o Capítulo 10 para saber mais sobre a vantagem competitiva vigente).

- Eles ajudam a farejar tendências, o que pode ajudar com a inovação e com a vantagem competitiva vigente (veja os Capítulos 10 e 11 para detalhes).

- Eles entendem por que os clientes pagarão e por que não pagarão (veja o Capítulo 7 para mais informações sobre uma proposta de valor singular).

Vários anos atrás, eu estava ajudando um CEO da Roundtable. Um dos participantes estava frustrado com a performance de sua equipe de vendas e queria um input para mudar sua proposta de valor para ajudá-la a vender mais. Um dos outros participantes deu a ele um dos melhores conselhos que eu já ouvi. Ele disse: "Você não precisa descobrir como vender seu produto porque um bom vendedor irá fazê-lo para você. Se seus vendedores atuais não podem lhe dizer como vendê-lo, eles são as pessoas erradas."

Capítulo 26

Dez Coisas que um Investidor de Risco Jamais Irá Querer Ouvir Sobre Seu Negócio

Neste Capítulo
- Evitando o plano do fracote
- Sabendo quando imitar (e quando não imitar) o modelo de negócio de um concorrente ou ex-funcionário
- Descobrindo por que todo mundo pode não precisar do seu produto

Seu negócio pode não ser financiado por um investidor de risco, mas é financiado por alguém, mesmo que esse alguém seja você. Os investidores exigem um sólido modelo de negócio antes de investirem, então é importante que você acerte em seu modelo. Visto que os investidores de risco são os mais sofisticados investidores em modelos de negócio, eu os utilizo como exemplo de como você deve enxergar o seu modelo e o que deve dizer sobre ele.

Neste capítulo, discuto formas comuns com que empreendedores descrevem seus modelos de negócio e como um investidor de risco pode interpretar essas descrições. A forma como você descreve seu modelo de negócio pode dizer muito sobre seu potencial sucesso ou fracasso.

Depois Eu Descubro como Monetizar Isso

O que o Twitter, Groupon, Solar City, empresas de biocombustível, Webvan e a maioria dos blogs têm em comum? Todos atraíram um vasto número de clientes, mas não conseguiram lucrar com eles.

A internet trouxe uma nova mentalidade ao mundo do negócio na qual os usuários valem mais do que o lucro. O conceito é capturar um grande público e descobrir como ganhar dinheiro com ele depois. Para empresas de internet, um pressuposto oculto indica que usuários gratuitos podem ser convertidos em pagantes depois. Para empresas de energia solar, biocombustível e outras tecnologias quentes, o pressuposto oculto é que a adoção pelo cliente dos ganhos tecnológicos corrigirá o problema do "faça por $10, venda por $5".

Para cada `Amazon.com` que passou de grandes perdas para grandes ganhos, você pode encontrar um Groupon que passou de grandes perdas para perdas maiores. Em 2011, o Groupon teve impressionante $1,6 bilhão em vendas, mas conseguiu perder $238 milhões. Isso não é impressionante para a líder da indústria vendendo um cupom digital com pouco custo. É claro que, de vez em quando, você precisa de economias de escala para alcançar a lucratividade. A Amazon provou que isso é verdade. Mas, com $1,6 bilhão em receita com cupom digital, o Groupon não tem uma massa crítica?

Seus investidores não querem ouvir que seu modelo de negócio não converte vendas em lucro. É simplesmente muito hipotético.

A lista a seguir aborda três distinções essenciais que dão mérito à discussão sobre essas empresas "vamos ganhar dinheiro depois":

- **Empresas que têm vendas (mas não o suficiente):** O primeiro grupo consiste de energia solar, eólica, biocombustível e empresas como o Groupon. Eles têm vendas, mas não massa crítica. A suposição principal em questão é o crescimento das vendas e a diminuição de custo por unidade vendida. Todo mundo vai dirigir carro elétrico ou só 0,001% dos motoristas? Previsões excessivamente agressivas sobre o desejo dos clientes de adotar novas tecnologias podem condenar o modelo de negócio.

- **Empresas usando o público para monetizar com publicidade ou métodos indiretos:** As empresas no segundo grupo são ofertas primariamente relacionadas à internet que capturam grandes públicos e, então, ganham dinheiro por meio de um método indireto. Essas empresas usam o modelo da televisão — vender publicidade ou acesso ao público delas. Aplicativos gratuitos de iPhone, blogs de tecnologia, Google, Facebook e Pandora ganham dinheiro não vendendo acesso a seus sites/produtos, mas vendendo para publicitários acesso ao seu público.

> ✓ **Empresas usando um modelo freemium:** O terceiro grupo é quase perigoso. Empresas que gastam um grande esforço construindo um público ou clientes e imaginam que o dinheiro virá depois estão seguindo o plano *Campo dos Sonhos* — se você construir, ele virá. O problema com esse plano é que os clientes são treinados para pensar que o produto é gratuito ou tem preço abaixo da média. Quando se pede que paguem um valor justo, eles simplesmente assinam o próximo provedor gratuito.

Eu já ouvi muita conversa sobre o Twitter cobrar cinco reais por mês por um serviço que muitos usuários valorizam profundamente. Até agora não passa de conversa. O Twitter tem um total de 500 milhões de usuários e 200 milhões de usuários ativos, mas ainda assim não tem lucro. Uns poucos milhões desses usuários pagando cinco reais tornariam o Twitter um negócio lucrativo. Então por que o Twitter não vira a página e passa de perdedor de dinheiro para ganhador de dinheiro? Eles sabem que a maioria de seus usuários debandaria, eis o porquê.

A internet criou a cultura do gratuito. Esse plano do "eles pagarão depois" não costuma funcionar. Cuidado. A melhor aposta é usar um plano de monetização para a base de clientes do que cobrar pelo uso. A parte do modelo de lucro do seu negócio pode ser fraca com a abordagem do "monetizar depois".

Clayton Christensen, autor de *Dilema da Inovação* (M.Books), sabiamente recomenda: "Seja paciente com o crescimento e impaciente com o lucro." Se você seguir a regra simples dele, pode evitar todo esse problema.

É Tipo o Groupon, Só que...

Você ficaria impressionado com a quantidade de vezes que minha equipe escuta um empreendedor definir seu modelo de negócio começando com "É tipo o Groupon, só que... é no Queens, é para crianças, é só para massagens nas costas, doa parte da renda para a caridade" ou simplesmente "é melhor".

Já existe um negócio tipo Groupon. Chama-se Groupon. Há uma regra simples para saber se você está oferecendo uma base sólida:

Diferente é sempre melhor.

Os clientes não querem ou precisam de um novo Groupon, mas podem estar abertos a uma diferenciação significativa do Groupon. Um modelo sem uma proposta de valor singular ou "Groupon com uma mexida" não vai dar certo. Mesmo que o conceito do Groupon com uma mexida funcione, é sempre muito fácil para o Groupon copiar a ideia.

Para dar uma melhorada no Groupon, você precisaria:

- Criar uma diferenciação significativa
- Tornar o conceito difícil ou não atraente para o Groupon copiar
- Ir atrás de um segmento não atendido ou pouco atendido pelo Groupon

Um modelo de negócio que vá ao encontro desses critérios não é "tipo Groupon".

Eu Trabalhava em uma Empresa que Fazia a Mesma Coisa

Esse plano tem um aspecto bom e um ruim. A parte ruim é a mesma que o problema do Groupon (veja a seção anterior). Uma empresa de sucesso já está usando esse modelo. Sem uma mudança significativa nele, por que perder tempo?

A parte boa é um modelo de negócio comprovado e uma administração que entenda o modelo. A pergunta crítica é: "O que você está esperando do modelo de negócio?" Se você estiver pretendendo simplesmente pegar uma fatia do mercado do ex-patrão, então vai nessa. Se quiser construir um negócio maior e melhor, precisa de um modelo de negócio maior e melhor.

O plano de pegar um modelo emprestado funcionou para alguns. O modelo de sanduíche submarino foi copiado e subdividido em modelos surpreendentemente similares. Subway, Blimpie, Jimmy John's, Quiznos, Penn Stations e dezenas mais escavaram modelos que colocam carne e queijo no pão. O mundo da construção tem muitos negócios criados por um funcionário essencial que deixou o trabalho para começar sua própria empresa de ventilação, ar-condicionado e aquecimento, encanamento e construção.

Geralmente é má ideia simplesmente copiar um modelo de negócio e começar um negócio parecido. Se quiser copiar um modelo de sucesso, considere diferenciá-lo destas formas:

- **Mova o modelo para uma nova localização geográfica:** Quando John Hewitt vendeu a Jackson Hewitt, ele não tinha um acordo de não concorrência no Canadá. Hewitt transferiu o modelo de negócio para o Canadá, onde acabou virando Liberty Tax, o terceiro maior serviço de preparação de declaração de imposto do mundo.
- **Capitalize sobre o seu talento:** Talento é parte do modelo de negócio. Célebres advogados, arquitetos e médicos podem copiar um modelo e ainda se diferenciar por suas capacidades superiores.

> ✓ **Mude o modelo para uma indústria diferente:** Wayne Huizenga criou o império Waste Management, então pegou os princípios centrais desse modelo e construiu a Blockbuster. Essa é uma tática excelente comparada à cópia total de um modelo. O sucesso de Huizenga na Waste Management centrou-se na consolidação de um grande número de operadores familiares em uma indústria sem nenhum grande operador nacional. Ele usou a mesma fórmula mágica na Blockbuster.

Nota: Se o ex-patrão tiver saído do negócio ou estiver lutando por uma boa razão, copiar o modelo inteiro pode ser uma boa ideia. Essas razões podem incluir mau gerenciamento financeiro, fraude, marketing falho, inovação falha, novas oportunidades de mercado perdidas e mais. Contudo, a lista não inclui "eu acho que consigo fazer melhor".

Meu Plano de Negócio Exige...

Esse problema também é conhecido como "assumir a parte difícil". Todo plano de negócio exige rápido aumento nas vendas, custos baixos, contratação de funcionários extraordinários — um estado de euforia generalizado. O mundo real tende a ter clientes enjoados, vendas difíceis de fechar, funcionários problemáticos e mais. Particularmente na área de previsão de vendas, os planos de negócio não passam de chute.

Esteja preparado para explicar para os investidores por que seu modelo de negócio dará certo tanto no pior dos casos quanto no melhor. Um sábio investidor em imóveis me disse: "Eu sempre tenho seis ou sete estratégias de saída para um prédio." A maioria dos investidores tem apenas uma estratégia — vender o prédio para obter algum lucro. Esse investidor de sucesso tinha planos A, B, C, D, E, F e G. Ele não só tinha uma saída elegante quaisquer que fossem as circunstâncias, como também analisava cada negócio com base em todas as estratégias. Se não conseguisse encontrar estratégias suficientes de saída viáveis, ele passava o negócio.

O mesmo é válido para seu modelo de negócio. É claro que seu modelo funcionará bem se tudo sair como planejado, mas não vai sair como planejado. Trabalhe para deixar o seu modelo de negócio forte o suficiente para manejar uma variedade de cenários.

Eu Vou Fazê-lo na Etapa Final

Esse plano pede para sacrificar o hoje na esperança de um pagamento melhor depois. O conceito de preço chamariz utiliza esta estratégia. Traga o cliente para a loja com alface barata e ele gastará mais com outros itens de margem mais alta.

Esse modelo de lucro funcionava muito melhor antes da internet. Os clientes estão muito mais informados hoje e sabem quanto os itens devem custar. Tapeá-los para entrar com preços chamarizes na esperança de fazê-los pagar muito mais por outros itens fica cada dia mais difícil. Os clientes simplesmente procuram outro vendedor que esteja oferecendo seus produtos de alta margem como preço chamariz.

O fenômeno Groupon é um exemplo perfeito desse problema. Os varejistas dão um grande desconto no produto pelo Groupon na esperança de conseguir um novo cliente. Os dados dizem que uma porcentagem muito pequena dos usuários do Groupon tornam-se novos clientes, deixando o comerciante vendendo seus itens abaixo do custo. A esperança de compensar na etapa final com negócios obtidos de um novo cliente nunca se materializa.

Alguns modelos de negócio ainda usam esse conceito eficazmente. O McDonald's, Wendy's e Burger King têm usado o cardápio econômico para chamar clientes e vender lanches mais caros ou os refrigerantes com margem mais alta. Os postos de combustível ganham pouco ou nenhum dinheiro bombeando gasolina, mas têm margens extraordinárias com suas lojas de conveniência. Antes de usar esse modelo de negócio, teste sua suposição de que você o *fará* funcionar na etapa final.

Todo Mundo Precisa Deste Produto

O Gentle Ear Wax Vacuum Cleaner remove água e cera de seus ouvidos com um aspirador portátil a pilhas que você insere no ouvido. A ideia faz todo sentido: todo mundo tem ouvidos, todo mundo precisa limpar esses ouvidos e a solução existente, cotonetes, pode lesionar seus ouvidos. Diga logo, todo mundo precisa desse produto. Você acha que todo mundo vai comprar um aspirador de ouvido? Eu acho que não.

As pessoas não compram o que elas precisam. Elas compram o que querem. Quando os investidores escutam "Todo mundo precisa deste produto", podem ter a impressão de que você não entende o seu mercado. Todo mundo tem ouvidos, mas nem todo mundo precisa ou quer um aspirador de ouvido. Apenas pessoas insatisfeitas com cotonetes e inclinadas a enfiar um aspirador nos ouvidos são clientes em potencial.

A parte de comerciabilidade do seu modelo de negócio exige que defina cautelosamente seu mercado em vez de fazê-lo de modo amplo. Seja cauteloso. Defina seu mercado no senso mais estrito e veja se o modelo de negócio ainda funciona. Se sim, você tem um campeão. Você provavelmente ganhará clientes fora dessa definição estrita. Isso apenas somará para o seu sucesso.

Vou Ganhar no Volume

De vez em quando, um negócio precisa de volume adicional para fazer o modelo funcionar. A Amazon é um exemplo ótimo. Contudo, quando um empreendedor busca volume adicional como a fórmula mágica que consertará as coisas, é um sinal vermelho para os investidores. Você pode encontrar várias suposições ocultas enterradas na abordagem do "eu vou ganhar no volume":

- Ela presume que há volume adicional disponível. O McDonald's consegue dobrar o número de hambúrgueres que vende por loja?
- Presume que o volume adicional será tão fácil de conseguir quanto o volume existente. Quase nunca é o caso.
- Presume que as vendas adicionais ficarão na mesma ou melhores. Os clientes que mais valorizaram sua oferta já estão comprando; você não terá que trapacear o seu cliente com o próximo pior ajuste?

Seus esforços são mais bem gastos presumindo que as vendas continuarão as mesmas e descobrindo como lucrar com esse nível de volume. Você acha que o Groupon pode ficar lucrativo adicionando volume? Se a empresa não consegue ganhar dinheiro com $1,6 bilhão em vendas, ela simplesmente não consegue ganhar dinheiro. Mais vendas não são a resposta para o Groupon. A resposta é ajustar o modelo de negócio para tirar lucro do $1,6 bilhão que ele já obtém atualmente. No caso do Groupon, a fórmula de lucro não está funcionando bem.

Precisamos Conquistar Apenas 1% do Mercado

"Nós precisamos conquistar apenas 1% do mercado" é outro exemplo de uma afirmação que faz todo sentido, mas não funciona. As projeções financeiras quase sempre parecem ótimas com *apenas* 1% do mercado. Mas os investidores estranham quando empreendedores dizem isso porque pensam:

- **1% de que mercado?** Um por cento de todos os seres humanos? Um por cento de todos os adultos em um raio de 50 quilômetros? Um por cento de todos os jogadores de golfe canhotos não fumantes da cidade? A sua definição do mercado geral do qual você quer um por cento importa muito.
- **Por que 1%?** Encare isso, um por cento é chute científico ruim. Por que não 32% ou 0,00043%? Os empreendedores usam um número pequeno como *só* um por cento em uma tentativa de deixar os investidores mais tranquilos de que a empresa precisa de somente uma pequena porcentagem do mercado para ter sucesso.

Eis um bom conceito: deixe os investidores tranquilos. Chutes ruins não os deixam confortáveis. Em vez disso, faça projeções razoáveis com base em uma análise bem pensada e mostre a porcentagem de penetração no mercado por último.

Eu Venho Trabalhando Nessa Grande Venda por Um Ano e Ela Vai Fechar a Qualquer Momento

Quando os investidores ouvem "eu venho trabalhando nessa grande venda por um ano e ela vai fechar a qualquer momento", o que eles realmente escutam é "eu não consegui clientes o suficiente e a empresa está em apuros, mas nós temos um milagre que pode chegar a qualquer momento".

O que há de errado com o modelo de vendas que não deixa esse negócio ser fechado? Por que você não conseguiu fechar o negócio com potenciais clientes menores para validar o modelo? Em vez de você jogar a conversa do milagre para os investidores, espere até fechar o negócio e então mostre sua lábia.

Se você não fechar o grande negócio, olhe para os aspectos da mercabilidade, proposta de valor e performance de vendas do seu modelo de negócio para aprimorar oportunidades (veja os Capítulos 6, 7 e 9 para detalhes sobre esses tópicos).

O que É um Modelo de Negócio

Seu *modelo de negócio* é a estratégia central para conseguir clientes e vender para eles por um lucro. Os investidores sabem que o modelo de negócio é o fundamento central de seu investimento. Ótimos empresários orquestrando um ótimo modelo de negócio geram retornos significativos para os investidores. Não enfatizar o suficiente seu entendimento do modelo de negócio e sua importância pode comprometer suas chances com os investidores.

Índice

Símbolos

3M, 109–110
37 Signals, 262

• A •

abordagem de marketing de onda, 207
abordagem proativa
   exemplo, 204
   planejamento anual do modelo de negócio, 202
   recomeçar a cada cinco anos, 204
academias, 307
adaptar, consequências de não, 225–228
advogados comissionados, 310
alavancando
   com a colaboração coletiva, 273
   construa uma vez, venda várias, modelo, 317–319
   faculdades de negócio, no processo de inovação, 254
   no modelo de tecnologia disruptiva, 327
Allen, Paul, 238
Amazon
   como fornecedor de baixo custo, 323
   economias de escala, 151
   início da, 125
   Kindle, 24
   transparência de precificação, 17
ambientes virtuais de trabalho, 123
ameaças
   no modelo de cinco forças de Porter, 157, 158
   por que as empresas deixam passar, 198–199
Amgen, 35
análise
   ajuda na, 190
   armadilhas, 189
   atratividade do mercado, 186
   com estrutura de modelo de negócio, 182–190
   de dentro para fora, 184–185
   de modelo de negócio, 67–68, 181–194
   fator inovação, 188–189
   fazendo escore da, 190–194
   ilustrada, 185
   modelo de lucro, 187
   modelo de performance de vendas, 187–188
   monetização, 183
   oferta, 183
   perguntas a responder, 185–189
   proposta de valor, 97
   proposta de valor singular, 186–187
   saída elegante, 189–190
   sustentabilidade, 183–184
   vantagem competitiva vigente, 188
análise de risco
   na criação de programa de seguro, 312
   plano de modelo de negócio, 32
Analistas de Modelo de Negócio Certificados (CBMAs), 194
Angie's List, 85
Anheuser-Busch, 248
Apple Computer
   clientes fora de alcance e a, 262
   fracasso como primeiro passo em direção ao sucesso, 240
   inovações marginais versus quantum, 247
   iPad, 25, 81, 266
   lições de modelo de negócio da, 199
   Macintosh, 347
   marca indispensável, 320–321
   propriedade intelectual, 147
   versões de modelo de negócio, 242
armadilha
   análise, 189

definida, 159, 189
efeito nos modelos de negócio, 159
potencial, vantagem competitiva e, 37
armadilha de pegar carona demais nas tendências, 164
arquitetura do negócio, 18
As 22 Consagradas Leis do Marketing (Ries e Trout), 104
aspiradores Dyson, 143
Aspiradores Kirby, 143
"assumindo a parte difícil", 359–360
atendimento ao cliente, 103
ativos
    guardando, 155
atratividade da indústria
    como fator de desgaste do modelo de negócio, 226
    determinando, 75–80
    mercado-alvo, 75
    sucesso e, 76
atratividade de nicho
    mercado-alvo, 74
    procurando, 80–83
atratividade do mercado
    análise, 186
    cliente, 85
    definida, 4, 69, 73
    indústria, 75–79
    mercado-alvo e, 73–74
    nicho, 80–84
    no fluxo lógico, 71
atratividade do tamanho do mercado, 74
atualizações, 155
avaliando, 117–118

• B •

banhar a ouro o estandarte de ouro
    definido, 327
    empresas usando, 328
    tentativas fracassadas, 329
Barron's, 77
Beats Audio, 320
Ben and Jerry's, 241
bens virtuais, aumento, 16
Best Buy, 86, 146, 307, 350

Bethlehem Steel, 248
Bezos, Jeff, 125
Bhatt, Ajay V., 156
BigBelly Solar, 23
Bling H2O, 329
Blockbuster Video
    estudo de caso, 228–229
    inovação disruptiva e, 260–261
    inovação e, 155
    sustentabilidade e, 42, 106
BMI (Business Model Institute), 69
BMW, 96, 119, 321
bola de cristal, 349–350
bons concorrentes, 117
botas UGG, 209
Brita, 264
Burger King, 26
Business Model Generation (Osterwalder e Pigneur), 68
Business Model Institute (BMI), 69–70
Business Week, 77

• C •

cadeia de valor
    aumentando, 111
    café, 88–89
    colapso, 129
    cultura corporativa, 130
    em margens superiores, 109
    indústria de viagens, 90
    lugares na, 87
café. *Consulte também* Starbucks
    cadeia de valor para o, 88
    valor acrescido para o, 88
caixa de ferramentas de brainstorm, 254
caixa eletrônico de informação, 294
California Cedar Company, 26
campanhas de alimentação de lead, 294
Campbell's Soup, 248
Camp Bow Wow, 23
canal de distribuição, controlando, 110
cansar o adversário, 156
capacidade de aprendizado, como direcionador de custo, 127

capacidade de transferência
　　marca pessoal e, 170–173
　　valor do modelo minando e, 168–169
cartões Hallmark, 264
caso de estudo software versus linhas
　　aéreas, 79
CBMAs (Certified Business Model
　　Analysts), 194
Cheesecake Factory, 98
chocolates Godiva, 328
Christensen, Clayton, 258
ciclo de vida do produto
　　crescimento, 208–209
　　declínio, 209
　　desenvolvimento, 208
　　ilustrado, 207
　　introdução, 208
　　margens decrescentes, 210
　　maturidade, 209
　　modelo de negócio e, 207–209
ciclo do mercado, inovação e, 267
Citibank, 273
Clicking 17 Trends That Drive Your
　　Business – And Your Life (Popcorn), 78
clientes
　　afluentes, 86
　　armadilha de confiar demais em
　　　poucos, 165
　　atraentes, 85
　　atribuição de risco e, 302
　　autoatendimento, 129
　　base estagnada/em declínio, como sinal
　　　de problema, 344
　　chatos, lidando com, 341
　　escondendo-se atrás da internet, 284
　　fora de alcance, 262–263
　　marca aos olhos dos, 104–106
　　não pagando as contas em dia, 216
　　obtendo por custos não razoáveis, 140
　　posses, 133–134
　　possuindo USP, 101–102
clientes fora de alcance
　　atraindo, 262–263
　　categorias, 262
　　definidos, 262
CMG Worldwide, 248

Coach, 81, 86, 328
Coca-Cola, 106, 112, 146, 149, 321
cocriação, 278
colaboração coletiva
　　benefício da velocidade, 274–275
　　benefícios para o modelo de negócio,
　　　274–280
　　categorias, 269–270
　　como inovação avançada, como
　　　inovação avançada, 269–282
　　criação do público, 270–271
　　definida, 269
　　exemplo de nomeação de nova
　　　divisão, 279
　　falta de continuidade, 281
　　financiamento coletivo, 270, 278
　　gerenciamento de público, 280
　　ideias superiores geradas por, 276–277
　　lado negativo do baixo valor, 281
　　meritocracia criada pela, 275–276
　　modelo, 44
　　regra 1/10/89, 281
　　sabedoria, 270
　　sobrecarga de opção, 281
　　teste do público, 278
　　usos de, 271–272
Comcast, 307
compradores. *Consulte também* clientes
　　comparação passado e presente,
　　　285–286
　　comportamento, mudanças no, 237
　　no controle, 289
　　poder dos, 157
concorrência
　　boa, 117
　　burra, 118
　　cansado de lidar com a, 216
　　como causa do enfraquecimento do
　　　modelo de negócio, 197
　　desacelerando o ataque ao modelo,
　　　205–206
　　desconto, 199
　　indireta, 118
　　inovação disruptiva e, 259
　　intensidade da, 157
　　margens, maiores que as suas, 340

muita, como diminuidor de margem, 116
não adaptação e a, 225–226
poder de compra superior da, 116
protegendo o modelo de negócio da, 145–158
ruim, 117–118
sem ética, 117
concorrência em banda, 117–118
concorrentes indiretos, 118
concursos, 279
confiança demasiada em poucos clientes, armadilha, 165
consultores, como fonte de inovação, 348
contingências, planejando para, 152–153
continuidade, vantagem competitiva e, 38
convenções, este livro, 2–3
conveniência, 93
copiando modelos de negócio, 63
corretores de hipoteca, 87
Costco, 310
creme dental, 101
crescimento
　garantias, 307
　no ciclo de vida do negócio, 208–209
　tomando empréstimos para o, como sinal de problema, 338–339
criatividade
　na extrapolação de tendência, 238
　na margem proprietária, 112–113
criatividade em contabilidade, 134–135
Crocs, 66
crowdSPRING, 23
cultura corporativa
　como parte da cadeia de valor, 130
　como vantagem competitiva, 154
Cummins, 133
custos, baixando com a colaboração coletiva, 276–277

● D ●

Daimler (Mercedes-Benz), 119
Dallas Cowboys, 114
Dave Matthews Band, 95
Dawn Dishwashing Liquid, 96
Days Inn, 347

declínio, no ciclo de vida do negócio, 209–210
delegação
　checklist, 342
　falta de, como sinal de problema, 342–344
　problema, corrigindo, 343
　razões para não se engajar em, 342–343
Delta Airlines, 255
Deming, W. Edwards, 227
Denters, Esmée, 126
Desafio Goldcorp, 276–277, 280
desenvolvimento, no ciclo de vida do negócio, 207
design de modelo de negócio no guardanapo, 62, 63
diferenciação
　de atributos únicos do produto, 93
　exemplos de, 23, 92
　melhor versus, 93
　vantagem competitiva pela, 33
DirecTV, 142
Discovery Networks, 80
dispositivos BlackBerry (RIMM), 266
Dollar Shave Club, 22
Domino's Pizza, 96

● E ●

eBay, 125
economia
　como causa de enfraquecimento do modelo de negócio, 197
　não adaptação e, 226
　na previsão do futuro, 235
economia de escala
　como direcionador de custo, 127
　internet na, 124–125
　para a vantagem de custo, 124–125
　uso da, 124
　vantagens financeiras, 151
Ed Debevic's, 93
efeitos em rede
　aproveitando, 41
　modelo, 45
eficiência, pela inovação, 18

Electronic Data Systems (EDS), 130
EMC Corporation, 144
emoções, invocadas por produto, 93
empreendedorismo, 12
empresas de coleta de lixo hospitalar, 309
empresas de energia solar, 308
empresas de serviço
   construa uma vez, venda várias, modelo, 319
   modelo do ultranicho, 331–332
empresas de software, 318
Encyclopedia Britannica, 274, 276
Enron, 242, 311–312
entrincheiramento, 199–200
escada de lucro, 15
escore
   definido, 32
   escore alto, 192
   escore baixo, 193–194
   lead, 294
   modelo de negócio, 190–194
   versão breve, 190–194
   versão profissional, 194
escore de lead, 295–296
escore do modelo de negócio. *Consulte* fazendo o escore
escore, versão profissional, 194
escravidão
   a modelos de negócio ruins, 213–214
   evitar, 51–53
estratégia competitiva
   como aspecto comum do modelo de negócio, 39
   definida, 19
estratégia do oceano azul, 99
Estratégia do Oceano Azul (Kim e Mauborgne), 99
estratégias, 21
estrutura de modelo de negócio
   áreas, 70–71
   com extensão de escores, 191
   definida, 70
   em análise, 182–190
   fluxo lógico, 71
   ilustrada, 72
   modelo com escore completo, 192

monetização, 183
   no processo de inovação, 253
   oferta, 183
   perguntas a responde, 185–189
   sustentabilidade, 183–184
   trabalhando de dentro para fora, 184–185
estúdios de filmes, 115
estudo de caso Kodak versus Fujifilm, 49–50
estudo de caso New Pig, 53
estudo de caso, Toys "R" Us, 56
estudos de caso
   Blockbuster, 228–229
   Kodak versus Fujifilm, 49–50
   New Pig, 53
   softwares versus linhas aéreas, 79
   Toys "R" Us, 56
evitar armadilha
   definido, 5, 71
   no fluxo lógico, 71
   seguir demais a tendência, 165
   vantagem de custo, 133–137
expertise, 93
extração mineral, 318

• F •

Facebook, 13–14, 29, 280, 322
falta de crédito, como sinal de problema, 340
falta de integração, diminuição de margem, 116
falta de transparência, 155
fãs enlouquecidos, na tomada de decisão, 55
fatia do mercado
   inovação e, 267
   na construção da marca, 105
fatores do modelo de negócio pesados, 66
fatores não pesados do modelo de negócio, 66
fator inovação
   análise, 188–189
   definido, 5, 70
   entendendo, 160–161

    na sustentabilidade, 160–161
    no fluxo lógico, 70
 fazendo empréstimos para crescimento, 338–339
 fazer versões
    Apple 243–244
    exemplo, 243
    processo, 242
 FedEx, 25, 84, 96
 férias, marcas pessoais e, 172
 firmas de gestão de energia, 308
 flexíveis, estruturas financeiras, 152
 fluidez do modelo de negócio, 49
 fluxo de receita proprietária
    definido, 114
    exemplos de, 114–115
 fluxo lógico, dos modelos de negócio, 71
 fluxos de receita
    capitalizando com, 113
    proprietários, 114
    recorrentes, 130–132
 foco
    em margens aumentando, 111
    vantagem competitiva pelo, 34
 fontes de inovação
    aplicando, 345–354
    bola de cristal, 349–350
    concorrentes, 346–347
    consultores, 348–349
    funcionários, 350
    grandes empresas fora da indústria, 348–349
    livros de negócio, 345–354
    produtos/serviços que você compra, 351–352
    sonhar acordado, 353–354
    vendedores, 353–354
    viaje para outros países/pontos quentes, 351–352
 forças além do controle, suscetibilidade a, 165–166
 Ford, 350–351
 Foreman, George, 55–56
 fórmula de lucro, 19
 fornecedores
    colaboração coletiva, 277
    comparação passado e presente, 285
    consolidação, 129
    diferenciação pelos relacionamentos com, 34
    importância da compra, 206
    poder dos, 157
    selecionando, 123
 Forrester Research, 77
 fossos, 154
 fracasso
    barato rápido, 254
    como amigo, 239–243
    como medalha de honra, 239
    como primeiro passo para o sucesso, 240–241
    modelos de negócio começando como, 54
    redefinindo, 240–241
    sem um bom modelo de negócio, 47–50
 franquia
    crescimento da, 15
    definida, 43
    exemplo de processo de virtualização de vendas, 293–296
    gastos com marketing, 348
    história da, 15–16
    modelo construa uma vez, venda várias, 319
 Frito-Lay, 276–277, 280
 frustração, vender seu negócio por, 179
 funcionários
    bons, incapacidade de conseguir/manter, 216
    como elemento de custo, 152
    como fonte de inovação, 350–351
    contratando menos caros, 123
    essenciais, segurando os, 206
 fundamento do negócio, 18
 futuro
    previsão, 235–239
    valor, minar, 168

• *G* •

 garantias estendidas, 347
 garantias totais, 309

Gartner, 77
Gates, Bill, 238, 350
GEICO, 323
General Electrics, 255
General Motors, 114, 130
gênio, em inovação, 249–251
gente de fora
    melhor opção de ajuda, 252
    no processo criativo, 251–253
    pontos de resistência, 252–253
gerenciamento de cadeia de valor
    atividades, 126
    direcionadores de custo, 128
    para vantagem de custo, 126–129
gestão de reputação, 307–308
Gillette, 122–124
Google
    colaboração coletiva, 274, 322
    começo do, 125
    inovação disruptiva, 257
    inovação quantum, 247, 255
    regra dos 10%, 348
Gould, Gordon, 151
governo, como causa de enfraquecimento de modelo de negócio, 198
Green Bay Packers, 273, 349–350
Greenlight, 114
Groupon, 140, 361–362
guerra de atrito, 214
Gymboree, 328

•H•

Häagen-Dazs, 80, 328
hábitos perfeccionistas, livrando-se de, 215
Harley-Davidson, 321
Hearts, Smarts, Guts, and Luck (Tjan), 30
H. H. Gregg, 24
Hierarquia de Necessidade de Maslow, 228
Honda, 255
hora, tarifa fixa por, 310–311
Howe, Jeff, 269–270
Huffington Post, 23
Hyundai, 98

•I•

IBM
    ascensão da computação pessoal, 201
    EMC, 144
    primeiros modelos de negócio, 200
    primeiros modelos de negócio de computadores, 200–201
    renascimento como companhia de serviço e software, 202
    retomada de foco em software lucrativo, 201–202
    velocidade de queda da margem, 210
ícones, este livro, 6–7
imitação, como método de elaboração de modelo de negócio, 62–63
inconveniência, como derrubador de margem, 116
indústria de cosméticos, 328
indústria de viagens, 90
indústrias
    aprendendo, 76
    aversão a risco das, 227
    cadeias de valor, 88
    convergência de, 226, 237
    exemplos de, 75–76
    melhores, encontrando, 77–78
    mercados versus, 76
    mudando, 77
    ruins versus boas, 75
inércia organizacional, controlando, 153
informação de background
    plano de modelo de negócio, 31–32
    plano de negócio, 29–30
informação, no processo de vendas virtualizadas, 290–291
inovação
    aberta, 279
    abordagem de marketing de onda, 207
    ajustar velho modelo versus, 234–236
    como causa de enfraquecimento do modelo de negócio, 197–198
    como tática ofensiva de vantagem competitiva, 155
    correlação de loucura e genialidade, 249–251

disruptiva, 255-268
eficiência por, 18-20
em margens decrescentes, 111
ficando à frente com, 162
fracasso como amigo, 239-243
Gasto com P&D, 162-164
mantendo a força do modelo de negócio
  por, 161-165
margens caindo e, 210-213
marginal, 245-249
momento, 246
necessidade de, 161-164
olhando para a frente, 234-235
paciência como virtude para, 250-251
para acentuar a vantagem
  competitiva, 34
partes do modelo de negócio
  exigindo, 266
por colaboração coletiva, 269-282
previsão do futuro e, 235-237
processo criativo, 251-254
quantum, 245-249
sub, 265-266
sustentabilidade pela, 159, 160-164
visão geral, 5
inovação aberta, 279
inovação avançada em modelo de
  negócio, 271
inovação disruptiva. *Consulte
  também* inovação quantum
  atração de clientes fora de alcance,
    262-263
  beneficiando-se da, 261-265
  como aborrecimento, 259
  competindo com o não consumo,
    261-262
  concorrentes e, 258
  definida, 255
  exemplos de, 255-256, 260
  mercados mudados pela, 256-257
  novo mercado supera o existente,
    260-261
  reinado livre e, 259-260
inovação incremental. *Consulte* inovação
  marginal

inovação marginal
  benefícios da, 247
  comparação com inovação quantum,
    245-249
  definida, 245
  prévia, 267
  quando focar na, 246
inovação quantum. *Consulte
  também* inovação disruptiva
  benefícios, 247-249
  como criadora de império, 247
  comparação com inovação marginal,
    245-249
  definida, 245
  exemplos de, 247-248, 255
  poder da, 249
  quando focar na, 246
insatisfação, 216-217
integração vertical
  como direcionador de custo, 127
  em margens crescentes, 112
  liderança de custo pela, 34
Intel, 156, 211-212
internet. *Consulte também* processo de
  vendas virtual
  na mudança de vendas, 284-288
  possível cliente invisível e, 287
  recorrendo à, 125
  transparência e, 137
inter-relação, entre variáveis, 65-66
inter-relações de unidades de negócio, 127
introdução, ao ciclo de vida do
  negócio, 208
Intuit, 79
invenção do laser, 151
investidores de risco
  experimentação do modelo e, 54-55
  o que não querem ouvir, 355-362
iTunes, 24, 115

• J •

JCPenney, 215-216
Jell-O, 37-38
Jobs, Steve, 147, 156, 241, 347
jogando a toalha, 288

Johnson Controls, Inc., 248–249
JP Morgan Chase, 115

•K•

Kamen, Dean, 349
Kellog's, 248
Kinder Morgan, 241
Kodak, 259–260
Kroc, Ray, 148, 349

•L•

Lauper, Cyndi, 162
legalidades, 155
ligações entre atividades, 127
linhas aéreas, em previsão de voo
    perdido, 307
Linux, 276
livro de vendas, 346
livros
    compilações, 346
    criação de modelo de negócio, 345–346
    inovação, 346
    marketing, 346
    vendas, 346
livros de marketing, 346
livros de modelo de negócio, 345–346
livros sobre inovação, 346
localização
    como direcionador de preço, 128
    diferenciação pela, 34, 93
    para aumentar margens, 111
lucro
    aumento das vendas e, 222
    criação de, 15
    mínimo, prolongado, 212–214
    montadora de automóveis, por
        veículo, 119
    transformando margens em, 119
lucro mínimo prolongado, 212–214
lucros mínimos
    prolongados, 212–214
    quase dobrar a esquina versus
        estupidez, 212
Luxottica, 112

•M•

Madonna, 162
mais durável, 93
marcas
    aos olhos do cliente, 104–106
    criando, 104–106
    diferenciação pela, 34
    em margens crescentes, 112–113
    entre empresas (B2B), 105
    fatores na construção da, 105–106
    fidelidade, 106
    indispensável, 320–321
    modelo construa uma vez, venda várias
        e, 317
    pessoal, 170–173
marcas pessoas. *Consulte também* marcas
    libertando-se das, 170–173
margens
    diminuindo, como sinal de
        enfraquecimento do modelo de
        negócio, 205–211
    fatores no aumento, 110–112
    impacto do preço nas, 222
    mais baixas que as da concorrência,
        como sinal de problema, 340
    ótimas, como alvo, 206
    posto de combustível, 120
    potenciais quedas nas, 115–116
    proprietárias, 1–4
    superiores, 108
    transformando em lucros, 119
    transparência e, 137
margens decrescentes
    ciclo de vida do produto e, 207–209, 210
    como sinal de alerta, 206–207
    em modelo de negócio enfraquecendo,
        205–211
    exemplo de, 210–211
    razões para, 210
    tolerável, 210–211
    velocidade das, 210
margens próprias, 112–113
margens superiores
    criando produtos com, 108–112
    gerando, 108

marketing
  mudanças de metodologia, 237
  "valor" em, 287
  vendas versus, 142
Marriott, J. Willard, 351
maternidades, 114
maturidade do mercado, como causa de enfraquecimento do modelo de negócio, 198
maturidade, no ciclo de vida do negócio, 209
Mayer, Marissa, 148
McDonald's
  conceitos, cópia, 351–352
  economias de escala, 124
  fracasso do Arch Deluxe, 103
  hambúrguer criado coletivamente, 274
  imóvel no negócio, 26
  misto de produtos, 111
  modelo de negócio global, 235
  nicho, 81
  processos operacionais, 123
  propriedade intelectual, 147
  sistematização, 176
mediano, ser, 97
medo
  de estar errado, superando, 237
  vendendo o negócio sem, 180
melhores modelos de negócio
  banhando a ouro o estandarte de ouro, 327–329
  benefícios de estudar, 317
  colaboração coletiva, 321–322
  construa um, venda muitos, 317–320
  destruição tecnológica do modelo existente, 326–328
  distribuidor de baixo custo, 322–324
  eu, o mundo, 329–331
  extração de recursos naturais, 324
  marca indispensável, 320–321
  operador além do nicho, 331–333
  propriedade intelectual valorizada, 325–326
melhores operadores, partida como sinal de, 343
mentalidade de vantagem mútua, 292–293

mercado-alvo, avaliando, 73–74
mercados
  como curvas de sino, 82–83
  definidos, 76
  divisão, 81–83
  indústrias versus, 76
  não atendido/pouco atendido, 78–79
  quando entrar, 83
mercados de nicho
  exemplos de, 80–81
  hambúrguer, 81
  ilimitado, 80–81
  ilógico, 83
  não atendido/pouco atendido, 84–85
  no segmento de clientes, 86
  poder do, 80
mercados não atendidos/pouco atendidos
  definidos, 84
  encontrando, 84
  nicho, 84
  preenchendo, 85
  trabalhando em, 78–79
MetLife, 96
métodos de design
  Modelo de Negócio Canvas, 68–69
  modelo de negócio de quatro boxes, 68–69
  processo estruturado, 67–72
  tradicional, 62–68
métodos de design tradicionais
  fatores não pesados, 66
  imitação, 62–63
  no guardanapo, 62, 63
  olhando os, 62–64
  problema da inter-relação complexa, 65–66
  problema de muitas coisas para lembrar, 64–65
  problemas com, 64–67
Microsoft, 350
misto de produto
  aumentando, 111
  criando, 120
M&M's, 96
modelo bom, bonito e barato, 42

modelo cauda longa, 44, 333
modelo coletivo, 44
modelo construa uma vez, venda uma vez, 317
modelo construa uma vez, venda várias. *Consulte também* melhores modelos de negócio
   empregando, 317–319
   empresas de serviço, 319–320
   franquia, 319
modelo da geração de cliente, 19
modelo das cinco forças de Porter
   ameaça de novos entrantes, 157
   ameaça de substitutos, 157
   definido, 157
   desafios, 158
   ilustrado, 158
   intensidade da rivalidade competitiva, 157
   poder dos compradores, 157
   poder dos fornecedores, 157
modelo de assinatura, 43
modelo de cortar o intermediário, 45
modelo de leilões online, 45
modelo de lucro
   análise, 187
   definido, 5, 71
   no fluxo lógico, 71
modelo de marca indispensável, 320–321
modelo de marketing multinível, 43
Modelo de Negócio Canvas
   definido, 68
   ilustrado, 69
   usos para o, 68
modelo de negócio com propriedade intelectual de valor, 325–326
modelo de negócio de quatro boxes, 68–69
modelo de negócio freemium, 45, 137
modelo de negócio global, 235
modelo de performance de vendas
   análise, 187–188
   definido, 5, 71
   no fluxo lógico, 71
modelo de receita
   armadilha, evitando, 133–137

   como aspecto comum do modelo de negócio, 39
   construindo, 107–116
   criação de produto com margem superior, 108
   definido, 19
   geração de margem excepcional, 108
   lucrativos, componentes, 107
modelo de tecnologia disruptiva. *Consulte também* melhores modelos de negócio
   exemplos de tecnologia, 326
   modelos de negócio definidos, 326–327
modelo de upsell antecipado, 43
modelo de usuários como especialistas, 45
modelo de vendas diretas, 44
modelo do preço chamariz, 43
modelo do provedor de baixo custo
   disrupção no, 323
   exemplos do, 323
   margens, 322–323
   vantagem competitiva com, 322–324
modelo do ultranicho. *Consulte também* melhores modelos de negócio
   definido, 331
   estrutura de cauda longa, 333
   exemplos de, 331–332
modelo eu, o mundo. *Consulte também* melhores modelos de negócio
   definido, 329
   oportunidades, 331
   tendências, 330
modelo Hotel California, 45
modelo nickel and dime, 45
modelo premium, 45
modelo razor and blades, 42, 122
modelo razor and blades inverso, 42
modelos de negócio
   áreas do, 12
   aspectos comuns dos, 39–41
   capacidade de transferência e, 168–169
   ciclo de vida e, 207–209
   como assunto quente, 12–13
   como estrutura de regras e imperativos morais, 11
   comparação da prática e teoria, 181–182
   criando versões, 242–244

definidos, 11
desmembrando, 31–32
destacando da concorrência, 26–27
diferentes, na mesma indústria, 26–27
difíceis de copiar, 24–26
enfraquecendo, 197–204
estratégia versus, 21
estudo de, 12
exemplos bem-sucedidos, 22
exemplos de, 42–44
fazendo o escore, 190–194
ferramentas de design, 62–72
fluído, 49
fluxo lógico, 71
forma mais simples, 41
fracasso sem, 47–50
futuro dos, 16–19
história do, 12
ilustração do desmembramento, 182
melhores, 317–334
necessidade de, 13
pico, 193–194
planos de negócio e, 28–37
quatro boxes, 68–69
receita de sucesso, 22–27
termos subcomponentes, 19
valor para, 14–16
modelos de negócio em
desgaste. *Consulte* modelos de negócio enfraquecendo
modelos de negócio enfraquecendo
deixar ameaças passarem despercebidas, 198–199
insatisfação generalizada, 216–217
lições dos, 199–202
lucros mínimos prolongados, 212–214
margens decrescentes, 205–211
proatividade e, 202–204
razões para, 197–198
sinais de, 205
tendências de vendas estagnadas, 215–216
velocidade de, 226
modelos de negócio na prática, 181–182
modelos de negócio teóricos, 181–182
modelos físico e virtual, 42–43

momento
de vender o negócio, 179
inovações, 246
momento de entrada no mercado, como direcionador de preço, 127
monetização
análise, 183
definida, 42–43
investidores e, 356–358
na estrutura do modelo de negócio, 182, 183
pela performance de vendas, 139–144
Money, 77
Motley Fool, 275
mudança
apostando na, 156
como risco, 227–228
iniciada pela internet, 217
mudanças demográficas, 237

• *N* •

necessidade de capital, razões para, 221–222
Netflix
abordagem trabalho a ser feito, 264
Blockbuster e, 228–229
inovação disruptiva, 261
Nike, 249, 264
Nintendo Wii, 264
NoChar, 25

• *O* •

O Dilema da Inovação (Christensen), 357
ofertas
análise das, 183
definidas, 41
inovação e, 267
monetizando, 42–43
na estrutura do modelo de negócio, 182, 183–184
poderosas, 73
ofertas poderosas, 73
O Grande Subsídio, 224
Olé, 264

O'Leary, Martin, 275
Oprah, 172
organização, deste livro, 4-6

● *p* ●

paciência, com inovação, 250-251
pagamento baixo, como sinal de problema, 336-337
Páginas Amarelas, 257, 260
paisagem do negócio, mudando a, 77
Panera Bread, 80, 328
papel de CEO Emérito
    definido, 173
    prós e contras do, 174-175
    vender o negócio versus, 174
parques temáticos da Disney, 92
patente
    aprovação da, 149
    na proteção da propriedade intelectual, 148
    valor das, 149
pegar carona na tendência demais, 165
penso que, este livro, 3-4
Perot, Ross, 130
pesquisa e desenvolvimento (P&D)
    custos, acrescentando ao modelo financeiro, 162
    gastos da companhia com, 162-163
pesquisando, 278
planejamento
    convencional, 57
    modelo de negócio anual, 203-204
    para contingências, 152-153
    voltado à descoberta, 57
planejamento voltado à descoberta, 57
plano de marketing, 29
plano de tentar com cautela, 214-215
plano financeiro
    plano de modelo de negócio, 31
    plano de negócio, 28
planos de modelo de negócio
    amostra, baixar, 32
    análise de risco, 32
    análise financeira, 32
    criando, 31-32
    definidos, 31
    desmembramento do modelo de negócio, 31-32
    escore do modelo de negócio, 32
    planos de negócio versus, 32
    visão geral operacional, 32
planos de negócio
    aumentando, 30-31
    definidos, 18
    elementos dos, 28-29
    limitações dos, 29-30
    planos de modelo de negócio versus, 32
planos de perda/reposição de celular, 308
planos odontológicos, 307
planos operacionais
    plano de modelo de negócio, 31
    plano de negócio, 29
plataformas, no processo de inovação, 253
Porter, Michael, 34, 126, 127-128
possíveis clientes invisíveis, 287-288
postos de combustível, 121
potencial mercadológico, construindo, 74
precificação
    com base no voluntarismo, 309
    diferenciação pela, 93
    disponibilidade de mão de obra e, 236
    impacto nas margens, 223
    para acentuar a vantagem competitiva, 35
    produtos "eu também" e, 223
precificação com base em valor, 309
precificação voluntária, 309
Priceline, 92
Princípio de Pareto (regra 80/20), 55
problema de vender gelo para esquimós, 144
problemas
    como sintoma de problemas no modelo de negócio, 219
    corrigindo com a correção do modelo de negócio, 220-221
    disfarçados, examinando, 221-225
    ignorando, com dor de cabeça estendida, 224
    processo de vendas virtual e, 289

proposta de valor singular, 95
tempo, como problema disfarçado, 224–225
vendas, como problema disfarçado, 221–223
processo criativo
   ferramentas durante o, 253–254
   mantendo nos trilhos, 251–254
   melhores opções para ajudar, 252
   novo olhar, 251–252
   pessoas de fora no, 251–253
processo de inovação
   começando o, 245
   definido, 233
   ferramentas durante, 253–254
   pessoas de fora no, 251–253
   por onde começar, 233–244
   regras de brainstorm, 253
processo de vendas
   comprovado, 143–144
   para acentuar vantagem competitiva, 35–36
   virtualizadas, 283–300
processo de vendas virtual
   atravessando, 293–298
   benefícios do, 289–290
   caixa eletrônico de informação, 294
   campanhas de alimentação de leads, 294
   compradores no controle, 291–292
   criando, 293–295
   custo mais baixo de vendas, 289
   definido, 283
   escore de leads, 294
   exemplo, 295–298
   fundamentos do, 290–293
   ilustração da visão geral, 295
   informação antecipada, 290–291
   informação para o cliente continuar na venda, 293–294
   mentalidade de vantagem mútua, 292–293
   performance da equipe de vendas, 295–296
   pilares filosóficos, 290–293
   toma lá, dá cá, 290

Procter & Gamble, 126, 134, 248, 323
produtos "eu também"
   como derrubador de margem, 116
produtos/serviços que você compra, como fontes de inovação, 351
produtos suplementares próprios, 113
proposta de valor. *Consulte também* proposta de valor singular
   análise, 97
   definida, 19, 40
   fazendo importar para os clientes, 102–104
   partes da, 97
proposta de valor singular (UVP)
   análise, 186–187
   comparação com proposta de vendas singular, 94–98
   construindo, 91–93
   definida, 4, 69, 95
   especificidade, 98–99
   exemplos de, 93, 95–96
   fazendo importar para os clientes, 101–103
   marca, 104–106
   no fluxo lógico, 71
   potencial do produto, maximizando, 98
   potencial mercadológico, 98–102
   problema, 95
   público, 95
   singularidade, 95
proposta de vendas singular (USP)
   comparação com proposta de valor singular, 94–98
   definindo, 95–97
   nova, criando, 101
   primeiro no mercado, 101
   valor da, 99
propriedade de negócio, como diversão, 217
propriedade intelectual
   construa uma vez, venda várias, modelo, 318
   construindo e aumentando, 148
   diferenciação pela, 34
   exemplos de, 147
   proteção física, 149–150

proteção legal, 149
protegendo, 17, 148–150, 206
recorrendo à, 147–150
valorizada, com proteção legal/prática, 325–326
vazamentos, 148
publicidade, comparação passado e presente, 285–286
público, proposta de valor singular, 95

• Q •

qualidade, maior, 93

• R •

Rally's, 35
receita recorrente
   coletabilidade, 132
   contratos e, 131
   criando, 130–131
   custo de vendas e, 131–132
   exemplos de, 130
   faça marketing uma vez, venda várias, aspecto, 131
   venda pontual levando a, 132
recursos
   acesso a, 110
   extração de, 324
Redbox, 229, 256, 264
Reebok, 333
regra 1/10/89, 281
regra 80/20 (Princípio de Pareto), 55
regra dos dez por cento, 348
regras de brainstorm, 253
Rent-A-Center, 85, 86
resorts completos, 309–310
revisão do modelo de negócio, 203
Rich Jerk, 168
riscos
   avaliando precisamente, 302
   conceito equivocado, capitalizando com, 303–304
   indesejados, removendo, 306
   remoção, taxação e, 304
   segurança e, 230

Ryanair, 352

• S •

SafeAuto, 24
saída. *Consulte* saída elegante
saída elegante
   análise, 189–190
   capacidade de transferência, 168–172
   definida, 5, 70, 167
   estratégias, comparando os benefícios financeiros das, 175
   no fluxo lógico, 72
   papel de CEO Emérito, 173–175
   sistematização na, 176
   valor da empresa na, 176–177
   vendendo no momento certo, 177–178
   vendendo o negócio, 168–172, 173–175
sal Morton, 92
Salton Inc., 56
Schultz, Howard, 84
Sears, 215–216
segmentos da indústria, 75
segmentos de clientes
   acentuando vantagem competitiva, 35
   atração, avaliando, 74
   atraentes, 85–86
   nichos, 85
Segredos da Mente Milionária (Eker), 224
segurança, como risco, 230
seguro
   aceitando risco em troca de dinheiro, 306
   avaliação de risco, 302
   cobrando de formas criativas, 306–311
   conceito equivocado de risco, capitalizando com o, 303–304
   definido, 301
   determinação de custos, 312
   exemplo Enron, 311–312
   fórmula de lucro, 306
   garantias como, 307
   hora com tarifa fixa, 310–311
   logística de entrega, 312
   lucrando com a dinâmica do, 301–314
   lucratividade, cerne da, 303–304

oportunidades potenciais, 313
planilha de criação de programa, 312-314
Seizing the White Space (Johnson), 68
servicificação de produtos, modelo, 44
serviço, diferenciação pelo, 93
Shane, Scott, 16
sinais de problemas
   aturando clientes chatos, 341
   baixo pagamento, 336-338
   base de clientes está estagnada/diminuindo, 344
   com o modelo de negócio, 335
   delegação, falta de, 342-344
   falta de crédito, 340
   forte desejo de vender o negócio, 336
   margens baixas, 340
   necessidade de estrelas das vendas, 339
   os melhores colaboradores saem, 343-344
   pegando empréstimos para crescer, 338-339
sistematização, 176
SKS, 24
Skype, 125, 257
Smith, Fred, 84
sofisticação, aumentada, 16
Solazyme, 120
soluções de problemas, 39-41
sonhar acordado, 353-354
Sony
   inovação, 204
   inovação quantum, 248
   televisores, 92
sorte
   para encontrar mercados não atendidos/pouco atendidos, 85
   recusando-se a contar com a, 55-56
Southwest Airlines
   como provedor de baixo custo, 323
   cultura, 156
   modelo de baixo custo, 25
   modelo no guardanapo, 62, 63, 67
   no caso de estudo software versus linhas aéreas, 79
   propriedade intelectual, 147

Starbucks
   banhar a ouro o estandarte de ouro, modelo, 328
   clientes, 74, 87
   economias de escala, 151
   fatia do mercado, 105-106
   foco, 33
   nicho, 81
   sentimento dos clientes e, 109
subinovação, 265-266
subsídios artificiais, 136
sucesso
   deixando passar despercebidas as ameaças, 198
   fracasso como primeiro passo para, 240-241
   tentando (e fracassando) sem um bom modelo de negócio, 47-50
   trabalho duro e, 51-52
Sun Tzu, 13
superinovação, 265, 265-266
suposição sobre vendas replicáveis, 142-143
suscetibilidade a forças além do controle, 165-166
sustentabilidade
   análise, 183-184
   definida, 42
   na estrutura do modelo de negócio, 182, 183-184
   pela inovação, 159, 160-164
   vantagem competitiva, 154-156

• T •

Taiwan Semiconductor, 35
talento, como tática ofensiva de vantagem competitiva, 156
Target, 27, 96, 98
taxas de juro, na previsão do futuro, 236
tecnologia
   alavancando, 34
   como causa de enfraquecimento do modelo de negócio, 198
   nova, 136
   para custo de vantagem, 125-126

para o modelo freemium, 137
superior, 136
tendências
dependência das, 226
extrapolação, 238
segurança domiciliar, 238–239
tendências em segurança domiciliar, 238–239
teoria do pico do modelo de negócio, 193–194
terceirização, 128
Tesla, 23, 35, 152
teste de Warren Buffet, 106
teste Taser, 166
The E Myth (Gerber), 176
The Illusions of Entrepreneurship: The Costly Myths That Entrepreneurs, Investors, and Policy Makers Live By (Shane), 74
The Myth of Excelence: Why Great Companies Never Try to Be the Best at Everything (Crawford e Mathews), 97
TiVo, 115
Tjan, Anthony K., 30
toma lá da cá, 290
Toyota
logo, da colaboração coletiva, 273
marca sofisticada, 255
montagem enxuta, 22, 24, 123
Prius, 92, 320
trabalho duro
em indústrias aprendizes, 76
igualando-se aos resultados, 50–53
modelo de negócio e, 50
redefinindo, 51
transparência
internet e, 137–138
margens e, 137
para baixar custos, 129
problema, 17
recorrendo à, 17–18
Travelocity, 251
treinamento
funcionário, 220
na falta de delegação, 343
troca de segredos, 149

Trump, Donald, 328
Twitter, 42–43, 64, 161, 273

• U •

um por cento do mercado, 361
USP. *Consulte* proposta de vendas singular
utilização da capacidade, como direcionador de custo, 127
UVP. *Consulte* proposta de valor singular

• V •

valor da empresa, na saída elegante, 176–177
"valor", no marketing, 287
vantagem competitiva
acentuando, 33–35
analisando com o modelo das cinco forças de Porter, 157–158
com diferenciação, 34
com liderança de custo, 33–34
como combinação de fatores, 146
considerando, 32
definida, 5, 19, 32, 71, 145
exemplos de, 146
inteligência, 147
mantendo, 38
no fluxo lógico, 71
obtendo, 33–34
propriedade intelectual, 147–150
sustentando, 154–156
táticas defensivas, 145–153, 154–155
táticas ofensivas, 155–156
vantagem competitiva vigente
análise, 188
vantagem de custo
armadilhas, evitando, 133–137
com economias de escala, 124–125
com gerenciamento da cadeia de valor, 126–129
com tecnologia, 125
criando, 122–129
dificuldade em superar, 122
exemplos da, 122
métodos de criação, 122–128

vantagem estratégica, 19
vantagem financeira
   como vantagem competitiva, 150
   cultura corporativa, 154
   economia de escala, 151
   estrutura financeira flexível, 152
variáveis
   inter-relação entre, 65–66
velocidade
   como tática ofensiva de vantagem competitiva, 156
   diferenciação pela, 93
vendabilidade, marcas pessoais e, 171
vendas
   comparação de técnicas, 285–286
   estrelas, contratar como sinal de problema, 339
   fechando negócio, 139–143
   franquia, 295–298
   marketing versus, 142
   repetir, 142–143
   subestimando a dificuldade de, 141–142
   volume, como problema do modelo de negócio, 221–223
   volume, inovação e, 266
vendedores
   como fonte de inovação, 353–354
   no processo de vendas virtual, 295
vender o negócio. *Consulte também* saída elegante
   capacidade de transferência e, 168–172
   como saída elegante, 176
   desejo de, como sinal de problema, 336
   momento, 179
   no momento certo, 178–179
   papel de CEO Emérito versus, 174–176
   pelas razões certas, 177–178
   pelas razões erradas, 179–180
   por frustração, 179
   por medo, 180
   prós e contras de, 174
   sem sucessor e, 180
viagem, como fonte de inovação, 351–352
visões do investidor
   em "assumir a parte difícil", 359
   sobre a diferenciação, 357
   sobre a importância do modelo de negócio, 362
   sobre a monetização, 356–358
   sobre a necessidade, 360
   sobre o volume adicional, 361
   sobre um por cento do mercado, 361
Vistaprint, 24, 76
voluntariado, 278

• W •

Walk-In-Lab, 23
Walmart
   cadeia de valor, 109
   cultura corporativa como vantagem competitiva, 154
   emprego da tecnologia, 18
   fracasso na Alemanha, 141
   linha de preço, 96
   modelo de custo baixo, 27–28, 323
   Procter & Gamble e, 134
   uso de tecnologia, 22, 126
Wendy's, 26, 124
Wheelabrator, 132
Whole Foods, 98, 103, 264
Wikipédia, 274, 276

• X •

Xerox, 25, 108

• Y •

Yahoo!, 148

• Z •

Zappos, 22, 98
Zipcar, 22, 264, 309
Zuckerberg, Mark, 13, 29, 125